정도전의 시대를 읽다

-격변기의 혁명과 개혁 그리고 진보와 보수

정도전의 시대를 읽다

_격변기의 혁명과 개혁 그리고 진보와 보수

초판 1쇄 발행일 2020년 4월 13일

지은이 김진섭
펴낸이 이원중

펴낸곳 지성사
출판등록일 1993년 12월 9일 **등록번호** 제10-916호
주소 (03458) 서울시 은평구 진흥로 68 정안빌딩 2층 북측 (녹번동 162-34)
전화 (02) 335-5494 **팩스** (02)335-5496
홈페이지 www.jisungsa.co.kr **이메일** jisungsa@hanmail.net

ISBN 978-89-7889-438-8 (03910)

이 도서의 국립중앙도서관 출판예정도서목록(CIP)은 서지정보유통지원시스템 홈페이지(http://seoji.nl.go.kr)와 국가자료종합목록 구축시스템(http://kolis-net.nl.go.kr)에서 이용하실 수 있습니다.(CIP제어번호 : CIP2020013882)

격변기의 혁명과 개혁
그리고 진보와 보수

정도전의 시대를 읽다

김진섭 지음

지성사

들어가는 글

정도전에 관한 원고를 쓰면서 가장 많이 받은 질문이 두 가지 있다.

첫 번째 질문은 "정도전은 한마디로 어떤 사람인가?"이다. 여말선초에 살았던 정도전은 어떠한 역사적 인물들과도 비교되지 않을 정도로 폭넓은 분야에서 깊은 족적을 남겨 놓았다. 많은 사람들이 그에 대해 다양한 평가를 내놓았으면서도 무언가 아쉬움이 남는다. 때문에 이런 질문을 하곤 한다. 필자는 정도전을 '진정한 정치인'이라고 말하고 싶다. 세상에 정치가 존재하는 이유가 무엇인지 스스로 실천을 통해 분명하게 보여주었기 때문이다.

두 번째 질문은 "정도전이라면 오늘날 우리 사회를 어떻게 진단하고 어떤 대안을 내놓았을까?"이다. 대답하기 어려운 질문이기도 하지만, 필자는 조금 다른 생각을 해본다. 평소 자신의 의견을 분명하게 밝혔던 정도전이라면, "그건 나한테 묻는 것이 아니오!"라고 대답하지 않을까?

오늘의 현실을 난세라고 생각하는 사람들의 답답한 심정을 모르는 바는 아니지만, 사람마다 생각이 다를 수 있다. 같은 시대를 살아가면서

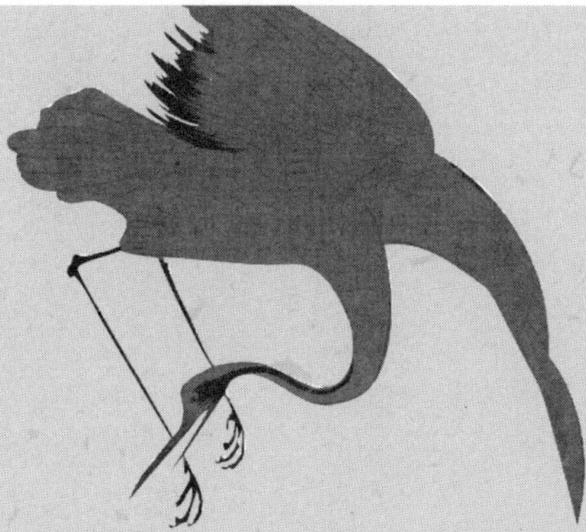

도 시대를 보는 관점은 모두 다르기 때문이다. 극단적인 예로, 누구는 "이러다 곧 나라가 망한다"고 말하는데 누구는 "나라야 망하겠는가?"라고 말한다.

이렇게 현재를 살고 있는 사람들도 의견이 다른데, 살아보지도 않은 정도전이 무얼 말하겠는가? 더구나 그는 자신이 살았던 여말선초의 시대를 머리로 분석한 것이 아니라 그야말로 온몸으로 부딪히며 거친 들판에서 답을 찾았다. 그러니 조금 부드럽게 표현하면 "일단 살아봐야 알겠습니다!"라고 대답했을지도 모른다.

그런 점에서 정도전을 알아보기 위해서 그의 고민이나 사상만이 아니라 그가 살았던 시대와 인물들을 함께 살펴보는 것은 대단히 큰 의미가 있을 것으로 생각된다. 달리 표현하면 정도전을 중심으로 '여말선초의 역사 다시 읽기'라고도 할 수 있다.

그들은 같은 시대를 살면서도 시대를 보는 관점이 달랐고, 같은 길을 갔던 사람들도 서로 다른 생각을 했기 때문이다. 요즘 말로 하면 혁명과 개혁 그리고 진보와 보수 등으로 구분할 수 있겠다.

"아는 만큼 보인다"는 말이 있다. 평범하면서도 대단히 교훈적인 말이다. 그러나 정도전과 관련한 자료가 워낙 적기도 하지만, 아는 것만으로 그를 평가하기에는 그의 그릇이 너무 크다. 지금까지 이루어진 그에 대한 평가가 또 다른 틀 속에 그를 가두어놓는 우를 범하는 것은 아닌지 걱정되는 것도 이러한 이유 때문이다.

또한 역사는 단순한 과거형이 아니며, 승자와 패자 또는 선과 악 등 단순히 이분법적으로 해석하는 것을 경계해야 한다. 역사의 결과에는 시대적 상황과 그 시대를 살아가는 사람들의 삶이 담겨 있기 때문이다. 따라서 정도전을 통해 여말선초라는 시대를 살펴보는 것은 오늘을 살아가는 우리에게 역사적 교훈을 줄 것으로 기대한다.

대표적인 예로 "모순을 만들어놓은 사회는 언젠가 반드시 그 대가를 치른다"라는 역사적 교훈을 잊어서는 안 된다. 정도전이 새로운 사회를 만들면서 모순을 만들어놓지 않으려고 각별한 신경을 썼던 것도 이러한 이유 때문이었을 것이다. 다시 말해 그는 조선을 세워 자신의 이름을 역사에 남기려고 했던 것이 아니라 역사에 오래 남는 국가를 건설함으로써 자기 존재의 의미를 찾고자 했던 것이다. 모쪼록 이 책을 통해 이러한 의미가 전달되었으면 한다.

이 책을 쓰면서 많은 논문을 참고했다. 다만 이 책은 전문 학술서가 아니라 대중서이기에 그때그때 출처를 밝히기보다는 뒤에서 별도의 목록으로 정리해두었음을 밝혀둔다.

마지막으로 이 책이 나오기까지 많은 신경을 써주신 지성사 이원중 대표와 직원 여러분께도 감사의 인사를 드린다.

김진섭

차례

2부 청운의 뜻을 품고 관직에 나아가다

3부 시련 속에서 길을 찾다

1부

정치인의 존재 이유를 분명하게 보여주다

600년 만에
다시 주목받다

정치인의 존재 이유를 분명하게 보여주다

정도전은 이미 600년 전에 '백성의 나라'를 세우기 위해 사대부가 그 역할을 담당하는 개방적인 정치체제를 만들고자 했다. 사대부는 지성인을 의미하는 사士와 관료를 의미하는 대부大夫의 합성어로, 유교적 덕목을 체득해 정치에 직접 관여하는 지식인 계층을 말한다.

조선에서는 사대부와 선비가 동일한 의미로 사용되었다. 즉 선비의 문자적 의미는 '사士'이지만, '대부'까지 포함하고 있는 등 선비는 정치와 밀접하게 연관되어 있다. 유학儒學을 공부한 사대부들이 과거를 통해 관직에 진출한 것이 대표적 예이며, 사대부들이 조선 500년 역사에서 정치를 주도한 세력으로 평가받는 이유도 여기에 있다.

정도전은 "유교적 가치 기준에 따라 자질이 검증되어야만 정치에 참여할 수 있다"며 그의 저서 『삼봉집』에서 다음과 같이 말했다.

> 법 자체만으로는 좋아지는 것이 아니고 그것을 운용하는 사람을 제대로 얻는 데 달려 있다. ……소송을 처결하는 사람은 먼저 자신의 덕을 밝혀서 백성들로 하여금 두려워서 복종하게 하고, 악한 일을 막고 화내는 것을 경계하여 끝내는 처결할 소송 사건이 없어지게 한 다음에야 백성의 덕성이 후하게 될 것이다.

정도전은 법과 제도만으로 정치가 제대로 이루어진다고 생각하지 않았다. 그는 기회가 있을 때마다 "법과 제도를 실행하는 사람이 더 중요하다"고 주장했다. 그리고 그는 이를 직접 실천에 옮겼다. 그런 점에서 정도전은 자신의 정치사상과 이상을 구체화하는 과정에서 정치인의 존재 이유를 분명하게 보여준 인물이다.

하지만 그를 어떤 시각에서 보느냐에 따라 해석이 달라질 수도 있다. 해당 시기를 살아가는 사람들이 변화를 어떻게 받아들이는가에 따라서 판단이 달라질 수 있기 때문이다.

어느 시대든 혼돈과 갈등이 존재한다. 그러나 그것을 어떻게 받아들이느냐에 따라 대응 방식에 차이가 있다. 잠시 찾아오는 혼돈과 갈등이라면 하루빨리 질서를 회복하는 것이 안정을 찾는 해법이다. 하지만 오랜 시간 동안 중첩되었다면 문제는 달라진다. 긍정적이든 부정적이든 역동적인 시대에 접어들었다고 볼 수 있기 때문이다.

역동의 시대에는 역동적인 전략이 필요하다. 하지만 사람들은 역동의 시대에도 과거의 지혜에 의지하고 선입견에 집착하는 경향이 있다. 모든 것이 질서를 찾으면 혼돈과 갈등은 가라앉을 것이라는 기대를 버리지 못하기 때문이다.

그러나 그 질서가 과거의 질서라는 점에서 문제가 증폭될 수도 있다. 그렇다고 역동의 시대를 무조건 수용한다고 해서 문제가 해결되는 것은 아니다. 변화에 걸맞은 전망과 대안이 필요하기 때문이다. 그리고 사회에 대한 철저한 고민에 근거하여 미래를 내다보는 안목이 기반이 되어야 하고, 모든 것은 사람에게 달려 있다는 점에서 그 대안을 제시할 수 있는 역량 있는 인물의 등장도 중요하다. 그런 점에서 정도전이 자신이 살았던 시대를 어떻게 받아들이고 극복했는지를 추적하여 박제된 정도전이 아닌, 살아 있는 정도전을 만나보는 것은 후세인들에게 중요한 의미가 있다.

그러나 정도전은 사망과 함께 의도적으로 왜곡되었고, 사람들의 기억에서 지워지기도 했다. 600년 동안 그에 대한 시선은 싸늘했다. '체제 변혁에는 성공했으나, 권력투쟁에 패배한 정치가' 또는 '한 시대를 풍미한 혁명가'로 평가절하하는가 하면, 심지어 마치 처음부터 오로지 혁명을 위해 한 시대를 살았던 '준비된 혁명가'로 받아들이기도 한다. 그러나 이런 시각으로는 여말선초 격동의 역사 현장을 제대로 이해할 수 없고, 진정한 정도전을 만나볼 수도 없다.

정도전과 관련한 자료가 대단히 미약한데도, 그를 완전하게 지워버릴 수 없는 이유가 여기에 있다. 비록 그는 역적의 죄로 처형되었지만, 조선의 건국 과정에서 그가 남긴 족적이 워낙 깊고 넓었던 탓이다. 태조 4년(1395) 1월 『태조실록』에 기록된 다음의 내용이 그 예이다.

정도전이 정총과 함께 『고려사』를 지어 바치자 태조는 다음과 같은 교서를 내렸다.

'경(정도전)의 학문은 경서와 역사의 깊은 문제까지 파고들었고, 지식은 고금의 변천을 꿰뚫고 있으며, 공정한 의견은 모두 성인들의 말에서 출발하고, 명확한 평가는 언제나 충실한 것과 간사한 것을 갈라놓았다. 나(태조)를 도와 새 왕조를 세우는 데 공로가 있을 뿐만 아니라 좋은 계책은 정사에 도움이 될 만하고, 뛰어난 글재주는 문물 제도의 일을 맡길 만하다. 거기다 온순한 선비의 기상과 늠름한 재상의 풍채를 지니고 있다. 내가 왕위에 오른 첫날부터 경이 유용한 학식을 갖고 있어 재상으로 임명하고 또한 국사를 편찬할 관직까지 겸하게 하였더니 재상의 직책을 다하면서도 책을 만드는 데까지 업적을 나타내었다.'

조선의 건국 과정에서 정도전의 활약상을 충분히 상상해볼 수 있는 내용이다.

옛날의 군자도 이 같은 사람은 드물다

서거정(徐居正, 1420~1488)의 『필원잡기筆苑雜記』에는 "정도전이 말을 타고 출근하려는데 신발을 짝짝이로 신고 있는 것을 본 말구종이 '신발이 서로 다르다'고 말했다. 하지만 정도전은 태연하게 '한쪽 신을 본 사람은 반대편 신을 볼 수 없을 것이니 걱정하지 말라'며 그대로 출근했다"는 일화가 전한다.

서거정의 또 다른 작품 『태평한화골계전太平閑話滑稽傳』에는 정도전이 이숭인(李崇仁, 1347~1392)·권근(權近, 1352~1409)과 함께 인생에서 가장 즐거운 일을 이야기하는 일화도 전한다.

이숭인은 "조용한 산방에서 때와 장소를 가리지 않고 시를 짓는 것이 평생의 즐거움이다"라며 글을 읽고 시를 짓는 선비의 즐거움을 말했다. 이에 권근은 "따뜻한 온돌에서 화로를 끼고 앉아 미인 곁에서 책을 읽는 것이 최고의 즐거움이다"라며 책 읽는 즐거움에 풍류를 덧붙여 화답和答했다. 그러나 정도전은 "첫눈이 내리는 겨울날 가죽옷에 준마를 타고, 누런 개와 푸른 매를 데리고 평원에서 사냥하는 것이 가장 즐거운 일이다"라고 답했다. 눈 내리는 벌판에서 사냥하는 호방함은 글공부를 하는 선비에게 익숙하지 않은 모습으로 보일 수 있지만, 정도전에게 무武를 소홀히 하는 것은 진정한 선비가 아니었던 것이다.

그렇다고 정도전이 이상적인 사회를 추구하거나 꿈만 좇는 몽상가는 아니었다. 그는 선비라 하더라도 현실 사회와 실천을 중시했다. 이러한 정도전에 대해 스승 이색(李穡, 1328~1396)은 "벼슬에 나아가면 해야 할 일은 반드시 하고, 어떤 일을 당해서도 회피할 줄 몰랐으니, 옛날의 군자도 정도전과 같은 사람은 많지 않다. 하물며 지금 사람이야 말할 것이 있겠는가. 이것이 내가 그를 존경하는 이유이다"라며 실천력과 추진력을 갖춘 정도전에 대한 존경의 마음을 기록으로 남겼다.

뿐만 아니라 정도전은 어설픈 지식만으로 일을 밀어붙이기보다는 필요하다고 판단되면 구체적으로 고민하고 연구했다. 이런 정도전을 『삼봉집』에는 "시서詩書를 강론함에 있어 능히 알기 쉬운 말로 지극한 이치를 형용하여 배우는 자가 한 번 들으면 바로 의義를 깨달았으며, 이단을 물리침에 있어서는 능히 그 글에 정통하여 먼저 그 연유를 자세히 설명하고서 마침내 그른 점을 지적하므로 듣는 자가 다 굴복하였다. 때문에 경서를 들고 배우려는 자가 골목을 메웠으며, 일찍이 따라 배워서 높은 벼슬에 오른 자도 어깨를 나란히 하여 늘어설 만큼 수가 많았고, 비록 무부武夫와 속사俗士라도 그 강설講說을 들으면 재미를 붙여 싫증을 내지 않았으며, 불교佛敎의 무리까지도 교화敎化된 자가 있었다"라고 평한다.

정도전은 자신이 살았던 시대의 아픔과 모순을 회피하거나 절충하지 않았다. 그는 자신이 살고 있는 현실을 그야말로 온몸으로 받아들이며 변화와 개혁에 나선 진정한 선비이자 지식인으로 한 시대를 살았다.

정도전이 태어나고 성장했던 시기는 14세기 중엽으로, 당시 고려 사회는 총체적으로 난국이었다. 이러한 시대적 상황은 정도전의 삶에도 커다란 영향을 미쳤다. 그런 점에서 그가 태어나고 성장한 고려 말기 사회에 대해 살펴볼 필요가 있다.

14세기 중엽의 고려 사회는?

정치 : 권력이 사유화되다

무인란武人亂 이후 공민왕(恭愍王, 재위 1351~1374) 대까지 고려는 국가의 공공성公共性이 붕괴되어 고려 초기의 체제는 거의 찾아보기 힘들었다. 비록 왕조 국가는 유지되고 있었지만, 충혜왕(忠惠王, 재위 1330~1344) 이후 권문세족에 의해 왕권이 통제되고 권력이 사유화되는 등 정국은 매우 불안정한 상태를 유지하고 있었기 때문이다. 당시 사회를 지배한 정치세력은 무인 집권기에 형성된 세력과 원元나라 지배기에 새롭게 추가된 정치세력이 핵심을 이루고 있었다.

또한 원나라 황실에서 마음만 먹으면 하루아침에 고려 왕을 교체할 수 있었고, 원 황실에 정쟁이 일어날 때면 고려의 의지와 관계없이 숙청과 보복의 피바람이 불었다. 때문에 고려에서는 왕은 물론 권문세족까지 원의 정치 상황에 귀를 기울일 수밖에 없었다. 이 과정에서 원나라와 밀접한 관계를 유지하며 권력과 관직, 토지와 군대를 독점하고 영향력을 확장해나간 권문세족이 말썽을 부리기도 했다.

충선왕(忠宣王, 재위 1308~1313)과 충목왕(忠穆王, 재위 1344~1348)의 개혁도 원나라에 의지하고 있던 권문세족의 방해로 실패로 돌아갔다. 심지어 권문세족의 세력은 왕권보다 강력하여 왕을 폐위시킬 수 있을 정도였다. 이들은 권력을 이용해 백성들은 물론 국가 전체를 수탈의 대상으로 삼았다. 그러나 권문세족을 견제할 수 있는 대안 세력이 형성될 가능성은 미약했다.

권문세족은 누대에 걸쳐 개경에 거주했고 혼인 관계를 맺으며 유대를 강화했다. 고려 후기에 개혁을 상징했던 왕후(王煦, 1296~1349)와 이제현(李齊賢, 1287~1367)도 친원파이면서 반개혁세력의 대표 격이던 기씨 가문과 혼인 관계를 맺는 등, 정도의 차이는 있지만 당시 권문세족을 중심으로 한 고려 말기의 귀족들은 종적·횡적으로 모두 친족관계를 형성하고 있었다. 공민왕이 개혁을 시도하면서 신돈을 중용한 이유도 그가 개경의 귀족 가문들과 인연이 전혀 없었기 때문이었다.

뿐만 아니라 '인재 등용의 도道가 상실되었다'고 비판받을 정도로 인사제도가 문란했다. 고위관리들은 하급관리나 병졸들을 무분별하게 발탁했고, 뇌물로 관직을 구하고 혼인을 빙자하여 관직을 얻는 자들도 있었다. 정도전은 『삼봉집』에서 인사제도의 문란을 이렇게 개탄했다.

> 임금이나 재상이 된 이는 수많은 사람들이 다투어 벼슬에 나아가려는 마음을 이기지 못하여, 저 사람에게서 벼슬을 빼앗아서 이 사람에게 주고, 아침에 벼슬을 주었다가 저녁에 파직시키는 등 한갓 구차하고 고식적인 방법으로 계책을 삼아 날마다 겨를이 없으니, 재임하는 기간의 길고 짧음은 따질 것이 못 된다. 비록 현명하고 지혜로운 인사가 있다 하더라도 어찌 자기의 재주를 제대로 발휘해서 일의 공적을 이룰 수 있겠는가?

이처럼 관직을 구하려는 자들만이 아니라, 이미 관직에 진출한 관리들에게도 정상적인 인사제도가 무의미해졌음을 알 수 있다. 때문에 관리들도 임무 수행에 힘쓰기보다는 요직으로 이동하거나 승진하기 위해 각종 부정과 비리를 저질렀다.

경제 : 민생이 사라지다

고려 말기에 경제가 파탄된 근본 원인은 토지제도의 문란이었다. 당시 토지의 소유가 산과 강을 경계로 할 정도로 소수의 권세가들에게 편중되어 빈부격차가 극심했고, 정경유착으로 인한 토지 포탈 등 각종 비리와 부정부패가 일상화되었기 때문이다. 정도전은 이러한 현실에 대해 "가난한 백성은 송곳 꽂을 땅도 없다"라며 권문세족의 토지 독점을 비판하기도 했다.

왕과 왕실, 권문세가 외에 사원과 지방의 말단 향리 등 털끝만큼이라도 권력을 쥐고 있는 자들도 권세를 남용하여 토지를 늘려 부富를 쌓았고, 과중한 조세 부담을 백성들에게 요구하며 고혈을 쥐어짜내는 등, 불법과 탈법이 일상화되었다. 『고려사』에 당시 개혁의 상징이었던 이제현의 아버지 이진(李瑱, 1244~1321)이 "토지를 점탈하여 피해자가 목을 매어 죽었다"는 기록이 전한다.

홍건적과 왜구의 침입, 해마다 기근이 계속되었지만 수탈은 멈출 줄을 몰랐다. 때문에 농민들은 남의 땅을 빌려 농사를 지어야 했고, 일 년에 몇 번씩 과중한 세금을 내야 했다. 농사짓는 땅은 한 곳인데 땅 주인이 여러 명인 경우도 있었다. 백성들은 사시사철 베옷 하나로 대충 몸을 가리고 살면서 등이 휘고 뼈가 빠지도록 고생을 해도 가족들을 제대로 먹이지 못했다.

『고려사』에 따르면, 공민왕 6년(1357)부터 계속된 기근으로 굶어 죽는 사람이 줄을 잇자 대신들이 대책 회의를 하면서 이러한 제안까지 했다.

> 도첨의사사가 아뢰기를 "흉년으로 아사자가 심히 많아 구휼하여 살릴 수가 없으니, 양민 중 스스로 먹지 못하는 자는 부자에게 먹이게 하되, 노비 사역은 본인에게만 그치게 할 것이요, 노비를 둔 사람은 능히 기르지 못하는 경우에는 이를 먹이는 자의 노비로 영구히 삼게 하소서"라고 했다. 그러나 왕이 인민人民을 노예로 인증하는 것을 싫어하여 그 문서를 불태웠다.

이처럼 국가가 나서서 '굶주린 백성을 부잣집 노비로 삼는 것을 주선하자'는 말이 나올 정도로, 국가의 공적 기능을 상실하고 있었다.

또한 권문세족 소유의 농장이 늘어나면서 국가가 지배할 수 있는 공전公田이 사라졌다. 이로 인해 국가의 조세수입은 물론 공역公役 대상자가 대폭 감소했고, 새로 관직 생활을 시작한 관리에게 녹봉으로 지급할 토지조차 부족해졌다.

권문세족은 노비를 많이 소유하기 위해 고리대금으로 채무 관계를 악용하거나 문서를 위조하는 등 수단과 방법을 가리지 않았다. 통계에 따르면 조선 건국 초기 인구 500만 명 중 3분의 1이 노비였을 정도로 국가의 중간층을 구성하고 있던 양민층이 고려 말기에 해체되었다. 이때 힘없는 양민은 땅을 빼앗기고 처자식까지 노비가 되거나, 유리걸식遊離乞食하며 전국을 떠돌아다니기도 했다. 백성들은 권력을 지닌 귀족들을 '악귀惡鬼'라 불렀고, 이들의 손이 닿지 않는 북쪽 국경을 넘어 요양遼陽이나 심양瀋陽 등 변방 지역으로 흘러 들어가기도 했다. 이처럼 아무도 살지 않는 마을이 생길 정도로 백성들의 생활 터전은 황폐해졌고, 농민들의 고통과 유랑 생활의 애환을 담은 「청산별곡靑山別曲」과 같이 슬픈 노래가 유행했다.

고려 말기 사회에서 거의 유일한 생산수단이었던 토지의 소유가 집중되는 등 토지제도의 문란은, 민생 파탄은 물론 관료 체계와 국방 체계 그리고 도덕과 윤리 체계의 붕괴 등 국가의 존망을 위협하는 가장 근본적인 문제였다.

학문과 종교: 사회의 구심점 역할을 상실하다

고려 중기까지는 유교와 불교가 공존하며 사회질서를 유지했다. 그러나 고려 말기에는 "유교가 도덕과 교화의 소임을 상실하고 시가詩歌와 문장文章만을 중시하여 실속 없이 겉만 화려한 부화무실浮華無實의 학문으로 전락해버렸고, 유자儒者는 오로지 자신의 이익만을 추구하는 소인배로 타락함으로써 참된 유자의 면모를 상실했다"는 비판을 받았다.

고려 초기부터 '호국불교', '왕실불교'의 대우를 받았던 불교도 타락하여 사치와 낭비에 탐닉했다. 당시 불교 행사를 위해 "평민 열 집의 재산을 하루아침에 탕진했다"고 한다. 권근의 『연복사탑 중창기演福寺塔重創記』에 따르면 "개경의 사찰은 웅장하고 높고 특출한 것이 많았으며, 개경 도성 안에는 사찰이 민가民家보다 많았다"고 한다. 『동문선』에는 충숙왕 때 최혜(崔惠, 1287~1340)가 다음과 같이 탄식하는 내용이 실려 있다.

> (금강산 사찰의) 상주경비常住經費를 위해 재물을 지키는 창고가 있고, 보물은 관청에서 지키며 성곽을 끼고 양전良田이 널려 있다. 또한 강릉과 회양 2도의 세금은 관에 들여와 지키고, 그것을 모두 산에 옮긴다. 비록 흉년이라 해도 탕감되지 않고, 매양 사인舍人을 파견하여 해마다 옷과 양식을 조달하며, 기름과 소금을 빠짐없이 준비한다. 그 승도僧徒는 모두 국역國役을 피한 노예와 요역徭役을 피한 백성들로…… 편히 좌식坐食하고 있다.

뿐만 아니라 '불교의 도량道場이 궁궐보다 높았다'고 할 정도로 사찰들의 사치도 극에 달했다. 특권적이고 거대한 소비 집단이면서 권신들에게 기생寄生하며 백성을 상대로 고리대금업을 하는 등 사찰은 또 하나의 거대한 착취기관이었다. 당시 2,800여 칸의 흥왕사興王寺는 그 자체가 하나의 국가권력이었다.

이처럼 불교가 종교로서의 사회적 역할을 상실한 것에 대해 공민왕 원년(1352), 이색은 상소를 통해 "오교양종五敎兩宗이 이익을 위한 소굴이 되었다"며 비판했고, 정도전은 "불교의 반도덕성은 유교의 그것보다 더 심각하다"고 비판하면서, 사원은 기득권층을 위한 이데올로기의 산실이며 재정 파탄의 원천임과 동시에 권력 부패의 온상이라고 지목했다.

외교 : 자주성을 상실하다

주체성을 상실한 왕실 고려는 중원을 장악한 원의 지배력 강화로 한동안 전쟁이 일어나지 않는 등 명목상으로나마 평화를 유지할 수 있었다. 그리고 원은 고려에서 무인 집권자를 제거하고 고려 왕실을 넘보는 세력을 통제하며 반란을 저지하는 등 왕실의 수호자 역할도 담당했다. 하지만 고려는 원나라의 내정간섭으로 자주성이 심각하게 훼손되는 등 상당한 대가를 치러야 했다.

왕과 대신들은 모두 호복변발胡服辮髮하고 몽골어를 사용해야 했으며, '고려의 왕들은 원에 대한 충성을 맹세한다'는 뜻으로 묘호廟號에 '충忠' 자를 써야 했다. '고려의 지위가 원나라보다 낮아야 한다'는 의미로 조祖나 종宗을 쓰지 못했다.

또한 31대 공민왕까지 세자들은 원나라에서 생활하다 국왕에 즉위하게 되면 고려로 귀국했다. 때문에 자연스럽게 친원 성향을 지니게 되었고, 자신을 고려왕보다 원나라의 신하로 인식했다. 심지어 원나라에서 살기 위해 왕위를 내놓기도 했고, 왕비를 원의 황실에서 맞아 부마국으로 전락했다. 왕비의 위상이 왕보다 높은 경우도 있었다. 몽골의 5대 황제로 원나라의 시조 쿠빌라이(세조, 1215~1294)의 딸이자 충렬왕의 비였던 제국대장공주(齊國大長公主, 1259~1297)는 고려에 있는 동안 몽골식 생활을 하면서 대신들에게도 강요했다. 충선왕을 낳았을 때는 문안하러 온 관료들에게 문 입구에서 옷을 벗기는 '설비아設比兒'라는 몽골 풍습을 행했는가 하면, 변발을 거부하는 신하들을 회초리로 쳐서 식장에서 쫓아내기도 했다.

원은 고려왕을 임명할 수 있는 권한을 이용해 고려 왕실과 권신들의 충성 경쟁을 벌이게 했다. 때문에 원종(元宗, 재위 1260~1274) 이후 왕권은 대단히 취약해져 충혜왕은 대궐 안에서 원나라 사신에게 발길질을 당하기도 했다. 충선왕은 인종과 무종이 원나라 황제에 즉위하는 것을 지원하면서 원의 중앙정부에도 영향력을 지니고 있었고, 왕위 계승의 정통성에도 문제가 없었으며 풍부한 유교적 교양까지 갖추고 있었지만, 계국대장공주(薊國大長公主, ?~1315)의 무고로 즉위 7개월 만에 원나라에 압송, 유배되기도 했다. 충목왕 역시 원 황제의 지지를 받았지만, 권세가들의 반발로 개혁에 실패했다.

원나라의 뜻에 따라 고려의 왕이 바뀌거나 폐위된 왕이 복위되기도 했다. 1344년에서 1351년까지 7년 동안 충혜왕의 두 아들(충목왕, 충정왕)이 연이어 왕위에서 쫓겨났고, 충정왕(忠定王, 1349~1351)은 퇴위 다음 해에 독살되었다는 의혹에 싸이기도 했다.

원나라 관리의 횡포 고려는 원나라 관리들의 횡포에도 시달렸다. 심지어 원나라에서 근무하던 고려 출신 환관들의 횡포는 상상 이상이었다. 『고려사』「환자편宦子編」에 따르면, 고려에서 환관은 부곡部曲 출신이거나 무녀 또는 관에서 일하던 여종의 소생으로 천예賤隸에 속했다.

당시 고려는 거세하는 형벌이 없었기에 개에게 물리는 등 사고로 거세된 자들을 내궁內宮이나 내궁의 옥獄에서 일하게 했다. 그러나 환관은 조정의 관리가 되지 못해 녹봉을 받지 못했고, 먹고 입는 정도의 편의만 제공받았다.

반면 원나라의 환관은 정식으로 관직을 받았고, 부와 권력을 누리기도 했다. 이 사실을 알게 된 고려에서는 아버지나 형 등이 가족들을 고자로 만들기도 했고, 스스로 거세하는 자들까지 생겨나 불과 수십 년 사이에 거세한 자들이 눈에 띄게 증가했다.

고려 출신 환관이 원과 인연을 갖게 된 것은 충렬왕의 왕비 제국대장공주 때였다. 그녀가 원의 황실에 고려 환관을 몇 명 바쳤는데, 이들이 시종侍從과 재물財物의 출납에 능력을 발휘하여 주목받게 되었다. 이후 호조판서에 해당하는 대사도大司徒에 오르거나 봉군된 자도 있었고, 저택·수레·의복 등을 재상의 격식에 따르는 자들까지 생겨났다.

그런데 이들이 원나라 사신으로서 고려에 들어와 친족들의 요역(徭役, 국가가 백성들의 노동력을 무상으로 징발하는 제도) 면제나 벼슬을 요구하는 등 고려의 인사 정책에 난맥상을 일으킬 정도로 횡포가 극심했다. 공민왕 3년(1354)에는 원의 사신으로 온 환관 김광수가 자신의 친인척 등 무려 300명의 명단을 왕에게 내놓으며 관직을 요구하기도 했다.

노골적으로 고려 왕실을 멸시하는 자들도 있었다. 노비 출신으로 자기 손으로 거세하고 환관이 된 백안독고사(伯顏禿古思, ?~1323)는 원 황제 인종(仁宗, 재위 1311~1320)의 총애를 받자 남의 논밭을 빼앗는 등 극심한 횡포를 부렸다. 당시 연경에 머물던 충선왕이 태후에게 청해 백안독고사가 빼앗은 논밭과 노비를 주인에게 되돌려주기도 했다. 이때의 일로 앙심을 품은 백안독고사는 영종(英宗, 재위 1320~1323)이 새 황제로 즉위하자 충선왕을 무고하여 토번吐番으로 유배를 보낼 정도로 권세를 누렸다. 그러나 그에 대한 참소가 심해지자 부담을 느낀 황제가 사형에 처했다.

이외에도 기황후(奇皇后, 생몰 미상)가 순제(順帝, 재위 1333~1370)의 제2황후가 되는 데 공을 세운 고용보(高龍普, ?~1362)는 고려를 모해한 자들 중에서도 으뜸이었고, 이대순(李大順, 생몰 미상)은 어향사御鄕使로 고려의 각 도를 돌아다니며 수령들이 눈에 거슬리면 죄인을 심문할 때 쓰는 몽둥이질도 서슴지 않았다. 그리고 원나라 일곱 황제와 두 명의 황태후를 시종했던 방신우(方臣祐, ?~1343)는 충렬왕이 무고를 당했을 때 이를 밝히는 데 공을 세운 인물로, 중국 강남의 옥토 4천 묘와 뇌물로 받은 금은보화를 헤아릴 수 없이 쌓아놓고도 어향사로 고려에 오면 민간의 재물을 쓸어 모아 갔다.

이들이 고려 국경에 들어서는 순간부터 군·현의 수령들은 모두 긴장하지 않을 수 없었지만, 원나라 조정에 청원할 일이 생기면 이들에게 의지할 수밖에 없었기 때문에 눈치를 살펴야 했다.

친원 세력이 득세하다 원나라에서 생활하던 세자가 즉위하기 위해 귀국하면, 원에서 세자를 수행했던 자들이 함께 귀국하여 고려의 관리로 등용되었다. 그러나 이들 중에는 능력을 검증받지 못한 자들이 적지 않았고, 지나치게 탐욕을 부리기도 했다. 여기에 공녀로 원나라에 갔다가 황실이나 고관의 처첩이 된 여인들의 친족과 통역관 그리고 해동청(海東

靑, 매)을 잡기 위해 설치된 응방鷹坊의 관리들까지 횡포가 극심했다.

고려는 원나라에서 매의 헌납을 강요하자 국책기관인 응방을 설치했고, 전담 인력을 확보하기 위해 이리간伊里干이라는 촌락을 만들었다. 응방의 관리들은 매를 잡고 사육하는 일을 담당했고, 왕이 사냥에 나가는 행사에도 참가했다. 이들은 면역과 면세 그리고 노비와 소작인을 거느리는 혜택까지 누렸지만, 만족하지 않고 횡포를 부렸다.

응방의 설치에는 지나치게 매사냥을 즐겼던 충렬왕의 취미도 큰 영향을 미쳤다. 세자와 왕비가 백성들의 고통받는 생활을 이유로 매사냥을 말릴 정도였다.

당시 무인 출신이었던 윤수(尹秀, 생몰 미상)는 응방을 통해 진출한 대표적 인물이었다. 원종 때 윤수는 조오(趙璈, 생몰 미상)가 권신 임연(林衍, ?~1270)을 제거하자는 제안에 거짓으로 승낙한 뒤 임연에게 이를 밀고했다. 얼마 후 무인정권이 무너지자 윤수는 '조오 사건'의 책임을 추궁당할 것이 두려워 가솔들을 이끌고 원나라로 도망갔다. 이후 원나라에서 볼모로 있던 세자 충렬왕을 만난 윤수는 사냥에 쓰는 매와 개를 바쳐 총애를 받게 되었다. 그리고 충렬왕이 즉위하자 귀국하여 대장군에 올라 응방을 관장했는데, 지방의 수령들도 통제하지 못할 정도로 탐학과 횡포를 부려 사람들은 그를 금수禽獸라고 불렀다.

혼란스러운 정국을 이용해 원과 고려 사이에 이간질하며 권력투쟁을 벌이는 자들도 있었다. 고려를 원나라의 일개 행성으로 만들려고 했던 입성책동立省策動이 대표적 예였다.

고려에는 정동행성征東行省이 설치되어 있었으나 원나라가 직접 관할하는 행정기관이 아니라 형식적인 기관이었다. 그런데 충선왕 복위 이후 30년 동안 정동행성을 폐지하고 새 행성을 설치하려는 입성책동이 네 차례나 일어났다.

충선왕 복위 1년(1309) 요양행성의 우승右丞 홍중희(洪重喜, 생몰 미상)가 처음으로 입성책동을 주장했다. 그는 몽골이 고려를 침략할 때 군사를 안내하는 등 몽골의 고려 침략에 합세해 다섯 차례나 고려를 공격했던 홍복원(洪福源, 1206~1258)의 손자다. 그의 집안은 대를 이어 심양 등의 지역에서 유입된 고려인을 통치하고 있었다. 홍중희는 고려가 관직명을 고친 것을 원에 고자질하여 환원시키기도 했고, 원의 황태후가 절을 짓는다며 백두산의 재목을 벌채해 수송하는 등 여러 가지로 고려에 적대적인 행위를 했다.

홍중희는 무종의 황제 즉위에 기여한 충선왕이 심양왕에 봉해지자 충선왕을 탄핵하며 입성책동을 주장하고 나섰다. 다행히 원나라가 이를 기각하고 홍중희를 중국 광동성 남쪽의 조주潮州로 유배 보냈고, 충선왕 복위 4년(1312) "행성을 두지 않겠다"는 원나라의 공식 결정으로 상황이 종료되었지만, 그 대가로 충선왕은 추진하던 개혁을 철회해야 했다.

2차 입성책동은 충숙왕 10년(1323)에 유청신(柳淸臣, ?~1329)과 오잠(吳潛, 1259~1336) 등이 주도했다. 3년 전인 충숙왕 7년(1320) 충선왕이 백안독고사의 참소로 토번에 유배되고 충숙왕 8년(1321) 원나라에 억류된 일이 있었다. 당시 원나라가 심양왕 왕고(王暠, ?~1345)를 고려의 왕으로 삼으려고 했는데, 이들이 왕고의 편에 서서 입성책동을 추진했던 것이다. 이름도 '삼한행성'으로 정할 정도로 상당한 진척이 있었으나 충숙왕 12년(1325)에 철회되었다.

3차는 충혜왕 즉위(1330) 직후 장백상(將伯祥, 생몰 미상)이 주동했다. 장백상은 중국 강남 출신으로 충숙왕 때 정동행성 낭중을 지낸 인물이었다. 그러나 그가 충혜왕을 못마땅하게 여겨 입성책동을 일으켰다는 사실 외에 구체적인 이유는 전하지 않는다. 당시 충혜왕이 직접 원나라에 가서 철회를 요청하여 중단되었다. 그리고 충혜왕 복위 4년(1343)에는 이운李芸과 기철(奇轍, ?~1356) 등이 '왕이 탐학무도하다'는 이유로 4차 입성책동을 일으켰으나 충혜왕을 퇴위시키는 것으로 마무리되었다.

이처럼 4차례에 걸친 입성책동이 좌절된 이유에는 고려의 외교적 노력도 있지만, 한편으로는 고려가 원나라와는 다른 문화와 정치체제를 지니고 있다는 점을 인정받았고, 대몽항쟁을 벌이다가 항복한 고려에 대한 원나라의 배려도 있었다. 고려의 항복은 권력투쟁을 벌이던 원 세조 쿠빌라이가 황제로 즉위하는 데 큰 도움이 되었기 때문이다.

개혁의 실패와 전쟁이 반복되다

대내외적인 모순을 극복하기 위해 사림원詞林院과 정치도감整治都監을 중심으로 충선왕·충목왕·공민왕 등이 반원정책을 실시하며 개혁에 나서기도 했다. 여기에 이제현·안축·이곡·이인복 등 당대를 대표하던 성리학자들도 개혁을 주장하고 나섰다.

충목왕 즉위년(1344)에 과거시험에 사서四書가 포함되면서 신흥사대부들의 관직 진출 기회가 늘어났고, 충목왕 3년(1347)에는 불법으로 빼앗은 토지와 노비를 주인에게 돌려주기 위해 정치도감을 설치하여 우정승 채하중(蔡河中, ?~1357)과 기황후의 동생 기주(奇柱) 등을 조사할 정도로 적극적인 활동을 벌였다. 그러나 기황후의 친족 기삼만(奇三萬, ?~1347)이 조사를 받다가 옥사하자 원나라에서 사람을 보내 정치도감 관리들을 장형에 처했으며, 충선왕 이후 50년 만에 추진 개혁이 후퇴하고 정치도감은 설치된 지 3년 만인 충정왕 1년(1349)에 철폐되었다.

이후 중국에서 원의 지배 질서가 무너지기 시작하면서 고려에는 위기와 기회가 동시에 찾아오게 된다. 이 무렵 하남河南 지방에서 한산동(韓山童, ?~1355)과 한교아(韓皎兒, ?~1355)의 난이 일어났고, 영주(지금의 안휘성) 지방에서는 유복통(劉福通, 1321~1363)이 홍건紅巾이라는 이름으로 중원을 위협하며 세력을 넓혀 나갔다. 그리고 이미 확대된 한족漢族의 농민 봉기로 중국의 강남 지역은 원의 지배에서 벗어나 있었다.

이 기회를 놓치지 않고 공민왕은 즉위 5년(1356) 만에 친원파의 거두 기철 일당을 제거하고, 원나라 연호를 중지하는 등 원과 관련한 폐정의 개혁에 본격적으로 나섰다. 하지만 고려에는 원의 영향력에 의지하는 세력들이 여전히 존재하고 있었기 때문에 공민왕의 반원 정책이 시의적절했음에도 좀처럼 개혁에 대한 합의를 도출해내지 못했다.

같은 해 6월에 "원나라가 80만 병력을 동원하여 고려를 토벌하려고 한다"는 소문이 백성들 사이에 퍼지자 인심이 동요하여 수많은 사람들이 남쪽으로 피난을 떠났다. 이에 조정에서는 명을 내려 가족을 이끌고 성 밖으로 나가는 것을 금지했다.

여기에 홍건적과 왜구의 침입으로 대규모 전쟁이 6년간 지속되어 국토가 더욱 피폐해졌고, 수도 개경에도 자주 계엄령이 내려졌는가 하면, 주기적으로 천도론이 거론될 정도로 정국이 불안정했고 행정적으로 공백이 생겼다. 물론 이로 인한 피해는 모두 백성들에게 고스란히 돌아갔다. 『고려사』에는 홍건적으로 인한 참상을 다음과 같이 기록하고 있다.

공민왕 9년(1360) 춘정월 병오丙午에 모든 군대가 생양역生陽驛에 머무니 모두 2만이었다. 이때 날씨가 추워 사졸士卒의 수족이 얼어 터지고 엎어지는 자가 심히 많았다. 적은 아군我軍이 장차 진격할 것을 알고, 드디어 사로잡은 의주·정주·서경인들을 죽였는데, 그 수가 만여 명이었고, 쌓인 시체가 언덕과 산을 이루었다.

공민왕 10년(1361)에는 개경을 점령한 홍건적들이 "남녀를 잡아 불에 굽고, 임산부의 유방을 구워 먹는 등 잔인하고 포학함을 방자히 하였다" 고 할 정도로 고려 왕실과 국가는 백성을 지켜줄 능력을 상실해 가고 있었다.

정도전은 이러한 시기에 고려에서 태어나 성장했고, 자신의 삶을 깊이 통찰하며 개혁에 대한 의지를 구체화해 나갔다. 역사상 세상을 바꾼 위인들은 많지만, 정도전처럼 정치·경제·국방·사상에 이르기까지 포괄적인 변화와 혁명을 주도한 인물은 찾아보기 힘들다. 그의 삶은 60년을 넘지 못했지만, 600년이 지난 오늘날 그를 주목하는 이유가 여기에 있다.

한미한 가문,
어디까지 사실인가?

기록을
직접 남기기는 했지만…

『태조실록』에는 정도전의 어린 시절에 대해 "타고난 자질이 총명하고 명민明敏했으며, 공부하기를 좋아하여 많은 책을 보았다"라는 단 한 구절만 전할 뿐, 그의 출생과 성장 과정에 대한 구체적인 기록은 전하지 않는다. 심지어 행장이나 신도비 등 그에 대한 기본적인 자료조차 전하지 않는다.

정도전 역시 자신의 집안에 대해 구체적인 기록을 남기지 않았다. 그가 방대한 저서를 집필했고, 유배지에서는 소소한 일상까지 기록으로 남겨놓았다는 사실과도 비교된다. 부족하나마 현재까지 전하는 자료에 따르면 그와 관련된 내용은 다음과 같다.

태조 5년(1396) 명나라와 표전문 문제로 신경전을 벌일 때 정도전의 나이가 55세라는 기록으로 보아 그의 출생 시기는 충혜왕 복위 3년(1342)으로 보인다. 그리고 출생지에 대해서는 개경이나 경기도 양주, 경상도 봉화 또는 영주, 충청도 단양 등 세 가지 설이 있다.

개경 또는 경기도 양주설은 정도전의 아버지 정운경(鄭云敬, 1305~1366)이 중앙에서 홍복도감의 판관을 지내던 시기에 가족이 개경이나 양주에 살았을 때 태어난 것으로 보고 있다. 그리고 '삼봉三峯'이라는 호는 그가 태어나 살던 개경 부근의 삼각산三角山에서 따왔다고 한다.

영주 또는 봉화설은 정도전의 친가親家가 있던 지역으로, 현재의 경북 영주시 이산면 신암리를 말한다. 이곳은 영주에서 봉화로 가는 지방도로 중간 지점에서 왼편으로 꺾어 들어가는 산촌이다. 정도전의 출생지에 대해 별도의 기록이 전하지 않는 것은 그가 고향인 봉화에서 태어났기 때문에 당시 관례에 따라 굳이 기록할 필요가 없었던 것으로 보인다.

단양설은 지금의 신단양이 된 도전리로, 정도전의 외가外家가 있던 곳을 말한다. 당시 관습에 따라 아이를 출산하기 위해 어머니가 친정으로 갔을 것으로 보고 있다. 이곳에는 다음과 같은 이야기들이 전한다.

정도전의 아버지 정운경이 젊었을 때 단양 지방을 지나가다 관상을 보는 사람을 만나 "10년 후에 혼인하면 재상이 될 아이를 낳게 될 것이다"라는 예언을 듣게 된다. 이 말을 믿은 정운경은 금강산에 들어가 수양을 하고 돌아오는 길에 단양 지방의 도담 삼봉을 지나가게 되었는데, 마침 비가 내려 인근의 초막집에서 유숙을 하게 되었다. 그리고 그곳에서 우禹씨 소녀를 만나 정도전을 낳았다.

어느 날 양반집 여종이 강가 수수밭에서 새를 쫓고 있는데, 지나가던 선비가 여종의 미모에 반하여 하룻밤을 같이 보내고 아이를 낳았다. 아이는 '길에서 얻었다'는 뜻으로 이름을 '도전道傳'이라 했고, 부모가 인연을 맺은 곳이 단양의 삼봉이라고 해서 호를 삼봉이라고 했다.

이처럼 두 이야기에서 주목되는 공통점은 '정도전의 출생이 미천하다'는 것이다. 그리고 정도전이 사망한 후에 기록된 『태조실록』의 「정도전 졸기」를 비롯해 『고려사』에 수록된 「정도전전傳」과 언관의 상소문, 『차문절공유사車文節公遺事』의 「연안 차씨延安車氏 족보」 등에도 정도전의 출생에 대해 유사한 내용이 전한다. 하지만 위의 자료들은 작성자나 작성 시기 등을 감안하면 정치적 의도가 개입되었을 가능성을 배제할 수 없다.

한미한 가문, 평생 족쇄가 되다

정도전의 혈통에 대해 공식적으로 거론되기 시작한 것은 공양왕 대였다. 그를 탄핵하는 상소문에 따르면 "정도전은 가풍이 부정不正하고, 파계派系가 밝지 못하다"며 주로 외가 쪽을 겨냥했고, 『태조실록』에도 다음과 같이 기록하고 있다.

단양 우씨 우현보의 인척 중에 김진이란 사람이 있었다. 그는 일찍이 중이 되었는데, 자신의 종이었던 수이樹以의 아내와 몰래 간통하여 딸 하나를 낳았다. 사람들은 그 아이를 수이의 딸이라고 했으나, 김진은 자기 딸이라고 하며 극진하게 대했다. 김진은 후일 환속하여 수이를 내쫓고 그의 아내를 빼앗아 살림을 차렸다. 그 후 김진은 성장한 딸을 사인士人 우연의 첩으로 시집보내고 노비와 전택田宅을 모두 물려주었다. 김진의 딸과 우연 사이에 딸 하나를 낳았는데 그녀가 공생貢生 정운경鄭云敬의 처가 되었다. 운경은 벼슬을 오래 살아 형부상서에 이르렀으며 아들 셋을 두었다. 맏아들이 바로 정도전이다.

여기서 우현보(禹玄寶, 1333~1400)의 집안은 고려 말 구세력을 대표하는 가문이었고, 우현보의 손자는 고려의 마지막 왕인 공양왕의 사위였다. 우씨 집안과 정도전의 관계에 대해 다음과 같은 기록이 전한다.

우현보에게는 세 아들이 있었는데, 이들은 정도전이 처음 관직에 나아가 벼슬을 할 때 자기 집안 노비의 자식이라 하여 경멸했고, 매번 관직을 옮기게 될 때마다 임명장에 도장을 찍어주지 않아 골탕을 먹었다. ……때문에 정도전은 피해의식을 갖게 되고 매우 분개하며 그들을 원망하기 시작했다. ……그 후 우현보의 맏아들 홍수洪壽의 아들 성범成範이 고려왕조의 부마駙馬가 되자 정도전은 성범 등이 그 세력을 이용해 자신의 근본을 폭로할까 두려워하여 현보의 집안을 계속해서 무고無告하였고, 결국 조선 개국 직후 성범을 무고로 죽이고, 마침내 우현보와 우홍수 삼형제와 이숭인 등 자신의 가문을 비천하다고 무시하던 인물들을 무고하여 곤장을 쳐서 모두 죽게 했다.

이 내용에 따르면, 정도전은 가문에 대한 콤플렉스 때문에 우현보 집안을 무고했다. 그러나 정도전의 아버지 정운경은 정도전이 관직 생활을 하던 초기에 고위직에 해당하는 정3품 형부상서를 거쳐 검교밀직제학의 자리에 있었지만, 우씨 집안에서 정운경의 집안 문제를 거론했다는 내용은 보이지 않는다.

또한 우씨 형제와 이숭인의 사망과 관련해서도 이들이 사망한 지 20년이 지났고, 정도전이 사망한 지도 10년이 더 지난 태종 11년(1411)에 정도전의 집안 문제를 거론하며 탄핵했다는 점도 의문이다. 당시 조영무(趙英茂, ?~1414) 등 개국공신이 나서서 "이종학과 이숭인 등은 고려에 충성하는 당黨이었고…… 정도전이 개인적인 원한으로 그런 것이 아니라, 공정한 마음에서 한 행동이며…… 비록 임금을 속였으나 마음은 실로 사직社稷을 위한 것이니 용서할 만하다"고 적극적으로 변론하기도 했다.

하지만 태종은 "내가 정도전을 죄주는 것이 이숭인과 이종학을 위함이 아니라 천하 만세의 계책을 위함이다. 태조는 강하고 현명한 임금인데도 정도전과 같은 신하가 있었으니, 후세에 만일 용렬庸劣한 임금이나 약한 임금이 있으면 신하가 정도전을 본받아 못 하는 일이 없을 것이다"라며 비록 정도전이 죽은 후였지만, 그의 죄를 분명히 따져야 한다고 강경하게 나왔다. 이 태종의 말에는 정치적 의도가 담겨 있는 듯하다.

어디까지가 사실일까?

태종은 집권 5년 차를 넘길 때까지 태상왕(이성계)의 신임을 받지 못했고, 태상왕을 추종하던 세력들의 저항도 받았다. 그로 인해 마음고생이 심했던 태종은 태상왕이 사망하자 본격적으로 왕권을 강화하는 과정에서 자신이 즉위할 때 지지하지 않았거나 소극적이었던 자들을 숙청했다. 여기에는 정도전 일파로 분류되는 인물들도 포함되어 있었다. 이러한 과정에서 정도전의 가문과 관련한 이야기가 나왔다는 점은 정치적 해석의 여지가 분명 있다. 따라서 정도전의 집안과 관련해서는 그가 직접 작성한 아버지 정운경의 행장과 묘표의 내용을 먼저 살펴볼 필요가 있다.

정도전의 선조는 대대로 경북 봉화에서 향리를 지냈다. 향리의 최고직인 호장을 지낸 고조부 정공미鄭公美는 봉화를 본관으로 한 '봉화 정씨'의 시조다. 정공미의 아들 영찬英粲은 7~8품의 하급 산직散職인 비서랑동정秘書郎同正을 지냈고, 영찬의 아들 균均은 종3품 산직에 해당하는 검교군기감檢校軍器監을 지냈다. 이는 집안 대대로 향리 직을 세습하면서 산직을 제수받았거나, 정도전 대에 조상들에게 벼슬이 추증된 것으로 보인다. 정도전의 집안에서는 균의 아들이자 정도전의 아버지인 정운경이 처음으로 과거에 급제하여 중앙에서 관직 생활을 하게 된다.

정도전은 어머니에 대해서 "(아버지의) 부인 우씨禹氏는 영주의 사족士族인 산원 우연禹淵의 딸이다"라고 기록하고 있다. 따라서 정도전의 외할아버지가 산원 우연이라면 『태조실록』에 전하는 단양 우씨 집안 여종의 딸과 결혼했다는 우연禹延과는 동일인이 아닐 가능성이 충분하다. 정도전이 외할머니의 가계에 대해 기록한 내용은 더 이상 없지만, 당시에는 외가에 대해서 특별히 세상에 이름이 알려진 조상이 아니면 기록하지 않는 것이 관례였기에 특별한 뜻은 없다.

정도전의 아버지 정운경이 충숙왕 대에 과거에 급제하여 고위직인

정3품 형부상서와 검교밀직제학을 지냈고, 병부에서 무관의 인사를 담당하는 관직을 지냈다는 사실도 주목된다. 이 직책은 일반적으로 능력이나 행실을 중시했으며, 가문에 하자가 있을 경우 진출하기 어려운 청요직淸要職에 해당했기 때문이다. 당시 인사제도의 문란으로 엄격한 인사 기준이 적용되지 않았을 가능성도 있지만, 정운경이 관직 생활을 하는 동안 권세가의 지원을 받지 못했다는 사실을 고려하면 정도전의 가문이 미천하다는 세간의 지적에 의문이 든다.

그런데 묘하게도 정도전 역시 명문가 서얼 출신과 결혼했다. 그의 부인은 우연의 집안과 인친 관계를 맺고 있던 연안 차씨 집안의 사위인 최습崔濕의 서녀로 전한다. 최습은 우연의 정실부인인 연안 차씨의 오빠 차안도(車安道, 생몰 미상)의 사위였다. 하지만 당시 사회에서 이러한 혼인 관계가 이상한 일은 아니었다. 빈한한 가문의 유능한 청년과 유력한 가문의 서얼 자녀의 결합은 당시 사회적으로 용인된 혼인 방식이었다.

개국공신 중에는 정도전 외에도 조영규(趙英圭, ?~1395)·함부림(咸傅霖, 1360~1410) 등이 차원부(車原頫, 1320~?)의 이복동생 차원석車原碩의 사위였으며, 이방원의 최측근 하륜(河崙, 1347~1416) 역시 연안 차씨의 외척이었다. 따라서 정도전과 하륜·조영규·함부림은 모두 인친 관계가 된다. 정도전의 가장 절친한 동료였던 정몽주(鄭夢周, 1337~1392) 역시 어머니가 연안 차씨 집안의 외손녀로, 정몽주는 외증손이었다.

그러나 조영규와 함부림 등은 모두 연안 차씨 집안의 서얼 혈통을 이어받은 것으로 전한다. 반면 고려의 건국공신 집안인 연안 차씨 집안의 적통 출신들은 조선의 건국 과정에 참여하지 않았다. 이에 조선의 건국 과정에 참여한 서얼 계통 인물들과 정적이 되었다는 흥미로운 이야기도 전한다.

대표적인 예로, 마지막까지 고려에 대한 충절을 지키다가 몰살당했다는 '두문동 72현'에 연안 차씨 가문의 차원부가 있었다. 차원부는 이색·정몽주 등과 함께 성리학을 연구하다 문란한 정치에 회의를 느껴 관직을 버리고 평산平山 수운암동水雲庵洞에 은거했다. 그런데 그가 조선 개국 후에도 생존해 있었다는 기록으로 보아 두문동과 관련한 내용이 모두 사실은 아닌 것으로 보인다.

배타적 가문 의식이 작용하다

차원부와 이성계의 각별한 인연도 전한다. 우왕(禑王, 재위 1374~1388)의 지원을 받아 최영(崔瑩, 1316~1388)이 요동 공격에 나섰을 때 이성계가 차원부에게 찾아가 대책을 묻자 차원부가 요동 공격에 반대했다고 하며, 조선이 건국된 후 당시의 공을 내세워 그를 개국공신으로 책봉하고 관직을 내렸으나 거절했다고 한다.

차원부는 조선 개국 후 정도전과 하륜의 가계를 기록으로 남겼다. 그런데 태조 7년(1398) 8월, 이방원의 최측근 하륜이 차원부가 '정도전의 난(1차 왕자의 난)'에 관여했다는 이유로 자객을 보내 차원부와 내외 친족 70여 명을 몰살하고 해주의 신광사神光寺에 보관되어 있던 차씨와 유씨柳氏의 족보를 기록한 목판본을 불태워버렸다고 한다. 이후 세종 때 하위지 등의 신원으로 누명을 벗은 차원부는 시중의 벼슬에 추증되고, 문절공文節公이라는 시호가 내려졌다.

차원부의 억울함 씻어주기 위해 문종의 명으로 『차원부설원기車原頫雪冤記』를 찬술하여 세조 2년(1456)에 완성되었다. 그러나 편찬에 참여했던 하위지·박팽년·성삼문 등이 단종 복위운동에 가담했다가 처형되는 바람에 간행되지 못했다가 숙종 때 사육신이 신원되면서 간행되었다. 여기에는 차원부가 태조의 두터운 신임을 받았으나 정치에 뜻을 두지 않았고, 태조가 여러 번 칙서를 내리며 정치에 참여할 것을 권유했지만 거절했다는 내용이 수록되어 있다. 이후 태조는 "높이 나는 기러기가 덫을 멀리 피한다"며 미복微服 차림으로 차원부를 찾아가거나 궁궐로 불러 만났다고 한다.

이 책에는 "차원부가 족보에 바르게 썼으므로, 정도전을 비롯해 하륜·함부림·조영규 등이 이를 갈며 틈을 노리다가 앙갚음을 하려고 참소하기를 '차원부는 정몽주와 더불어 외종형제가 되므로 왕(태조)을 돕지 않았던 것이며……' 하고는 사병을 이끌고 가서 차원부를 송원에서 죽이고 그 친족 71인을 주륙하니 그의 아들 중랑장 안경은 스스로 목을 매 죽었다. 그 뒤 태종대왕이 그 원통함을 살피어 좌찬성으로 추증하였고, 세종께서 교지를 내리어 자손을 서용敍用하였으며……"라고 정도전과 하륜 등이 자신들의 비천한 출신을 감추기 위해 차원부와 그의 가족들을 죽인 것으로 기록하고 있다.

하지만 『태조실록』에는 차원부라는 이름이 등장하지 않다가 선조 대에 비로소 차원부의 이름이 등장하고 있어 신빙성에 의문을 가질 수밖에 없다. 그리고 역성혁명 과정에서 고려에 충절을 지킨 이른바 '두문동 72현'이라는 개념과 역사적 근거 역시 당대의 것이 아닌 구전하던 것을 조선 후기에 이르러 기록한 것이다.

따라서 연안 차씨 집안과 관련한 기록에는 사실 여부와 관계없이 특정 가문을 미천한 출신, 즉 천출賤出 또는 얼손孼孫의 자손이라고 배척하면서 상대적으로 가문의 우월성을 드러낸 배타적 가문 의식을 담아 공격하려는 정치적 의도가 작용했던 것으로 보인다.

고려 말기에는 적서차별이 제도화되지 않았고 서얼이라는 말도 없었지만, 정서적으로 차별 의식이 존재했다. 가문이 출세의 중요한 조건이었고, 정쟁이 발생하면 가문 간의 갈등으로 이어지면서 혈통적 결함 등 신분적 흠을 공격한 것이 그 예였다. 이러한 과정에서 가문에 대한 왜곡이 발생하기도 했다.

묘하게도 조선의 개국에 참여한 인물들 가운데 한미한 가문 출신이 많았다. 때문에 '한미한 가문 출신들이 자신의 처지에 대한 불만이 조선의 개국에 참여하는 원인이 되었다'거나 '측실과 적실 사이의 감정적 갈등이 피를 부르는 악순환으로 이어졌다'는 등 고려 말기 신흥사대부 사이에서 개혁의 방법론을 놓고 벌어진 대립을 가문과 혈통이라는 관점에서 해석하기도 한다.

정도전 역시 조선의 개국에 적극적으로 참여하게 된 이유가 '한미한 집안 출신으로, 궁핍한 생활이 원인이 되었다'고 평가하는 등 그가 정치적 위기를 맞을 때마다 혈통 문제가 그의 발목을 잡았다. 그가 사망한 후에도 출신에 대한 문제가 제일 먼저 거론될 정도로 혈통 문제는 당시 사회에서 대단히 민감한 문제였다. 그러나 정도전이 자신의 혈통이나 가정환경에 대해 구체적으로 거론하거나 특별히 불만을 가졌다는 기록은 어디에도 없다.

소년 정도전, 정체성을 형성하다

아버지 정운경, 마음속에 뿌리내리다

정도전의 아버지 정운경은 어려서 어머니를 여의고 이모 집에서 성장했다. 10세를 전후해 봉화 부근의 영주榮州 향교에서 공부했고, 학문에 진전이 보이자 지금의 안동인 복주福州에 있는 격이 좀 더 높은 향교로 옮겼다. 이후 외삼촌을 따라 개경으로 올라와 신학문인 성리학을 접하게 된다. 따라서 정운경의 외가가 고려의 수도 개경에 생활 기반이 있는 개혁 성향을 지닌 신진사대부 집안이었거나 그들과 각별한 인연이 있었을 가능성도 없지 않다.

「관동별곡關東別曲」의 저자 안축(安軸, 1282~1348)이 칭찬할 정도로 재능이 뛰어났던 정운경은 충숙왕 13년(1326) 사마시司馬試에 급제하고, 충숙왕 17년(1330) 동진사同進士에 급제하여 다음 해 상주목 사록司錄으로 관직 생활을 시작했다. 정운경은 복주에서 사록의 벼슬을 지내던 시기에 고려 말 가전체 작품으로 유명한 『죽부인전竹夫人傳』의 저자이며 대학자 이곡(李穀, 1298~1351)과 교유했다. 이곡은 학문은 물론, 북경에 여러 번 왕래하면서 외교관으로도 능력을 발휘하며 원의 문인들과 교류를 넓히는 등 국제적으로 명성을 얻은 인물이다. 두 사람의 인연은 이곡이 한산韓山 지방 향리의 자제로 지방의 사대부 출신이라는 신분적 동질감도 있었지만, 새로운 학문인 성리학에 대한 학식과 덕망이 서로를 이끌기에 충분했을 것이다.

정운경은 지방 관직에 있다가 다른 곳으로 발령이 나면 민폐를 끼치지 않으려고 공무로 밖에 나갔다가 곧장 발령지로 떠날 정도로 청렴했다. 상주목 사록을 지낼 때는 억울하게 누명 쓴 용궁감무龍宮監務를 구제하여 안렴사까지 놀라게 했고, 원나라 천자의 총애를 믿고 상주에서 횡포를 부리던 환관이 싫어 관직을 버리고 낙향하기도 했다. 그가 밀성군지사(밀양 군수)를 지내던 충혜왕 복위 4년(1343)에는 재상 조영휘趙永暉가 밀성인에게 빌려주었던 포布의 징수를 종용하자 '관리가 사적인 일에 나설 수 없다'며 묵살하기도 했다. 그뿐만 아니라 복주목의 판관에 전임되어서도 재판을 공정하게 처리하는 등 강직하고 청렴한 관리로 가는 곳마다 선정을 베풀어 주변으로부터 신망이 높았다.

정운경은 백관들이 아침에 왕을 조회할 때 의식과 예절을 맡아보던 통례문지후(정7품)로 개경에 근무했고, 이어 법률을 관장하던 홍복도감 판관으로 재직했다. 그 후 능력을 인정받아 재정을 맡은 삼사의 판관을 거쳐 서운부정書雲副正이 되었고, 충목왕 2년(1346)에는 하정사賀正使의 서장관으로 연경에 다녀오기도 했다. 공민왕 8년(1359) 정3품직으로 오늘날의 법무부 장관직인 형부상서에 올랐고, 이어 공민왕 12년(1363) 검교밀직제학에 제수되었으나 병으로 사직하고 고향 영주로 낙향하여 공민왕 15년(1366) 62세를 일기로 생을 마감했다.

이처럼 정운경은 지방 향리 가문 출신으로 집안의 후광도 없이 왕이 직접 임명하는 중앙의 정3품 당상관의 자리까지 오를 수 있던 것은 그가 실력형 인물이었음을 짐작하게 한다. 그의 아들 정도전이 역적으로 사망한 후 편찬된 『고려사』「양리전良吏傳」에 다섯 명의 청백리 중 한 사람으로 선정될 정도로 관리로서의 청렴·강직함과 능력 그리고 신학문인 성리학에 대한 학문적 소양을 인정받았다. 그는 비록 조정으로부터 시호를 받는 최고위직에는 오르지 못했으나, 그를 아끼는 친구들이 청렴함과 의로움을 기려 '염의 선생廉義先生'이라는 시호를 지어주었다.

정운경은 진사시험에 합격한 후 결혼해 장남 도전道傳, 차남 도존道存, 삼남 도복道復 등 3남 1녀를 두었다. 유학을 전하고, 유학을 지키고, 유학을 부흥시키라는 뜻으로 세 아들의 이름을 지었던 것으로 보아, 정운경이 유학을 숭상하던 인물이었음을 알 수 있다. 특히 38세의 늦은 나이에 장남 정도전을 보게 된 정운경은 겉으로 내색하지 않았을지라도 정도전에 대한 사랑과 기대가 남달랐을 것이다.

정도전 역시 어려운 환경에서 자신의 실력만으로 입신양명한 아버지를 존경하며 매우 따랐고, 성장기에 큰 영향을 받았다. 무엇보다 신학문인 성리학을 공부한 신진사대부에 속했던 아버지에게 윤리와 도덕에 기반을 둔 학문적 소양을 교육받았으며, 청렴과 강직함도 아버지에게서 물려받았다.

한편으로는 가난한 가정을 돌보았던 어머니와 가족들을 보며 그가 어떤 생각을 했을지 궁금하기도 하다. 분명한 것은, 정도전은 가정의 불우함을 개인적 불만으로 여기지 않고 사회에 관한 관심과 비판 의식으로 이어졌다는 점이다. 정도전이 아버지 정운경에 대해 "평일에 가산을 돌보지 않고 세간의 이익에 담박했으며…… 집에는 쌓아놓은 재산이 없고 처자는 추위와 배고픔을 면치 못하였으나 담담하게 처신했다"고 평한 것도 그 예라 하겠다.

또한 정운경은 "백성은 다스리는 것이 아니라 편안하게 해주는 것이며, 관직에 나아가 관리의 책임을 망각하고 일신의 즐거움을 찾거나 제 한 몸 편안한 것만 좇아서는 안 된다"는 말을 몸소 실천을 통해 정도전에게 보여주었다. 정도전 역시 "학문을 한다는 것은 마음을 닦는 것이고, 이것이 쌓여 학덕學德이 되어 진실한 도道를 깨닫고 선善을 얻는 군자가 되는 법을 배웠으며, 얕은 지식으로 벼슬이나 구하려고 해서는 사대부로서 구차한 삶을 연명하는 것에 지나지 않으니 국가의 녹이나 축내고 처자를 부양하는 데 연연해서야 진정한 사대부의 뜻을 지키는 것이 아니다"라며 아버지의 가르침을 평생 가슴에 간직하고 살았다.

감수성이 예민하고 명석한 소년 정도전이 고려의 수도 개경에서 청소년기를 보낸 것도 정운경이 정도전에게 준 또 하나의 선물이었다.

개경,
화려함 뒤에 숨겨진 어두운 그림자를 보다

정도전은 삼각산三角山 아래 살면서 소년기를 보낸 것으로 전한다. 삼각산은 개경 동남쪽에서 멀지 않은 곳에 있는 산으로, 그의 호 삼봉三峯 역시 '학문이 삼각산 봉우리처럼 우뚝 솟으라'는 의미에서 친구들이 지어주었다고 한다.

정도전이 언제부터 개성에서 생활하게 되었는지는 정확하지 않다. 다만 『삼봉집』에 "10대 중반에 개경에 올라와 이색의 문하에서 수학하게 되었다"는 기록과, 이색이 원나라에서 돌아와 개경에서 문생門生을 받기 시작한 시기를 고려하면 대략 공민왕이 집권 5년 차를 넘긴 1350년대 중반으로 보인다.

고려의 수도 개경은 정치·경제·사회·교육·문화 등 모든 것의 중심지였다. 그리고 왕족과 권문세족이 특권층을 형성하고 있었고, 왕성한 소비가 이루어지고 있었으며, 대외적으로 문물 교류도 활발했다. 개경의 화려함은 주택에서도 나타났다. 당시에는 왕족도 궁宮을 소유할 수 있었고, 이들은 궁을 금金으로 치장하기도 했다. 귀족도 왕족 못지않았다. 충숙왕이 문신 권준(權準, 1280~1352)의 집을 둘러보고 "과인이 감히 감당할 바가 아니다"라고 탄식했고, 이보다 100년 전에 최자(崔滋, 1188~1260)는 『삼도부三都賦』에 개경을 다음과 같이 묘사했다.

> 공경들의 저택이 10리에 뻗쳤는데, 엄청나게 큰 누각은 봉황이 춤추는 듯 이무기가 기어오르듯, 서늘한 마루와 따스한 방이 즐비하게 갖춰져 있고, 금벽金壁이 휘황하여 단청이 늘어섰네. 비단으로 기둥 싸고 채전으로 땅을 깔고, 온갖 진기한 나무와 이름난 화초들, 봄의 꽃과 여름 열매, 푸른 숲에 붉은 송이, 그윽한 향내, 서늘한 그늘이 한껏 곱고 아름다움을 뽐내네.

'개경에는 민가보다 사찰이 많았다'고 할 정도로 크고 작은 절들도 가득했다. 그러나 개경의 화려함 뒤에는 백성의 피와 땀이 서려 있었다. 특히 정도전이 개경에서 청소년기를 보낸 시기에는 공민왕이 개혁을 추진하고 있었다. 그런데 제도가 어중간하고 개혁이 일목요연하게 진행되지 못해 성공과 실패를 반복하고 있었다. 이렇게 정도전은 청소년기에 개경의 화려함과 사회의 모순을 모두 보며 성장했다.

이 무렵 '주자가 개혁을 설파한 성리학'이 원나라에서 들어와 지식인들의 주목을 받았고, 정도전 역시 이색의 문하에서 본격적으로 성리학을 접하게 된다. 그가 개경에 올라오기 전까지는 누구에게 학문을 배웠는지 알 수 없지만, 아버지처럼 지역의 향교에서 수학하다가 개경에 올라와 아버지의 추천으로 이색의 문하에 들어간 것으로 보인다.

이색은 정운경과 교유했던 이곡의 아들로, 김부식-이규보-이제현-이인복의 뒤를 이어 부자父子가 고려를 대표하는 성리학자였다. 『고려사』에는 "이색이 문하생들을 받아들이기 시작하자 배우려는 자들이 많이 모여들어서 더불어 관감觀感하니 정주성리학이 비로소 흥기하였다"고 평가할 정도로 이색의 학당은 최고의 관심과 인기를 끌었다.

정도전은 이색의 문하에서 공부하면서 뜻을 세우고 정신적으로도 성장하는 중요한 시간을 보냈다. 그를 가르친 이색은 "삼봉은 뜻을 세운 것이 대단히 높아 그가 학문하는 데 연구하여 밝히는 것은 포은(정몽주)과 같고, 저술하는 것은 도은(이숭인)과 같았다. 은밀한 말을 분석하고 옛 시를 화답하는 데는 한때의 거벽들이 모두 팔짱만 끼고 감히 겨루지 못하였다"라며 그의 학문을 높이 평가했다.

정도전의 성장기에서 그의 정체성 형성에 가장 큰 영향을 미친 것은 당시 새로운 사상으로 신유학과 이를 함께 공부한 동료 집단이었다. 특히 정몽주는 정도전에 대해 "삼봉은 누구에게나 허락이 적으니, 눈이 있어 분명히 진가眞假를 구별하네"라는 시를 써줄 정도로 일찍이 정도전의 사람됨을 알아보았고, 정도전 역시 정몽주와 교유에서 학문과 사상적으로 가장 큰 영향을 받았다.

마음을 나눈 벗 정몽주, 세상에 눈을 뜨다

정도전이 다섯 살 연상인 정몽주를 처음 만난 것은 공민왕 9년(1360)경으로, 정몽주가 세 번 연속으로 과거에 장원급제하여 장안에 이름이 알려진 시기였다. 정도전이 먼저 정몽주를 찾아가서 만난 후 "선생은 더불어 이야기하기를 평생의 친구처럼 하시고 드디어 가르침을 주시어 날마다 듣지 못한 바를 들었다"며 대단히 인상적인 소감을 기록으로 남겼다. 이후 정도전이 남긴 기록을 종합해보면 스승 이색보다 정몽주에게서 학문적으로 더 많은 영향을 받았다.

이 무렵에는 신유학이 성행했다고는 하나 학문적 분위기는 문장文章과 시구詩句를 매끄럽게 다듬는 데 지나칠 정도로 관심을 기울였다. 과거시험도 이러한 분위기를 더욱 부채질했다. 때문에 이색은 "옛날 사람들은 성인을 본받기 위해 공부하는데 요즘 사람들은 벼슬하기 위해 공부하며…… 시서를 공부함에 그 도道를 깊이 이해하기도 전에 화려하게 과시하고자 하는 욕구가 일어나 문장과 시구를 조탁하는 데 마음씀이 지나치니……"라고 비판할 정도였다.

이러한 분위기에 영향을 받은 정도전 역시 "16~17세 때까지 성률(聲律, 사성四聲의 규율)을 공부하고 대우(對偶, 쌍이나 대칭을 이루는 것, 곧 대구對句)를 만드는 등 무인란 이후의 부용적(附庸的, 남에 의지하여 따로 독립하지 못함) 유학인 사장학詞章學에서 벗어나지 못하고 있었다"고 고백한다.

그러던 어느 날, 민자복閔子復이 정몽주를 찾아갔을 때, 정몽주는 "사장詞章은 말예末藝이고, 이른바 신심身心의 학문이 있는데, 그 말은 『대학』과 『중용』 두 책에 갖추어져 있다"고 말했다. 민자복이 정도전에게 이 말을 전하자 "그 말을 듣고 두 책을 구하여 읽었더니, 비록 잘 알지는 못하겠으나 매우 기뻤다"며 새로운 학문에 눈을 뜨게 되었음을 대단히 자랑스러워했다. 정도전이 정몽주에게 보낸 「달가(達可, 정몽주의 자)에게 올리는 글」에도 이러한 마음이 담겨 있다.

> 나의 벗 달가는 참으로 적격자라고 하겠습니다. 그 이유는 달가가 비록 지위는 높지 않으나 학자들이 본래부터 달가의 학문이 올바름에 감복했고 달가의 덕이 뛰어남에 감복했기 때문입니다. 나처럼 용렬한 사람도 세상의 비웃음을 아랑곳하지 않고 개연히 이단을 물리치는 데 뜻을 두게 된 것은 역시 달가에게 의지하기 때문입니다. 하늘이 달가를 내신 것은 참으로 우리 도道의 복입니다.

두 사람의 관계는 서로에게 가르침을 주며 의지하는 가장 믿음직한 '마음의 벗(同心友)'으로 발전했다. 두 사람의 스승이었던 이색은 정도전에 대해서 "학문에서 어느 누구보다 부지런했고, 가장 뛰어났으며, 그의 논설은 어떤 말이든지 이치에 맞지 않는 것이 없다"고 평했고, 정몽주에 대해서는 "횡설수설도 모두 적당하지 않은 것이 없다"며 극찬했다.

학문적으로는 정몽주가 앞섰으나 뜨거운 열정을 지니고 있던 정도전과 정몽주는 서로를 존중하며 신학문인 성리학을 탐구하고, 고려 사회에 대해 고민했다. 그리고 친명 정책을 주장하다 고초를 치르고, 불교를 비판하는 등 항상 같은 길을 걸었다. 그런 점에서 두 사람은 절친한 벗이자 정치적 동지였다.

우왕 1년(1375) 정도전이 북원과의 외교를 재개하는 것에 반대하다 유배되었을 때, 정몽주는 「삼봉에게 주다」라는 시에 마음을 담아 정도전에게 보내기도 했다.

나라를 돕고 세상을 바로잡기엔 재주가 이미 모자라
어릴 때 익힌 학문, 늙어 흐려짐을 한탄하네
은자 삼봉과 나란히 비교하리
처음에 세운 그 뜻 평생 변함없이 지키는구나

정도전도 시로 응답했다.

마음을 같이한 벗(同心友)이
각자 하늘 한구석에 떨어져 있네
때때로 생각이 여기에 미치면
저절로 사람을 슬프게 하네
(……)
이 사람은 출처에 너무 어두워

한번 움직이면 법이 저촉되누나
지란芝蘭은 불탈수록 향기 더 하고
좋은 쇠는 벼릴수록 빛이 더 나네
굳고 곧은 지조를 함께 지키며
서로 잊지 말자 길이 맹세하네

이처럼 정도전이 유배 생활을 하는 중에도 두 사람은 서로를 격려하며 앞날을 기약했다.

신흥사대부, 나이와 가문을 따지지 않다

이색의 문하생들과의 교유는 정도전의 생애에 커다란 영향을 미쳤다. 정몽주·박상충·이숭인·이존오·김제안·윤소종·권근 등이 그들이다. 이들의 교유는 나이나 가문 등을 따지지 않았고, 형식에 얽매이거나 권위적이지 않았다.

특히 이색의 문하에서 수업과 토론을 통해 서로 학문적 교감을 나누면서 새로운 학문인 성리학을 사상적 기반으로 한 동료 집단의 정체성을 형성해 나갔다. 이후 그들 중 정도전을 포함한 대다수가 도탄에 빠진 고려 말기 사회를 극복하기 위해 '경세 의식'을 함께 모색하며 일생 동안 격동의 시기를 살아가게 된다.

고려의 관료 사회에서 분명 새로운 세대에 속했던 이들은 비록 나이는 어렸지만 뛰어난 실력을 인정받고 있었고, 사회에 대한 책임 의식과 민생民生과 민본民本의 사상적 기반이 형성되어 있었다. 그리고 권력을 도구 삼아 사적인 치부를 일삼던 귀족들에 비하면 도덕성 면에서도 우위를 점하고 있었다. 이들을 신흥사대부라고 한다.

하지만 이들은 모두 끝까지 같은 길을 가지는 못했다. 일부는 권신들에게 강경하게 저항하다 먼저 세상을 떠났고, 개혁의 방법을 놓고 서로 정치적 입장을 달리해 정적政敵이 되기도 했다. 특히 이들은 위화도회군을 기점으로 정치적 입장이 분화되기 시작하면서 크게 세 부류로 나누어지게 된다.

첫 번째 부류는 조선왕조의 개창을 둘러싸고 체제 변혁적인 입장에서 근본적인 문제 해결을 추구한 신흥사대부들로, 정도전과 윤소종 등을 들 수 있다. 두 번째 부류는 개혁에는 동의했지만 고려의 체제 유지와 왕조 재건에 치중한 신흥사대부들로, 정몽주를 대표적으로 꼽을 수 있다. 세 번째 부류는 온건한 입장의 학문적 논거를 지녔고, 조선 개국에 참여하지 않은 인물군을 들 수 있다. 권근과 하륜 등이 그들이다.

이들은 대부분 제명에 죽지 못하고 타살될 정도로 치열한 삶을 살았다. 박상충(朴尙衷, 1332~1375)은 정도전과 함께 권신들에 대항해 반원투쟁反元鬪爭을 벌이다 곤장을 맞고 귀양 가는 도중에 사망했고, 김제안(金齊顔, ?~1368)은 말년에 탐학貪虐과 폐정弊政을 일삼았던 신돈을 암살하려다 사전에 발각되어 처형되었으며, 이존오(李存吾, 1341~1371)도 신돈에 맞서다 유배된 후 30세의 한창나이에 세상을 떠났다.

정몽주는 선죽교에서 이방원의 철퇴에 맞아 비명횡사했고, 이숭인은 정몽주와 같은 온건한 개혁 노선을 걸으면서도 조선 건국 후까지 생존했지만, 고려의 잔재를 청산하는 과정에서 탄핵을 받아 정도전 수하에게 살해되었다는 의문을 남겼다. 그리고 정도전 역시 조선의 건국이라는 대업을 이루었으나 혁명 동지 이방원에게 죽임을 당했다.

윤소종(尹紹宗, 1345~1393)의 경우 위화도회군을 적극 지지했고, 정도전·조준(趙浚, 1346~1405) 등과 함께 개혁에 참여하면서 고려 말부터 정치의 전면에 나서서 누구보다 적극적으로 개혁에 앞장섰으나 조선의 개국에 큰 역할을 하지 못하고 개국 1년 만에 48세의 나이로 병사했다. 그리고 김구용(金九容, 1338~1384)은 정도전과 함께 반원 투쟁을 하다 유배된 후 풀려났으나 명나라에 사신으로 갔다가 억류되어 병사했다.

반면 하륜과 권근은 역성혁명에 참여하지는 않았지만 태조에 의해 발탁되어 중용되었고, 그 후 이방원을 지원하여 살아남아 정도전과 교유했던 동창생 중 드물게 태종 대까지 부귀영화를 누리면서 정도전의 뒤를 이어 조선의 기틀을 마련하는 데 기여했다.

이렇듯 이색의 문하생이자 정도전의 오랜 친구들은 대부분이 제명대로 살지 못하고 죽었지만 대부분 역사 속에 여전히 살아 있다. 다시 말해 그들의 사상과 신념 그리고 실천 의지가 살아남아 오늘날까지 전하는 것이다. 그런 점에서 그들의 험난했던 삶은 난세에 실천적 지식인으로 산다는 것이 어떤 것인지 다시 한번 확인할 수 있는 역사적 경험이기도 하다.

기대를 받으며
공민왕이 즉위했지만…

주자 성리학이 주목받은 까닭은?

성리학은 개인의 고락苦樂보다 사회의 안녕을 위한 책임 의식과 실천 의지를 강조했다. 따라서 혈기왕성하고 개혁에 대한 욕구가 충만한 젊은 지성인들이 성리학을 '국가의 앞날을 인도해주는 등대'로 받아들일 정도로 대단히 매력적인 학문이었다.

주희朱熹가 집대성했다고 해서 주자 성리학 또는 주자학이라고도 하는데, 본래 신유학의 한 갈래다. 신유학의 성장은 사대부 계층의 성장과도 연관이 있었다. 성리학은 송宋 대에 이르러 종래의 자구 해석에 주력하던 한당漢唐의 훈고학풍에서 벗어나 경학經學을 이론적으로 탐구하는 신유학으로 주목받았다. 이후 당송唐宋의 변혁기를 거쳐 중국의 강남이 개발되면서 증대한 경제력을 바탕으로 사대부들의 힘이 확장되는 과정에서 신유학은 이들의 정치사상으로 자리매김하게 된다.

이후 성리학은 원나라 세조가 중국을 통일하면서 북방으로 전파되었고, 고려와 실질적으로 국경이 없는 상태가 되면서 고려에 빠르게 전파되었다. 충렬왕 때 안향(安珦, 1243~1306)이 처음 고려에 소개했고, 백이정(白頤正, 1247~1323) 등과 함께 성리학 1세대를 이루었다. 이어 우탁(禹倬, 1263~1342) 등을 거쳐 권부(權溥, 1262~1346)가 전승했다.

충숙왕 원년에는 중국 강남에 사람을 파견하여 책자를 구입할 정도로 성리학에 대한 분위기가 한층 성숙해졌다. 그리고 이제현·안축·이곡을 비롯해 박충좌(朴忠佐, 1287~1349)·백문보(白文寶, ?~1374)·이인복(李仁復, 1308~1374) 등이 성리학 2세대를 형성했다. 이들은 성리학을 학문에서 정치로 영역을 넓혔고, 개혁과 실천을 중시한 3세대와의 사이에서 징검다리 역할을 담당했다. 3세대는 이색과 그의 제자들인 정도전·정몽주·박상충·이숭인·김구용·김제안·이존오 등을 말한다.

특히 원나라에 유학하여 성리학을 공부했고, 원나라에서 과거에 급제하여 관직 생활을 하던 이색이 귀국하면서 성리학은 양적·질적인 발전을 이루어었다. 대표적인 예로 이색은 귀국 후 올린 장문의 상소에서 전제 개혁과 함께 "과거 응시 자격을 성리학을 공부한 국학생國學生으로 제한하자"고 주장하는 등 성리학을 개혁의 중심에 두게 된다. 이후 성리학 3세대들은 성리학에 대한 이해가 더욱 성숙되어 정치 운동으로 발전시켜 나갔다.

3세대는 사제관계로 맺어진 데다 과거를 통해 관직에 나왔다는 점에서 동류의식과 자부심도 강했다. 특히 이색의 문하생인 정몽주·박의중·윤소종 등은 공민왕 9년(1360) 이후 실시된 과거에서 잇따라 장원급제를 하며 주목을 받았다. 그들은 원나라의 지배와 명나라의 압력, 홍건적과 왜구의 침입, 권문세가의 횡포로부터 사회를 구원할 대안으로 성리학을 수용했다. 이렇듯 이들은 개혁에 필요한 새로운 정치집단으로 성장할 잠재력을 지니고 있었다.

공민왕 14년(1365), 신돈에 의해 개혁이 추진된 이듬해 성균관이 중영重營되면서 이곳을 중심으로 3세대들의 활동 영역이 넓어졌다. 당시 부모상을 치르고 관직에 복귀한 정도전은 성균관에 근무하게 되면서 이색의 문하에서 함께 수학한 동문과 다시 만났다. 이때 정도전은 성리학을 통해 젊은 유생들과도 교류의 폭과 깊이를 더했고, 한편으로는 신진사류新進士類의 추앙을 한 몸에 받고 있던 정몽주와 재회하며 보다 성숙한 신흥사대부로 성장하게 된다.

대륙에 변화의 바람이 불다

공민왕이 즉위하던 시기에 대륙에도 변화가 일어나고 있었다. 자연재해로 수백만 명의 아사자가 발생하여 민생은 피폐해졌고, 원 황실은 사치로 재정이 고갈되어갔다. 원나라 남부 양자강 유역에서는 반란이 이어졌다. 충목왕 3년(1347)에 지역을 할거하는 세력이 나타나기 시작하더니 충정왕 3년(1351)에는 도처에서 홍건적이 난을 일으켰다. 공민왕 4년(1355)에 유복통과 한림아(韓林兒, ?~1366)가 송의 황제를 칭할 정도로 원나라의 세력이 크게 위축된다.

공민왕은 이 기회를 놓치지 않고 전격적으로 개혁을 추진했다. 공민왕 5년(1356) 원의 연호와 정동행성을 폐지했다. 변형된 정부 조직의 복원을 시도하면서 친원파인 기철 형제를 처형하고 "이제부터 법령을 밝히고 기강을 정돈해 온 백성이 모두 함께 새로운 출발을 기약한다"라며 개혁의 불길을 댕겼다. 이때 권문세족이 양민들에게서 빼앗은 토지를 돌려주고 억울하게 노비가 된 양민들을 풀어주는 등 일정한 성과가 나타나면서 백성과 신흥사대부의 지지를 끌어내기도 했다.

공민왕 12년(1363), 장사성(長士誠, 1321~1367)과 주원장(朱元璋, 1328~1398)이 원나라를 위협할 정도로 세력을 확장했다. 그러나 두 사람은 외교적 입장이 같지 않아 갈등이 불거지게 된다. 고려·원과 선린외교를 맺기 원했던 장사성은 공민왕 6년(1357) 7월부터 공민왕 14년(1365) 4월까지 13차례에 걸쳐 고려에 사신을 보냈다. 고려는 이에 응하지 않았지만 원나라는 장사성의 제의를 받아들였다.

반면 원과는 적대적 노선을, 그리고 고려와는 우호적인 관계를 취했던 주원장이 장사성을 몰아내고 공민왕 17년(1368) 대륙의 새 주인으로 등장한다. 이 무렵 공민왕은 정치 일선에서 물러나 있었지만, 고려는 친명 외교로 전환했고, 공민왕 18년(1369) 주원장이 고려에 사신을 보내 두 나라의 관계가 좀 더 가까워졌다. 고려는 같은 해 11월 북원北元의 조서를 받들고 온 사신을 처형하기도 했다.

그러나 고려와 명나라의 외교가 원만하게 진행된 것은 아니다. 주원장은 고려를 한반도 안에 묶어두기 위해 주기적으로 압박을 가해왔다. 이에 공민왕은 명나라가 요동에 신경을 쓸 여력이 없다고 판단하고 공민왕 19년(1370) "기철의 아들이 동녕부東寧府를 근거지로 삼고 아버지 원수를 갚는다며 고려의 북변을 어지럽힌다"며 이들을 진압한다는 명분을 내세워 요동 정벌에 나섰다.

당시 동북면원수 겸 지문하성사였던 이성계가 지용수(池龍壽, 생몰 미상) 등과 함께 기병 5천과 보병 1만으로 100년 동안 존속한 쌍성총관부를 접수했다. 이로써 고려의 경계는 동으로 황성, 북으로 동녕부, 서로는 압록강에 이르게 된다. 이성계는 양백연(楊伯淵, ?~1397)과 함께 고려에 순응한 각 부락의 수장들을 데리고 개선하면서 주목받기 시작했다. 이후 '요동은 중국의 영토'라는 명나라의 항의와 군량미에 대한 부담 등으로 철수하면서 요동지역은 공민왕이 사망할 때까지 어중간한 상태로 '불안정 속의 안정'이 지속되었다.

개혁에 대한 기대와 좌절이 교차하다

고려는 오랫동안 병권兵權을 원나라에 위임했던 탓에 병제兵制가 제대로 가동되지 않아 홍건적과 왜구의 침입에 임기응변식으로 대처할 수밖에 없었다. 또한 인사권은 권신權臣이 쥐고 있어 왕권은 취약했다.

이러한 시기에 공민왕이 즉위했다. 이때가 1351년이었다. 공민왕은 문장과 서예뿐만 아니라 음악과 미술 등에도 뛰어난 재능을 지니고 있었다. 특히 그가 남긴 「천산대렵도天山大獵圖」는 뛰어난 예술 감각을 잘 보여주는 작품으로 알려져 있다.

공민왕은 충숙왕 17년(1330) 충숙왕과 덕비 홍씨의 둘째 아들로 태어났으며, 희대의 패륜아 충혜왕의 친동생이기도 하다. 그는 충혜왕 복위

2년(1341) 12세의 어린 나이에 원의 황실을 숙위한다는 명분으로 원의 수도 연경에 억류되어 10년 동안 생활했다. 그동안 그에게 왕위에 오를 기회가 두 차례 있었다.

첫 번째는 그가 연경에 입성한 지 3년 만인 1344년 충혜왕이 사망했을 때 잠시 왕으로 거론되었다. 그러나 공민왕의 조카이며 충혜왕의 장남인 흔昕이 8세의 어린 나이에 충목왕으로 즉위했다. 두 번째는 1348년 충목왕이 즉위 4년 만에 사망했을 때다. 10대 후반의 공민왕이 적임자인 듯했으나 원 황실은 충목왕의 이복동생인 저氐를 충정왕으로 즉위시켰다. 당시 저는 9세였다.

하지만 그는 다른 왕자들처럼 말썽을 일으키지 않았고, 원의 조정이 황제와 황태자를 지지하는 세력으로 나뉘어 싸울 때도 신중하게 처신했다.

그는 원나라 세력을 등에 업고 책동을 부리는 부원세력附元勢力의 행태를 똑똑하게 보면서 원나라를 중심으로 형성된 고려의 권력 구조가 대단히 취약하다는 사실을 절감하게 된다. 한편으로는 원나라에서 선진문물을 접하고 성리학을 익히며 국제정치에 대한 감각도 키워 나갔다.

은인자중하던 공민왕에게 다시 기회가 찾아왔다. 1351년 10월 "정치가 안정되지 못하고 사회질서가 혼란스럽다"는 이유로 원나라 순제가 충정왕을 즉위 3년 만에 폐위하고 공민왕을 왕으로 세운 것이다. 공민왕은 측근인 조일신(趙日新, ?~1352)을 먼저 고려에 보내 자신의 수종隨從세력과 신흥사대부를 내각에 참여시키는 인사를 단행했다. 마침내 10년 동안의 연경 생활을 청산하고 귀국하여 국왕으로 즉위하면서 교서를 전격적으로 발표했다. 충선왕 이후 50여 년 만이었고, 왕의 존재감이 미약했던 당시로서는 신선한 충격이었다.

공민왕은 즉위 교서의 서두에서 고려의 독자적인 전통과 자주적 역사의식을 강조하며 "태조 왕건 대의 정치를 복원하겠다"는 의지를 밝혔다. 그는 백성들이 고통받는 현실적인 문제에 대해서도 구체적으로 지적하며 척결하겠다는 의지를 강력하게 표명했다.

> …… 지금 세상은 말세처럼 풍속이 퇴폐해지고, 조정에는 요행히 벼슬자리를 차지하여 놀고먹는 자들이 많고, 창고에는 저축한 것이 없는데, 왜구들은 우리 강토를 침범하고…… 근자에는 측근의 신하들이 임금을 둘러싸고 있어 의사가 아래에서 위로 통치하지 못하게 하니, 이는 임금을 그릇되게 하는 것이다. 대언代言들은 돌아가면서 과인에게 직접 간하도록 하고, 지방관들의 건의와 보고도 과인이 반드시 몸소 살필 것이다. ……빈한한 백성이 어쩔 수 없이 아들딸을 팔아먹은 경우 3년이 지나도록 돌려보내지 않는 자는 감찰사와 안렴사가 엄중하게 처벌할 것이다. (……)
>
> 남의 토지나 노비를 잉집仍執하고 거집據執한 자는 다 잡아들이도록 하라. 권세 있는 자로서 잉집 또는 거집한 자는 그 죄과를 깨닫고 본래대로 돌려놓아라. (……)
>
> 각 관사官司가 지방에서 올려 받는 공부貢賦를 보면 출신지의 경관京官에게 먼저 징수하고, 경관들은 고향 사람들에게 두 배나 받아내면서 수년씩 앞당겨 받으니, 향인鄕人들이 당하는 고통이 이보다 더 심한 것은 없을 것이다. 이제 모든 관사는 경인년(庚寅年, 1350년 충정왕 2년) 이전의 것은 모두 면제토록 하고, 앞으로 모든 공부를 수령과 안렴사가 기한 내에 납부하도록 하며, 감찰사에서는 엄격히 조사하여 백성들이

고통을 받지 않도록 하라. ……왜적이 변방을 침략하여 방화를 일삼으며 심지어 조운선漕運船까지 약탈하고 있다. 대책이 있는 자는 누구든 말할 것이며, 좋은 것은 가려서 시행하고 후한 상을 내리도록 하겠다…….

공민왕은 무인정권 이후 서무 결재권만 있었던 왕권 회복을 시도하면서 원나라 풍습인 호복변발을 철폐하고 친원 세력을 척결하는 등 개혁적인 조치를 단행했다.

공민왕은 정방政房의 혁파도 선언했다. 정방은 무인들이 실질적인 권력을 장악하고 있던 기구로, 권신에 의해 변칙적인 인사행정 등 심각한 폐단을 일으키며 논란이 끊이지 않았던 기관이었다. 따라서 정방의 폐지는 인사행정의 공정성을 확보하여 정치 기강을 바로잡고 왕권을 강화하려는 공민왕의 강력한 의지가 담겨 있었다. 그러나 정방의 혁파는 측근과 권신들의 반발로 5년 동안이나 실행에 옮기지 못했으니, 공민왕의 개혁은 순조롭지 못했다.

공민왕은 일곱 차례에 걸쳐 관제 개혁에도 나섰다. 하지만 고려는 100년 동안 원의 지배를 포함해 무인정권 이후 200년 동안 비정상적으로 국정이 운영되어왔고, 홍건적·왜구·여진족 등의 침탈과 부원배 및 권문세족의 거센 반발로 개혁은 연속성을 띠지 못했다. 여기에 측근이었던 조일신과 김용(金鏞, ?~1363) 등의 반란으로 권력 기반이 약화된 것도 개혁을 꾸준하게 밀어붙이지 못한 이유였다. 결과적으로 공민왕의 개혁은 성공과 실패를 동시에 경험하게 된다.

여기에 기황후가 최유(崔濡, ?~1364)와 결탁해 공민왕에게는 아저씨뻘

이 되는 충선왕의 아들 덕흥군(德興君, 생몰 미상)을 왕으로 내세워 1만 병력이 고려 국경을 넘어와 정국의 불안이 가중되었다. 다행히 최영과 이성계가 이들을 물리쳐 위기에서 벗어날 수 있었고, 이후 원나라는 더 이상 공민왕을 제거할 수 있는 방법을 찾지 못했는지 군사를 동원했다는 기록은 찾아볼 수 없다.

새로운 대안 세력이 부상하다

200년 만에 기회가 찾아오다

10세 안팎의 나이에 즉위해 3~4년을 넘기지 못한 충목왕과 충정왕과는 달리 20대 초반의 공민왕은 신흥사대부의 주목을 받기에 충분했다. 이색은 "두 임금(충목·충정왕)이 어려서 어진 선비가 등용되지 못하고 간사한 자들이 물러나지 않았으며, 아직 한 가지 정사의 행하여짐을 듣지 못하고 헛되이 백성들의 소망만 서운하게 하고 있다"며 공민왕에 대한 신흥사대부의 기대를 대변하기도 했다.

하지만 시간이 지날수록 공민왕은 지쳐갔고, 정도전은 지근거리에서 이러한 공민왕을 지켜보고 있었다. 당시 그가 무슨 생각을 했을지 궁금하지만, 전하는 기록은 없다.

공민왕을 정치적으로 지지한 세력은 크게 세 부류였다. 첫 번째는 공민왕의 추대에 나섰던 권준·이제현·이곡·김경식·이승노 등 성리학을 공부한 양심적 지식인이자 사대부들이었다. 두 번째는 공민왕이 연경에 머무를 때 시종했던 조일신·유숙·정세운·김용 등 측근들이었다. 이들 가운데 국제적 감각을 지닌 자들도 일부 있었지만 대체로 학문적 식견이나 관리로서의 연륜이 떨어졌고, 오랫동안 원에 체류하면서 친원적 성향을 지닌 자들이 많았다. 그러나 공민왕 즉위 후 37명이 연저수종공신燕邸隨從功臣에 책봉될 정도로 충성심 면에서 가장 믿고 의지할 수 있는 존재였다.

세 번째는 공민왕과 왕실 종친들로, 공민왕의 생모 명덕태후(明德太后, 1298~1380)와 그녀의 조카 홍언박(洪彦博, 1309~1363) 등 남양 홍씨를 중심으로 한 외척 세력이 공민왕을 지원했다. 이들은 혈연관계를 기반으로 결속력이 강했다. 특히 공민왕이 재위 기간에도 생존했던 고려 왕실의 마지막 최고 어른이며 공민왕의 생모인 명덕태후는 원나라 공주가 아닌 고려인이었다. 그녀의 집안은 충렬왕 22년(1296)에 수상이었던 홍자번(洪子藩, 1237~1306)이 『편민18사便民十八事』를 상서하는 등 개혁을 추진한 경험이 있었고, 원나라와 악연도 있었다.

명덕태후는 충숙왕의 정비였지만, 충숙왕이 원 황실의 복국장공주(濮國長公主, ?~1319)를 맞이하자 후비로 밀려났다. 뿐만 아니라 그녀는 공주의 투기로 거처를 사저로 옮겨야 했고, 복국장공주가 충숙왕의 구타로 사망했다는 무고로 그녀 역시 심한 고초를 겪기도 했다.

그녀의 아버지 홍규(洪奎, ?~1316)는 원종 11년(1270) 고려 조정이 강화도에서 개경으로 환도할 때 마지막 무인 집권자 임유무(林惟茂, ?~1270)가 반발하자 송송례(宋松禮, ?~1289)와 함께 임유무를 제거했고, 세자였던 충렬왕을 호종하여 연경에도 다녀왔다. 그 후 1품의 고위직에 올랐으나 국정 문란을 혐오하여 사직했다가 왕의 부름을 받고 다시 복직했을 때 나이 40세가 되지 않았을 정도로 일찍부터 현달한 인물이었다. 그러나 공녀貢女를 징발할 때 딸이 차출되지 않도록 삭발시킨 것이 발각되어 가산이 적몰되고, 해도海島로 유배되었다가 다시 복직되어 재상에 올랐다.

공녀 문제는 몽골이 고려에 내민 화평 조건의 하나였다. 몽골은 항복한 병사들에게 배우자를 마련해준다는 구실을 내세웠으나 대몽항쟁에서 끈질기게 저항했던 고려의 부녀자들을 강탈하여 고려 사회를 길들이려는 의도가 담겨 있었다. 따라서 공녀 문제는 한 집안의 문제만이 아니라 약소국의 비애이기도 했다.

공녀는 충렬왕 때 10명을 보낸 것을 시작으로 공민왕 초까지 80여 년 동안 50여 회가 넘었다. 여기에 비공식적인 것까지 감안하면 적지 않은 고려의 여인들이 가족들과 생이별을 하고 먼 이국에서 궁인이나 노비의 신분으로 평생을 살다가 생을 마감했다. 때문에 딸을 둔 부모들은 공녀로 징발되는 것을 피하려고 모든 방법을 동원했다. 이에 조정에서는 공녀를 징발하기 위해 전국적으로 혼인을 금지했고, 양갓집 규수들은 먼저 관아에 보고한 후 시집보내게 했다. 이에 따라 13세에서 16세의 딸이 있는 집안에서는 나라에서 금혼령을 내리기 전에 조혼하는 풍습이 생겨났고, 혼인하지 못한 소녀 중에는 승려가 되거나 목숨을 끊기도 했다.

공녀 중에서 간혹 원의 황실이나 권세가의 눈에 들어 부귀영화를 누린 경우가 있기는 했다. 비파를 잘 타서 원 세조의 총애를 받았던 궁인 이씨와 원나라 인종의 후비가 되었다가 후에 황후로 봉해진 화평군 김심(金深, 생몰 미상)의 딸 그리고 몽골 출신만 정후로 삼는다는 황실의 전통을 깨고 순제의 제2황후가 된 기씨도 공녀 출신이었다. 하지만 이들은 극히 예외에 해당했다. 때문에 원나라에서 공녀의 비애를 목격했던 이곡은 황제에게 공녀 폐지를 주장하는 장문의 상소를 올렸지만, 특별한 조치는 취해지지 않았다.

위기와 기회가 동시에 찾아오다

공민왕의 지지 세력들 사이에는 공통분모가 적었다. 특히 연경 시절부터 공민왕을 호종한 측근들과 주자 성리학으로 무장한 국내파 사이에는 서로 섞이기 힘든 벽이 있었다. 국내파 신흥사대부는 개혁 의지가 강했다면, 공민왕의 측근들은 공민왕에 대한 개인적 의리와 충성심을 내세웠다.

조일신이 대표적 인물이었다. 그는 충선왕 대에 재상을 지낸 조인규(趙仁規, 1227~1308)의 손자로, 사신으로 갔다가 원나라에 체류하게 되었고, 이후 공민왕을 만나 측근이 되었다. 공민왕이 즉위하게 되자 공민왕을 수종하여 함께 귀국한 후, 사대부의 리더 격인 이제현은 물론 친원파의 거두 기씨 일족과도 번번이 갈등을 일으켰다. 또한 그는 조정에서 인사를 전횡하고 언로言路를 막았으며 기득권층을 자기편으로 끌어들여 권력 장악을 시도했다. 심지어 공민왕에게 정방의 부활을 건의했다가 받아들여지지 않자 "신이 무슨 면목으로 원 조정의 대부들을 볼 수 있겠습니까?"라고 항변하며 사직서를 제출하는 등 오만방자했다.

이에 대간들이 연이어 조일신을 탄핵하자 그는 공민왕 원년(1352) 9월 정천기(鄭天起, ?~1353)·장승량(張升亮, ?~1352) 등과 함께 정변을 일으켰다. 먼저 기철 형제와 고용보(高龍普, ?~1362)·이수산(李壽山, ?~1376) 등을 주살하기 위해 공격했으나 기철의 동생 기원(奇轅, ?~1352)만 죽였을 뿐 나머지는 모두 도망치고 말았다.

사태가 여의치 않게 돌아가자 조일신은 "이 사건은 친원파를 제거하려는 공민왕의 의중이 담겨 있다"며 대책회의를 열게 해서 스스로 우정승에 올랐고, 도망간 기철 일당을 잡는다며 기씨의 가족들을 구속했다. 그러나 지나친 횡포를 부려 지탄받을 것이 두려웠던 그는 변란의 책임을 장승량에게 덮어씌워 10여 명을 참수한 후 이번에도 스스로 공을 내세워 좌정승에 올랐다. 이에 공민왕은 기로대신들과 의논한 끝에 최영(崔瑩, 1316~1388)과 안우(安祐, ?~1362) 등에게 조일신을 제거하라고 명해 난을 평정하게 된다. 이후 공민왕은 이제현을 다시 수상에 등용하며 서둘러 사태 수습에 나섰다.

이 사건은 외견상 조일신이 기씨 일족의 제거를 기도한 사건이지만, 기록에는 더 이상의 언급이 없어 과연 조일신이 독단적으로 일으킨 사건인지 의심을 받기도 했다.

이 사건으로 공민왕은 이듬해인 1353년 즉위 후 첫 번째 맞는 새해를 기황후의 어머니 집에 찾아가 사과하는 것으로 시작해야 했다. 같은 해 7월 기황후의 아들이 황태자로 책봉되었다는 소식이 고려에 전해지면서 공민왕의 정치적 입지는 더욱 위축되는 듯했다.

그러나 대륙의 정세 변화로 고려의 정국에도 위기이자 기회가 찾아오게 된다. 공민왕 3년(1354), 고우성(高郵省, 강소성)을 함락시킨 장사성을 공격하기 위해 원은 고려에 군대 파견을 요구했다. 충렬왕 15년(1289) 이후 70여 년 만의 일이었다. 공민왕은 최영 등 40여 명의 장수와 2천여 명의 조정군助征軍을 파견했다. 당시 많은 전과를 올린 고려군에 비해 원나라 군사들은 8개월 동안 소규모 전투만 벌이다 공격을 포기하고 주요 거점만 지키는 수세로 돌아섰다. 원나라의 군사력에 이상이 생겼음을 의미했다.

공민왕은 원의 쇠퇴 조짐을 놓치지 않았고, 이제현을 중심으로 한 신흥사대부가 공민왕을 지원하고 나서면서 정국의 중심에 서게 된다.

새로운 대안 세력이 부상하다

이제현의 본관은 경주로, 고려를 건국한 삼한공신三韓功臣 이금서李金書의 후손이다. 그는 백이정과 권부에게 성리학을 배웠고, 충렬왕 27년(1301) 15세에 성균시에 장원급제한 수재였다. 이후 개혁 군주 충선왕과 뜻을 같이하여 28세 때부터 6년 동안 연경의 만권당萬卷堂에 머물기도 했다. 충선왕은 복위한 지 두 달 만인 1308년 11월 제안대군 숙(淑, 1238~1312)에게 왕권을 대행하게 하고 원나라로 돌아간 후 전지傳旨로 고려를 통치했다.

그러나 고려에서는 충선왕을 지원하기 위해 매년 포 10만 필, 쌀 4천 곡斛을 보내야 하는 부담이 있어 충선왕에게 귀국을 간청했고, 원 황실에서도 이를 종용하자 1313년 둘째 아들 강릉대군 도燾에게 왕위를 물려주었다가 다음 해 6월 충숙왕으로 즉위시켰다.

충선왕과 함께 원나라에 머물던 이제현은 석학들과 교유하며 학문의 지평을 넓혔고, 인맥도 쌓았다. 충숙왕 3년(1316)에는 충선왕을 대신해서 아미산에 치제致祭하기 위해 3개월간 서촉西蜀 지방을 방문하는 등 세 차례에 걸쳐 중국 내륙을 여행하며 안목을 넓히는 기회를 가지기도 했다.

이제현은 귀국 후에도 고려와 원나라 사이에 현안이 발생할 때마다 직접 원나라를 방문하여 문제해결에 나섰다. 대표적인 예로 심왕瀋王 왕고王暠 일당이 입성책동立省策動을 주장하자 이를 저지했고, 이후 티베트에 유배 중이던 충선왕을 감숙성에 있는 타마사로 이배된 데 일정 정도 이바지했다. 그리고 충혜왕 2년(1332) 충혜왕이 원에 압송되었을 때도 사태 해결에 나섰고, 충숙왕 복위 7년(1339) 충혜왕의 복위에도 역량을 발휘했다.

이제현은 고려가 원의 부마국이라는 현실을 인정하고 그 테두리 안에서 개혁을 시도했다. 1344년 충목왕이 즉위한 후 판삼사사로 그를 기용했을 때 군왕의 수덕과 겸양, 정방의 혁파, 지방관의 신중한 기용, 강제로 빼앗아 차지한 녹과전(祿科田, 관리에게 주는 녹봉을 보충하기 위해 대신 나누어 준 토지)의 반환과 정비, 세금의 경감 등을 담은 장문의 상소를 올리기도 했지만, 몇 가지만 수용되었다. 또한 충목왕의 유지를 받들어 왕기(공민왕)를 왕으로 추대하려다가 고초를 겪기도 했다.

이처럼 이제현은 충렬왕 대부터 충선·충숙·충혜·충목·충정·공민왕까지 일곱 임금을 모신 원 간섭기의 산증인이었고, 불안정한 정국에서 관직 생활을 하며 단 한 번도 유배된 적이 없을 만큼 자기관리에도 철저했다. 또한 동년배들이 그의 이름을 함부로 부르지 않을 정도로 학식과 덕망 그리고 경륜을 갖추었다.

이제현은 공민왕 대에만 네 차례 수상에 기용될 정도로 개혁을 상징하는 대표적 인물이었다. 공민왕이 즉위한 후 이제현이 공민왕의 개혁을 지원하고 나서자 신흥사대부의 기대를 모았다. 그러나 이는 개혁에 대한 기득권층의 반발 또한 심각했음을 의미했다.

고려에서는 100년에 걸친 무인정권과 이후 원의 간섭기 동안 권력의 핵심층이 수차례 교체되었지만, 이는 민생 안정을 위한 개혁 조치라기보다는 소수에게 권력과 경제력이 집중되는 단순한 권력 이동의 의미를 넘어서지 못했다.

12세기 후반에 들어서면서 새로운 대안 세력이 서서히 그 형체를 드러내기 시작했다. 이들이 바로 신흥사대부로, 지방 향리 출신들이 많았고, 부와 권력에 관심을 기울이지 않았다. 이들은 성리학을 기반으로 꾸준히 성장한 양심적 지식인 계층으로, 이후 14세기 중엽부터 과거제도의 개편으로 과거를 통해 정계에 입문했다. 무인란 이후 사회의 구조적 모순을 깨닫고 개혁 성향의 사대부들이 정치의 전면에 나서기까지 200년이라는 시간이 걸린 것이다.

정도전 역시 이러한 사회적 분위기에 영향을 받았고, 성리학으로 무장한 사대부들이 정치적 주목을 받기 시작하던 시기에 관직 생활을 시작하게 된다.

2부

청운의 뜻을 품고 관직에 나아가다

관직에 나아가다

현실정치에 눈을 뜨다

공민왕 8년(1359), 요동 공략에 나선 홍건적의 일부가 원나라의 반격에 밀리자 공격 방향을 돌려 4만의 병력이 순식간에 압록강을 건넜다. 고려는 지금의 평북 철산인 철주鐵州와 서경, 즉 평양이 함락되는 등 고전했지만, 이듬해 2월 홍건적을 압록강 이북으로 몰아냈다. 전란의 상처가 채 가시지 않은 같은 해 9월 성균시가 열렸다. 정도전은 이 시험에 합격하고 최씨와 혼인하여 다음 해 장남 진津을 낳았고, 생계를 위해 학동들을 가르치며 국자감시를 준비했다. 이때 그의 나이 20세였다.

그러나 공민왕 10년(1361) 10월, 10만의 홍건적이 다시 쳐들어와 개경을 함락하고 궁성과 도시를 폐허로 만들었다. 공민왕은 지금의 안동 지역인 복주福州로 피난을 갔고, 이 기회를 틈타 친원파들이 정동행성을 다시 설치하고 관제도 이전으로 돌려놓았다. 이듬해 1월, 고려군이 개경 탈환에 성공하게 된다.

이때 변방의 장수 이성계가 무공을 세우며 전국적으로 주목받기 시작했다. 그리고 신흥사대부의 대표로 떠오른 이색은 피난길에 나선 공민왕을 지킨 공으로 일등공신에 올랐고, 그의 문하생들이 과거를 통해 관직에 대거 진출했다. 정도전 역시 왕의 임시 궁전이었던 청주 행재소에서 시행한 국자감시에 급제한 뒤 이듬해 정8품 충주목 사록에 제수된다. 정도전의 나이 21세였다. 나라가 잿더미로 변한 상황에서 관직 생활을 시작한 정도전이 어떤 생각을 했는지, 아버지 정운경은 관직에 나아가는 아들에게 무슨 말을 해주었는지 궁금하지만 아쉽게도 전하는 기록이 없다.

다만 정도전이 왕의 행차를 따라 개경으로 환궁하면서 지었다는 「난리 뒤에 송경으로 돌아오다」라는 시에서 당시의 심경을 짐작해볼 수 있다.

천수문 앞 버들 빛은 변함없이 푸르러라
옛 도성 바라보니 눈이 문득 밝아지네
어린 종은 중흥의 대사를 전혀 모르고서
지난해 난리 이야기만 하는구나

전쟁으로 폐허가 된 수도 개경을 보며 번성했던 고려의 옛 모습을 회상하면서 답답한 심경을 이야기하는 듯하다. 2년 뒤, 「고의古意」라는 시를 지었다.

푸른 소나무 길가에 자라니
도끼의 상처를 면치 못하련만
(……)
곧은 줄기가 구름을 뚫고 자라
때가 와 큰 집을 지을 적이면
우뚝 대들보로 충당하리
누가 이 뜻을 알아
최고봉에 옮기어 심어줄 건가
나에게 태고의 거문고가 있으니
(……)
만물은 각기 본래의 짝이 있으나
일찍 만나고 늦게 만나는 차이가 있을 뿐
(……)
백아는 지금 어디에 있는지
온 누리에 지음知音이 비었네

일반적으로 '푸른 소나무'는 곧은 절개와 지조를 의미하지만, 정도전의 시에 등장하는 '인적이 잦은 길가의 소나무'는 사람의 손을 타기 쉽다는 점에서 현실정치에 서 있는 자신을 암시하는 듯하다. 그리고 뜻을 펼치기 위해 실력을 기르며 때를 기다리겠다는 신참 관리의 각오와 함께 포부도 느껴진다. 하지만 당시는 자기 한 몸 보전하기도 힘든 시절이었고, 그에게는 의지할 좌주도 없었다.

좌주座主란 과거를 주관한 지공거知貢擧와 동지공거同知貢擧로, 과거급제자들이 스승이라는 뜻으로 높여 부르는 말이다. 문생門生은 좌주가 주관한 과거에서 급제한 자들로, 문생들은 좌주를 '은문恩門'이라고도 했다. 은문이란 '자신의 문장을 알아주어 청운의 꿈을 실현할 수 있도록 은혜를 베풀어주신 분'이라는 뜻이다.

좌주와 문생은 평생 부모와 자식 같은 각별한 관계를 유지했고, 이들은 과거 시험관을 독점했다. 『고려사』에 따르면 충목왕 3년(1347) 이후 실시한 10회의 과거에서 공민왕 6년(1357)과 11년(1362) 두 차례를 제외하고 이제현과 그의 문생들이 시험관을 독점할 정도였다.

이들은 조정에서 서로 잘못을 덮어주거나 자기들의 좌주나 문생 또는 동문이 아니면 실력을 갖춘 선비라도 받아들이지 않는 등 당파를 형성했다는 비판을 받기도 했다. 반면 이들은 현실 문제에 대한 대책이나 백성들을 교화할 방법 등을 묻는 과거를 통해 관직에 나왔기 때문에 성리학을 기반으로 개혁에 대한 의지를 공유하는 정치적 동류의식을 지니고 있었다.

그러나 정도전은 이제현이 시험관으로 참여하지 않았던 공민왕 11년(1362) 과거에 급제했고, 그의 좌주는 홍언박과 유숙(柳淑, 1324~1368)이었다. 두 사람 모두 공민왕의 측근으로, 충목왕 대 이후 성장한 신흥 유신과는 정치와 학문적인 성향이 달랐다.

홍언박은 명덕태후의 친정 조카로 충혜왕 즉위년(1330) 이제현의 아들 이달존(李達存, 1313~1340)과 함께 문과에 급제했고, 공민왕 2년(1353)에 이제현과 함께 과거를 주관하여 이색·박상충·권중화 등 신흥사대부를 선발했다. 또한 그는 기철 일파를 숙청한 공으로 일등공신에도 올랐고, 공민왕 10년(1361) 문하시중으로 있을 때 홍건적이 침입하여 서경이 함락되자 공민왕을 호종했다. 이후 개경을 탈환한 후 백성들의 피해를 줄이기 위해 농한기에 환도할 것을 주장하기도 했다. 그러나 그는 이제현의 건의로 시부詩賦를 없애고 책문策文을 시험하던 것을 다시 되돌려놓았고, 공민왕 12년(1363) 김용이 일으킨 '흥왕사의 변' 때 피살되고 말았다.

유숙은 연경에서 공민왕을 4년간 보좌한 공으로 귀국 후 일등공신에 올랐으나, 공민왕 1년(1352)에 조일신의 무고로 파직되었다가 복직하는 등 공민왕의 측근들로부터 견제를 받기도 했다. 이후 공민왕 8년(1359) 기철 일당을 제거하고 김용의 반란을 진압한 공으로 공신에 올랐다. 그는 성리학에 관해 상당한 수준의 학식이 있었고, 개혁 성향도 지니고 있었다. 신돈의 모함으로 낙향하게 되었을 때 대신과 문생 그리고 퇴직한 관리들이 몰려나와 전송할 정도로 신망도 높았지만, 신돈의 견제를 받았던 그는 공민왕 17년(1368) 신돈이 보낸 자객의 손에 죽고 말았다.

반란이 연이어 일어나다

홍건적을 격퇴하고 개경이 수복되었지만, '개경에 남은 궁궐이 없고 거리는 빈터가 되었으며, 백골이 산을 이루었다'고 할 정도로 참혹했다. 때문인지 공민왕은 곧바로 환도하지 않고, 대신들을 보내 개경을 임시로 다스리게 했다. 공민왕이 환궁 길에 오른 것은 공민왕 12년(1363) 개경이 재건되고 원나라에서 덕흥군 왕혜(王譓, 생몰 미상)를 고려의 왕으로 삼는다는 소식을 접한 후였다. 그러나 공민왕의 환궁 길은 순탄하지 못했다.

왕의 행차가 청주에 이르자 주민들이 피난 가는 일이 벌어졌다. 왕을 호종하던 관리들이 피난길에 오를 때부터 아녀자들에게 음란한 짓을 자행했고, 민가의 재물을 강탈했기 때문이다. 당시 문하시중은 많은 수레에 처자와 재물을 싣고 피난 가면서 어머니를 버리고 가기도 했다. 오죽했으면 공민왕이 "요사이 전쟁으로 인해 백성이 생업을 편히 못 하는데, 대소 관리들이 난을 피해 지방에 있으면서 전토田土를 침탈하고 백성을 착취하여 자기 이익을 도모하므로 민생이 더욱 어려우니, 개경으로 오도록 독촉하라"고 명할 정도였다.

공민왕을 충격에 빠뜨린 사건도 발생했다. 흥왕사에 설치한 행궁에서 김용이 왕의 침실을 습격한 것이다. 이 사건을 '흥왕사의 변' 또는 '김용의 반란'이라고 한다.

김용은 연경에서 공민왕을 시종한 공으로 공신에 오른 측근이었으나 시기심과 욕심이 많았다. '조일신의 난'이 일어났을 때 숙직하고 있으면서 반란을 막지 못한 죄로 유배되었다가 조정군으로 출정한 후 다시 조정에 출사했다.

공민왕 11년(1362), 홍건적이 침입했을 때 정세운이 총사령관이 되어 안우·이방실·김득배·최영 등과 함께 참전하여 승리를 거두자 김용은 정세운의 공을 시기하여 거짓으로 왕명을 꾸미고 안우·이방실·김득배로 하여금 정세운을 살해하게 한 후 다시 이들에게 정세운을 살해한 죄를 묻는다며 처형해버렸다.

이후 친원배들과 결탁한 김용은 공민왕 12년(1363) 3월 공민왕을 살해하기 위해 병사들을 흥왕사로 보냈다. 원나라에서 덕흥군을 왕으로 옹립한다는 소문, 공민왕과 원나라의 불편한 관계, 공민왕과 권신들 사이의 갈등 등을 고려하면 자신이 권력을 잡을 수 있다는 욕심이 생겼던 것이다.

김용이 보낸 병사들은 "원나라 황제의 교지를 받들고 왔다"며 왕의 호위 군사와 환관들을 죽이고 공민왕의 침소로 쳐들어갔다. 그리고 환관 안도치(安都赤, ?~1363)를 왕으로 오인해 죽이고 만세까지 불렀다. 『고려사』「환자전宦者傳」에 따르면 "왕을 호위하던 이들은 모두 달아났고, 공민왕과 비슷했던 환관 안도치가 환관 이강달李剛達에게 공민왕을 업고 창문으로 피신하게 한 후 자신이 왕의 침전에 누워 있다가 왕으로 오인한 적도들에게 살해되었다"고 한다.

김용 일당은 왕이 살아 있다는 사실을 뒤늦게 알고 다시 태후의 침실로 돌격했으나 노국공주(魯國公主, ?~1365)가 병사들 앞을 가로막으며 "방에 들어가려거든 내 목을 베고 가라"며 저지하여 공민왕은 간신히 죽음을 면하게 되었다. 곧이어 공민왕을 지원하기 위해 최영 등이 군사를 동원하여 도착하자 일이 실패한 것을 확인한 김용은 자신의 병사들을 모두 죽인 다음 자신이 난을 진압했다며 스스로 일등공신에 올랐다. 그런데 단 한 명도 심문하지 않고 90여 명을 서둘러 처형한 김용의 행동이 의심을 받았고, 결국 내막이 들통나 사지가 잘리는 형벌을 받았다.

이렇게 사건은 종료되었지만, 연이은 측근들의 반란으로 공민왕은 "누구를 믿으란 말인가!"라며 탄식할 정도로 큰 불신을 갖게 되었다. 설상가상으로 공민왕 13년(1364) 정월 덕흥군과 함께 최유가 1만 군사를 이끌고 고려를 침입했다. 공민왕은 피난 갈 준비를 지시했으나 판밀직사사 오인택(吳仁澤, 생몰 미상)이 "홍건적의 침입 때 안동으로 피신했다가 개경을 다시 수복한 이유는, 홍건적이 실로 간활奸猾한 도적이라 사람들이 분을 풀기 위해 구름같이 모여 죽음을 무릅쓰고 싸워 멸하였기 때문입니다. 그러나 덕흥군은 홍건적에 비교할 수 없습니다. 그가 지나는 곳은 모두 그의 백성이 될 것입니다. 왕의 행차가 일단 남행하면 도성 이북에서 누가 전하를 따르겠습니까?"라며 공민왕의 앞을 가로막았다.

덕흥군은 충선왕의 셋째 아들로, 몽골 이름은 탑사첩목아塔思帖木兒이다. 그의 어머니는 궁인宮人으로 전하지만 누구인지 확실하지 않다. 그녀는 출궁하여 백문거白文擧의 집에서 덕흥군을 낳았다고 한다. 이후 덕흥군은 한때 승려가 되었는데, 공민왕이 즉위하던 1351년에 음모를 꾸미다 원나라로 도망쳤다. 덕흥군은 원나라에서 기황후가 오빠 기철·노책(盧頙, ?~1356)·권겸(權謙, ?~1356) 등이 처형당한 일로 공민왕을 원망한다는 사실을 알게 되자 최유와 함께 그녀에게 접근했다. 노책은 고려 왕족 왕현王昡의 딸 경녕옹주慶寧翁主와 혼인한 세도가로, 그의 딸이 원나라 태자비가 되어 권세를 부리다 기철·권겸 등과의 역모가 발각되어 주살되었다. 권겸 역시 딸을 원의 황태자에게 바치고 벼슬을 얻었으나 공민왕의 배원정책으로 신변이 불리해지자 기철·노책 등과 함께 난을 일으켰다가 살해되었다.

최유는 충숙왕 복위 8년(1339)에 일어난 조적(曺頔, ?~1339)의 난을 평정한 공으로 일등공신에 오른 후 충목왕의 즉위에도 공을 세웠다. 그러나 그는 벼슬이 낮은 것에 불만을 토로했다가 자신을 꾸짖은 민사평(閔思平, 1295~1359)을 구타했고, 이 일로 탄핵을 받게 되자 원나라로 도망쳤다. 연경에서 공민왕을 만나 측근이 되었고, 공민왕이 환국할 때 호종하여 귀국길에 올랐지만, 국경에 이르자 겁을 먹고 다시 원나라로 도망갔다. 이후 기황후가 공민왕에게 원한을 품고 있다는 사실을 알게 되면서 고려에 불만이 있는 자들을 끌어들이는 과정에서 덕흥군을 만난다.

공민왕,
개혁의 피로감에 쌓이다

덕흥군과 최유는 정주定州에서 최영과 이성계에게 대패하고 다시 원나라로 도망쳤다. 원나라는 패배의 책임을 물어 덕흥군을 장형에 처했다. 최유는 고려에서 소환을 요구했지만 등창이 나서 보류되었다가 끝내 압송되지 않았다.

한편 덕흥군의 군사를 진압한 후 공민왕은 무려 275명을 공신으로 책봉하고 막대한 토지와 노비를 지급했다. 공신들은 대다수가 무인이었고, 문인은 12명에 지나지 않았다. 문인 중에서도 신흥사대부는 이색·김수·염흥방·한방신 등 6명이었다. 공민왕은 무인들에게 의지했고, 특히 최영이 공민왕의 두터운 신임을 받았다.

공민왕 14년(1365), 노국공주가 출산을 하다가 사망했다. 노국공주는 공민왕을 가장 잘 이해해준 부인이자 동지였다. 충격에 빠진 공민왕은 식사 때면 고기반찬을 들지 않았고, 손수 공주의 초상화를 그려놓고 밤낮으로 하염없이 눈물을 흘렸다. 또 공주의 넋을 위로한다며 대규모 토목공사를 벌이기도 했다. 이를 지켜보던 대신들의 안타까움도 클 수밖에 없었고, 여기에는 정도전도 포함되어 있었다.

정도전은 노국공주가 사망한 지 4년이 지난 공민왕 18년(1369) 부모상을 치르고 삼각산 옛집으로 돌아왔을 때 공민왕이 노국공주를 애도한다며 암영전岩影殿을 축조한 것에 대해 「원유가遠遊歌」를 지어 암영전을 중국 역사에 나오는 사치와 향락의 상징인 아방궁에 빗대어 비판하기도 했다. 그러나 공민왕은 오히려 대신들에게 불만을 토로했다.

> 권세 있는 신하와 명문대가들은 친당이 뿌리처럼 이어져 있어 서로 허물을 가려주고, 초야의 신진은 감정을 감추고 행동을 꾸며 명망을 탐하다가 지위가 높고 귀해지면 집안이 한미한 것을 부끄럽게 여기고 세력이 있는 집안과 혼인하여 처음의 뜻을 버리며, 선비들은 유약하여 강직함이 부족하고 또 문생과 좌주 그리고 동년이라 칭하면서 당을 만들어 사사로운 정을 나누니 이 세 부류는 모두 쓰지 못하겠다. 세상을 떠나 초연한 사람을 얻어 크게 써서 머뭇거리고 고치지 않는 폐단을 개혁하려고 생각했다.

여기서 공민왕이 말한 '유약하여 강직함이 부족한 선비'는 이제현과 그의 문생들을 의미했다. 공민왕이 이처럼 이제현과 문생들에게 실망한 데에는 몇 가지 이유가 있었다.

첫째는 반원 정책에 대한 이제현의 소극적인 태도였다. 어쩌면 20대부터 원나라를 왕래하며 인적 교류와 새로운 문물을 접했던 이제현에게 전면적인 반원 정책을 기대하는 것은 무리였는지도 모른다. 그리고 이 문제는 이제현 개인만이 아니라 당시 문인들의 한계이기도 했다. 하지만 무인들은 달랐다. 친원 성향을 지녔던 최영은 공민왕 23년(1374) 명나라에서 군마軍馬를 요구했을 때 이에 협조하지 않은 관리들을 벌하라는 왕명을 수행하기 위해 제주도에 가기도 했다. 군인은 명령을 중시했던 것이다.

두 번째는 국제 정세를 보는 관점에 차이가 있었다. 이제현이 비록 국제 정세에 탁월한 안목을 지녔다고는 하지만 중원에서 지각변동이 일어나던 당시는 60세가 넘는 고령이었다. 때문에 그는 과거의 경험에 의존하는 경향이 있었다. 반면 이제현보다 뒤늦은 시기에 10여 년간 연경에서 국제 정세를 직접 접했던 공민왕의 눈에, 이제현은 물론 대륙의 정세 변화를 간접적으로 접한 고려의 대다수 문인이 어떻게 보였을지 짐작할 수 있다. 대륙의 정세는 이제까지 그들이 경험했던 것과는 비교할 수 없을 정도로 거대한 변화의 물결이 밀려오고 있었기 때문이다.

세 번째는 이제현의 개혁에 대한 태도가 문제였다. 이색은 스승 이제현의 묘지에 "옛 법을 힘써 지키고 경장更張을 좋아하지 않았다"고 평했고, 자신 또한 "옛 법을 함부로 고쳐서는 안 된다"며 급진적인 전제 개혁에 반대하며 전면적인 개혁이 아니라 부조리한 것을 개선하려고 했다.

네 번째로 공민왕은 이제현이 왕명에 절대복종하기보다는 파당을 만들어 그들의 이익을 우선한다고 보았다. 후에 신돈이 "유자들은 좌주니 문생이니 하고 안팎으로 줄지어 있으면서 서로 간청하여 하고자 하는 바를 자행하는데, 이제현 같은 사람은 문생이 그 문하에서 또 문생을 봄으로써 드디어 나라를 메운 도적이 되었으니, 유자들의 폐해가 이와 같습니다"라고 비판한 것도 그 예라 하겠다.

이처럼 이제현을 비롯한 문인들에게 실망한 공민왕의 불신은 정치에 대한 피로감으로 이어졌고, 결국 또 다른 대안을 찾게 된다. 다름 아닌 행각승 신돈(辛旽, ?~1371)을 궁궐로 불러들인 것이다. 당시 이제현은 "신돈의 골상이 옛날의 흉인凶人을 닮았으니 반드시 후환이 있을 것이다"라며 반대했고, 권신들도 신돈의 등용에 반대하고 나섰다.

그러나 공민왕은 신돈에게 국왕과 동등한 권력을 부여했다. 결국 이제현은 정치 일선에서 물러나 주로 학문 연구와 저술 작업에 관심을 기울이다가 신돈의 권력이 최고 절정기였던 공민왕 16년(1367) 81세로 천수를 누리고 세상을 떠났다.

신돈이 개혁의 전면에 나서다

공민왕과 신돈의 만남은 공민왕의 꿈이 인연이 된 것으로 전한다. 어느 날 공민왕이 꿈을 꾸었는데, 누군가가 공민왕을 칼로 찌르려고 하자 한 승려가 나타나 구해주었다고 한다. 다음날, 공민왕이 명덕태후의 처소에 갔을 때 김원명(金元命, ?~1370)이 데리고 온 승려가 꿈속에서 보았던 승려와 흡사했다.

이후 공민왕이 신돈과 자주 만나게 되자 신돈에 대한 비난이 터졌다. 신돈에게 '정치를 혼탁하게 한다'는 비난이 있던 것으로 보아 그가 역사에 등장하는 공민왕 14년(1365) 이전에 이미 정치에 관여했던 것으로 보인다. 따라서 공민왕과 신돈의 만남은 안동으로 피난 갔을 때 김원명이 인근 사찰에 기거하던 신돈을 소개하면서 이루어졌을 가능성도 있다.

이 무렵 불교에 심취한 공민왕은 왕사 보우普愚를 병풍 삼아 권문세족을 견제했고, 보우는 공민왕의 총애를 받던 신돈을 경계하는 글을 올리고 전주 보광사普光寺에 가서 머물렀다. 그리고 신돈이 죽이려고 할 정도로 반대했던 정세운이 김용의 손에 죽은 시기를 고려하면 신돈은 최소한 공민왕 11년(1362)경에 정치활동을 시작한 것으로 보인다.

신돈은 법명이 편조遍照로 화엄종 계통의 승려인데, 천민 출신으로 불학무식不學無識한 승려라고 전한다. 그의 어머니는 옥천사玉泉寺 노비였고, 옥천사가 있는 창녕의 영산靈山은 밀양에 속한 현으로 신돈의 아버지 묘가 있었다. 신돈의 아버지에 대해서는 전하는 기록이 없지만, 그 지역의 유력한 가문 출신이라는 설도 있다. 하지만 신돈은 어머니의 미천한 신분으로 인해 어린 시절 절에 맡겨져 자랐다. 이후 어린 나이에 승려가 되었지만, 천한 모계 혈통 때문에 주변 사람들이 가까이하지 않아 산방山房에서 늘 혼자 지냈다고 한다.

신돈은 두뇌가 명석하고 언변이 뛰어났다. 장성한 후에는 항상 찢어진 장삼을 입고 다니며 스스로 문수보살文殊菩薩의 화신化身이라고 칭했다. 이후 왕실과 인연이 닿아 궁궐을 출입하면서 공민왕을 만나게 되었다. 공민왕은 참소와 이간질 그리고 비방과 음모가 난무하고 이를 통해 자신의 영달이나 가문의 위세를 보존하려는 대신들을 견제하기 위해 신돈에게 정치 참여를 권유했다.

신돈은 처음에 공민왕의 제의를 거절했다. 이에 공민왕은 "스승은 나를 구하고 나는 스승을 구할 것이오. 죽고 사는 것을 같이하며 다른 사람의 말에 미혹됨이 없을 것을 부처님과 하늘이 증명할 것이오"라며 서약서까지 써주었다고 한다. 결국 미천한 신분으로 귀족들의 횡포를 직접 겪으며 성장했고, 왕실을 드나들며 권신들의 행태도 충분히 보았던 신돈은 공민왕의 제의를 수용하게 된다. 이에 공민왕은 "(신돈은) 도를 터득해 욕심이 없을 뿐만 아니라 미천하여 친당親黨이 없어 대사를 맡길 만하다"며 자신이 신돈에게 무엇을 기대하는지 스스로 밝히기도 했다. 신돈 역시 "간악을 제거하고 어질고 착한 사람을 등용하여, 삼한의 백성으로 하여금 조금 편안함을 얻게 한 후에, 옷 한 벌과 바리때를 들고 산림山林에 돌아가고자 한다"고 화답했다. 공민왕의 기대에 부응하는 최고의 대답이었다.

공민왕은 신돈을 극진하게 대했다. 『고려사』에 따르면 "신돈에게 '청한거사淸閑居士'라는 호를 내리고, 사부師父로 칭하며 국사를 자문하니 좇지 않음이 없었다. 일국의 국왕이 승려를 스승으로 예우했으며, 모든 의복을 보낼 때 반드시 정결히 하며 버선까지도 반드시 이마에 받들어 공경히 보냈다"고 한다. 공민왕 14년(1365)에 신돈을 진평후眞平侯에 봉하고, 행정부의 수장인 영도첨의사사, 군부의 수장인 판중방감찰사사, 취성부원군, 제조승록사사 겸 판서운관사 등의 벼슬을 내리며 국정의 전권을 맡겼다.

기대와 실망이 교차하다

공민왕은 신돈을 등용한 후 정치에서 발을 빼는 듯했다. 그러나 "신돈이 난관에 부딪힐 때마다 공민왕을 찾아가 지원을 요청했다"는 기록으로 보아 왕권은 유지하고 있었던 것으로 보이지만, 고려의 운명은 신돈의 손에 넘어간 듯했다.

전권을 부여받은 신돈은 토지와 노비 문제를 다루기 위한 전민변정도감田民辨整都監을 설치했다. 토지와 노비 문제는 고려 말기의 사회적 모순을 철폐하는 데 가장 핵심적 사안이었다. 때문에 원종 10년(1269)부터 수차례 이 문제를 다루는 기관이 설치되었지만, 대부분 새로 즉위한 국왕들이 구세력을 견제하기 위해 정략적으로 운용하는 데 그쳤고, 개혁을 주장한 신진세력도 시간이 지나면서 대토지와 노비를 소유한 기득권층에 편입되었기에 초기에만 반짝했을 뿐이었다.

그러나 신돈은 달랐다. 그는 "불법不法으로 탈점한 토지와 노비를 도성 내에서는 15일, 지방은 40일 안에 스스로 원상태로 환원시킬 경우 죄를 묻지 않겠으나 기한을 넘겨 발각되는 자는 엄벌에 처하겠다"고 발표하고, 한 달 만에 권세가 축출에 나섰다. 그 결과 "신돈이 계획적으로 나라에 공이 있는 늙은 신하와 구신들을 남김없이 추방하였다"고 평가할 정도로 성과가 나타났고, 백성들은 "성인이 나왔다"며 신돈을 찬양했다. 하지만 권문세족은 "신돈이 나라를 망친다"며 비난을 퍼부었고, 신돈과 각별한 사이였던 김원명과 오인택도 등을 돌릴 정도로 기득권층은 거세게 반발했다.

신돈을 공민왕에게 천거했던 김원명은 신돈이 개혁에 나섰을 때 최영이 장악하고 있던 군권을 넘겨받을 정도로 최측근이었다. 또 홍건적 침입 때 공민왕을 호종했고, 기철 일당을 제거한 공으로 각각 일등공신과 이등공신에 올랐으며, 개경 수복 때에도 공을 세운 인물이었다. 그러나 그는 신돈을 제거하려다 발각되어 장살되고 말았다.

오인택은 덕흥군이 쳐들어왔을 때 공민왕의 피난을 말렸던 인물로, 김용 일당을 토벌한 공으로 일등공신에 올랐으나 뇌물을 받고 인사권을 전횡한 죄로 지금의 충북 제천시 청풍면으로 유배되었다가 신돈이 집권한 후 복직되었다. 그 역시 경복흥(慶復興, ?~1380)과 함께 신돈을 제거하려다가 발각되어 유배되었다. 이후 그는 신돈이 자신을 죽이려고 한다는 말을 듣고 유배지에서 탈출해 숨어서 지내다 발각되어 사리성思利城

에서 봉화의 일을 맡아보는 봉졸烽卒로 장배되었다.

신돈이 자신을 비판한 인사를 축출하는 과정에서 공민왕의 개혁을 지원했던 이공수(李公遂, 1308~1366)·원송수(元松壽, 1324~1366)·왕중귀(王重貴, ?~1369)·전녹생(田祿生, 1318~1375) 등 신흥사대부가 축출되었고, 정도전의 좌주이자 공민왕의 가장 훌륭한 조언자로 백성들의 존경을 받았던 유숙마저 정계를 은퇴하게 된다. 이들이 신돈에 반대한 구체적인 이유는 알 수 없지만, '신돈의 정치적 자질이 공식적으로 검증된 바 없고, 승려가 국정에 직접 관여한 적이 없으며, 신돈이 불교에서 공인받은 승려로 볼 수 없다'는 점만은 분명했다.

여기에 공민왕이 정치 일선에서 물러나 있었던 것도 문제였다. 이색의 제자 이존오(李存吾, 1341~1371)와 이색의 친구 정추(鄭樞, 1333~1382) 등은 "신돈이 국왕에게 무례하니 왕이 직접 나서서 기강을 바로 세워야 한다"며 신돈이 등장한 후 "하늘이 노하여 천지개벽이 속출하고 있다"고 고했다가 공민왕의 미움을 사서 처형당할 뻔하기도 했다. 그리고 김구용의 동생이자 이색의 제자였던 김제안은 신돈을 제거하려던 계획이 발각되어 귀양 가던 중 살해되기도 했다. 공민왕 23년(1374)에는 윤소종이 상소를 올려 "공민왕이 벌인 무리한 토목공사는 역적 신돈과 환관 공대의 아첨에 따라 진행된 것으로…… 신돈이 앞장서 주장했다"며 신랄하게 비판했다.

그러나 이들의 비판은 집단적이거나 조직적이지 않았고, 신돈 역시 개혁을 추진하면서 유생儒生들을 전면적으로 부정하지 않았다. 신돈은 불교도이면서도 "공자는 천하 만세의 스승이다"라며 유교를 수용하는 태도를 보였고, 젊은 신흥사대부의 활동 무대였던 성균관을 각별하게 배려했다. 중앙 정계에 깊이 뿌리내린 이제현과 그 문생들은 개혁의 대상으로 삼았지만, 아마도 젊은 신흥사대부는 자신의 지원 세력으로 기대했던 것으로 보인다.

신돈은 공민왕 16년(1367) 숭문관 옛터에 성균관을 중건하고 이색을 성균관 대사성에 임명했다. 2년 후에는 성리학을 포함하는 개편된 과거를 실시했다. 그 결과 신흥사대부가 성균관을 중심으로 모였고, 이는 신돈의 개혁이 빚어낸 중요한 성과이기도 했다. 고려 말기에 성리학이 신돈이라는 승려에 의해 관학官學의 위상을 인정받게 되는 묘한 현상이 벌어진 것이다.

하지만 비교적 젊고 중하위직 관리였던 신흥사대부가 세력을 형성하기에는 한계가 있었고, 공민왕에 대한 기대와 실망이 교차하는 지점에서 신돈에 의해 개혁이 진행된 것도 문제였다. 그런데도 신흥사대부가 집단으로 반발하지 않은 이유에는 개혁에 대한 희망의 끈을 놓치지 않으려는 절박함이 있었다.

관직에서 물러나 낙향하다

관직에서 물러나다

공민왕 16년(1367) 신돈은 대궐 밖에 사택을 얻어 나가 살면서 극도로 타락하기 시작했다. 부정축재와 주색에 빠져 첩을 여럿 두었고, 주변에는 아첨꾼과 모사꾼이 모여들어 그의 눈과 귀를 막았다. 또한 그는 자신에게 비판적인 사람들은 지위 고하를 가리지 않고 처벌했다.

수시중 경복흥의 가산을 적몰하고 장배에 처했고, 김제안·김정·김홍조 등은 신돈을 제거하려다 발각되어 처형당하기도 했다. 신돈은 자신을 비판하다 유배된 관리들에게 자객을 보내 참살하기도 했다. 때문에 이집(李集, 1327~1387)은 '신돈을 피해 토굴을 파고 생활하며 겨우 죽음을 면했다'고 해서 호를 둔촌遁村이라 했고, 그곳을 둔촌동이라고 했다는 일화도 전한다.

정도전은 공민왕 13년(1364) 종7품 전교주부로, 이듬해 왕의 비서직인 통례문지후로 승진했다. 당시 신돈의 개혁을 가까이에서 지켜보았던 정도전은 "신돈은 도덕성과 공적인 신념을 가지고 정치에 뛰어든 것이 아니며, 그의 개혁은 고뇌와 절실함에서 비롯된 것도 아니다"라는 사실을 확인했다. 그리고 신돈을 비판한 인물들 가운데 자신과 각별한 친구들이 적지 않았고, 모든 것을 포기한 듯 공민왕의 엽기적인 행동도 그에게는 부담으로 다가왔다.

공민왕 14년(1365) 정도전은 벼슬을 버리고 삼각산 옛집으로 돌아가 버렸다. 관직 생활을 시작한 지 4년 만이었다. 하지만 스스로가 처한 현실을 외면하지 않았던 그의 평소 성격으로 볼 때, 관직을 버린 것이 아니라 당시 병환 중인 아버지를 간호하기 위해 관직에서 물러난 것으로 보는 것이 타당하다. 이 무렵 정운경은 병으로 사직했고, 이듬해 1월에 사망했다. 정도전은 아버지의 삼년상을 치르기 위해 다시 고향 영주로 낙향해야 했기 때문이다.

공민왕 6년(1357) 이색이 우간의대부로 있을 때 부모상을 3년 동안 치르도록 제도화했으나, 당시 사대부들은 부모상을 100일 만에 탈상하는 것이 관례였다. 정몽주는 아버지가 사망했을 때 삼년상을 치렀지만, 이러한 예는 극소수였다. 간혹 삼년상을 치렀다 해도 노비에게 대신 치르게 한 후 면천해주는 일도 있었다.

정도전은 유교의 예禮에 따라 삼년상을 치렀다. 공민왕은 삼년상을 치른 정도전에게 '부모상에 성인聖人의 예절을 잘 지켰다'며 칭송했고, 정도전은 얼마 되지 않는 유산을 동생들에게 모두 골고루 나누어주고 자신은 허약한 노비 몇 명을 거두었다는 일화도 전한다.

공민왕 15년(1366) 12월, 어머니가 사망하여 삼년상을 치르게 되자 거상 기간이 4년으로 늘어나게 된다. 정도전은 4년의 시간을 단순히 부모상의 예만 따르지 않았다. 그는 두 동생을 가르쳤고, 유학은 물론 역사·제자백가·병법·불경·음악·수학·의학 등 폭넓은 분야를 공부했다. 뿐만 아니라 부모상을 치르는 동안 정몽주를 포함해 이색의 문하생들과 편지나 시를 주고받으며 교류를 이어갔고, 그에게 가르침을 얻으려는 영남 지방 유생들의 발길도 이어졌다. 정도전은 이들에게 신유학의 가르침을 통해 역사 인식을 기르고 실천적 의지를 전수하는 등 큰 영향을 미쳤던 것으로 전한다.

이 무렵 지방의 젊은 선비들은 타락한 불교를 대신해서 자신들의 정체성을 형성하고 세계상을 창조해줄 새로운 이데올로기에 목말라하고 있었다. 따라서 지방 유생들이 정도전을 통해 성리학을 탐구할 기회를 얻게 된 것은 삶의 방향성을 정립하는 계기가 되었음은 물론이다. 당시 그에게 학문의 가르침을 받은 제자 중에는 후에 높은 벼슬을 지낸 사람이 많을 정도로 이미 신유학이 지방에까지 확산되던 시기에 정도전의 가르침은 남방 학자들에게 적지 않은 영향을 미쳤다.

뿐만 아니라 이들은 조선 건국을 전후한 시기에 개혁과 혁명 세력의 저변을 확충하면서 정도전의 든든한 지지 세력이 되기도 했다.

맹자를 만나다

정도전은 부모상을 치르면서 『맹자』를 하루에 한 장 또는 반 장씩 정독할 정도로 집중했다. 맹자(孟子, 기원전 372~기원전 289)는 "군주의 자격을 인정받은 자가 왕위에 오르는 것은 타고난 신분보다 도덕성에 따라야 한다"며 민본사상民本思想을 최고의 가치로 삼아 왕도정치를 펼칠 것을 주장하는 등 중국 춘추시대의 공자보다도 상당히 진보적인 정치관을 제시한 전국시대의 인물이었다.

맹자는 사람들과 나눈 치열한 논쟁과 문답을 기록으로 남겼다. 특히 여기에는 "백성의 뜻을 거스르는 정치와 군주는 백성의 뜻에 따라 바뀌어야 한다"며 혁명을 정당화하는 이론이 담겨 있었다. 즉 무왕이 주왕을 처형한 사건에 대해 "주라는 사내를 죽였다는 얘기는 들었어도 군주를 시해했다는 얘기는 듣지 못했다"며 "군왕이 포악하거나 무능하면 이미 군왕으로 볼 수 없다"는 논리를 내세워 "백성이 군왕을 선택할 수 있다"는 혁명의 정당성을 제시했다.

이렇듯 『맹자』는 정도전에게 혁명의 정당성을 제공해주었다. 또 정도전이 맹자의 역사순환 발전론을 뛰어넘으려고 시도했을 정도로 머릿속에 커다란 자리를 차지하게 된다. 맹자는 "한 왕조와 제왕의 흥망성쇠는 하늘이 내린 500년 국운國運에 국한되므로, 이 기간이 지나면 다른 사람이 정권을 대신해야 한다"고 보았다. 그리고 요순에서 하나라의 걸왕까지가 500년이고, 은나라의 탕왕에서 주왕까지가 500년이며, 주나라의 무왕에서 공자(춘추전국시대)까지가 500년이라는 역사적 사실을 들어 이를 증명하려고 했다. 그러나 정도전은 이러한 맹자의 500년 주기설을 뛰어

넘어 800년 또는 그보다 더 오래 유지되는 정치체제를 갖춘 나라를 만들고자 했다. 따라서 이 시기에 맹자와의 만남은 정도전의 인생에서 각별한 의미가 있었다.

정도전에게 민본사상으로 무장하고 개혁을 넘어 혁명의 정당성을 깨우치게 했던 『맹자』를 소개한 사람은 바로 정몽주였다. 결과적으로 마지막 고려인이 조선의 창업자에게 이념적 명분을 지원한 셈이었다.

정도전이 부모상을 치르는 동안에도 국내외 상황은 여전히 암울했다. 공민왕 17년(1368) 중원에서는 원의 순제가 북원으로 쫓겨났고 명나라를 세운 주원장이 새로운 통치자로 떠올랐다. 국내에서는 개경의 앞마당인 강화도까지 쳐들어온 왜구에게 약탈당하는 수모를 겪었고, 신돈의 타락은 멈출 줄 몰랐다.

공민왕 20년(1371) 신돈이 자신에 대한 공민왕의 태도를 의심하여 먼저 공민왕을 제거하려다 발각되어 수원으로 유배되었고, 결국 기현·이춘부·이운목 등과 함께 처형되었다. 그러나 신돈의 실각에 대해서는 다양한 의견들이 있다.

신돈에 대한 공민왕의 태도가 구체적으로 어떠했는지 전하지 않으며, 신돈이 공민왕을 제거하려는 이유나 증거 또한 미약했다. 때문에 평소 사이가 좋지 않았던 태후가 신돈을 공격했다는 견해도 있고, 일부에서는 노국대장공주의 영정을 모시기 위한 건설 공사와 관련짓기도 한다. 당시 대들보를 올리던 역부가 압사하여 민심이 동요하자 공민왕이 이를 빌미로 신돈을 제거했다는 것이다.

이유야 어떻든 신돈의 개혁은 실패로 막을 내렸고, 신돈의 몰락 후 단행된 조직 개편에서 최영과 경복흥이 다시 떠올랐다. 이들은 권력을 상실했던 경험을 되풀이하지 않기 위해 도당都堂의 권한을 강화해 나갔다. 이 무렵 신흥사대부가 국사를 논하는 상대역으로 성장하고 있었다.

공민왕 18년(1369) 정도전은 부모상을 마치고 삼각산 옛집으로 돌아왔다. 그러나 복직을 서두르지 않았기 때문인지, 조정에서 그를 챙겨줄 후견인이 없었기 때문인지 복직이 바로 이루어지지 않았고, 학동들을 가르치며 어렵게 생계를 유지했다. 당시 곤궁한 처지에 있었던 사람은 정도전뿐이 아니었다.

성균관으로 복귀하다

공민왕 19년(1370) 공주에서 친구 이존오가 정도전의 거처를 방문했다. 이존오는 정몽주와 같은 해 과거에 급제했고, 박상충 등과 더불어 이색의 문하에서 공부한 정도전의 절친한 벗이었다. 이존오는 공민왕 15년(1366) 우정언으로 있을 때 신돈을 탄핵하고 공민왕의 실정을 비판한 죄로 극형을 선고받았으나 이색의 변론으로 겨우 극형을 면했지만, 혹독한 고초를 겪은 후 낙향해 은둔 생활을 하면서 장독杖毒이 채 가시지 않은 불편한 몸으로 정도전을 방문한 것이다. 때문에 두 사람의 만남은 감회가 남달랐다. 두 사람은 달구경을 하면서 밤새 정담을 나누다 새벽에 이별했고, 이존오는 다음 해 고향에서 장독에 울화병이 겹쳐 사망한 것으로 전한다.

정도전은 이존오가 방문한 해 가을, 5년 만에 성균관박사로 복직했다. 그의 나이 29세였다. 당시 이색이 성균관 대사성으로 있었고, 정몽주·박상충·박의중·이숭인·김구용 등이 성균관박사로 경학을 강론하고 있었다. 따라서 성리학이 확립되던 시기에 성균관으로 정도전의 복직이 이루어진 것은 의미가 매우 컸다.

성균관박사는 정치에 직접 참여하는 자리는 아니었다. 경전을 가르치고, 수업이 끝나면 젊은 유생들과 토론하는 것이 일상이었다. 정의감에 불타는 혈기왕성한 젊은 유생들과의 격렬한 토론 시간들은 정도전의 열정을 자극했고, 이후 정도전의 정치사상을 지지하는 젊은 유생들이 형성되는 시기이기도 했다.

또한 정도전은 성균관에서 정몽주와 함께 많은 시간을 보냈다. 그들의 연구는 지칠 줄 몰랐고, 토론은 시간 가는 줄 모를 정도였다. 정도전은 평소에도 '도덕의 으뜸'이라며 정몽주를 칭송했는가 하면, "여러 생도가 각기 학업을 연수하여 사람마다 이견이 있었는데, 선생은 그 물음에 따라 명확히 분석하여 설명하되 털끝만큼도 차이가 나지 않았다"며 극찬했고, '유학의 경전을 성리학적 관점에서 일관성 있게 해석한 최초의 고려인'으로 정몽주를 꼽는 데 주저하지 않았다.

공민왕 20년(1371) 정도전은 "예악에 밝고 일 처리가 매끄럽다. …… 왕이 그를 몹시 사랑했다"며 능력을 인정받아 태상박사로 특진했고, 예의정랑과 성균관박사를 겸하게 된다. 태상박사는 제사를 주관하고 왕의 묘호와 시호를 제정하는 자리로, 왕으로부터 실력을 인정받고 신뢰받는 직책이었다. 이어서 그는 교서를 작성하는 지제교를 맡았고, 5년 동안 인사행정을 관장하는 등 조정에서 관리로서의 연륜을 쌓아갔다.

정도전은 신돈의 처형 사유를 종묘에 고하는 제의도 주관했다. 여기에는 6년여에 걸친 신돈의 시대가 막을 내렸다는 공식 선언과 함께 공민왕이 친정하겠다는 의지가 담겨 있었다. 따라서 정도전이 개혁 정치에 참여할 수 있는 기회가 올지도 모른다는 기대를 가질 만했다. 당시 정도전은 「추야秋夜」라는 시를 한 수 남겼다.

(……)

슬프다. 명예와 이익을 좇는 사람, 늙도록 아직 모르겠네
고귀한 자는 자연히 교만해지고, 비천한 자는 무리 지어 빌붙네
영화란 번갯불을 좇는 것과 같으니, 죽고 나면 비방의 소리만 남는다네
저 아름답고 군자다운 선비, 속마음 닳거나 물들지 않네
높고 높은 구름과 달 같은 마음, 희고 흰 얼음과 눈 같은 모습
모쪼록 불후의 업을 남기리, 천년을 내다보며 기약하네

(……)

명예와 이익만을 좇는 세속적인 유학자가 되기보다는 '속마음이 닳거나 변함없고, 하얀 빙설 같은 모습으로 오래도록 세상이 기억하는 선비의 길을 가겠다'는 다짐과 포부가 느껴진다. '세상을 떠받치는 대들보가 되겠다'던 초임 관리 시절의 자신감 넘치는 목소리에 비하면 한층 성숙해진 모습이다.

하지만 공민왕 23년(1374) 9월 공민왕이 시해되면서 고려에는 다시 먹구름이 밀려왔다. 기득권 세력이 여전히 기승을 부리는 가운데 중흥中興의 불씨는 살아날 기미가 없었고, 경복흥과 이인임(李仁任, ?~1388) 등 수구 세력이 조정의 혼란을 틈타 정권을 장악하며 개혁의 시곗바늘이 다시 과거로 되돌려졌기 때문이다. 뿐만 아니라 친명 반원 정책을 추진한

공민왕의 시혜 사건은 외교적으로도 대단히 민감한 문제였다.

미완의 군주가 사망하다

『고려사』에 따르면 공민왕 23년(1374) 9월, 공민왕은 환관 최만생(崔萬生, ?~1374)을 통해 "익비(益妃, 생몰 미상)가 자제위子弟衛 소속 홍륜(洪倫, ?~1374)의 아이를 잉태했다"는 보고를 받았다. 홍륜은 명덕태후의 친정 조카이자 정도전의 좌주였던 홍언박의 손자였다.

공민왕은 이 사실을 숨기기 위해 홍륜과 그 무리를 죽일 것이라고 말하면서 최만생도 이 사실을 발설하면 무사하지 못할 것이라고 경고했다. 그날 밤, 신변에 위협을 느낀 최만생이 홍륜 등과 공모해 공민왕을 시해했고, 결국 공민왕은 즉위 23년 만에 44세의 나이로 세상을 떠났다.

공민왕에게는 정비正妃인 노국공주 외에 4명의 비가 더 있었다. 공민왕과 노국공주 사이에 오랫동안 후사가 없자 재상들의 청으로 즉위 8년(1359)에 이제현의 딸을 혜비惠妃로 맞았고, 노국공주 사망 후인 공민왕 15년(1366)에 왕실 종친인 덕풍군 왕의王義의 딸과 우상시 안극인(安克仁, ?~1383)의 딸을 각각 익비益妃와 정비定妃로 맞았다. 그리고 공민왕 20년(1371)에 시중 염제신(廉悌臣, 1304~1382)의 딸을 신비愼妃로 맞았다. 사건의 당사자였던 익비의 경우 서열이 3위였지만, 왕실 종친이라 하여 정비正妃로 삼았다.

그런데 이 사건은 석연치 않은 점이 적지 않았다.

첫째, 익비가 잉태했다는 아이와 관련한 기록이 없다는 점이다. 다만 공민왕이 사망한 후 익비가 출산한 아이를 중랑장 김원계가 양육했는데, 아이를 죽여야 한다는 대간들의 간언이 이어져 살해되었다고 한다. 하지만 아들로 알고 있었던 아이가 딸이라는 사실을 알고는 경위를 취조할 것을 간언했지만, “왕의 허물을 폭로해서는 안 된다”는 이유로 받아들여지지 않았다는 이야기도 전한다.

둘째, 사건의 당사자였던 익비에 대한 언급이 전혀 없다는 점이다. 왕비가 국왕이 아닌 누군가의 아이를 임신했다면, 그 경위를 밝히는 것이 마땅한 일이었다. 더구나 익비의 임신은 공민왕의 시해 사건과 직접적인 관련이 있었다. 그런데도 사건의 원인이 공민왕의 비정상적인 성격에 있었다는 점만 언급하면서 신속하게 마무리되었다.

또한 왕이 사망하는 사건이 발생했음에도 당사자인 익비에 대해서는 어떠한 조치를 취했는지 기록이 보이지 않는다. 오히려 그녀는 공민왕이 사망한 후 왕대비 자리에 올랐고, 창왕昌王과 공양왕恭讓王이 즉위할 때도 왕실을 지켰다. 그리고 이성계에게 국권을 넘길 때는 왕실의 최고 어른 자격으로 교서를 내려 정당성을 부여하는 역할도 담당했다. 그러나 그녀가 언제 태어나 언제 사망했는지를 비롯하여 기본적인 기록조차 찾아볼 수 없다.

셋째, 자제위 설치와 관련한 문제도 현재까지 논란이 이어지고 있다. 『고려사』에 따르면 “공민왕이 젊고 용모가 빼어난 젊은이들을 자제위에 소속시킨 후 변태성욕을 즐겼다. 또 후사를 얻기 위해 이들로 하여금 비빈을 욕보이게 했다”고 하며, “공민왕이 비빈들에게 홍륜·김흥경 등과 관계를 갖도록 강요하자 정비·혜비·신비 등은 죽음을 무릅쓰고 거부했으나 익비는 강요에 못 이겨 홍륜의 아이를 갖게 되었다”고 한다.

자제위는 신돈이 처형된 다음 해인 공민왕 21년(1372) 궁중에 설치된 기관으로 왕권 강화와 인재 양성을 목적으로 설치한 것으로 보기도 한다. 따라서 공민왕 시해 사건은 명문가 자제들을 모아 설치한 자제위를 두고 공민왕과 권신들 사이에 벌어진 갈등과 연관이 있었다고 추론하고 있다. 즉 신돈의 죽음을 계기로 그동안 불만이 쌓였던 권문세족이 공민왕을 견제하고 명나라의 고압적인 태도로 잠잠하던 친원 세력까지 반발하던 분위기에서 공민왕이 권세가의 자제들을 궁궐로 불러들여 자제위를 만들었다면, 권신들은 왕이 자신의 자식들을 볼모로 삼으려고 한다는 의심을 갖기에 충분했다.

반대로 권신들이 자신들의 자제를 공민왕의 주위에 두고 왕을 견제하려는 의도에서 자제위가 활용되었을 가능성도 배제할 수 없다. 따라서 공민왕과 관련하여 어떤 방식으로든 자제위가 정치적으로 이용되었다면, 그 자체가 권력투쟁의 요소를 포함하고 있었던 것이다.

당시 33세의 젊은 관리 정도전은 공민왕의 죽음에 대해 어떤 생각을 했을지 궁금하지만, 아쉽게도 이와 관련한 기록은 찾아볼 수 없다.

길은 어디에…

공민왕의 재위 기간 동안 정치체제가 훼손되었고 시련도 겹쳤다. 대표적인 예로 자주성을 꾀하는 개혁을 실행에 옮겼지만, 원나라 제도에 기댄 정치체제는 그 자체로 모순이었다. 때문에 개혁의 물꼬를 텄지만, 동시에 적지 않은 과제를 남겨놓았다.

무인 집권 이후 고려 조정은 시대적 상황을 인식하는 데 둔감해져 있었다. 또한 고려인의 정신생활에 깊게 뿌리내린 불교 역시 백성의 삶에 관심을 상실한 지 오래였다. 심지어 고려 사회에서 "정치와 종교는 세속적인 욕망의 수단에 지나지 않았다"는 혹평을 받았다.

반면 성리학을 기반으로 한 개혁적 성향을 지닌 신진사대부는 백성의 고통에 주목했고, 함께 아파했다. 그리고 고려가 직면한 대내외적 상황을 깊이 있게 고민하고 문제해결을 위한 탐구도 게을리하지 않았다. 『고려사절요』에 나오는 권근의 상소는 이들의 절박한 인식을 잘 보여주고 있다.

> 지금 우리나라는 수재와 한재가 잇달아 일어나고 기근과 유행병이 겹쳐, 나라에는 수개월간의 저축이 없고 백성은 하루 저녁거리의 마련이 없습니다. 늙고 약한 자는 (죽어서) 개천과 구렁에 뒹굴고, 굶어 죽은 시체가 길거리에 널려 있습니다. 게다가 이웃 나라가 국경 가까이 군사를 주둔시켜 우리의 영토를 침범하며 우리의 인민을 꾀어가고 있습니다. 또 왜적이 깊이 들어와 약탈하니 각 고을이 시끄럽고 버려져 적의 구혈이 되었어도 수령이 능히 막지 못하고 장수가 제어하지 못하니, 자고로 위란危亂이 이때보다 심한 적이 없었습니다. 섶을 쌓아두고 불을 지르는 것도 족히 현재의 다급함에 비유할 수 없고, 잠잘 곳이 부서져 사람의 몸에까지 화가 미친다는 것도 족히 현재의 절박함에 비유할 수 없습니다. ……위태한 줄 알면서도 정사를 닦지 않으면 이것은 망함을 재촉하는 것입니다.

이처럼 신흥사대부들은 '나라가 망할 수도 있다'며 심각하게 우려했지만, 권신들은 이들의 우려에 귀 기울이지 않았다. 그들은 공민왕이 사망한 후 어린 우왕을 즉위시켰고, 이인임과 최영 등 재추宰樞들이 도당을 중심으로 국정을 운영하면서 무인 집권기 체제로 회귀하는 등 정국은 더욱 꼬여만 갔다.

때문인지 민간에서는 공민왕에 대해 다양한 이야기들이 전해지면서 그를 기억했다. 공민왕과 노국공주를 신으로 모시는 풍습이 현재까지 여러 곳에 남아 있는 것도 그 예로 꼽을 수 있다. 공민왕이 신이 된 유래는 구체적으로 알 수 없으나 원나라에 대항해 개혁을 추진한 군주, 국토를 회복한 기상, 신하에게 살해되었다는 애석한 사실 등이 백성들의 마음을 움직였을 것으로 보인다. 그리고 공민왕 부부가 민간신앙으로 전하는 것 역시 두 사람의 애틋한 사랑이 가장 큰 이유였겠지만, 이전의 원나라 출신 여섯 왕비들이 투기를 일삼고 고려를 멸시한 것과 달리 남편인 공민왕의 정책을 지지하고 백성들의 삶에 관심을 기울였던 그녀에 대한 마음도 작용했을 것이다.

공민왕을 모시는 동제洞祭는 서울 마포의 동막東幕과 경북 안동의 수동水洞이 대표적이다. 동막에는 명덕당明德堂이라는 신당에 공민왕을 비롯해 다른 신령들을 무신도로 모시고 있고, 수동에는 국신당國神堂이라는 신당에 공민왕 부부의 양위상이 봉안되어 있다. 원래는 위패만 모셨는데, 1916년 홍수로 유실되자 부부의 신상을 모시게 되었다고 한다.

이외에도 서울 와룡동 종묘 안에도 공민왕의 신당이 있다. 이곳은 태조 4년(1395) 한양으로 천도하여 경복궁과 종묘를 영건했을 때 함께 세워졌다. 조선의 국왕들을 모시는 신전에 고려 국왕의 신당을 세우게 된 이유는 "종묘를 건립할 때 갑자기 회오리바람이 불더니 묘정에 공민왕의 영정이 떨어져서 공민왕의 영혼을 달래기 위해 신당을 별도로 하나 더 지었다"는 이야기가 전한다. 아마도 고려에 대한 민심을 의식한 조선의 개국론자들이 '조선은 개혁 군주 공민왕의 뒤를 이어 개국했다'는 의미를 강조하려고 한 의도로 보인다.

공민왕과 안동지역의 각별한 인연도 전한다. 태조 왕건이 고창(안동) 전투에서 견훤의 백제군을 대파할 때 안동지역 김씨 집안의 도움을 크게 받았다고 한다. 이후 안동지역은 고려 왕실과 인연을 이어가며 특별대우를 받았고, 고려 말기에 홍건적이 침입하자 공민왕이 그곳으로 피난을 갔다. 그리고 환도한 후에 안동대도독부로 승격시켰다. 이때의 인연으로 지금도 안동에는 공민왕과 관련된 유물과 유적이 많이 남아 있고, 도산면 원천리(내살미)·가사리·단천리 등의 지역에서는 공민왕의 영정을 모시고 제사를 지낸다고 한다.

뼈저린 패배를 경험하다

시곗바늘을 되돌리다

최만생과 홍륜 등은 공민왕 시해에 성공했지만, 자신들이 살아남는 방법까지는 찾지 못했다. 그들이 우왕좌왕하는 사이에 내시 이강달(李剛達, 생몰 미상)이 그들의 옷에 피가 묻은 것을 보고 상부에 보고했고, 이인임·염흥방·경복흥·임견미 등이 최만생과 홍륜 일당을 체포해 처형했다. 당시 최영은 제주도에 파견 나가 있었다.

공민왕 23년(1374) 명나라에서 북원을 정벌한다며 말 2천 필을 요구한 일이 있었다. 고려는 문하평리 한방언(韓邦彦, 생몰 미상)을 제주에 보냈으나 말을 관리하던 몽골 관리들의 태업으로 300필만 어렵게 수송했다. 이에 조정에서는 임무 태만의 죄를 물어 한방언을 장배에 처하고 태업했던 관리들을 징벌하기 위해 최영을 제주도로 보냈던 것이다. 권신 이인임은 이 기회를 틈타 10세의 어린 우왕을 즉위시키고, 뒤늦게 귀경한 최영을 자신의 편으로 끌어들이며 권력을 장악하게 된다.

그러나 『고려사』에는 우왕이 신돈의 아들로 기록되어 있는 등 우왕의 출생에 대해 다양한 이야기가 전한다. 예를 들면 "신돈이 여종 반야般若를 공민왕에게 바쳤는데 얼마 후 아이를 잉태했다"고 한다. 반야가 만삭이 되자 승려 능우能祐의 어머니에게 맡겨졌고, 반야는 출산 후 신돈의 집에서 기거했다. 이후 신돈이 유배되었을 때 공민왕은 "궁인 한씨에게서 아이를 얻었다"고 말하며 궁으로 데려오게 했고, 수시중 이인임을 따로 불러 "신돈의 집에 아름다운 여인이 있어 그녀에게서 아들을 얻었다"며 아이를 지켜달라는 당부까지 했다고 한다.

또 다른 이야기에 따르면 "반야가 출산한 아이를 능우의 어머니가 돌보아주었는데, 첫돌이 되기 전에 사망하자 책망이 두려웠던 능우가 이웃집 병졸의 아이를 훔쳐 키웠고, 돌이 지나 신돈이 데려가자 반야도 그 아이를 자신의 아이로 믿었다"고 한다.

명덕태후도 우왕의 출생을 의심했던 것으로 보인다. 때문에 그녀는 왕실 종친 중에서 왕을 옹립하자고 했으나 이인임이 공민왕의 유지를 내세워 우왕의 즉위를 주장하고 나섰다. 결국 선왕의 유지를 받드는 쪽에 힘이 실려 우왕이 왕위에 오르게 된다.

이후 우왕의 후견인 역할을 했던 이인임은 우왕의 정통성을 확보하기 위해 적극적으로 관심을 기울였다. 우왕의 생모로 전하는 궁인 한씨의 묘를 의릉으로 이장했고, 그녀의 영정도 공민왕의 영정이 봉안된 혜명전으로 옮겨졌다. 그리고 우왕이 즉위한 후 5년 동안 백성들을 구휼하고 부패한 관리를 처벌하는 등 선정을 베풀기도 했다. 하지만 개인적 의도가 있었던 이러한 조치들은 모두 일시적인 응급조치에 지나지 않았다.

한편 또 다른 생모로 전하는 반야는 우왕이 즉위한 지 2년이 지났는데도 사가私家에 억류되어 있었다고 한다. 때문에 왕실에서 자신을 부를 의사가 없다고 판단한 그녀는 태후의 궁에 몰래 들어가 자신이 왕의 생모라고 호소하다가 잡혀서 강물에 던져지고 말았다. 이인임의 소행이었다. 이후 이인임은 자신의 외사촌인 이림(李琳, ?~1391)의 딸을 우왕의 비로 세웠고, 세자 창昌을 출산하여 세력을 더욱 굳건하게 다졌다.

이인임은 성주에서 대대로 향리의 우두머리인 호장 직을 이어오다가 조부 때 중앙의 고위 관직에 올라 문벌 귀족으로 성장한 성주 이씨 가문 출신이다. 그의 조부 이조년(李兆年, 1269~1343)은 충렬왕 복위 8년(1306) 충선왕을 호종하여 원나라에 갔을 때 충렬왕과 충선왕 부자를 이간질하려는 부원배의 모함에 맞서 싸웠고, 이후 방탕한 충혜왕에게 여러 차례 직간을 올렸으나 받아들여지지 않자 사직할 정도로 강직한 충신이었다. 이인임의 친형 이인복(李仁復, 1308~1374)은 조일신이 정변을 일으켰을 때 공민왕이 사후처리를 상의하기 위해 독대를 청할 정도로 공민왕의 두터운 신망을 받았으나 신돈을 멀리할 것을 간하다 파직되기도 했다.

이러한 가문의 덕으로 이인임은 공민왕 초에 음서蔭敍로 관직 생활을 시작하여 무인으로 활약했다. 공민왕 8년(1359) 홍건적이 침입하자 서경존무사西京存撫使로 방어에 공을 세워 공신으로 책봉되면서 중앙 정계에 출세의 발판을 마련하게 된다. 이후 공민왕 11년(1362) 홍건적이 개경을 함락했을 때와, 공민왕 13년(1364) 원의 지원을 등에 업고 최유가 덕흥군을 국왕으로 옹립하기 위해 고려를 침입했을 때도 최영과 함께 이들을 물리쳤다. 이인임은 이때의 공을 인정받아 공신으로 책봉되어 권력의 상층부에 들어서게 된다.

이후 신돈이 집권하면서 대표적 무인이었던 최영이 신돈의 견제를 받아 지방으로 좌천되는 등 실력자들까지 정치적 탄압을 받았지만, 이인임은 신돈 정권에서도 재상으로 정치적 지위를 유지할 정도로 처신에 능했다. 그는 공민왕 대에 정치적으로 성장한 문인과 무인 세력의 어느 편에도 적극적으로 가담하지 않은 채 중간적 태도를 보이며 꾸준히 정치적으로 성장했다.

이인임은 공민왕 18년(1369) 대규모 사찰공사에 반대하다 파면된 유탁(柳濯, 1311~1371)의 뒤를 이어 재상에 등용되었지만, 공민왕의 실정을 한번도 거론하지 않았다. 그리고 우왕을 즉위시키는 과정에서도 왕실 종친들을 끌어들여 명덕태후를 견제했고, 우왕이 친모親母처럼 믿고 따르던 유모 장씨가 우왕에게 접근하자 가차 없이 쫓아냈다. 또한 도당을 장악하는 과정에서 권신들을 끌어들여 지지 세력으로 만든 후 차례로 제거하기도 했다. 특히 그는 우왕 즉위년(1374)에 발생한 사건으로 정치적 기반을 더욱 굳건하게 다지게 된다.

폭군과 권신이 야합하다

권신들이 왕실 종친과 원로대신들을 비롯해 백관과 연명하여 북원에 관계 회복을 요청하는 문서를 보내려고 하자 신흥사대부가 반발하고 나섰다. 몇 달 뒤, 북원에서 사신을 통해 명나라를 공격하자는 제안을 전해오자 신흥사대부의 반발은 더욱 거세졌다.

당시 정도전은 박상충과 함께 "왕(공민왕)이 시해되었는데도 그 일을 명나라에 고하지 않으면 필시 황제가 의심할 것이니 빨리 사신을 파견해 상사喪事를 고해야 한다"고 주장했다. 그러나 이들의 의견은 묵살되었고, 대거 유배에 처하게 된다.

이인임은 본래 적극적인 친원파는 아니었다. 공민왕 17년(1368) 그는 공민왕의 명을 받고 요동에 있던 원나라 세력의 공략에 참여하기도 했다. 그런데 그는 공민왕 피살 당시 재상의 자리에 있었고, 북원에서 왕고의 손자 심왕 탈탈불화(脫脫不花, ?~1376)를 고려의 왕으로 삼는다는 등의 소문이 돌자 원나라 쪽으로 기울었다. 자신의 신변에 안전을 꾀하기 위해 북원과의 충돌을 피하고 탈탈불화의 즉위를 저지해야 했던 것이다.

북원과 외교를 재개할 수밖에 없다고 판단한 이인임은 개경을 방문하고 돌아가는 명나라 사신을 살해하라 지시하고 북원에 공민왕의 사망 소식을 알렸다. 이에 북원은 "공민왕은 우리를 배반하고 명에 붙었으니 그 왕을 죽인 죄를 용서한다"는 답장을 보내왔다. 북원은 이 사건을 빌미로 고려의 지원을 얻으려고 했던 것이다. 따라서 당시 권신들과 신흥사대부의 대립에는 친명과 친원이라는 외교정책 차이도 있었지만, 국내에서 권력을 유지하려는 권신 세력과 명나라의 군사적 위협을 우려한 신흥 세력 사이의 갈등도 내재해 있었다.

박상충은 "한두 사람의 신하가 마음에 불충을 품고 나라를 팔아 자신의 이익을 도모하고, 그 죄악으로 나라에 화를 전가해 반드시 종사가 멸망하고 생민生民이 타서 죽은 뒤에 그만두려고 하니 참으로 통탄할 일이다"라고 비판했고, 정도전은 "새로 떠오르는 명나라를 저버리고 원나라와 친교하는 것은 강자를 버리고 약자를 향하는 것이며, 순리를 버리고 역리를 따르는 것으로 장차 나라에 큰 화가 될 것입니다. 만약 (원나라) 사신을 받아들이면 나라의 신민이 모두 난신적자의 죄를 짓게 될 터이니 후에 무슨 면목으로 현릉(顯陵, 태조 왕건의 릉)을 지하에서 만날 것입니까?"라며 친명 외교를 적극적으로 주장했다.

하지만 이인임은 북원의 사신을 영접하는 임무를 정도전에게 맡겼다. 이에 분개한 정도전이 경복흥을 찾아가 "나는 마땅히 원나라 사신의 목을 베어 갖고 오리라. 아니면 사신을 묶어 명나라에 보내겠다"며 항의했다. 그러나 경복흥이 답변을 내놓지 않자 다시 명덕태후를 찾아가 "선왕(공민왕)이 명나라를 섬기기로 이미 태도를 결정지었습니다. 이제 와서 (원나라가) 우리에게 죄명을 씌워놓고 용서나 해주는 것처럼 하는데 어떻게 맞아들일 수 있겠습니까?"라며 항변했지만 그녀 역시 도움이 되지 못했다. 두 사람 모두 이인임의 견제를 받고 있었기 때문이다.

이인임은 정국을 자신에게 유리하게 이끌면서 지윤·임견미·경복흥·도길수·조민수 등 무인들을 끌어들여 자신의 지원 세력을 구축했다. 이인임을 중심으로 한 권신들은 자신들에게 반대하는 세력을 제거하거나 견제하는 데 최영의 군사력도 적절하게 활용했다. 이 시기를 왕조시대를 구분하는 관례에 따라 우왕 대라고 하지만, 이인임 등 권신의 시대라고 할 정도로 이인임의 권력은 왕을 능가했다.

이후 우왕 6년(1380) 명덕태후가 사망하자 본격적인 이인임의 시대가 열렸다. 당시 우왕의 행태와 사회적 모순에 대해서 사헌부와 사간원 등의 비판이 없지는 않았으나 이인임에 대해서는 침묵으로 일관할 정도였다. 그러나 이인임은 정치적 이념이나 사상은 고사하고 사회에 대한 최소한의 문제의식조차 없는 인물이었다. 다만 그에게 권력이란 개인의 사유물일 뿐이었다.

한편 우왕은 국왕으로서의 권위를 상실한 탓이기도 했지만, 권신의 의도적 묵인 아래 정치적 책무를 포기하고 향락에 빠져 지냈다. 우왕의 이러한 변화는 왕을 모든 쾌락에 빠뜨리고 부패시킴으로써 정치에 흥미를 잃게 하려는 측근 정치의 고전적 수법이기도 했다. 우왕 6년(1380) 우왕이 사냥을 나가려고 하자 이인임이 만류한 적이 있었다. 물론 진심이 아니라 의례적인 행동이었다. 이에 우왕은 "내가 본래 매와 개를 좋아하지 않았는데, 여러 재상들이 인도한 것이다"라며 면박하기도 했다. 한마디로 폭군과 권신이 야합한 부패 정치의 특징을 유감없이 보여주는 예라 하겠다.

사적인 이익을 위해 공적인 대가를 치르다

이인임은 권력을 혼자 독식하지는 않았다. 그는 부정한 이익을 눈감아주는 대신 그들을 자신의 세력으로 끌어들였다. 하지만 그의 정치적 파트너는 고정되어 있지 않았다. 『고려사절요』에 따르면 "(이인임은) 권세를 잡은 지 오래되고 부드럽게 아첨하여 남의 비위를 맞추니, 뜰에 가득한 문객들이 저마다 자기를 더 후하게 대접하는 줄 알았다"라고 할 정도로 능수능란하게 주변 사람들을 다루었다.

이처럼 이인임은 파트너를 적절하게 교체해가며 14년간 권력을 확고하게 유지했다. 그러나 이인임이 정치력을 발휘할 때마다 고려 사회는 전국적으로 부정의 몸살을 앓아야 했고, 상처는 안으로 점점 더 곪아가고 있었다.

궁중의 사무와 인사권을 장악한 이인임은 재상의 정원이 12명인데 한꺼번에 59명을 제수하기도 했고, 첨설직을 남발하고 매관매직을 자행하여 "명예직과 7~8품의 하급직에 이르기까지 수레에 싣고 말(斗)로 헤아릴 정도로 많다"고 비난받기도 했다. 우왕 4년(1378) 최영이 충청도 부여의 홍산에서 왜구를 대파했을 때는 전쟁에 참가하지도 않은 권신의 친인척까지 벼슬을 내리기도 했다. 이에 윤소종은 인사 문란을 신랄하게 비판했다.

> "사방의 국경에 근심이 많고 전쟁이 바야흐로 심했지만 이인임은 생각하려 하지 않았고, 패장이라도 뇌물만 바치면 묻지 않았으며, 적을 격파한 장수라도 뇌물을 주지 않으면 상을 주지 않았습니다. 이로 인해 경내의 장정이 모두 흉당에 의탁하여 병역을 면했기 때문에, 수비군은 여위고 약하여 왜노가 횡행하되 출전하여 결초보은結草報恩 함이 없으므로 바닷가의 옥야 5천~6천 리가 해골을 드러낸 폐해가 되고, 내륙의 주군州郡이 당연히 전장이 되어 팔도가 텅 빈 것은 이인임이 군정軍政을 파괴했기 때문입니다."

심지어 권신의 인척과 노비 그리고 재물로 관직을 얻은 자들까지 본전을 뽑기 위해 각종 불법행위를 저질러 부정부패가 눈덩이처럼 불어났다. 임견미(林堅味, ?~1388)의 친척 평주자사 성수항成守恒은 "백성들을 탈취하여 온갖 사적인 일을 경영했으며, 임기가 끝나 돌아올 때 재산을 실은 수레가 꼬리를 물었고, 다시 철원부사가 되었다"고 한다.

우왕 8년(1382) 명나라의 위협으로 한양으로 천도할 때에도 이인임과 이인임의 외사촌이며 우왕의 장인인 이림을 비롯해 임견미·염흥방·도길부·이존성 등이 우왕을 호종하면서 자신들의 종을 먼저 한양으로 보내 백성의 땅과 집을 강탈하는 등 만행이 끝이 없었다.

재판도 뇌물로 좌우되었다. 『고려사』에는 "쟁송하는 모든 자는 반드시 토지와 재물로 이인임에게 먼저 연줄이 닿은 후에야 해결할 수 있었다"고 한다. 윤소종은 이들의 전횡을 다음과 같이 비판했다.

> "개국 이래 그 간사함과 죄악이 이들과 비교할 자들이 없으니, 임견미와 염흥방의 악惡도 모두 이인임이 양성한 것이며…… 이인임은 나라를 담당한 뒤 사정에 따라 공정한 도의를 해치고 사람의 욕심을 다하여 천리天理를 멸했으며, 유죄有罪는 살리고 무고無告는 죽였으며, 공이 없는 자를 상 주고 공이 있는 사람을 죽였으며, 탐욕한 자를 귀하게 여기고 청백한 자를 천히 여겼으며, 간사한 자를 좋아하고 정직한 자를 미워하여 소인을 천거하고 군자를 물리쳐 인심을 더러운 곳에 빠뜨리니, 삼한三韓 사람들이 예의와 염치를 빈천貧賤과 화패禍敗에 빠지는 함정으로 알아, 혹시 그 가운데 빠질까 두려워했습니다."

이처럼 이인임은 모든 부패의 중심에 서 있었고, 그가 움직일 때마다 사적인 이익을 위해 공적인 대가를 지불해야 했다. 때문에 그의 친형인 이인복은 아우 이인임과 이인민에 관하여 "나라를 결딴내고 집안을 망칠 자는 반드시 이 두 아우이다"라고 공개적으로 비판할 정도였다. 이인임은 권력에서 물러난 후 권신 염흥방(廉興邦, ?~1388) 등이 처벌되는 과정에서 유배되기는 했지만, 권력을 농단한 고려 말기의 권신 중에서 유일하게 권력에서 물러날 때까지 단 한 번도 유배되지 않았으며 자기 명을 다하고 죽었다.

한편 왜구의 침략으로 국토는 황폐해지고 화척禾尺까지 왜구를 가장해 관청과 민가를 불사르며 노략질에 나섰다. 우왕 7년(1381)에는 사상 최대의 기근이 발생하여 다음 해까지 이어지는 등 백성은 그야말로 사경을 헤맸다. 특히 재해가 심했던 경상도 고령 지역의 경우 "땅에 버려진 아이가 길에 차이고 아사자는 가히 헤아릴 수 없었다"고 할 정도였다.

그럼에도 이인임이 권력을 유지할 수 있었던 것은 그의 뛰어난 정치력 이외에도 권세가들과 혼인 관계를 맺어 정치적 결속을 강화함으로써 국가 자체를 사유물로 만들었기 때문이다.

혼인 관계를 통해 정치적 결속을 강화하다

귀족사회는 유력한 가문끼리 통혼하며 유대를 강화하고 권력을 유지하며 확장해갔다. 최고의 혼인 상대는 왕실이었고, 귀족과 권문세가가 그 뒤를 이었다. 특히 신분제가 무너지기 시작한 '무인의 난' 이후 이러한 현상은 더욱 심화되었다. 귀족들은 물론 부를 축적한 양민들까지도 유력자의 집안과의 혼인 관계를 통해 신분 상승을 꾀했고, 권력자의 비호 없이 살아남기 힘들었던 상인商人과 공장工匠들도 상류층에 줄을 대기 위해 기회를 엿보았다.

무인 집권기 이후 상류층은 복잡한 혼맥으로 얽혔고, 한미한 집안 출신 권력자일수록 귀족과 혼인하기 위해 더욱 관심을 기울였다. 출신이 미천한 임견미가 염흥방에게 사돈을 맺자고 제안했을 때 이를 받아들인 것도 임견미 가문의 위상을 높여주는 대가로 권력을 확장하려는 의도가 담겨 있었다.

이처럼 이인임을 중심으로 권신들은 중첩된 혼인 관계를 형성하며 거대한 이익집단을 이루었다. 이인임은 고려 왕실은 물론 권신들과도 중첩된 혼인 관계를 맺고 있었고, 당시 신흥 무장이었던 이성계의 장녀와 이인임의 동생 이인립李仁立의 아들 이제(李濟, ?~1398)가 혼인해 사돈 관계를 맺고 있었다. 이인립은 형 이인임이 권력을 남용하여 원성을 사자 여러 차례 충고하기도 했다. 그러나 이인임이 충고를 받아들이지 않자 낙향해 버렸고, 이후 성주 이씨 집안은 조선의 개국에 참여하여 다수의 개국공신을 배출했다.

이성계 역시 개성에 진출한 후 고려의 명문가와 폭넓게 혼인 관계를 맺었다. 그는 왕실 종친 왕우(王瑀, ?~1397)와 사돈 관계를 맺었고, 이성계의 두 번째 부인 신천 강씨 집안은 원과의 관계를 통해 급속히 성장한 고려 말 신흥 가문에 속했다. 그러나 그녀의 집안은 각종 모반 사건 등에 연루되어 가세가 기울었다가 공민왕 10년(1361)을 전후해 홍건적과의 전투에서 공을 세워 2명의 공신을 배출하기도 했고, 공민왕 12년(1363) 김용이 '흥왕사의 난'을 일으켰을 때는 공민왕이 그녀의 오빠 강득룡의 집에서 상당 기간 기거하기도 했다. 당시 강득룡의 집은 왕이 기거할 수 있을 정도로 크고 훌륭했으며, 국왕의 신변안전을 보장할 수 있을 정도로 신임을 받았음을 의미한다. 이성계가 신천 강씨와 결혼한 시기가 바로 이 무렵으로, 공민왕이 강득룡의 집에 머물 때 무장으로 많은 공을 세우면서 왕의 총애를 받기 시작한 이성계와 강득룡의 누이의 혼인을 주선했을 가능성도 없지 않다.

그리고 이성계의 아들들도 초기에는 한때 권세가에 속했던 집안에서 점차 여흥 민씨 등 당대의 명문가와 혼인하며 고려의 수도 개경에서 정치적 뿌리를 내리게 된다. 이성계의 집안과 혼인 관계 등으로 밀착도가 높은 가문으로는 여흥 민씨·순흥 안씨·진주 유씨·경주 김씨·청주 한씨·밀양 박씨·충주 지씨·성주 이씨 등을 꼽을 수 있다. 그리고 혼인 관계는 아니지만 위화도회군에서 조선의 개국까지 이성계의 집권 과정에서 협력한 가문으로는 평양 조씨·청주 정씨·한양 조씨·의령 남씨·무송 윤씨를 꼽을 수 있다. 조선 건국기에는 순흥 안씨·남양 홍씨·문화 유씨·파평 윤씨·광주 김씨·여흥 민씨·경주 이씨 등이 있다.

이 가문들은 이성계를 중심으로 서로 혼인 관계를 맺어 가문들 간의 사적 관계를 통해 정치적으로 결집했고, 이성계의 세력을 강화하는 데 중요한 기반이 되었다. 그러나 이러한 결혼 풍토에 대해 정도전은 "혼인에서 빈부를 기준으로 배우자를 선택하고 버리는 것은 마치 장사꾼이 물건을 매매하는 것과 같아서 혼인의 본뜻과 어긋나는 것이다. 오직 남녀의 덕행을 기준으로 배우자를 선택해야 한다"고 비판했다. 그는 조선 건국 후 최고의 지위에 올랐음에도 정치적으로 해석되는 통혼을 하지 않을 정도로 평소의 소신을 실천에 옮겼다.

패배를 경험하다

북원의 사신을 영접하라는 명령에 반발한 정도전은 전남 나주의 회진현 거평부곡居平部曲에 유배되었고, 정몽주도 "외교의 책임자를 문책하고 전쟁의 위기에서 벗어나기 위한 조치를 취해야 한다"고 주장하다가 유배령이 떨어졌다. 그리고 『저생전樗生傳』의 저자 이첨(李詹, 1345~1405)을 비롯해 전백영·염정수·염흥방·윤호 등의 신흥사대부도 유배 길에 올랐다. 당시 최영과 지윤(池奫, ?~1377)이 사건의 조사에 나서면서 신흥사대부를 혹독하게 국문했던 탓에 전녹생과 박상충은 유배 도중 고문의 후유증으로 사망하는 일까지 발생했다.

우왕의 사부였던 전녹생은 충목왕과 공민왕 대의 개혁 과정에서 성장한 대표적인 정치가였다. 그는 충목왕 3년(1347) 정치도감관으로 있을 때 기황후의 인척 기삼만을 옥사하게 하여 옥에 갇힌 일이 있었다. 또 공민왕 22년(1373)에는 '석기釋器의 모반 사건'으로 체포된 석기를 수정사水精寺에 보내어 안치시키라고 명했으나 그 명을 어기고 "석기가 배를 탈 때 스스로 물에 빠져 죽었다"고 거짓 보고한 이안(李安, ?~1373)과 정보鄭寶를 참형에 처한 강단 있는 인물이었다. 그리고 박상충은 이제현의 문생이며, 이색의 처남妻男이었다. 그는 공민왕과 우왕 대에 걸쳐 권신들의 정치를 가장 적극적으로 비판한 인물이었다.

한편 유배되었던 신흥사대부의 복귀 시기는 각기 달랐다. 정몽주·이숭인·김구용 등은 1년 만에 복귀했지만, 정도전은 10년을 기다려야 했다. 그런데 이 또한 정국의 변수로 작용했다. 그 사이 염흥방과 염정수(廉廷秀, ?~1388) 형제 등이 이인임 일파에 적극적으로 동조하여 권세를 누리는 등 신흥사대부 사이에 분열이 일어난 것이다.

또한 경복흥이 이인임에게 기울어 힘을 더해주었다. 주변에서는 이러한 경복흥의 처신을 정치적 변신으로 받아들이기도 했다. 경복흥은 공민왕과 명덕태후가 가장 신임할 정도로 조정에서도 자신의 정치적 위상을 유지했던 인물이었다. 정도전이 친원 정책의 부당성을 말하기 위해 제일 먼저 그를 찾아간 것도 이러한 연유에서 였다.

경복흥이 사망한 후 창왕이 내린 교서에도 "(권신이) 경복흥을 꺼려서 능히 한없는 욕심을 마음대로 못 하여 아침과 저녁으로 눈을 흘겼다. 다만 우리 왕모王母 명덕비의 신뢰가 깊으므로 감히 어쩌지 못했다"고 기록하고 있다. 『고려사』에는 경복흥이 이인임, 지윤과 함께 정방제조로 있을 때의 기록도 보인다.

> 경복흥이 이인임 및 지윤과 함께 인사人事를 결정하는데, 지윤이 "마땅히 군공軍功을 먼저 해야 한다"고 말하고, 경복흥은 "이것은 정기 인사이니 마땅히 군공을 뒤로 해야 한다"고 하여 오랫동안 결정하지 못했다. 그때 지윤과 이인임이 권세를 전횡하여 온 나라가 따라붙었는데, 경복흥은 스스로 청렴을 지켰다. 그러나 (경복흥은 이인임 등의) 탐욕스러움을 미워하면서도 어찌할 수 없음을 알고 날마다 술에 취하는 것을 일삼았다. 인사를 할 때는 문득 현인賢人을 추천하여 뇌물을 쓰는 무리를 억제하였으나, 두 사람(이인임, 지윤)에게 얽매여 자기 뜻을 행하지 못하고 혹 먼저 나가버려 도당에 참여하지 않았다.

이처럼 공명정대함을 유지하려고 노력했던 경복흥은 권력을 전횡한 권신들과는 다른 면이 있었다. 그러나 그는 우유부단하고 결단력이 부족했다. 권신들이 그의 눈치를 보며 함부로 행동하지 못했다고는 하지만, 경복흥 역시 이인임을 제대로 견제하지 못했고 결국 명덕태후가 사망한 후 이인임에게 제거된다.

한편 우왕 원년에 발생한 사건은 여러 가지 면에서 신흥사대부에 커다란 충격이었고, 조정에서 정치적 입지가 위축되었지만 집단으로 국정에 대한 문제를 제기하고 나섰다는 점에서 적지 않은 의미가 있었다. 한편으로는 확실한 대안과 물리적 기반의 필요성에 대해서 깨우쳐준 사건이었다.

3부

시련 속에서 길을 찾다

지금 여기는 어디인가?

나그네가 되어 시간은 덧없이 흘러만 가다

정도전의 유배는 권신들의 눈에 벗어난 것도 이유였지만, 스스로 선택한 길이기도 했다.

정도전이 유배 가던 날 염흥방이 "시중 경복흥에게 말을 잘해놓았으니 시중의 노여움이 풀릴 때까지 떠나지 말고 조금만 기다려 달라"는 말을 전했다. 하지만 정도전은 "나의 말과 시중의 노여움은 각기 관점은 다르지만, 모두가 나라를 위한 일이다. 이제 어명이 떨어졌는데 아니 갈 수 없다"며 유배지로 향했다. 때문에 이인임과 경복흥 등 재상들이 이 말을 전해 듣고 "아직도 뉘우치지 못했다"며 정도전을 더욱 미워하게 되었다는 이야기도 전한다. 당시 그는 「감흥感興」이라는 시를 남겼다.

조국의 멸망을 차마 못 본 체할 수 없어
충의의 심장이 찢어지고
대궐 문 손수 밀고 들어가
임금 앞에서 언성 높여 간했더라오
예부터 한 번 죽음 뉘나 있으니
구차한 삶은 처할 바 아니지 않은가
천 년 지난 망막한 오늘날에도
영웅열사가 가을 하늘에 비끼었구나

국가가 누란累卵의 위기에 처해 있는데, 나라를 구할 충신과 최고 권력자가 뜻을 같이할 수 없게 된 안타까움이 담겨 있다. 시에서 하나라의 충신 용방龍逄과 은나라의 충신 비간比干을 인용하고 있다는 사실로도 그의 심정을 미루어 짐작할 수 있다. 용방은 폭군 걸왕에게 충언을 하다가 쇠를 불에 달구어 지지는 포락형으로 죽었고, 비간은 주왕에게 충언을 하다 주왕이 "성인의 심장에는 일곱 개의 구멍이 있다고 하는데 한번 보아야겠다"며 그의 배를 갈라 심장을 꺼내는 형으로 죽은 충신이었다.

정도전은 유배길에 박상충이 사망했다는 소식을 듣고 「곡반남선생문哭潘南先生文」을 지어 바쳤다.

도道가 행해지고 행해지지 않는 것은 다 때이고, 사생과 화복은 자기에게 달린 것이 아니니 선생(박상충)께서 이에 대해 장차 어떻게 하겠는가. 다만 우리의 의義를 행할 뿐이다. …… 선생은 탐욕하고 비루한 자들과 함께 귀히 되지 않으셨고 간사하고 아첨하는 자들과 함께 사시지 않았으니 그 죽음이 바로 그 몸을 보전하는 것이요, 그 귀하게 되지 않으심이 바로 영광스러운 것입니다.

'비루하게 사느니 차라리 의義를 위해 죽는 것이 오히려 사는 것'이라는 자신의 각오를 다시 한번 확인하고 있다. 달리 말하면 현실에 안주하려는 미련이나 현실 타협적 자세를 청산한 것이다. 그는 유배지에 들어가기 전에 나주에 들러 원로들을 격려하고 나주의 행정을 칭찬하며 왜적을 경계하는 시를 남겼다. 그 시는 지금도 나주 동루東樓에 걸려 있다.

정도전이 이처럼 당당할 수 있었던 이유는 자신의 행동이 옳다는 신념이 있었기에 유배 기간이 길지 않으리라고 생각했기 때문이다. 그러나 정국은 그의 생각대로 흘러가지 않았다.

그래서인지 정도전은 유배 생활에 좀처럼 적응하지 못했고, 때로는 고독과 박탈감에 하늘을 원망하기도 했다. 우왕 2년(1376) 1월 신년을 맞아 「동정에게 올리다(奉寄東亭)」라는 시를 지었다.

하늘이 네 철을 나눠놓으니, 추위와 더위가 다 때가 있다네
정월이라 설도 이미 지나가고, 입춘도 다가오건만
추위는 아직도 위세를 부려, 으스스 살갗에 스며드누나
이역에 묶여 있는 오랜 나그네, 떨어진 옷에 헌 솜이 뭉쳤네
새벽닭이 좀처럼 울지 않으니, 밤새도록 부질없이 슬퍼만 하네
(……)
그대 부디 금과 옥처럼 몸을 아껴, 원대함으로 기약하시오

여기서 동정東亭은 정도전을 구하기 위해 나섰던 염흥방의 호로, 유배지에서 정도전은 중앙의 반가운 소식을 기다리는 나그네였다. 그러나 헌 옷에 솜이 뭉칠 정도로 시간이 흐르고 다시 새벽이 밝았는데도 닭은 울지 않았다. 시간이 지나면 모든 것이 다시 정상으로 돌아올 것으로 생각했지만, 기다리는 소식은 오지 않고 현실은 좀처럼 정상으로 돌아갈 기미조차 없었던 것이다.

시간이 지나면서 정도전은 점차 현실을 직시하게 되었고, 스스로에게 질문을 던지는 등 유배라는 시련을 자기 성찰의 시간으로 만들었다. 이로써 책으로만 공부했던 책상물림의 허물을 벗고 경세가로 거듭났으며 앞날을 위한 준비의 시간을 갖게 된다. 말 그대로 아픈 만큼 성숙해졌고, 힘든 만큼 강해졌던 것이다.

스스로 되돌아보다

정도전의 변화는 유배지에서 그가 남긴 다양한 글을 통해 접할 수 있다. 아내와 편지를 주고받는 형식의 「가난家難」이라는 글에 아내가 사람을 보내 전한 말은 다음과 같다.

> 당신은 평일 글을 부지런히 읽으시느라 아침에 밥이 끓든 저녁에 죽이 끓든 간섭지 않아 집안 형편은 경쇠를 걸어놓은 것처럼 한 섬의 곡식도 없는데, 아이들은 방에 가득해서 춥고 배고프다고 울었습니다. 제가 끼니를 맡아 그때그때 꾸려나가면서도, 당신이 공부만 하시니

뒷날 입신양명立身揚名하여 처자들이 우러러 의지하고 가문에 광영을 가져오리라고 기대했는데, 끝내는 국법에 저촉되어서 이름이 욕되고 행적이 깎이며 몸은 남쪽 변방에 귀양을 가서 독한 장기나 마시고, 형제들은 나가 쓰러져서 가문이 여지없이 망하여, 세상 사람의 웃음거리가 된 것이 이 지경에 이르렀으니, 현인군자라는 것이 진실로 이러한 것입니까?

이에 대해 정도전은 다음과 같이 답장을 썼다.

그대의 말이 참으로 온당하오. 나에게 친구가 있어 정이 형제보다 나았는데 내가 패한 것을 보고는 뜬구름같이 흩어지니, 그들이 나를 근심하지 않는 것은 본래 세력으로 맺어지고 은혜로써 맺어지지 않은 까닭이오. 부부관계는 한번 결혼하면 종신토록 고치지 않는 것이니, 그대가 나를 책망하는 것은 사랑해서이지 미워서가 아닐 것이오. 또 아내가 남편을 섬기는 것은 신하가 임금을 섬기는 것과 같으니, 이 이치는 허망하지 않으며 다 같이 하늘에서 얻은 것이오. 그대는 집을 근심하고 나는 나라를 근심하는 것 외에 어찌 다름이 있겠소. 각각 그 직분만 다할 뿐이며 그 성패와 현명함과 어리석음 그리고 영욕과 득실은 하늘이 정한 것이지 사람에게 있는 것이 아닌데 무엇을 근심하겠소. 사랑해서이지 미워서가 아닐 것이오.

정도전은 이 글에서 모든 게 하늘의 이치에 따른 것이니 후회나 원망도, 그렇다고 어떤 대가를 기대한 것은 더욱 아니었음을 확인하고 있다.

그리고 유배의 현실을 받아들이며 자신을 독려한다. 어쩌면 이런 이야기는 성장기에 집에는 모아놓은 재산이 없고 가족들은 추위와 배고픔을 면치 못했으나 청렴한 관직 생활을 했던 아버지 정운경과 나누고 싶었던 것이었는지도 모른다. 평생을 자신의 신념에 충실했던 아버지라면 자신에게 어떤 가르침을 주었을지 묻고 싶었던 것이다.

때로는 "왜 선한 사람이 화를 입고 악한 사람이 도리어 복을 받는가?", "현인군자란 진실로 무엇인가?"라는 원론적인 질문 속에서 자신을 되돌아보기도 했다. 그리고 이를 통해 진리와 현실 사이의 괴리를 탐색했다. 정도전은 이러한 과정에서 열악한 환경 속에 생활하고 있는 부곡민의 일상을 보게 되고, 그들의 희로애락에서 진정한 백성의 모습을 발견하게 된다. 정도전이 유배지에서 남긴 글들은 사대부들이 자주 인용하던 중국의 고사나 공자 등 성현의 말씀이 아니라 지역 주민들과의 소통을 통해 세상을 보고 있음을 발견할 수 있다.

정도전은 때때로 자신의 감정을 솔직하게 드러내기도 했다. 「가을장마」라는 시에서는 "…… 슬프다. 나의 도道는 왜 이리 적막한고. 술에 아니 빠지고 무엇 하리오"라며 자신의 허전한 마음을 솔직하게 담았고, 「시골 마을에 살다(村居)」라는 시에서는 다음과 같이 표현하고 있다.

(……)

글 보다가 흩어진 책 그대로 두고
술 있으니 스스로 잔 기울이네
세상 일 잊자는 것뿐만 아니라
어두운 마음 재가 된 지 이미 오랠세

스스로 여유를 찾으려는 마음이 느껴진다.

이처럼 유배기의 정도전은 성리학에 기반하여 논리정연하고 시비를 분명하게 가리던 모습이 아닌, 고뇌하며 일상의 삶에 충실하려는 인간 정도전을 만날 수 있는 시간이었다.

일상과 소통하다

정도전이 귀향 갔던 우왕 원년(1375) 12월 유배지에서 「심문천답心問天答」이라는 짧은 글도 지었다. 마음이 질문하고 하늘이 답하는 형식으로 작성된 이 글에서 마음은 불교를, 하늘은 성리학을 가리킨다. 불교의 인과응보설과 유교의 천인감응설을 비교하여 "진리가 역사에 어떻게 실현되는가?"에 대한 답을 찾았던 것이다.

정도전을 대신해서 마음이 이렇게 말했다.

"(하늘의) 응보應報에 이르러서는 일의 반복反覆됨이 많았습니다. (하늘을) 배반한 자는 장수하고 순종한 자는 요절하며, 좇는 자는 빈궁하고, 거역하는 자는 부귀하였습니다. 그러므로 세상 사람들이 신神이 하는 일을 그릇되게 여겨 신의 명령을 좇지 않고 오직 적賊을 따를 뿐입니다."

이에 하늘이 답했다.

"내가 너에게 덕이 되게 한 바가 한 가지뿐이 아닌데 너는 이를 생각하지 않고 스스로 명을 저버린다. ……사람이 가만히 앉아 있는데 인의仁義와 도덕道德이 저절로 실현되는 것은 아니다. ……착함과 의로움이 현실에서 승리하지 못한 경우가 있다면 그것은 하늘의 책임이 아니라 인간의 책임이다. 인의의 편에 서 있다고 무조건 승리하는 것은 아니다. 그 진정성에 부족함이 있고, 그 노력에 용의주도함이 없으면 정의의 깃발을 들더라도 백전백패하게 된다. 나는 의롭게 살아왔는데 어찌하여 이 모양 이 꼴이냐고 하늘을 탓해야 소용없다. 나를 탓하고 나로부터 문제해결의 실마리를 찾아 나서야 하며, 그런 후에 천명天命의 때를 기다릴 일이다. ……의로운 자가 곤궁하고 선한 자가 화를 입는다면 그것은 시대를 잘못 만났거나 세상에 정의가 존재하지 않기 때문이 아니라 다만 인간의 지혜와 성심이 부족했을 따름이다."

옳은 일을 한다고 그 결과가 바로 나타나는 것이 아니라 '진정한 마음과 철저한 준비 그리고 적극적인 노력이 있어야 하며, 결과는 때를 기다려야 한다'는 깨달음을 전하고 있다. 그러면서 그는 세상과의 조화가 왜 중요한지에 대해서도 깨닫게 된다.

즉 세상의 질서는 저절로 지켜지는 것이 아니며, 혼자 정의를 외친다고 질서가 회복되는 것도 아니라는 사실을 깨달은 것이다. 그리고 '모든 결과를 하늘이 정한 이치에만 의존하는 것은 신념이 아니라 인간의 소극적이고 나약함'이라고 반성하고 있다. 정도전이 유배 생활을 하는 곳은 더 이상 잠시 머물다가 떠나는, 세상의 질서가 어그러진 부조리한 곳이 아니었다.

그는 유배지도 되돌아보았다. 정도전이 유배 생활을 했던 나주의 회진현 거평부곡은 백룡산 서쪽 자락에 있는 나주시 다시면 백동마을이다. 인근의 소재사消災寺라는 절에서 이름을 따와 소재동이라 했다. 『삼봉집』에는 이곳을 다음과 같이 기록하고 있다.

> 회진은 큰 산과 우거진 숲이 많고 바다에 가까우며 사람 사는 동네는 거의 없다. ……북동쪽에는 중첩된 산봉우리와 고개들이 서로 잇닿아 있으며, 서남쪽에는 여러 봉우리가 낮고 작아서 멀리 바라볼 만하고, 또 남쪽에는 들판이 평평하고 숲속에 연기가 나는 초가집 10여 호가 있으며, 산의 아지랑이와 바다의 장기가 사람의 살에 침입하면 병이 때 없이 발생하기도 하지만, 아침저녁으로 해가 뜨고 질 때 기상이 천만 가지로 변화하니 구경할 만하다.

아마도 주거환경이 대단히 열악했던 모양이다. 정도전은 가난과 궁핍한 생활에 익숙했고, 좀처럼 힘든 생활환경을 불평하지 않았지만, "집이 낮고 기울고 춥고 더러워서 마음이 답답하다"며 불편을 호소하기도 했다. 그러나 그는 시간이 지나면서 주민들과 어울리며 유배지에서의 생활에 적응해 나갔다. 『삼봉집』에 주민들에 대해서도 기록으로 남겨 놓았다.

그는 처음에 농부 황연黃延의 집에 기거했다. 황연은 술을 잘 빚고 술 마시기를 좋아해서 술이 익으면 반드시 그를 청하여 술을 마셨다고 한다. 그리고 김성길金成吉과 그의 아우 김천金天과 담소를 즐겼고, 나이가 들어 승려가 된 서안길徐安吉은 코가 높고 얼굴이 길며 용모와 행동이 괴이했는데, 각 지역의 사투리와 만담을 잘했고 세속의 일을 꿰고 있었다고 한다. 또 김천부金天富와 조송趙松은 술을 잘 마시고 시간 날 때마다 정도전을 찾아와 놀았고, 철마다 토산물과 술을 갖고 와서 즐겼다.

사람 사귐에 호불호가 분명하고 절제된 생활을 했던 정도전이 주민들과 어울려 술을 마시고 한담도 즐길 정도로 변하고 있음을 알 수 있다. 「소재동기消災洞記」라는 다음의 글에는 주민들과 어울리며 생활에 여유로움까지 느껴진다.

> 나는 겨울에 갖옷(모피로 안을 댄 옷) 한 벌, 여름에 갈옷(감물을 들인 옷) 한 벌로써 일찍 자고 늦게 일어나며, 기거동작에 구속되지 않았고 음식도 마음대로 먹었다. 그리하여 두세 학자들과 강론하다가는 개울을 따라 산골짜기를 오르내리는데, 피곤하면 휴식하고 흥이 나면 걷고, 경치가 아름다운 곳을 만나면 이리저리 구경하며 휘파람을 불고 시를 읊느라 돌아갈 줄 몰랐다. 어떤 때는 농사꾼이나 시골 늙은이를 만나 싸리포기를 깔고 앉아서 서로 위로하기를 오랜 친구처럼 하였다.

이처럼 정도전은 시간에 구애받지 않고 주변의 이곳저곳을 돌아다니며 마음에 드는 곳이 있으면 경치 구경에 빠지기도 했다. 정도전의 변화는 자신이 기거할 집을 짓는 데에서도 나타난다.

어느 날 그는 뒷동산에 올라 경치를 구경하다 마음에 드는 곳을 발견하고 이웃 주민들의 도움을 받아 두 칸짜리 띠 집을 지어 초사草舍라 이름 붙였다. 당나라 시인 두보가 촉蜀의 성도成都에 있을 때 살았던 초당이 1000년 동안이나 그 이름이 전해지는 사실을 떠올리며 지은 이름이었다. 그는 자신이 만든 집에 "내가 이 초사에서 얼마나 살 것인지, 내가 이곳을 떠나간 뒤에 이 초사가 비바람을 맞아 무너지고 말 것인지, 들불에 타거나 썩어 흙덩이가 되고 말 것인지, 아니면 후세에 알려질지, 알려지지 않을지 모두 알 수 없는 일이다"라는 글을 남겼다.

이곳에서 단 하루를 살더라도 자신의 삶을 살겠다는 모습이 느껴진다. 정도전은 이렇게 소재동에서 3년을 살았고, 보고 듣고 느낀 것들을 자신의 문집인 『삼봉집』 곳곳에 글로 남겼다. 그는 유배 생활에서 자신을 되돌아보며 한층 성숙한 모습으로 거듭나고 있었던 것이다.

백성을 보다

나주羅州 지역은 풍수설의 원조 도선대사의 고향이었고, 백제 때 발라군發羅郡, 통일신라 때는 금산군錦山郡 또는 금성군錦城郡으로 광주光州보다 격이 낮았다. 후삼국시대에 나주로 승격되면서 광주와 동등해졌고, 이후 8목 중 하나가 되어 광주를 뛰어넘었다. 호남 지역 북쪽 중심지인 전주全州와 남쪽 중심지인 나주의 앞글자를 따서 일대를 '전라도'라 했다.

나주는 또한 고려를 개국한 왕건과도 각별한 인연이 있는 역사적인 곳이었다. 궁예의 독재가 심해지던 909년, 해군대장군에 임명된 왕건은 이곳에 파견되어 전력의 열세를 딛고 견훤 군대를 물리쳤다. 913년 왕건은 37세의 나이로 파진찬 겸 시중에 임명되어 철원으로 돌아갈 때까지 나주에 머물렀고, 이곳 호족의 딸과 혼인했다. 바로 장화왕후(莊和王后, 생몰 미상) 오씨로, 두 사람 사이에서 왕건의 장남이자 고려 2대 왕인 혜종

(惠宗, 912~945)이 태어났다.

914년 왕건은 궁예의 비서 최응(崔凝, 898~932)의 도움으로 궁예의 폭정을 피해 다시 나주로 내려오는 등 왕건에게 나주는 신변의 안전을 도모하고 세력을 키워 고려의 건국에 성공하기까지 각별한 인연이 있는 제2의 고향이었다.

하지만 정도전은 이러한 역사적 사실들에 대해서는 전혀 언급이 없다. 그가 관심을 기울인 것은 지역에 사는 주민들이었다. 거평부곡은 말단 행정단위로 주로 천역賤役에 종사하는 하층민들의 거주지였다. 주민들은 세상 돌아가는 일에 관심도 없고 무지無知한 듯했지만, 시비를 가릴 줄 알고 때로는 세상을 날카롭게 비판하기도 했다.

또한 이곳은 탁상공론조차 시간이 아까울 정도로 탐욕을 부리는 권신들은 물론, 말로만 '백성을 위한 정치를 한다'는 관리들과도 관련이 없는 전혀 다른 세상이었다. 주민들의 삶은 세勢로써 맺어지고 흩어지는 개경의 분위기와 너무나 달랐기 때문이다. 더구나 시간이 흐르면서 뜻을 같이한 동료들조차 소식이 끊기고 멀어져 가는데, 주민들은 낯선 이방인이었던 정도전과 어울리며 살갑게 대해주었다. 정도전은 「소재동기」에 다음과 같이 기록했다.

> 다만 내가 찬찬하지 못하고 너무 고지식해 세상의 버림을 받아 귀양살이로 멀리 와 있는데도 동리 사람들이 나를 대접하기를 이렇듯 두텁게 하니, 어쩌면 그 궁한 것을 불쌍하게 여겨서 거두어주는 것일까? 아니면 그들이 먼 지방에서 생장해 당시의 의논을 듣지 못해 내가 죄 있는 자인 줄 몰라서인가?

주민들은 정도전이 유배 왔다는 사실을 모를 리 없었지만, 그가 왜 이곳까지 왔는지에는 관심이 없었다. 사람 사는 곳에 사람이 왔으니 어울려 살아갈 뿐이었다.

정도전은 이런 주민들에게 조금씩 감동하게 된다. 제사를 지내는 정도전을 위해 쌀을 보내준 주민에게 고마움을 전하는 다음의 시에 그 마음이 담겨 있다.

> 산촌에 가을 해가 저물었는데
> 가시문 두드리는 사람이 있네
> 소매에선 편지를 꺼내어 주고
> 보자기에선 정히 고른 하얀 양식을 주네
> 벗님의 그 마음 은근도 하오
> 타향을 떠도는 이 사람에게
> 한 끼 밥에도 몸을 바친다는데
> 천금으로 갚는대도 가볍고 말고

일상 속의 일들에서 진정한 기쁨과 감동이 세상을 변화시킬 수 있다는 깨달음이 느껴진다. 그런 점에서 정도전은 유배지에서 일상과 소통하기 시작했고, 소재동 주민들은 세상사를 일깨워준 스승이었다.

농부에게 길을 묻다

정도전은 전부田父, 촌로村老, 야인野人 등 지극히 평범한 주민들과 어울렸다. 중앙의 관리들이 보면 이들은 보잘것없는 무지렁이기도 했다. 그는 그들을 통해 유자儒者를 자처하는 지식인들이 얼마나 허위의식에 빠져 있는가를 반성하게 된다. 그가 한 농부와의 대화 형식으로 기록한 「농부에게 답하다(答田父)」를 살펴보자.

"무슨 죄인가? ……벼슬을 꼭 해야겠는데 스스로 이룰 능력이 없어 권신을 가까이하고 세도에 붙어 술이나 먹고, 남은 고기나 얻어먹으려고 어깨를 움츠리고 아첨을 떨며 구차하게 애썼기에 어쩌다가 한자리를 얻으니, 여러 사람이 모두 성을 내어 하루아침에 형세가 가버려 결국 이렇게 죄를 얻게 된 것인가?"

이에 선비가 아니라고 대답하자 농부가 다시 묻는다.

"자기 몸만 온전히 하고 처자나 보호하면서 세월을 보내다가, 충의지사忠義志士가 있어 자기 몸을 돌보지 않고 국가의 급한 일에 나아가 직분을 지키고 바른말을 하거나 곧은 도를 행하다가 화를 당하게 된 것을 보면…… 그 패한 것을 다행으로 여겨 비방하고 비웃다가, 공론이 비등하고 천도가 무심하지 않아 그만 간사한 것이 드러나고 죄가 발각되어 이런 지경에 이르게 된 것인가?"

이번에도 아니라고 하자 농부가 다시 묻는다.

"그렇다면 장수가 되어 널리 당파를 만들어서 앞에서 몰고 뒤에서 옹위하며, 아무 일도 없을 때에는 큰소리로 공갈을 쳐서 왕의 은총을 받아 관직과 녹봉, 작위와 상을 뜻대로 이루어 자만심이 가득차고 기운이 성하여 다른 신하들을 경멸하다가 적군을 만나게 되면 범 가죽은 비록 아름답지만 본질이 양이라 겁을 잘 내어, 적군이 일으킨 먼지만 보아도 먼저 달아나 생령生靈을 적의 칼날에 버리고 국가의 대사를 그르치기라도 하였는가?"

세상 이치를 모를 것 같은 농부는 세상이 어떻게 돌아가는지 잘 알고 있었다. 이에 놀란 선비는 촌부에게 가르침을 청했지만, 촌부는 "우리가 열심히 일해야만 가족이 먹고살 수 있고, 나라에 세금도 낼 수 있으니, 세상을 다스리는 일은 그 세금으로 먹고사는 관리들의 몫이다"라며 거절했다.

「금남야인錦南野人」이라는 글에는 야인野人이 "선생은 무엇을 하는 사람이기에 사람들이 선비라고 부르느냐?"고 물었다. 옆에 있던 종이 "천문·지리·음양·복서·역학·의학·병법·음악 등에 능통하고 오륜五倫을 비롯한 윤리에 통달할 뿐만 아니라 역사와 성리철학에도 조예가 깊은 사람으로, 후진을 가르치고 책을 쓰고 의리를 위해 죽을 각오가 되어 있는 진정한 유학자를 자부하는 선비이다"라고 대답했다. 선비라면 마땅히 익혀야 할 덕목들이었고, 정도전 역시 스스로 실천하고자 했던 것이었다. 하지만 야인은 이렇게 반박한다.

"그 말은 사치스럽습니다. 너무 과장한 것 아닙니까. 내가 우리 동네 어른에게 들으니, 실상은 없으면서 그 이름만 있으면 귀신도 미워하고, 비록 실상이 있더라도 스스로 밖에 폭로하는 것은 남들이 성내는 바라고 했습니다. 그래서 자신이 어질다 자처하면서 남을 대하면 남이 받아주지 않고, 자신이 지혜롭다 자처하면서 남을 대하면 남이 도와주지 않습니다. 그러므로 군자는 이를 삼가는데 그대는 선생을 쫓아 노닐며 그 말이 이러하니 그 선생을 알 만합니다. 그는 귀신이 미워하지 않는다 하더라도 반드시 타인의 노여움을 살 것입니다. 아아, 선생이 위태하겠으니 나는 화가 미칠까 두려워 보기를 원하지 않습니다."

진정한 유자가 되기 위한 노력과 실천들이 백성들의 삶에 얼마나 기여했는가를 묻고 있는 듯하다. 뿐만 아니라 "자신의 힘을 헤아리지도 않고 바른말을 하다가 쫓겨났다"고 지적하면서 "바른말을 좋아하다가 귀양 왔지만, 목숨은 구했으니 나라에 고마워해야 하고, 지금부터라도 조심하면 화를 면하게 될 것이다"라며, 아무런 대책도 없이 권력에 저항했던 자신의 무모한 행동에 대한 반성도 한다. 이제까지 선비를 자처하며 '현실과 타협하지 않고 의義를 위해 죽겠다'는 자신의 각오가 무색해질 정도다. 그런 점에서 유배지에서의 시간은 정도전이 진정한 선비로 거듭나는 과정이기도 했다.

진정한 선비로 거듭나다

허상을 통해 세상의 실체를 보다

정도전은 유배지에서 「사이매문謝魑魅文」이라는 제목으로 세상에 존재하지 않는 도깨비와의 대화도 남겨놓았다. 그는 평소 '눈에 보이지 않는 것은 실체가 없는 것이고, 세상 이치에 맞지 않는다'는 이유로 도깨비를 인정하지 않았다. 실체가 없는 허상을 좇는 것을 경계하는 것은 선비로서 기본적인 자세였기 때문이다. 그러나 그는 도깨비를 통해 '유배지에서 몸과 마음이 전혀 다른 세상에서 살고 있다'며 또 다른 허상을 좇던 자신을 반성하면서 진리와 현실 사이의 분열을 스스로에게 충고하고 있다.

그는 유배지의 기후에 대해 "흐린 하늘과 자주 비가 오는 칙칙한 날씨 그리고 어두운 들판……"이라고 기록했는데, 유배지의 날씨가 자신의 심란한 마음과도 같았던 것이다. 때문에 산책을 나가도 쓸쓸하고 집에 돌아와도 울적하고 외로운 마음뿐이었다. 달리 말하면 모든 것들이 부조리했다. 따라서 이곳에서 세상의 이치를 따진들 의미가 있을 리 없었다. 유배된 그 순간부터 시간은 멈추었고, 시간을 다시 되돌리고 부조리에서 벗어나는 길은 이곳에서 벗어나는 것이었다. 그런 점에서 유배지는 전혀 수용할 수 없는 도깨비와 같은 허상이었다.

도깨비는 유배지에서의 울적함·짜증·분노·슬픔이기도 했다. 그러나 이러한 감정들은 실체가 없는 허상으로 생각일 뿐이었고, 허상은 이성을 지닌 선비에게 용납될 수 없었음에도 이러한 허상에 끌려다니는 자신을 도저히 용납할 수 없었다. 하지만 도깨비는 떨쳐버리려고 할수록 꼬리를 물고 다시 나타나서 더욱 기승을 부렸다. 결국 정도전은 도깨비와 대화를 시도했다.

"너희는 음물陰物이므로 나와 같은 무리가 아닌데, 왜 오는 것이냐?"

"큰 도읍에는 저택들이 서로 바라보고 갓을 쓴 사람들이 날마다 서로 노니는데, 그곳이 사람들이 사는 곳이며, 아득하고 음산한 들판은 도깨비가 사는 곳입니다. 그러고 보면 당신이 우리에게 온 것인데, 어째서 우리더러 가라 합니까?"

"그러면 왜 나를 보고 슬퍼하는 것이냐?"

"당신은 자신의 힘도 헤아리지 않고 기휘(忌諱, 꺼릴 것)를 범하여 태평성세에 쫓겨났으니 가소롭지 않습니까? 당신은 또 힘써 배우고 뜻을 두텁게 하여 바르게 행하고 곧게 나아가다가 끝내는 화를 당하여 귀양을 왔는데, 스스로 밝힐 길이 없으니 이 또한 슬프지 아니합니까?"

"그러면 웃는 까닭은 무엇이냐?"

"우리는 까마득한 곳에 엎드려 살고 있어 세상이 우리를 알지 못하는데, 학문이 깊고 자질구레한 것까지 모두 탐구하는 당신 같은 분이 이렇게 거칠고 먼 지방까지 와서 상종하게 되었으니, 이는 기쁜 일이 아니겠습니까? 그리고 당신은 멀리 쫓겨나 평민 축에도 들지 못하여, 사람들이 당신을 만나면 놀라서 마음이 떨립니다. 그래서 모두 손을 저으며 돌아서는데, 우리는 당신이 온 것을 좋아하여 같이 놀아주거늘 같은 무리가 아니라고 배척하니, 우리를 버리고서 누구와 벗을 한단 말입니까?"

정도전은 자신이 오래지 않아 정상으로 돌아가리라 생각했지만 그런 일은 일어나지 않았다. 자신이 유배된 것 외에는 아무것도 변한 것이 없었다. 때문에 자신에게 밀려드는 모든 감정, 즉 도깨비가 상징하는 번뇌와 갈등이 일어났다. 그러나 이러한 감정들은 자신의 삶 속에서 쫓아내고 단절해야 하는 것이 아니라 삶 속에서 포용해야 할 대상임을 깨닫게 된다. 마침내 그는 도깨비와 대화를 통해 스스로 반성하며 감사하는 마음을 글로 남겼다.

산언덕 바다 모퉁이에
천기가 음음하고 초목이 우거졌네
사람 하나 없이 홀로 사는 내가
너를 버리면 누구와 같이 놀랴?
아침에 나가 놀고 저녁에 같이 있으며

노래 부르고 화답도 하며 세월을 보내네
이미 시대와 어그러져 세상을 버렸는데
다시 무엇을 구하랴?
초야에서 춤추며
애오라지 너와 같이 놀리라

정도전의 심정 변화는 도연명(陶淵明, 363~427)에 대한 평가에서도 나타난다. 고려 말기 지식인들은 도연명의 은둔 생활을 고상하게 여기는 풍조가 유행처럼 번지고 있었다. 자신의 호에 '은隱' 자를 쓰는 경우가 많은 것도 당시 지식인들의 내적 망명 상태를 의미했으며, 동시에 세상에 대한 집단 상실감을 의미했다. 그리고 '세상이 바뀌어도 도리는 변하지 않는다'는 의미에서 사회가 혼탁해지면 도리가 통하지 않으므로 세상을 등지는 것을 선비의 도리로 여겼다.

반면 정도전은 '세상을 바르게 다루어야 도리가 되살아난다'고 보았다. 따라서 혼탁한 세상을 바로잡을 생각은 하지 않고 세상을 등지는 선비들을 통박했고, 도연명 역시 현실을 회피한 무책임한 인물이라고 비판하면서도 "도연명이 만종의 녹(매우 많은 녹봉)을 의롭지 않다며 전원생활을 달게 여긴 것은 춥고 배고픔을 즐거움으로 삼았기 때문이며, 술에 의탁해서 끝내 그 지조를 지켰으니 취한 것이 곧 절개가 되었다"라고 평했다. 은둔이나 피세까지 긍정한 것은 아니지만, 도연명의 내면에 깃들어 있는 흔들리지 않았던 절의와 지사 정신을 수용한 것이다.

남이 만든 음식을 먹는 자는 남의 근심을 알아야 한다

유자들은 "백성이 곧 하늘이다"라고 말했지만, 현실정치에서 백성은 단순히 구원과 교화의 대상일 뿐이었다. 그들은 이러한 백성관을 이율배반적인 것이 아니라 순리로 받아들였다. 젊은 시절 정도전 역시 예외는 아니었다. 이와 관련해서 정몽주에게 보낸 글이 『삼봉집』에 수록되어 있다.

> 백성들은 어리석어서 취할 것과 버릴 것을 모른다. 만약 한 시대에 뛰어난 자가 있어서 이단을 물리치면 이단을 버리고, 이단을 제창하면 이단을 신봉하게 된다. 이는 대개 백성들은 뛰어난 자를 믿고 복종할 줄 알았지, 도의 바르고 나쁨을 모르기 때문이다. ……군자의 덕은 바람이요 소인의 덕은 풀이니, 바람이 불면 풀은 반드시 눕는다.

공자의 백성관에 근거하여 '백성을 바르게 이끄는 유학자의 책무'를 말하고 있다. 그러나 유배지에서의 생활은 그의 백성관을 크게 바꾸어 놓았다. 그는 '백성들이 바라는 것이 무엇인가?'라고 스스로 질문하고 이렇게 답했다.

> 백성, 즉 대다수 농민의 가장 큰 소망은 일 년 농사가 잘되는 것이다. 하지만 농사가 잘되었다고 농민이 평안한 것은 아니다. 농민에게 가혹한 세금을 거두거나 관리들의 횡포로 농민들의 생활이 무너지기 때문이다. 백성의 평안을 위해 토지 분배와 세금 부과 등이 적절하게 이

루어져야 하며, 이를 직접 수행하는 지방관을 비롯한 관료들의 역할이 중요하다.

정치의 핵심은 일상에서 백성이 희망을 찾는 것이며, 백 번의 논쟁보다 백성의 삶에 직접적인 영향을 미치는 현장 정치가 중요하다는 말을 하고 있다. 다시 말해 진정한 정치는 고매한 이상을 제시하는 것이 아니라 백성이 편히 먹고사는 일상을 보장하는 것이다. 그리고 이것은 정도전의 정치사상의 뿌리가 된다.

이후 정도전은 자신의 정치사상을 담은 『조선경국전朝鮮經國典』에서 "하민下民은 지극히 약하지만 힘으로 위협할 수 없고, 지극히 어리석지만 지식으로써 속일 수 없는 존재이며, 국가는 백성에 의지하니 백성은 국가의 근본이요, 군주의 하늘이다"라고 말했다.

그리고 『경제문감經濟文鑑』에서는 "대저 남들이 만들어놓은 음식을 먹는 자는 남의 근심을 알아야 한다"며 관리이자 정치인의 존재 이유를 이렇게 설명했다.

백성은 나라의 근본이다. 천자가 관작을 설치하고 녹봉을 지급하는 것은 신하를 위해서가 아니라 백성을 위한 것이다. 성인(군주)의 동작과 시설 그리고 명령과 법제法制는 그 하나하나가 반드시 백성에 근본을 둔 것이다. 따라서 모든 문제를 백성의 편에 서서 해결하려면 백성을 위하고(爲民), 백성을 사랑하고(愛民), 백성을 존중하고(重民), 백성을 보호하고(保民), 백성을 기르며(牧民), 백성을 편안하게(安民) 해야 한다.

이처럼 정도전에게 현실정치는 실존의 문제였고, 민본사상의 뿌리였다. 정도전이 "백성들의 삶의 현장에 직접 나가 있는 지방 수령들의 자질과 책임 의식이 무엇보다 중요하기 때문에 현장에 있는 관리에 대한 직급을 높이는 등 지방관의 대우를 높여서라도 재능을 갖춘 인재를 지방 수령으로 우선 뽑아야 한다"고 주장한 것도 이러한 이유 때문이다.

세상이 반겨주지 않는다 해도…

정도전이 유배지에서 현장 체험만 했던 것은 아니다. 그는 정몽주를 포함해 김약재·하륜·설장수 등의 신흥 사대부와 글을 주고받으며 교유 관계를 유지했고, 학문 탐구에도 지속적으로 관심을 기울였다. 당시 그를 찾았던 이유(李愉, 1365~1423)는 "선생은 셋방 하나를 빌어 좌우에 도서를 벌여놓았으며, 성현과 인의도덕仁義道德에 대한 학설學說을 설명하여 하늘의 뜻과 인욕의 판가름을 밝히니, 남방의 학자들이 많이 와서 배웠다"고 할 정도로 인근 지역의 학자들과도 교유하며 학문의 지평을 넓혔다.

이런 정도전의 유배 생활은 순탄하지 않은 그의 앞날을 예고하는 듯했다. 정도전과 함께 유배길에 올랐던 이숭인은 유배지 경산으로 가면서 자성시自省詩를 지었고, 유배가 풀려 돌아오면서도 왕의 은혜에 감사하는 시를 지었다.

정몽주도 유배지 언양에서 왕을 그리워하는 마음을 담은 연군시戀君詩를 지었다. 이러한 행동은 국왕과 조정을 향해 반성하고 있다거나 결백을 주장하며 자신의 존재를 알리는 의미가 있었다.

그러나 정도전은 이러한 글을 쓰지 않았다. 다만 우왕 3년(1377) 7월, 3년 만에 유배에서 풀려났지만 고향인 영주로 거주지가 제한되었을 때 고향으로 가는 길에 들른 공주 금강나루에서 다음과 같은 시를 한 수 남겼다.

(……)

단지 강물이 아득히 흘러감만 볼 뿐
세월 또한 멈추지 않음을 어찌 알랴
이 몸은 이미 가을 구름처럼 떠도니
공명과 부귀를 어찌 다시 구하랴
고금古今을 곰곰이 생각하며
한번 길게 탄식하노니
노랫소리 격렬하고 바람 소리 몰려오는데
갑자기 펄펄 날아오는 갈매기 두 마리 있어라

비록 앞길이 순탄하지 않더라도 부귀와 공명을 구하기보다는 스스로 앞길을 개척해 나가겠다는 의지를 느낄 수 있다. 하지만 목적은 이루어지지 않았고, 왜적이 쳐들어와 단양·제천·안동·원주 등지로 피난까지 가야 했다. 당시 그는 자신의 심정을 담아 「도적을 피하다(避寇)」라는 시를 지었다.

도적을 피하여 내 땅을 떠나

가족을 이끌고 다른 고을로 내달리니
가시덩굴 뒤엉켜 눈 앞을 가려
부모 산소가 눈에 선해 잊기 어렵네
세상이 험난하니 어린아이 가엾고
집마저 가난하니 어진 벗 기댈밖에
천지는 부질없기만 하니
나 홀로 황망히 섰노라

자신과 가족의 처지도 안타까웠지만, 피난길에 보았던 백성들의 처참한 모습도 당혹스럽기는 마찬가지였다. 왜구들은 식량을 약탈했을 뿐만 아니라 노예를 획득하기 위해 부녀자와 어린아이들을 잡아 목에 밧줄을 얽어서 끌고 가는 등 백성들의 피해는 이루 말할 수 없었다.

우왕 5년(1379) 왜구가 진주에 침입했을 때 진주 호장戶長 정만鄭萬의 부인 최씨는 30세의 나이에 4남매를 데리고 피난 가다 왜구들에게 잡혔는데, "……그녀를 죽이고 두 아들을 잡아갔다. 아들 습習은 겨우 6세였는데 시체 옆에서 울부짖고, 강보에 싸인 아이는 기어가 젖을 빠니 피가 줄줄 입에 들어가 얼마 안 되어 죽었다"고 하며, 산과 들이 시체로 뒤덮였고, 왜구가 약탈한 곡식을 운반하면서 길거리에 흘린 곡식이 한 자 높이로 쌓일 정도였다고 한다.

거친 들판에 홀로 서다

언제 복직이 이루어질지 기약도 없이 30대를 보내게 된 정도전은 우왕 6년(1380) 가을, 편한 곳에서 거주하는 것이 허락되어 고향에서 4년간의 칩거 생활을 접고 예전의 초막 삼봉재三峯齋로 돌아갔다. 그곳에서 정도전은 책 속에 묻혀 살며 생계 유지를 위해 학동들을 가르쳤다. 하지만 곤궁한 생활을 면할 수 없었고, 주변에서 소문을 듣고 학문을 배우려는 사람들이 모여들기 시작하자 세도가의 신경을 거슬리게 했다는 이유로 2년이 못 되어 초막이 철거당했다.

『삼봉집』에 당시의 심정을 담은 「맹참모를 본받다(效孟參謀, 맹참모는 당나라 시인 맹교孟郊)」라는 시가 전한다.

(……)

버려두었다 해서 거듭 한탄 마오
재목이 크면 용납하기 어렵느니라
나그네 거문고를 안고 앉아서
말없이 선뜻 타지 않네
한 가락 아끼는 건 아니지만
지음知音이 어려울까 두려워서네
내 뜻이 산수의 밖에 있으니
종자기鍾子期도 마침내 아득하다오
감회 깊어 소리가 나질 않으니
급히 당기면 줄이 도로 끊어지는걸

눈앞의 불의에 맨몸으로 맞서던 혈기왕성했던 예전과는 전혀 다른 모습이 느껴진다. '어려운 여건 속에서도 때를 기다리며 준비해야 한다'며 자신을 독려하는 한층 성숙한 모습을 발견할 수 있기 때문이다.

삼봉재를 떠난 정도전은 부평부사 정의鄭義에 의탁해 부평부의 남촌에 거주하게 된다. 그러나 이곳에서도 전임 재상이 별장을 짓는다며 초막을 철거해 버렸고, 다시 김포로 거처를 옮겨야 했다. 이때가 우왕 8년(1382)이었다. 그러나 김포에서의 생활도 나을 것이 없었다. 그는 당시의 상황을 '집을 옮긴다'는 뜻의 「이가移家」라는 시로 남겼다.

오 년에 세 번이나 집을 옮겼는데
금년에 또 이사를 하게 되다니
들은 넓은데 초가집 자그마하고
산은 길고 긴데 고목은 하 성글구나
밭 가는 농부들은 서로 성 물어보건만
옛 친구는 편지조차 끊어버리네
천지가 능히 나를 용납해주니
바람 부는 대로 가는 곳을 맡겨두자

5년 동안 세 번이나 이사를 해야 하는 현실도 힘든 일이지만, 들판에서 처음 만나는 농부들도 서로 이름을 물어보며 인사를 나누는데 소식이 끊긴 친구들에 대한 마음은 더욱 무거웠을 것이다. 그래도 그는 스스로 위로하며 마음의 여유를 찾고 있다.

정도전은 초심을 잃지 않고 때를 기다리며 열심히 살았다. 훗날 권근은 『삼봉집』의 서문에 당시의 정도전을 이렇게 묘사했다.

> 선생은 절의가 심히 높고 학술이 가장 정하여 일찍이 바른말로 세상의 비위를 거슬러 남방으로 유배된 지 10년이 되었으나 그 뜻은 변하지 않았으며, 공리의 도당과 이단의 무리가 떼 지어 업신여기고 무리 지어 비방했지만, 그 지킴이 더욱 굳건했으니, 선생이야말로 도道를 믿음이 독실하여 현혹되지 않는 분이라 하겠다.

이러한 정도전의 의지는 저술로 이어졌고, 조선 개국 후 하나씩 실타래 풀듯 편찬이 이루어졌다. 현재 전하지는 않지만, 『입학도설入學圖說』에 가장 큰 영향력을 미쳤다고 전하는 『학자지남도學者指南圖』가 그 예이다. 이 책은 유학 입문서이자 최초의 성리학 교재로 정도전이 유랑 생활 중에 제자들을 가르치기 위해 저술한 것으로 전한다.

이처럼 한창 활동해야 할 나이인 30대를 넘기면서 시작된 유배와 피난 그리고 칩거 등 9년간의 낭인 생활은 정도전에게 더없는 현장 학습이었다. 달리 말하면 그는 거친 들판에서 단련되면서 사상적 토대를 구축했던 것이다. 그러나 그의 노력과 관계없이 고려의 상황은 좀처럼 회생의 기미를 보이지 않았다.

백성들도 떠나다

고려는 산악이 높고 구릉과 수택(水澤, 물이 질펀한 땅)이 국토의 8할을 차지해 토지 개간이 쉽지 않았다. 더구나 비옥한 토지는 삼남 지역의 해안 가까이 있었기 때문에 잦은 왜구의 침탈로 고려 사회의 근간을 흔들었다. 하지만 권문세족은 수백에서 1천 명에 이르는 노비를 동원해 거대한 농장을 경영하면서 고리대금업 등으로 농토를 늘려나갔다. 때문에 농민들은 세금을 내고 나면 먹을 것이 없어 터전을 버리고 전국을 떠돌거나 일부는 상공업 등 말업末業에 종사했고, 스스로 노비가 되거나 산으로 들어가 도적이 되기도 했다. 당시 유리걸식하는 백성이 늘어 열 집에 아홉 집이 비어 있을 정도였다.

이에 따라 세금을 내는 인구가 50~60퍼센트나 줄어들어 국고國庫에 열흘치 식량이 없어 구휼에 나서지 못했고, 관리의 녹봉도 제대로 지급하지 못했다. 관리들의 부정과 비리도 심각했다. 최고위직에서 말단 하급관리에 이르기까지 기강이 무너진 지는 이미 오래되었고, 정방의 인사에서 뇌물의 양에 따라 관직이 결정되고 뇌물이 들어오기를 기다리며 칙첩을 수십 일씩 보류하는 일도 일상사가 되었다.

또한 뇌물로 봉군이 되고, 칙첩을 사들여 국록을 타 먹는 자들도 생겨났으며, 전투에서 패한 장수들도 뇌물을 주면 사면을 받았다. 심지어 여러 번 패배하다가 어쩌다 한 번 승리해도 뇌물이 오가면 공을 인정하는 교서가 남발되었다. 최영이 홍산대첩에서 전공을 세웠을 때 종군하지 않은 자들까지 상을 내리고 벼슬을 주었고, 전쟁에 나가 목숨 걸고 싸우는 군사들은 몇 말의 좁쌀조차 얻어먹기 힘든 형편이었다.

물론 그 중심에는 이인임이 있었다. 그는 자신에게 자주 문안을 왔던 자들을 먼저 챙겼다. 지방관으로 부임하는 날부터 주색잡기를 일삼던 남원부사 노성달盧成達은 왜구의 침략을 빌미로 창고에 불을 지르고 백미白米 130석과 종이 200권을 착복했다가 사헌부에 발각되었지만, 이인임에게 뇌물을 바치고 사면되기도 했다. 이인임의 첩에게 노비 다섯 구를 바치고 전객시승典客寺丞이 된 배중륜은 김윤견과 송사가 벌어지자 이인임을 믿고 버텼다. 내막을 알게 된 김윤견이 노비 10구를 바쳐 송사에서 이기자 배중륜이 더 많은 뇌물을 바쳐서 송사를 뒤집은 일도 있었다.

권세가의 노비들도 주인의 권세를 믿고 만행을 저질렀다. 홍영통(洪永通, ?~1395)의 가노들은 술에 취해 찬성사 심덕부(沈德符, 1328~1401) 부인의 머리를 쥐어뜯었고, 찬성사 도길부(都吉敷, ?~1388)의 가노들은 논밭의 세금 문제로 다투다 검을 빼 들고 패싸움을 벌이기도 했다.

백성들 사이에도 인륜이 무너져 풍기문란이 도를 넘었다. 재산을 차지하기 위해 형제나 아버지와 아들 사이에 분쟁이 빈번하게 발생했고, 이 과정에서 시아버지가 임신한 며느리를 걷어차서 낙태시키는가 하면, 형과 형수를 죽이고 재산을 가로채는 일도 있었다. 그리고 「쌍화점雙花店」과 같은 퇴폐적인 노래가 장안에 유행했고, 대낮에 낯선 남녀가 음탕한 짓을 저지르기도 했다.

고려 사회는 이성적인 판단력도 마비되어 갔다. 재난과 재해가 발생했을 때 산천에 제사 지내고 굿을 벌이는 일은 더 이상 이상한 일이 아니었다. 때문에 전국 명산에 무당집이 빽빽하게 들어찼고, 권력의 비호를 받으며 호화로운 생활을 하는 무당들도 적지 않았다. 민가에서도 병이 들면 약보다 사당이나 절에 찾아가 제물을 바치며 굿을 하고 점을 쳤다. 그러나 돈이 없는 백성들은 약은 고사하고 무당집의 문지방도 넘어 보지 못한 채 태반이 죽어 나갔다.

백성들의 최후 은신처 역할을 했던 미륵신앙彌勒信仰도 백성들을 현혹하며 고혈을 쥐어짰다. 미륵신앙은 석가모니가 구제하지 못한 중생을 구제한다는 민중의 믿음을 담고 있었다. 그러나 미륵을 자처하는 이들이 나타나 '기근과 왜적의 침입으로부터 해방시켜주겠다'며 백성들에게 곡식과 재물을 바치도록 강요했다.

우왕 8년(1382)에는 경남 고성 지방에 미금이라는 자가 미륵을 자칭하고 나타나 백성들의 불안을 더욱 부채질하며 새로운 시대가 온다고 떠들고 다녔다.

> "……재물을 사람에게 나누어주지 않는 자는 다 죽을 것이다. 만약 내 말을 믿지 않으면 3월에는 해와 달이 모두 빛을 잃을 것이다. ……내가 씨를 한 번 뿌리면 두 번 수확하리라. ……내가 산천의 신을 신칙申飭하여 보내면 왜적을 가히 사로잡을 것이다."

당시 고위관리들까지 미금에게 재물을 갖다 바쳤고, 전국에서 앞을 다투어 그녀를 보기 위해 모여들었다. 이에 정도전은 "미금과 석가는 그 말이 다를 것이 없다. 석가는 단지 멀리 딴 세상의 일을 말하니 사람들이 그것이 헛소리인 줄 모르고, 미금은 가까이 3월의 일을 말하니 허무맹랑함이 곧 드러날 따름이다"라고 비판했다. 하지만 참담한 현실에서 헤어날 길이 없었던 백성은 실낱같은 희망을 찾아 나섰고, 이들을 현혹하는 말에도 마음을 송두리째 빼앗겼다.

백정이나 광대와 노비들도 '새로운 사회가 와야 한다'며 양민들을 선동했다. 우왕 8년(1382)에 지금의 합천인 경상도 합주의 사노私奴들이 스스로 검대장군劍大將軍 · 초군장군抄軍將軍 · 산군장군散軍將軍을 칭하며 무리를 모아 협박을 하고 수탈을 행했으며, 주인과 수령을 죽이고 반란을 도모하기도 했다.

이러한 일들은 우왕 대에 집중적으로 발생했다. 하지만 조정 대신들의 문란한 정치로 나라는 더욱 어지러웠고, 우왕은 사냥을 한다며 민가의 닭을 잡아 구워 먹고, 길가는 여인을 납치해 간음하고 관리의 딸들을 빼앗는 등 점점 난폭하고 방탕한 생활에 빠졌다. 우왕이 스스로 신변을 보호하려고 위장 행동을 한 것인지는 모르겠지만, 백성들의 삶은 더욱 수렁 속으로 빠져들었다.

물론 권신들은 우왕에 대해 전혀 신경 쓰지 않았다. 우왕 13년(1387) 12월, 우왕이 탈점된 토지를 조사하여 보고하라는 명령을 도당에 내렸지만, 아무도 따르지 않았을 정도였다.

길을 나서다

동북면을 찾아가다

우왕 9년(1383) 7월 정도전은 이성계를 찾아 나섰다. 그리고 이듬해 다음과 같은 시를 남겼다.

나의 임금을 바로잡고자 경서를 궁구窮究하여
어린 시절부터 머리가 하얗도록 공부했네
성대盛代의 광언狂言은 마침내 쓸모없어
남방으로 쫓겨나 친구들과 헤어졌네

임금을 바로잡을 계책은 없고 백성에게 혜택 주기 어려워
분음(汾陰, 산서성 만영현)을 찾아가 책이나 읽고자 하였네

십 년이라 풍진에 전쟁이 하 많아
유생들은 영락하여 구름같이 흩어졌네

유술柔術이란 자기 몸 도모하는 미숙함을 스스로 알아
병법에 뜻을 두어 손자孫子와 오자吳子를 배웠네
세월은 흘러가고 공은 끝내 못 세우니
먼지 낀 책상 위에는 읽다 만 병법 책 있네

글공부, 칼 쓰기 하나도 못 이루고
농사터로 돌아가 몸소 밭을 갈았다오
한재 수해 연례年例에 너무도 혹심하니
문 앞에 찾아드는 땅세 독촉 어찌하리

10여년 동안의 유배와 유랑 생활에 대한 술회와 함께 무언가 결심이 섰다는 느낌이 든다. 그리고 유술에 빗대어 '병법을 익혔으나 공을 세우지 못한 안타까운 마음'을 표현했다는 점에서 그가 이성계의 존재를 크게 의식했음을 알 수 있다. 정도전이 이성계를 주목한 이유에는 무력 기반에 대한 관심도 포함되어 있었다. 때문에 『태조실록』에는 당시 정도전이 이성계를 찾아가 혁명을 모의한 것으로 기록하고 있지만, 확인하기는 어렵다.

정도전은 정치적으로 무엇을 이루는 것이 목적이 아니라 실질적인 성과가 백성들에게 돌아가게 하는 것이 목적이었다. 따라서 정도전에게는 구체적인 전망이 더 중요했고, 이는 단기간에 해결될 문제가 아니었다. 더구나 구체적인 방안이 서기 전에는 좀처럼 자신의 의견을 말하지 않았던 정도전의 성격으로 볼 때 혁명을 논하기에는 이른 감이 있다. 다만 글공부 못지않게 무력 기반의 중요성을 깨달았던 그가 이성계를 주목한 것만은 사실이었다.

이 무렵 지식인들 사이에는 시적 감성을 담은 시문집을 남기는 것이 유행이었다. 그러나 정도전은 시문집에 특별한 관심이 없었다. 물론 그 역시 시를 남기기는 했지만, 대부분 애국애민愛國愛民의 충정과 문무를 겸비한 사상이 담겨 있다. 그는 『삼봉집』에서 "문文은 태평한 정치를 이루는 것이요, 무武는 난리를 평정하는 것이다. 이 두 가지는 사람에게 양팔이 있는 것과 같아서 하나라도 없어서는 안 된다"라며 문무文武의 중요성을 강조하기도 했다.

또한 그는 이를 실천에 옮기기 위해 스스로 진법陣法을 익히고 병법서兵法書를 저술했으며, 조선이 개국한 뒤에는 자신이 익힌 진법과 병법서로 병사들을 직접 훈련시켰다. 따라서 정도전과 이성계의 만남은 정도전이 평소 말했던 '푸른 소나무 최고봉에 옮겨줄 위인'과 '백아伯牙의 거문고 소리를 알아주는 종자기'였고, 오랫동안 낭인 생활의 청산을 의미했다. 이때가 정도전이 42세, 이성계가 49세였다.

한편 정도전과 이성계의 만남에 정몽주의 역할이 있었다는 견해도 있다. 정몽주는 공민왕 13년(1364) 삼선三善·삼개三介의 난으로 화주和州 이북 지역이 점령당했을 때와 우왕 6년(1380) 황산대첩, 우왕 9년(1383) 여진인 호발도胡拔都가 동북면을 침략했을 때 이성계 군대의 조전원수助戰元帥로 출전하며 일찍이 이성계와 각별한 인연을 유지하고 있었기 때문이다.

이성계는 "도량을 중히 여겨 지방에 대장으로 나갈 때마다 반드시 정몽주를 천거하여 함께하였으며, 누차 그를 선발하여 같이 재상으로 올라갔다"고 전할 정도로 두 살 아래인 정몽주에 대한 신뢰가 두터웠다. 그리고 정몽주 역시 30대 중반부터 이성계와 전쟁터에서 생사고락生死苦樂을 함께하면서 가까워졌고, 이후 두 사람은 서로에 대해 존경하는 마음을 지니게 된다. 정도전이 이성계를 찾아간 시기에 정몽주가 이성계 부대의 조전원수로 있었던 것으로 전한다. 따라서 정도전은 오랫동안 만나지 못했던 정몽주를 만나기 위해 길을 나섰고, 정몽주가 정도전에게 이성계를 만나볼 것을 권유하는 등 두 사람의 만남을 주선했을 가능성이 충분하다.

가능성을 확인하다

정도전과 이성계는 비록 첫 만남이었지만 서로를 확인하는 데 긴 시간이 걸리지 않았을 것이다. 『태조실록』에 따르면 이성계는 "사람을 대하면 흔연히 한 덩어리 화기和氣로 화하므로 사람들이 모두 사랑하였다"고 할 정도로 친화력이 있었고, 정도전 역시 이성계를 방문하면서 아무 생각 없이 가지는 않았을 것이다.

『태조실록』에는 두 사람의 만남을 다음과 같이 기록하고 있다.

> 정도전은 동북면 도지휘사로 있던 태조를 쫓아 함주 막사로 갔다. 태조의 호령이 엄숙하고 대오가 질서정연한 것을 보고 정도전은 은근히

말하였다. "참 훌륭합니다. 이런 군대라면 무슨 일이든 못 하겠습니까?"라는 말에 태조가 "무슨 뜻이냐?"고 묻자, 정도전은 "동남방의 근심인 왜적을 칠 수 있다는 뜻입니다"라며 짐짓 딴청을 부렸다. 그러고는 "군영 앞에 노송老松 한 그루가 있으니 소나무 위에다 시를 한 수 남기겠습니다"라고 하였다.

정도전은 이성계를 만나고 돌아가면서 함주 병영兵營 앞에 서 있던 늙은 소나무 껍질을 벗겨내고 다음과 같은 시를 썼다고 한다.

창망한 세월 한 그루 소나무
청산에 자라나서 몇만 겹인데
다른 해 서로 만날 수 있으랴
사람 사는 곳에서 곧 따라가리라

『태조실록』에는 "정도전이 이미 천명天命의 소재를 알고 임금(이성계)에게 군신의 예를 스스로 약속했다"고 기록되어 있다.

그러나 이때의 만남은 서로를 알기 위한 일종의 탐색의 시간이었을 것으로 보인다. 정도전은 이성계의 군대를 면밀하게 관찰한 후 오래 머물지 않고 다시 김포의 집으로 돌아갔고, 그가 남긴 시는 이성계와의 첫 만남에서 가능성을 보았다는 의미로 해석할 수 있기 때문이다. 여기서 소나무는 굳건하게 성장한 이성계를 의미할 수도 있지만, 이성계에게 도탄에 빠진 백성을 구하는 개혁에 동참을 권유하는 의미로도 해석할 수 있다.

이 무렵 정도전이 저술한 『태을칠십이국도太乙七十二局圖』라는 책이 그 예였다. 이 책은 현재 전하지 않아 구체적인 내용은 알 수 없지만, '태을'이 도가의 점술가가 점을 칠 때 이용한 별 이름이라는 점에서 점성술에 관한 책으로, 그가 시운의 변화를 예측하는 것을 활용해 사람들을 개혁에 동참시키려는 목적에서 저술했을 것으로 보고 있다.

뿐만 아니라 정도전은 조선이 개국한 후 자신과 이성계의 관계를 한나라를 세운 유방劉邦과 그를 도와 개국에 성공한 장량(張良, ?~B.C. 168)에 비유하여 "한 고조가 자방(장량)을 이용한 것이 아니라 자방이 한 고조를 이용했다"고 말한 것도 이러한 해석을 뒷받침하고 있다.

유방은 고향 패현에서 무위도식하던 평민 출신으로, 사마천은 그를 "성장하면서 품행이 방정하지 못하고 힘든 농사일을 싫어하여 날마다 놀면서 허송세월하였던 깡패"라고 혹평하기도 했다. 그런 유방이 한나라를 세울 수 있었던 것은 중국 역사에서 건국기를 대표하는 최고의 책사였던 장량이 있었기에 가능했다.

장량은 한나라를 세운 유방의 공신으로, 자는 자방子房이다. 그는 한나라 명문가 출신으로 기원전 218년 시황제를 습격했으나 실패하고 하비에 은신하고 있을 때 황석공黃石公으로부터 『태공병서법』을 물려받았다. 그 후 '진승·오광의 난'이 일어났을 때 유방의 진영에 속했으며, 후일 항우와 유방이 만난 '홍문의 회鴻門之會'에서 유방을 구하는 등 위기 때마다 유방을 지켜주었고, 매 시기마다 계책을 일러주어 한나라 창업이 성공할 수 있도록 도왔다.

현실정치에서 보면 한나라를 세운 주역은 유방이고, 장량은 조역이었다. 하지만 역사의 큰 맥락에서 보면 중원을 놓고 격렬하게 벌어졌던 권력 다툼에서 대세의 흐름을 정확하게 읽고 새로운 전략을 기획하고 펼쳤던 장량이 한나라 건국의 주역이었고, 이를 수행한 유방은 조역이었다. 그런 점에서 자신을 장량에 비유한 정도전의 발언 역시 의미심장했다.

그렇다면 정도전이 변방의 사령관에 지나지 않은 이성계를 주목하고 그를 만난 후 앞날에 대해 기약까지 하게 된 이유는 무엇이었을까?

앞날을 기약하다

정도전이 함주 막사를 방문하고 돌아온 다음 달인 우왕 9년(1383) 8월 이성계는 우왕에게 「변경을 안전하게 할 대책」이라는 제목으로 다음과 같은 상소문을 올렸다.

> 여러 관청과 원수들이 보내는 사람들이 떼를 지어 다니면서 술과 음식을 차려 먹는 통에 백성들이 살을 깎아내고 골수를 짜내야 합니다. 고통을 견디다 못하여 열에 여덟아홉은 고향을 등지고 유랑하게 되니 군량이 나올 데가 없습니다. 이런 것을 모두 금지하여 백성을 편하게 하기 바랍니다. ……백성들이 잘되고 못되는 것은 수령에게 달렸고, 군사들이 용감하고 비겁한 것은 장수에게 달렸습니다. ……지금 수령으로 있는 자들은 권세가의 수하에서 나왔기에 그 세력을 믿고 자기 직무에 태만합니다…….

이 상소문은 이성계가 처음으로 국정을 거론했다는 점에서 의미가 있었지만, 정도전이 『조선경국전』이나 『경제문감』 등에서 강조한 내용과 유사하다는 점이 눈길을 끈다. 상소문이 정도전의 작품이거나 두 사람의 만남에서 국정에 대한 충분한 교감이 이루어졌음을 의미하기 때문이다.

'전쟁에서 이기는 것보다 전쟁을 예방하는 것이 더 중요하며, 백성의 평안과 전쟁의 예방은 별개가 아니다'는 점에서도 의견이 같았던 두 사람이 격식에 따른 의례적인 이야기만 나누었거나 어지러운 세상에 대해 한탄만 했을 리는 없었다. 특히 논리정연한 웅변가이기도 했던 정도전은 도탄에 빠진 백성들을 구하기 위한 개혁에 대해 거침없는 화술로 이성계에게 강한 인식을 심어주었을 것이다. 이러한 추론은 권근이 정도전의 평소 언변에 대해 다음과 같이 기록한 것에서 미루어 짐작할 수 있다.

> 시서를 강의할 때 능히 알기 쉬운 말로 이치를 형용하여 배우는 자가 한 번 들으면 바로 이를 깨달았으며, 이단을 물리칠 때는 능히 그 글에 정통하여 먼저 그 연유를 자세하게 설명하고서 마침내 그른 점을 지적하므로 듣는 자가 다 굴복하였다. 때문에 경서를 들고 배우러 오는 자들이 어깨를 나란히 하여 늘어설 정도로 수가 많았고, 비록 무부武夫와 속사俗士라 할지라도 그 강설을 들으면 재미를 붙여 싫증을 내지 않았으며, 불교도 중에서도 교화된 자가 많았다.

여기에 정도전이 야인 생활에서 얻은 현장 경험과 친화력이 더해졌을 것이다.

변방에서 태어나 성장한 이성계 또한 개성의 문벌 귀족과 모든 면에서 달랐다. 그는 학문적으로 정통 성리학을 익힐 기회가 없었고, 개경에 진출한 후에는 행동거지나 복장, 심지어 투박한 함경도 사투리를 쓰는 말투로 이방인 취급을 받았다. 이성계 역시 변방의 무장이라는 주변의 시선에 신경이 쓰였던지 그의 아들 이방원이 책을 읽는 것을 보고 "내 뜻을 이룰 자는 너다"라며 기뻐했다고 하며, 이방원이 문과에 급제하자 눈물을 흘렸다는 이야기도 전한다.

어느 날 우인열(禹仁烈, 1337~1403)이 방문하여 함께 술을 마시다가 이성계는 마당에 쥐가 지나가는 것을 보자 "쥐를 다치지 않게 활을 쏠 수 있다"며 솜씨를 자랑한 일이 있었다. 이때 옆에 있던 이지란이 "세상에 드문 재주는 사람들에게 많이 보여서는 안 됩니다"라며 말렸다는 일화도 전한다. 이 이야기는 이성계가 개경에서 생활하면서 주변 사람들을 경계했다는 의미가 있지만, 한편으로는 그가 아직 다듬어지지 않았음을 알 수 있다.

이성계는 이후 전장에 나가서도 전투가 없는 날이면 『대학연의大學衍義』를 품고 다니며 읽는 등 스스로 노력했다. 『대학연의』는 송나라 유학자 진덕수眞德秀가 『대학』의 주요 부분에 설명을 부연한 책으로, 제왕이 나라를 다스리는 근본을 포함해 정치에 대한 모범과 경계해야 하는 것을 서술한 책이다. 정도전과 만난 후 변화한 이성계의 모습을 발견할 수 있는 예라 하겠다.

정도전은 이성계와 첫 만남이 이루어진 이듬해인 우왕 10년(1384) 봄과 여름에 함주 막사를 두 번 더 방문했다. 그는 방문길에 함흥부 남쪽에 있는 함주막의 도련포都連浦에서 다음과 같은 시를 지었다.

이때를 당하여 차마 옛 노래 듣단 말가
함주는 본래 이 나라 중앙이라오

이 시는 이성계가 나라를 구할 지도자라는 의미로 들리지만, '나라를 구하는 개혁이 이곳에서 시작된다'는 다짐으로도 해석할 수 있다. 달리 말하면 정도전은 이성계와의 만남을 통해 확신을 갖게 되었음을 의미했다. 『삼봉집』에 전하는 또 다른 시에는 다음과 같은 구절도 있다.

고금을 통틀어도 백 살 넘긴 사람 없네
이해득실을 가지고서 정신을 허비마소
다만 썩지 않는 사문이 있다면
후일에 당연히 정씨 사람 나올걸세

언젠가 자신을 '불후의 업을 이룰 선비'에 비유했던 시를 떠올려보면 이제 비로소 그때가 다가오고 있음을 말하는 듯하다. 그런 점에서 10여 년 동안의 유배와 유랑 생활이 정도전에게 자기 성찰의 시간이었다면, 이성계와의 만남은 실천이 시작되는 출발점이었다. 물론 이성계의 가문과 그의 삶을 헤아려보면 그 역시 정도전을 만나 인생의 전환기를 맞이했다고 할 수 있다.

이성계 가문,
동북면에 뿌리내리다

동북면으로
이주한 까닭은?

이성계 가문의 세력 기반은 동북면이었다. 동북면은 철령위 이북에서 정주定州 이남의 화주와 함주의 동쪽 경계 지역을 말한다. 이곳은 고려 후기에 동북방의 최전방으로 군사 요충지였고, 이후 공민왕이 쌍성총관부를 수복하는 과정에서 이성계 가문이 공민왕을 도와 고려의 영토가 확장된다.

함주는 토착민과 여진인 그리고 고려의 이주민들이 함께 살고 있었다. 고려의 이주민들은 고려의 포악한 정치와 권세가들의 침탈로 고향을 버리고 떠돌이 생활을 하다 이곳으로 흘러들어 왔다. 때문에 조정에서 이곳으로 관리를 파견한다 해도 정상적인 통치가 불가능할 정도로 고려 조정에 반감이 많았다.

이성계는 이한(李翰, 생몰 미상)의 21대손으로 전한다. 『선원계보璿源系譜』와 『증보문헌비고增補文獻備考』 등에 따르면 이한은 전주 이씨의 시조로 신라에서 벼슬을 했고, 무열왕의 10세손 김은의金殷義의 딸과 혼인했다고 한다. 그러나 이한의 5대손 이긍휴李兢休 이후 벼슬을 지낸 사람이 없어 유력한 가문은 아니었다. 이후 이성계의 4대조 이안사(李安社, ?~1274)가 동북면 지역에 정착하게 된다.

이안사는 전라도 안렴사와의 갈등으로 강원도 삼척으로 피신했고, 당시 170여 호가 그를 따랐다고 한다. 그러나 전라도 안렴사가 삼척으로 부임하자 이안사는 현재의 함경도 덕원 지역인 의주宜州로 이주하게 된다. 이때도 170여 호가 이안사를 따라 이동했다. 그런데 권력자를 피해 이주했다면 야밤에 이동했을 가능성이 높고 한번에 많은 인원이 이동하기가 쉽지 않았을 것이라는 점에서 대규모 인원이 이안사를 따랐던 것이 아니라 이안사가 당시 빈번했던 유민 집단에 섞여 이동했을 것으로 보는 견해도 있다.

이성계의 집안이 고려 역사에 처음 등장한 시기는 의종 24년(1170)경이다. 이색이 작성한 이성계의 아버지 이자춘의 신도비에 이성계의 6대조 이린李隣이 등장한다. 그가 바로 무인란을 주도한 이의방의 동생 이린(李隣, ?~1174)이라는 견해가 있다. 이것이 사실이라면 명종 4년(1174) 정중부(鄭仲夫, 1106~1179)에게 이준의·이의방·이린 삼형제가 살해되고 나서 이린의 아들 이양무(李陽茂, ?~1231)가 전주로 내려간 것이 된다. 그리고 이양무의 아들 이안사가 서둘러 전주를 떠나게 된 이유도 안렴사와의 개인적 갈등이 아니라 정치적 사건에 연루되었을 가능성도 충분하다.

한편 북방 지역에서는 선진 농업기술을 지닌 고려의 이주민을 우대했다. 따라서 이들은 백호百戶와 천호千戶 등 중간 계층을 형성하기에 유리했다. 이안사 역시 이러한 여건을 기반으로 세력을 넓혀 나간 것으로 보인다. 이후 원나라에서 영흥 지방에 쌍성총관부를 설치하려고 시도했을 때 고려에서는 이안사를 의주병마사로 임명해 이를 저지하려고 했다. 그러나 상황이 여의치 않게 돌아가자 이안사는 휘하의 1천 호와 함께 원나라에 항복하여 다루가치達魯花赤 벼슬을 받았다. 그 후 동쪽으로 30리 떨어진 두만강 너머 알동斡東에 정착했다. 알동은 함경북도 경흥의 두만강 유역에 있는 곳으로, 러시아 영내의 지명으로는 '오동'으로 읽기도 한다. 이때가 고종 41년(1254)이었다.

이안사는 경흥과 경원 지방에 기반을 닦아 변방으로 유입되었던 고려의 이주민들과 여진족을 규합해 세력을 형성했고, 고려와 원나라의 갈등과 대립이라는 국제 관계 속에서 점차 세력을 키우며 동북면의 호족으로 터를 잡았다. 이안사가 사망하자 그의 아들 이행리(李行里, 생몰 미상)가 세력을 물려받았고, 이후 함흥평야까지 세력을 확장했다.

이행리는 여·몽 연합군이 2차 일본 정벌을 준비할 때 충렬왕에게 자기 집안이 고려를 배반한 것을 사과하며 고려 조정과의 관계를 개선했다. 하지만 이행리의 세력 확장에 위기의식을 느낀 여진인들이 "이행리는 본디 우리의 동류가 아니며, 지금 그 형세를 보건대 반드시 우리에게 이롭지 못할 것이니, 어찌 깊은 곳의 사람에게 군사를 청하여 이를 제거하고 또 그 재산을 분배하지 않는가?"라며 그를 제거하려고 했다. 이를 눈치챈 이행리는 무리를 이끌고 함경도 영흥 지역으로 이주했다. 영흥 지역은 이성계 가문이 최종 안착한 지역으로 이행리는 후에 쌍성등처의 천호千戶에 임명되었다.

영흥 지역에 뿌리내리다

이행리가 사망하자 넷째 아들 이춘(李椿, ?~1342)이 세력을 승계했다. 이춘은 '패안첩목아悖顔帖木兒'라는 몽골식 이름도 가졌을 정도로 지역에 뿌리를 깊게 내렸다.

이춘은 알동 지방의 백호百戶 박씨 집안의 딸과 혼인하여 이자흥과 이자춘을 낳았다. 그러나 박씨가 일찍 사망하여 이춘은 조휘(趙暉, 생몰 미상)의 후손과 재혼했다. 조휘는 고종 45년(1258) 고려의 관리를 죽이고 원나라에 투항한 인물로, 원나라는 이 지역에 쌍성총관부를 두고 그를 초대 쌍성총관에 임명한 후 집안 대대로 직을 세습했다. 이처럼 이성계 가문은 백호 박씨와 쌍성총관 조휘의 집안과의 결혼으로 이 지역의 새로운 지배층으로 기반을 다질 수 있었다.

또한 충숙왕을 알현謁見하여 관계 회복에도 힘쓰는 등 이춘과 고려와의 각별한 인연이 시작되었다. 『태조실록』에 따르면 "어느 날 이춘이 백룡과 흑룡이 싸우는 꿈에서 활로 흑룡을 쏘아 죽여 백룡을 도왔는데, 백룡은 그 보답으로 자손들의 복을 예언했다"고 한다. 이 이야기는 고려 태조 왕건의 신화 중 "조부 작제건이 여우에게 시달리는 용왕을 구해주었다"는 이야기와 유사하다. 따라서 장차 이춘의 집안에서 '새로운 왕조의 창업을 예언했다'는 의미가 담겨 있는 건국 신화에 해당한다. 그리고 "승려가 와서 선래善來라는 아명兒名을 지어주었다"라는 이춘의 태몽도 전하는 등 이춘 대에 새로운 역사가 시작되었다는 다양한 이야기들이 전한다.

이후 이춘이 사망하자 장남 이자흥(李子興, 1305~1342)이 직을 세습했지만, 두 달 만에 사망하여 그의 아들 이교주(李晈住, 생몰 미상)가 승계했다. 이교주는 당시 나이가 어렸고, 이춘의 후처 조씨는 자신이 낳은 아들이 관작을 승계하기를 원했다. 결국 전처 소생과 후처 소생의 갈등으로 번지게 되었고, 이를 남방 유민의 후예인 박씨 집안과 토착세력인 조씨 집안의 대립으로 보기도 한다.

두 집안의 대립은 이자흥의 장례를 치를 때 원나라에서 칙첩으로 내린 선명宣命과 인신印信을 조씨의 아들 나해那海가 훔쳐가면서 극에 달했다. 이에 이자춘(李子春, 1315~1361)은 이자흥의 아내인 형수 박씨(안변 사람 박득현朴得賢의 딸)에게 조카 교주와 함께 개원로開元路에 가서 호소할 것을 권했다. 개원로는 심양 북동쪽에 위치한 개원開元을 중심으로 만주 지역에 설치한 원나라 행정구역이었다.

원나라에서는 그들의 호소를 받아들여 "조씨는 적실이 아니니 세습할 수 없다. 다만 교주는 너무 어리니 그가 장성할 때까지 이자춘이 습직하라"는 결정을 내렸고, 이자춘이 임시로 쌍성등처의 천호직을 계승하게 된다. 당시 원나라에서 박씨 집안의 손을 들어준 이유는 쌍성총관 세력이 커지는 것을 경계하려는 의도가 있었다. 이때가 충혜왕 4년(1343)이었다.

이자춘의 몽골식 이름은 오로사불화吾魯思不花로, 동북면 일대에서 세력 기반을 키워 나갔다. 그가 동북면 일대를 다스리게 되자 백성은 "그 업이 편안하게 되었다"며 이자춘을 신뢰하고 따랐다. 여진 지역으로 들어갔던 고려 백성들도 하나둘 돌아와 국역의 의무에서 자유로운 이자춘 세력에 편입되었다.

이후 이자춘은 공민왕을 도와 쌍성총관부를 손에 넣는 등 공을 세우며 공민왕의 신임을 받게 된다. 대신들이 '동북면 사람인 이자춘을 신뢰할 수 없다'며 멀리할 것을 권했지만, 쌍성 지역의 실력자인 조씨와 탁씨 집안이 연대할 경우 통제가 어렵다고 판단한 공민왕은 이자춘을 끌어들여 이 지역과 부원세력의 연결고리를 차단하고 동시에 국경 지역의 유력한 세력을 귀부시킴으로써 세력 기반의 확장을 시도했다. 실제로 공민왕 11년(1362) 두 집안의 조소생(趙小生, ?~1362)과 탁도경(卓都卿, ?~1362)이 나하추(納哈出, ?~1388)를 끌어들여 요동을 공격했다. 공민왕의 선택이 옳았음이 입증된 것이다.

공민왕은 이자춘을 중앙으로 불러들여 종3품 대중대부사복경을 제수했다. 이자춘이 변방의 조건부 천호직에서 중앙 정계로 입문하게 된 것은 그의 집안이 북방으로 이주한 지 100년 만의 일이었다. 그리고 공민왕은 중앙에 연고가 없지만 충성심을 검증받은 이자춘과 그의 군사력을 자신의 지지 기반으로 삼았고, 세를 몰아 정동행성도 혁파했다. 이때가 공민왕 5년(1356)으로 주원장이 대륙을 장악하기 12년 전이었다. 당시 고려에는 친원파가 건재한 상황이었기에 정동행성의 혁파는 원의 세력을 등에 업고 고려에서 권력을 전횡하던 기철 등 부원 세력과의 연대를 차단한다는 의미가 있었다.

100년 만에 중앙에 진출하다

이자춘은 원·명 교체기라는 격변기에 공민왕을 선택하여 친명정책을 지원할 정도로 정치적 결단력과 신중함을 지니고 있었다. 때문에 개경에 진출했어도 이자춘은 특별한 활동을 하지 않았다. 아마도 개경의 문화나 중앙 정치에 익숙하지 않았고, 주변의 견제도 영향을 미쳤던 것으로 보인다.

공민왕 10년(1361) 홍건적의 침입에 대비해 이자춘이 동북면으로 돌아가게 되었을 때 어사대에서 "이자춘은 본래 동북면 사람이며, 그 지역의 천호이니 병마사를 삼아서 진수鎭守시킬 수 없다"고 반대한 것이 그 예였다. 이자춘은 공민왕의 배려로 돌아가지만, 몇 달 후인 공민왕 10년(1361) 4월에 갑자기 사망했다. 이때 그의 나이 46세였다.

당시 동북면에서 '인물이 없다'는 말이 돌았을 정도로 이자춘의 빈자리는 대단히 컸다. 따라서 이자춘 이후 동북면의 세력에 사람들의 관심이 쏠렸고, 이때 등장한 인물이 이성계였다. 당시 그의 나이 27세였다.

이성계는 충숙왕 4년(1335) 화령부和寧府에서 태어났다. 『태조실록』에 따르면 이성계는 "나면서부터 총명했으며, 콧마루가 높고 용의 상으로 풍채가 잘나고 슬기와 용맹이 뛰어났다"고 평할 정도로 범상치 않은 외모를 지녔다.

그는 어려서부터 군사 기예를 익혔고, 기마술과 완력이 뛰어났다고 한다. 특히 활 솜씨는 신궁神弓의 경지에 올라 있었다. 화살 하나로 까마귀 다섯 마리를 맞혔고, 화살 한 대를 쏘아 노루 두 마리를 꿰뚫고 나무에 박혔으며, 화살 여섯 대로 달리는 노루 여섯 마리를 연달아 맞혔다고 한다. 또한 목욕을 하고 쉬다가 뛰어나오는 담비 20마리를 모두 활로 쏴서 죽였다는 이야기도 전한다.

이성계는 아버지 이자춘을 따라 개경에서 생활하며 고려의 정치를 경험했고, 22세 때인 공민왕 5년(1356)에는 개경에서 왕이 관람하는 격구대회에 참가해 뛰어난 기마술을 과시하기도 했다. 그리고 해주에 침입한 왜구를 토벌했을 때 적의 왼쪽 눈만 쏴서 명중시켜 주변 사람들을 감탄시킨 일도 있었다.

아버지가 사망한 후 세력을 물려받은 이성계는 원나라에 편입된 고려인이나 주변의 토호들을 흡수하여 세력을 키워 나갔다. 이성계 세력에 편입된 대표적인 토호로는 여진의 천호 이지란(李之蘭, 1331~1402. 또는 이두란李豆蘭)을 꼽을 수 있다. 그의 본명은 퉁두란첩목아佟豆蘭帖木兒로 이성계와는 의형제를 맺을 정도로 각별한 사이였다.

이지란은 활 솜씨도 뛰어났다. 그가 활을 쏘아 아낙네가 이고 가는 물동이를 관통시켜 구멍을 내면, 이성계가 솜뭉치를 매단 화살을 쏘아 구멍을 막았다는 일화도 전한다. 우왕 9년(1383)에는 이성계의 병사들이 여진인 호발도胡拔都와의 전투에서 연패하자 모친상을 치르고 있던 이지란을 불러들여 승리를 거두기도 했다.

이성계는 역사에 남는 전공戰功도 연이어 세웠다. 공민왕 10년(1361) 9월, 강계 독로강禿魯江 지역의 만호萬戶 박의(朴義, ?~1361)의 반란을 진압했고, 그해 10월에는 영흥에서 홍건적을 물리쳤다. 이듬해 2월 10만 홍건적이 개경을 함락하자 여몽 연합군의 돌격대를 지휘하여 동대문을 뚫고 개경 수복의 공을 세웠다. 당시 맞은편에서 서대문을 뚫은 장수는 최영이었다. 같은 해 7월에 나하추가 조소생과 탁도경의 요청으로 대군을 이끌고 국경을 침입하자 함흥평야에서 격퇴했다.

나하추는 요동의 심양에 근거지를 둔 북원의 장수로, 원나라 공신의 후예였다. 요동의 군사적 책임을 맡았던 집안에서 태어난 그는 원나라가 쇠퇴하던 말기에 심양에서 스스로 행성승상이라 칭하며 만주 지방에 세력을 떨친 실력자였다. 때문에 고려의 정부군들도 전투에서 지리멸렬할 정도로 제대로 힘을 쓰지 못했다. 따라서 이성계의 승리는 값진 것이었고, 역사적인 의미 또한 대단히 컸다.

공민왕 13년(1364)에는 심왕 덕흥군의 침입을 물리쳤고, 여진인 삼선과 삼개의 난을 평정했다. 그리고 공민왕 19년(1370) 강원도 북동부의 안변安邊에 침입한 왜구를 무찔렀고, 1월과 12월 두 차례에 걸쳐 동녕부를 정벌하는 등 정치적으로 중요한 의미를 지닌 전투에서 승리를 거두기도 했다.

이성계, 국민 영웅으로 떠오르다

이성계는 공민왕 20년(1371) 신돈이 제거된 후 단행된 인사에서 지문하부사에 임명되었다. 당시 그의 나이 37세였다. 공민왕은 "문인인 이색과 무인인 이성계가 같은 날 문하성에 들어왔는데, 조정의 의논이 어떠한가?"라고 물을 정도로 이성계에 대한 기대가 남달랐다. 이성계는 공민왕보다 여섯 살이 어렸다.

조정의 문무 대신들도 이성계의 전공을 치하하는 등 우호적인 분위기였다. 특히 나라가 위기에 처했는데도 장군이라는 자들이 전쟁에 나가기를 꺼리는 등 자기 한 몸을 보존하기에 급급한 현실에서 전쟁터를 가리지 않았던 이성계는 조정 대신들의 주목을 받기에 충분했다.

우왕 6년(1380) 이성계가 운봉전투(황산대첩)에서 승리하고 개선했을 때는 최영이 백관들과 함께 천구사 문전까지 마중 나와 "이성계는 나라의 주석柱石이다"라며 극찬했고, 이색은 이성계가 왜장 아기발도(阿其拔都, ?~1380)를 물리친 공을 기려 "적을 소탕하기를 썩은 나뭇가지 꺾듯 하였다"라는 시를 써서 존경의 마음을 표했다. 그리고 김구용은 "섬 오랑캐 간담 떨어뜨린 군사의 위용이 강성하고, 이웃 나라 심장을 서늘하게 한 사기가 웅장하네"라고 칭송했다. 정몽주도 "풍채가 호준豪俊함은 화봉華峯의 송골매요, 지략이 뛰어남은 남양南陽의 와룡이다"라는 시를 지어 이성계의 무공을 극찬했다.

특히 우왕 대에 들어서면서 이성계는 전국을 무대로 연이어 공을 세우며 국민 영웅으로 떠올랐다. 그는 더 이상 변방 출신의 무장이 아니었다. 여기에 그의 군사력은 중앙 정계에서도 주목받았다. 당시 절제사는 직업군인이었던 가병家兵과, 복무기간이 끝나면 다음 순번의 병사들과 교대하고 고향으로 돌아가는 농병農兵을 함께 거느렸다. 그러나 가병은 소수였고, 다수의 농병을 거느리고 있는 절제사들의 군사력에는 한계가 있었다.

반면 사병적 성격을 지닌 이성계의 병사들은 나라에 역役을 지지 않았다. 따라서 중앙의 통제에서 자유로웠고, 독립된 경제적 기반도 지니고 있어 충성도와 결집력이 강했다. 훗날 이성계가 위화도에서 회군을 단행했을 때 "동북면 주민들이 무리를 지어 달려왔다"고 한 것이 그 예였다.

이성계의 성품도 명성에 적지 않은 영향을 미쳤다. 『태조실록』에는 "여러 장수 가운데 이성계만이 부하를 점잖게 대하고 평생 싫은 소리를 하지 않아 다른 장수의 부하들도 이성계의 수하에 들어가기를 원했다"고 한다. 때문에 이성계는 주변 장수들로부터 견제를 받았다. 『고려사절요』에는 "태조는 여러 장군이 자기를 꺼리는 것을 짐작하고 다소 근심하는 기색이 있었다"라고 기록하고 있다.

이성계는 비록 중앙 정치 무대에서 기반이 약했지만, 강력한 군사력을 소유하고 있었기에 언제 고려를 배반할지 모른다는 우려의 인물이었다. 그러나 이러한 여건은 정도전을 포함한 신흥사대부가 이성계를 주목하게 된 이유이기도 했다.

고려 말기는 홍건적과 왜구의 빈번한 침입으로 전시체제가 지속되면서 조정에서 무장들의 영향력이 강화되었고, 특히 우왕 대에는 이인임·경복흥·지윤·최영·양백연·변안열·임견미·도길부 등 무인 출신들이 권력을 장악했다. 이들은 문인들을 무시하는 경향까지 있었고, 국정을 자신들 마음대로 농단했다.

당시 이색이 재상의 반열에 올랐지만 권력의 핵심에 서지는 못했다. 때문에 신흥사대부는 왕에게 친정할 것을 요구했지만, 그들의 주장에 힘이 실리지 못했다. 그리고 일부는 권신의 편으로 돌아서기도 했다. 반면 이색은 병을 핑계로 관직에 나아가지 않았고, 관직을 버리고 떠나는 문인들도 있었다. 이러한 과정에서 힘의 한계를 절감한 신흥사대부 중에 이성계를 주목하는 이들이 생겨났다.

신흥사대부의 주목을 받다

신흥사대부가 변방에서 사병들과 동고동락하며 세력을 키워온 이성계의 군사력 외에도 그를 주목한 또 다른 이유가 있었다. 우왕 6년(1380) 운봉전투에서 이성계의 부장이었던 변안렬은 정방의 제조가 되었으나 변안렬의 상관이었던 이성계는 우왕 14년(1388)까지 정방에 참여하지도 못했다. 뛰어난 무공을 세우며 나라를 지켰던 이성계가 중앙 정계에서 소외되고 있었던 것이다. 달리 말하면 중앙에서 이성계는 군사력을 빌려 전쟁을 막는 위기 대처용이면서 견제의 대상이었던 것이다.

또한 백성을 대하는 이성계의 태도도 신흥사대부의 주목을 끌었다. 우왕 6년(1380) 운봉을 넘어 황산에서의 치열한 전투가 끝난 뒤 군사들이 장막의 기둥을 인근의 가벼운 대나무로 바꾸려고 하자 이성계는 "대나무가 일반 나무보다 가벼워 먼 데서 운반하기 편리하겠지만, 대나무는 민가에서 심은 것이고 우리가 꾸려 가지고 온 물건이 아니다. 그전 물건을 잃어버리지 않고 돌아가면 족하다"라고 명했다. 이성계는 평소 행군할 때도 "언제나 규율을 지켜 백성들의 물건은 털끝만큼도 건드리지 않으니 백성들이 그 위엄을 두려워하고 덕을 흠모했다"고 한다.

이성계는 체질적으로 반귀족적이며 서민적인 정서를 지니고 있었다. 권력을 전횡하거나 권신과 야합하지도 않았다. 우왕 3년(1377) 이성계는 정2품 문하찬성사를 제수받았지만, 지위만 유지할 뿐이었다. 당시 군사력을 믿고 조정에서 영향력을 행사하려는 무장들이 적지 않았고, 한두 차례 세운 무공으로 권세가에 빌붙어 전횡을 일삼던 자들에 비하면 분명 참신했다. 이러한 이성계의 품성은 신흥사대부가 평소 생각했던 지도자로서의 기본적인 소양이기도 했다.

그러나 신흥사대부가 일방적으로 이성계를 선택한 것은 아니다. 이성계 역시 동북면에서 일찍이 양식을 지닌 문인들과 교유 관계를 넓혀 나갔다. 정몽주와 정도전 외에도 일찍이 이달충(李達衷, ?~1385), 한복(韓復, 생몰 미상) 등과 교유 관계를 유지한 것을 그 예로 꼽을 수 있다.

이성계와 이달충은 공민왕 7년(1358) 이성계가 동북면병마사로 있을 때 만났다. 『고려사』에는 "이달충이 이성계의 인물됨을 한눈에 알아보았다"라고 전한다. 이달충은 홍건적의 침입으로 불에 타버린 사료史料를 보충하기 위해 이제현·백문보 등과 함께 『국사』를 집필한 인물로, 학식과 덕망을 갖추고 있었다. 그는 당시 문인들에게 영향력을 미쳤던 이집李集 등 명망을 지닌 문인들과도 친분이 있었다.

또한 공민왕 9년(1360)에 직언을 하다 왕의 노여움을 사서 파직되었다가 6년 후 다시 복직되었으나 신돈을 비판했다는 이유로 다시 파직될 정도로 강직한 인물이었다. 이달충은 이성계가 중앙에 진출한 후에는 신흥사대부를 소개해주는 등 후견인 역할을 맡았다.

한복은 원나라 출신 문인으로, 이성계와 뜻하지 않은 만남으로 인연이 시작되었다. 공민왕 19년(1370) 이성계의 병사들이 북방의 한 산성을 정벌하던 중 무너진 담 밑에서 발가벗은 남자가 얼굴을 가리고 울고 있는 것을 발견하여 이성계에게 데려왔다고 한다. 그는 이성계에게 "나는 원나라에서 고려의 이인복과 같은 해 장원급제했다"고 소개했고, 이성계는 그를 공민왕에게 소개했다. 공민왕은 그에게 한복이라는 이름을 하사했다. 이후 한복은 이인복·이색 등과 함께 과거 감독관으로 수차례 참여하여 많은 제자를 배출하는 등 학식과 명망을 인정받았다.

이성계의 측근으로 활동했던 조인옥(趙仁沃, 1347~1396)도 주목되는 인물이다. 조인옥은 이성계와 동향인 영흥 출신으로, 조인벽(趙仁壁, ?~1393)의 동생이다. 조인벽은 이성계의 이복누이와 혼인해 이성계와 처남 매제 사이였다. 따라서 조인옥은 이성계와 사돈 관계였으며, 쌍성의 수복에 참전해 수훈을 세운 무인이면서도 우왕 13년(1387) 불교를 비판하는 상소를 올렸고, 이성계에게 『자치통감』을 진강進講할 정도로 학식을 갖추고 있었다. 또한 그는 일찍이 조준·윤소종·허금·유원정·정지·백군녕 등 진보적인 인물들과 교유했으며, 이성계에게 개혁 성향의 인물들을 소개하는 역할도 수행했다.

조인옥은 "신돈의 아들 우왕을 부정하고 왕씨를 부흥시키자"며 비밀결사 조직을 만들 정도로 행동파였고, 남은 등과 함께 위화도회군을 종용했다. 회군 후에는 가장 먼저 "이성계를 왕으로 추대하자"고 제의한 급진적인 인물이었다. 따라서 조인옥은 이성계의 단순한 참모가 아니라 이성계 군사 집단의 주요 막료로, 이성계의 세력 기반 확충에 중요한 비중을 차지하고 있었다.

이외에도 이성계는 특정 분야나 인물에 치우치지 않고 폭넓은 인간관계를 형성해 나갔다. 이들 중에는 신돈을 비판한 문인들이나 정치에서 소외되었던 개혁 성향의 유신들도 포함되어 있었다. 이후 신흥사대부가 무인 이성계를 중심으로 모여들면서 고려 말기에 정치적 역할 분담을 전제로 한 새로운 정치 결합체가 형성되기 시작했다.

4부
때를 기다리며 준비하다

대륙의 변화에 주목하다

외교적 시험대에 서다

기병을 앞세워 정복에 나선 몽골은 반세기 동안 유라시아 대륙을 휩쓸며 동東으로는 한반도, 서西로는 지중해 동부 연안, 남南으로는 페르시아만에 이르는 대제국을 건설했다. 인류 역사상 유례없는 일이었다. 이 시기에 중국의 발명품이 유럽으로 건너갔고, 역법과 숫자 등 아랍의 문물도 중국에 전해지는 등 동서양의 교류가 활발하게 진행되었다.

원나라 전성기 때의 중국은 세계에서 가장 번영한 나라였다. 마르코 폴로의 『동방견문록東方見聞錄』에도 당시 중국을 세계에서 가장 부유하고 진보적인 국가로 소개하고 있다. 그러나 귀족 중심의 통치를 시행한 원나라는 토지 겸병이 빠르게 진행되어 자작농 수가 줄어들었고, 그 결과 세금이 감소하여 양민들의 부담이 크게 늘어났다. 종교도 원나라의 쇠망을 부채질했다.

원나라는 종교를 통치의 보조 수단으로 삼아 정복지의 종교에 혜택을 주었고, 황제가 즉위할 때도 수많은 금·은과 토지를 하사했다. 덕분에 종교기관은 비대해졌지만, 국고는 비어갔다. 쿠빌라이가 티베트 불교의 고승 파스파(八思巴, 1236~1280)에게 엄청난 상을 내리자 사람들이 "나라 재물의 절반이 티베트로 들어갔다"고 탄식할 정도였다. 이후 원나라의 마지막 황제 순제 대에는 전국의 사찰이 50년 전보다 열 배나 늘어났다.

지배층의 사치와 부패도 재정난을 부채질했고, 물가는 50년 동안 500배나 치솟았다. 순제는 텅 빈 국고를 채우기 위해 세금을 올리고 새 지폐를 발행해 엄청난 통화 팽창을 초래했다. 또한 대규모 수로水路 공사를 감행하여 농민의 봉기도 연이어 일어났다. 결국 원나라는 98년으로 역사를 마감했고, 잔여 세력이 북방의 초원 지역으로 쫓겨나 북원北元을 세웠다. 북원은 비록 세력이 예전 같지는 않았지만, 명나라가 천문학적인 비용을 들여 만리장성萬里長城을 쌓을 정도로 여전히 힘이 있었고, 1635년 청나라에 흡수될 때까지 국가의 명맥을 유지했다.

원나라의 붕괴는 피지배 민족에게 위기이자 새로운 기회였고, 고려의 조정 역시 외교적 시험대에 오르게 되었다. 우왕의 즉위로 고려와 북원의 관계가 회복되었지만, 14세기 대륙의 정세는 친원 정책만 고수할 수 없었기 때문이다.

대륙에서 새롭게 떠오른 명나라를 의식하지 않을 수 없었던 고려는 명나라를 협공하자는 북원의 제안을 거절했고, 우왕 3년(1377)에는 명나라에 사신을 보내기도 했다. 우왕 5년(1379)에 명나라에 사신으로 갔던 심덕부가 가지고 온 공문으로 고려 조정에 논란이 일어나기도 했다.

공문에는 "공민왕의 죽음에 고려의 권신이 연루되어 있으니 사람을 보내 우왕의 친정을 직접 확인하겠다"면서, 과도한 세금은 필요 없으니 성의만 보이면 된다는 기존의 태도에서 돌변해 매년 금 100근, 은 1만 냥, 좋은 말 100마리, 세포 1만 필을 집정 대신이 직접 가지고 오라고 요구했다. 뿐만 아니라 "우왕 즉위년에 명나라 사신을 죽인 자들을 처형하라"며 "만약 이를 듣지 않으면 군사를 동원하겠다"고 고려를 압박했다.

명나라의 요구는 어느 것 하나 쉬운 것이 없었지만, 권신 이인임은 명나라가 지목한 '고려의 집정 대신'이 자신이라는 사실이 더 신경 쓰였다. 때문에 이인임은 우왕 5년(1379) 10월 세공과 함께 "공민왕의 죽음에는 의심의 여지가 전혀 없으며, 우왕은 공민왕의 정당한 후사이고, 왜구의 방어 때문에 집정 대신은 국가를 떠날 수 없다"는 명덕태후의 진술을 담은 진정표를 보냈다. 그러나 명황제 주원장은 "세공이 요구한 것과 맞지 않고, 집정 대신이 직접 오지 않았다"며 사신의 입국조차 거절했다.

주원장의 변덕에 시달리다

주원장이 당시 군사를 동원할 의지가 있었는지, 그리고 명나라가 군사를 동원할 수 있는 여건이 되었는지는 의문의 여지가 있다. 불과 3년 후인 우왕 8년(1382) 군사를 동원하여 원정길에 나선 명나라 군대가 운남 정벌에 성공한 것으로 보아 군사력이 충분했다는 견해도 있지만, 먼 원정길에 나서는 대규모 군사를 동원하려면 긴 시간이 필요했고 신생국이었던 명나라의 국내 사정 등을 감안하면 대규모 군사를 동원하여 고려 원정에 나서기 힘든 상황이었을 것으로 보이기 때문이다.

따라서 당시 주원장의 압박은 외교적 차원에서 해결해야 할 과제였다. 그러나 고려 조정은 명나라 사정에 밝지 못해 어려움을 겪었다. 때문에 고려는 우왕 7년(1381)에 이어 이듬해에도 최대 규모의 기근이 발생했지만 명이 요구한 세공을 전부 바쳤다. 그리고 대명 외교의 핵심적 역할을 맡은 문하찬성사 김유(金庾, ?~1386)와 동지밀직사자 정몽주 등을 포함해 대규모 사절단을 명에 보냈다. 하지만 명은 이번에도 고려의 사절단을 거부했다. 그럼에도 고려는 명이 운남성 정복에 성공했을 때 축하 사신을 보내는 등 계속해서 명에 성의를 다했다.

고려는 만일의 사태에도 대비했다. 한방언을 서북면 도체찰사 겸 안주도상만호로, 그리고 김용휘(金用輝, ?~1388)를 도안무사 겸 부원수로 삼아 북방 지역의 수비를 정비했고, 우왕 8년(1382) 9월에는 한양으로 천도를 단행했다. 고려에서 천도 논의는 여러 차례 있었지만, 실행에 옮긴 것은 이때가 처음이었다. 당시 "왜구에 대한 방어가 더 중요한 때에 천도로 국력을 소모할 수 없다"며 반대했던 최영도 침묵으로 동조했다. 또한 전국 152개 사찰에서 전쟁의 종식을 기원하는 진병법석鎭兵法席을 열어 불교에 의지하기도 했다. 고려 정국이 어느 정도 불안에 휩싸였는지를 잘 보여주는 예들이다.

우왕 12년(1386) 7월에 정몽주가 사신으로 명에 파견되어 세공의 경감을 요청했고, 명나라에서 3년에 한 번씩 조공을 허락하여 갈등이 봉합되는 듯했다. 하지만 주원장은 "만약 다시 이전과 같이 몰래 무역을 행한다면 용서하지 않겠다"며 밀무역을 가장한 고려의 정탐 행위를 경고했고, 같은 해 11월에는 명에 갔던 고려 사신을 통해 다음과 같이 요구했다.

"내(주원장)가 말(馬) 5천 필을 사고자 하니, 네(고려 사신)가 고려에 돌아가거든 먼저 여러 재상에게 말해서 모두 헤아려 생각해서 작성한 후 국왕에게 고해 수락 여부를 즉시 문서로 알려오면, 내가 거기에 1만 필의 비단과 4만 필의 면포를 가지고 가서 재상의 말 1필에는 비단 2필과 면포 4필로 값을 치르고, 관마官馬와 백성의 말 1필에는 비단 1필과 면포 2필로 화매케 할 것이니 너는 잊지 말라."

이처럼 주원장이 '대가를 치르고 말을 구입하겠다'는 의사를 전해오자 고려 조정은 다시 긴장했다. 명나라에 보낼 말이 부족하기도 했지만, 이미 말을 세공하고 있었기 때문이다. 더구나 재상 등 일반인의 말까지 사겠다는 주원장의 의도를 알 수 없었던 것이다. 고심 끝에 고려는 "무상으로 말을 공급하겠으니 시간을 달라"고 요청했다. 그러나 주원장은 자신의 선의를 왜곡했다며, "이전에 고려에서 보낸 말 50필도 상태가 좋지 않았다"는 불만을 전해왔다.

우왕 13년(1387) 2월 설장수(偰長壽, 1341~1399)가 명나라에 가서 주원장을 면담했다. 주원장이 중국어로 의사소통이 가능한 사신을 요청하자 조정에서 그를 보낸 것이다. 설장수는 위구르인으로 공민왕 7년(1358) 아버지 설손(偰遜, ?~1360)을 따라 고려에 귀화해 경주를 본관으로 삼은 인물이다. 이들 부자는 공민왕이 연경에 머물 때 친교를 맺은 인연으로 고려에서 후한 대접을 받았고, 설장수는 공민왕 11년(1362) 문과에 급제한 후 수차례 지공거를 맡을 정도로 학문 수준도 높았다.

또한 외국어에도 능통했던 그는 창왕을 폐하고 공양왕을 세우는, 이른바 폐가입진廢假立眞에도 참여해 9공신에 오른 것으로 보아 외교 능력을 배경으로 고려 조정에서 영향력을 지녔던 것으로 보인다. 그러나 그는 정몽주가 이방원에게 살해된 후 유배되었고, 조선 개국 후 태조 5년(1396)에야 복직되었다. 이러한 사실들로 보았을 때, 그는 급진 개혁세력과 뜻을 함께하지 않았던 것으로 보인다. 이후 그는 조선에서 관직 생활을 하며 명나라에 사신으로 8차례나 다녀오는 등 명나라와의 외교에 적극적으로 활동했다. 이러한 설장수도 주원장을 설득하지는 못했다.

대명 외교에 한계를 보이다

고려가 주원장에게 끌려다니며 어려움을 겪은 이유에는 당시 고려의 정국도 영향을 미쳤다.

첫째, 권신들의 개인적인 상황이 외교에 개입되었던 탓에 주원장의 변덕에 제대로 대처하지 못했다. 대표적인 예로 권신 이인임은 자신에 대한 명나라의 책임 추궁이 불안하여 명의 외교 전략에 적절하게 대응하지 못했다.

둘째, 고려와 명나라 사이에 정보력 차이가 있었다. 주원장은 고려의 세부적인 정보까지 관심을 기울였고, 이를 바탕으로 군사적인 위협과 회유 등 다양한 방식으로 원거리 통치 전략을 구사했다. 반면 고려는 명나라 내부 사정에 관한 정보에 한계가 있었다.

셋째, 고려 조정의 부패도 문제였다. "세공으로 바친 말이 형편없다"는 주원장의 지적은 단순한 트집이 아니었다. 공민왕 21년(1372) 대호군 김갑우(金甲雨, ?~1374)가 진헌마進獻馬 50필을 명나라에 수송한 적이 있는데, 2년 후 주원장이 "김갑우는 49필의 말을 수송해 왔으나 사람이 탈 만한 말들이 아니었다"고 지적했다. 뿐만 아니라 김갑우는 말 한 필을 자신의 소유라며 태자에게 진상했는데, 이에 대해서도 "그 가운데 헛된 계략과 거짓은 환히 알 수 있는 것이다. 이것이 (고려) 왕의 뜻에서 나왔는지 아니면 신하의 불성不誠에서 나온 것인지는 알지 못하겠다. ……이는 분명 사신이 오다가 서경(西京, 평양)에 이르러 말을 팔아 바꾸어 가지고 온 것이다"라며 공물이 제대로 전달되지 않았고, 서경에서 불법 거래가 벌어지고 있다는 사실까지 지적하기도 했다.

고려에서는 사신들이 개인적인 이익을 추구하기 위해 부정을 저지르기도 했지만, 고려의 관리들이 사신으로 명에 가면 명과 고려의 특산품을 밀무역하여 경제적 이익이 적지 않을 것이라는 이유를 들어 집권자들이 사신들에게 뇌물을 요구했다. 당시 부패가 어느 정도였는지에 대해서는 우왕 12년(1386) 문화평리 안익(安翊, ?~1410)과 관련한 기록에서도 잘 알 수 있다.

> 언제나 사신들이 돌아오면 집권자가 뇌물의 다소를 보아 그 관官을 높이거나 내리고, 혹 바라는 것과 다르면 반드시 그를 중상中傷했다. 그리하여 사신으로 가는 자는 그 화禍를 면하려고 장사를 하지 않을 수 없었다. 안익이 눈물을 흘리며 탄식하여 말하기를 "나는 일찍이 재상을 보내어 준비하는 것을 국가를 위하는 것이라고 생각하였는데,

금일에야 비로소 권세가문을 위해 재산을 경영하는 것임을 알았다."

이처럼 사신으로 다녀오면 권신에게 뇌물을 바쳐야 했고, 집권자들은 개인적으로 필요한 물품을 사오라고 직접 요구했다. 물론 비용은 사신의 몫이었다. 때문에 사신들은 비용 마련을 위해 조공 물품보다도 개인 물품을 더 많이 휴대하고 명나라에 갔고, 귀국할 때도 마찬가지였다. 이런 불법행위를 방지하기 위해 사신의 상거래를 금하고 서경에서 방물方物을 검사하기도 했다. 우왕 5년(1379)에는 심덕부가 물품 운송관을 참형에 처한 일도 있었지만, 밀거래를 완전히 차단하지는 못했다.

주원장은 이러한 사실들을 알고 있었고, 이러한 정보를 기반으로 기회가 있을 때마다 고려를 곤혹스럽게 했던 것이다. 따라서 대명 외교 전략을 수립하려면 기본적으로 명 황제 주원장에 대한 면밀한 분석이 필요했지만 무관심한 듯했다.

주원장은 누구인가?

주원장은 중국 안휘성 봉양현에서 가난한 농부의 아들로 태어났다. 그는 한나라를 세운 유방에 이어 평민 출신으로는 두 번째로 황제에 오른 인물로, 세계사에서 유례를 찾아보기 힘들 만큼 극적인 출세기의 주인공이다.

어렸을 때부터 천성이 총명하며 꾀가 많고 용감했던 주원장은 자신이 황제 역할을 하는 황제 놀이를 가장 즐겼다고 한다. 어려서부터 권력에 대한 관심이 컸음을 보여주는 예이다. 하지만 그의 성장 과정은 불운의 연속이었다. 17세에 가족을 모두 잃어 고아가 되었고, 탁발승으로 떠돌아다니며 걸식으로 생계를 이어갔다. 이때 양자강의 회하 지역을 돌아다니며 많은 사람들을 만나면서 새로운 경험을 하게 되었고, 글도 깨우쳤다. 그러나 그가 의탁했던 절이 도적들의 침탈로 불에 타서 3년 만에 탁발승 생활을 접게 된다.

14세기 중엽에 해당하는 이 시기에는 황하의 잦은 범람으로 농민들의 생활이 더욱 어렵게 되었고 곳곳에서 봉기가 일어났다. 이들 중에는 비밀 종교 결사 조직인 백련교도白蓮教徒가 있었다. 이들은 몽골의 민족 차별 정책에 대항한 한족의 민족적 저항 의식을 지니고 있었고, 반원의 중심 세력으로 떠올랐다. 그리고 원나라 말기의 혼란한 정세를 틈타 머리에 붉은 수건을 둘렀다고 해서 홍건적紅巾賊으로 불리던 세력이 출현했다. 하남河南의 한산동과 영주潁州의 유복통이 대표적 인물이었다.

이후 홍건적은 백련교 세력을 등에 업고 짧은 기간에 세력을 확장하여 공민왕 4년(1355)에 한산동의 아들 한림아가 유복통 등의 추대를 받아 황제라 칭하며 국호를 송宋이라고 할 정도였다. 주원장은 이보다 4년 전인 충정왕 3년(1351) 농민군 지도자 곽자흥(郭子興, ?~1355)의 부대에 자원입대하여 정치적 수완과 군사적 재능을 인정받아 간부가 되었고, 전투에서 수차례 공을 세우며 입지를 굳혀갔다. 이후 곽자흥의 수양딸과 혼인한 그는 곽자흥이 사망하자 독자적으로 세력을 키워 금릉(남경)을 근거지로 삼고 다른 세력들을 차례로 제압해 나갔다.

주원장은 명나라를 건립하는 과정에서 수많은 전투를 치르면서도 백성들의 재산에는 손끝조차 대지 않았다고 한다. 그는 포로를 후하게 대해주었고, 전사한 적병을 위해 위령제를 지내주는 등 당시 일어났던 무수히 많은 군벌들과는 질적으로 다른 통치력을 발휘하여 민심과 군심을 얻게 된다. 마침내 공민왕 17년(1368) 정월 금릉에서 황제에 즉위했고, 같은 해 8월 원나라를 내쫓고 북경 점령에 성공했다.

주원장은 황제에 즉위한 후 민생안정에 적극적인 관심을 기울이는 등 백성에게는 관대한 편이었다. 탁월한 행정 능력과 학문에 매진했다는 평가도 받았고, 검소하게 생활을 했고 자녀 교육에도 엄격했다.

주원장은 신하들이 공문을 작성하면서 쓸데없는 미사여구 등 문장에 치중하는 것을 금지하고 간결한 문장을 쓰게 하는 등 실용적인 면을 중시했다. 한번은 형부상서에서 만언소萬言訴를 올리자 500자면 충분할 것을 1만 자씩이나 작성하여 시간과 물자를 낭비한다며 힐책하기도 했다.

또한 그는 모든 권력을 황제에게 집중하기 위해 중서성을 폐지한 뒤 직접 결정권을 행사했다. 당시 효율적인 행정을 위해 학자들이 등용되었지만 서기書記 이상의 의미는 부여하지 않았다. 그리고 그는 60냥을 착복한 관리를 참수할 정도로 관리들의 작은 부정부패도 용납하지 않았고, 탐관오리에 대해서는 가혹하게 처벌했다.

그는 특히 권력에 대단히 민감하게 반응했다. 대표적인 예로, 1390년 자신이 사망하면 개국공신들이 태자의 권력을 넘볼 것을 우려해 무려 3만 명에 달하는 관료와 그 가족들까지 처형하는 등 역사상 유례없는 숙청을 단행했다. 당시 주원장은 금의위錦衣衛로 하여금 고문하게 해 죄를 자백받는 과정에서 무려 10년 전의 모반 사건과 억지로 연관 지어 처형하기도 했다. 1392년에 장남인 태자가 병으로 사망하자 손자에게 권력을 안정적으로 승계하기 위해 다시 숙청에 나서서 1만 5천여 명을 처형했다. 그 결과 개국공신들과 유력한 장군들이 대부분 처형되었다.

주원장이 황제 직속의 정탐기구인 검교檢校를 전국에 파견하여 관리들을 감시하는 등 공포정치를 실시하자 관리들은 자신에게 언제 위기가 닥칠지 몰라 불안에 떨었는데, 매일 아침 출근할 때 가족에게 마지막 작별 인사를 할 정도였다.

자존심이 강했던 주원장은 자신의 불우한 성장 환경에 대해 지나칠 정도로 예민하게 반응했다. 문인들의 글에 대머리를 뜻하는 '독禿' 자나 빛난다는 의미의 '광光' 자가 들어 있으면, 어려서 탁발승으로 문전걸식을 했던 자신을 비웃고 업신여기는 의도가 담겨 있다며 작성자를 참형에 처했다. 또한 도적을 뜻하는 '적賊' 자나 이와 발음이 같은 '칙則' 자가 나오면 자신이 한때 도적의 무리인 홍건적에 가담했던 사실을 조롱했다는 이유로 역시 참형에 처했다. 심지어 황제에게 올린 문서에 '천하에 도道가 있다'는 글을 썼다가 도道가 도적을 뜻하는 도盜와 음이 같으니 자신의 출신을 업신여기는 글이라며 참형에 처하기도 했다. 이를 '문자의 옥獄'이라고 한다. 훗날 청나라의 조익(趙翼, 1727~1814)은 이런 주원장을 가리켜 "성현과 호걸, 그리고 도적을 합친 인물이다"라고 평가했다.

주원장을 만나본 고려의 대신들 역시 대체로 그에 대한 평판이 좋지 않았다. 창왕 즉위년(1388) 주원장을 만나고 돌아온 이색은 "마음에 중심이 없는 군주였다. 나는 황제가 이것을 반드시 물으리라 생각했는데 이것을 묻지 않았고, 황제가 물은 것은 다 나의 뜻이 아니었다"며 혹평했다. 당시 감국監國과 창왕의 입조를 승인해 달라는 이색의 요청을 주원장이 외면한 탓도 있었겠지만, 주원장은 권력과 관련하여 변덕과 극단적인 성격을 보여주었다.

다시 시작하다

복직이 이루어지다

우왕 10년(1384) 정도전은 9년 만에 전의부령으로 복직이 이루어졌다. 이때 정도전의 나이 43세였다. 당시 이성계와 정몽주의 적극적인 천거가 있었다고 보기도 한다. 같은 해 7월 정도전은 정몽주와 함께 우왕의 승인과 시호를 요청하기 위해 사신의 일행으로 명나라로 떠난다.

정도전이 복직하자마자 명나라로 떠나게 된 것에는 사연이 있다. 주원장이 다시 트집을 잡아 군사를 동원하겠다는 위협을 가해왔고, 고려는 주원장의 생일 축하사절을 보내 선물과 함께 성의를 다해 그를 설득해 보기로 의견을 모았다. 따라서 고위직 관리 중에서 사신을 보내야 했으나 워낙 민감한 사안이라 적임자를 찾기 힘들었다. 그동안 명나라에 사신으로 갔다가 주원장의 노여움을 사서 곤욕을 치르거나 심지어 목숨을 위협받는 일도 있었던 탓에 약삭빠른 관리들은 사절단에 선발되지 않기 위해 권신에게 뇌물을 주기도 했다. 이때 임견미가 정몽주를 천거했고, 정몽주가 이를 받아들인 것이다.

정몽주는 사행 길이 이번이 처음은 아니었다. 공민왕 21년(1372) 서장관으로 명나라에 다녀올 때 발해만에서 폭풍을 만나 일행 12명이 모두 물에 빠져 죽고 정몽주 혼자 13일 동안 표류하다가 명나라 해군에게 구조된 일이 있었다. 우왕 3년(1377)에는 일본 규슈와 이시카와에 붙잡힌 민간인들의 귀환을 위해 일본을 방문했다가 옥에 갇히는 등 고초를 겪었지만, 일본 조정을 설득해 수백 명의 고려인을 데리고 귀국하기도 했다.

이번 사행 역시 출발하기 전부터 문제가 한둘이 아니었다. 날짜도 촉박했지만, 서장관을 구하는 것도 문제였다. 서장관은 정사·부사와 함께 정식 외교사절로, 사행 중에 일어난 매일매일의 일들을 기록하고 귀국 후에는 왕에게 보고해야 했으며, 사신단을 감찰하고 인마人馬를 점검하는 등 실무 책임자로 사절단에 없어서는 안 되는 중요한 자리였다. 때문에 서장관을 아무나 임명할 수 없었다.

정몽주는 정도전을 떠올렸고, 정도전은 그의 제안을 받아들였다. 이렇게 해서 두 사람이 함께 목숨을 걸고 나라를 위해 사행 길에 나서게 된다. 훗날 공양왕이 "우리나라가 명나라와 국교를 유지할 수 있었고, 나라와 생령이 영원토록 편하게 된 것은 정몽주와 정도전의 힘이다"라고 칭찬을 아끼지 않았던 것도 당시의 급박한 상황을 말해주고 있다.

두 사람은 사신으로 가라는 왕명을 받고 단 하루 만에 모든 준비를 끝냈고, 밤낮을 가리지 않고 강행군을 하여 황제의 생일 이틀 전에 극적으로 남경에 도착했다. 그리고 성공적으로 임무를 수행하고 다음 해 귀국했다. 이때의 공으로 정도전은 귀국하기 전에 이미 종3품 성균관 좨주(사성)와 왕의 교서를 작성하는 지제교로 승진했다. 정도전에게는 이 사행 길이 남다른 의미가 있었다.

정도전은 사행 기간 동안 신흥 강국으로 떠오른 명나라를 직접 살펴볼 수 있었다. 명의 수도 남경은 '용이 요동치고 호랑이가 웅크린 듯 웅장한 자태를 지니고 있다'는 등 예로부터 문인들의 칭송을 받았고, 천연의 요새이자 교통이 발달하여 농업과 상업의 중심지였다. 정몽주는 도로와 역 그리고 나루가 잘 정비된 남경의 풍경을 다음과 같이 글로 남겼다.

> 푸른 물은 금궐에 둘러 있고 청산이 옥경玉鏡을 싸고 있는데, 쭉쭉 뻗은 대로에는 거마車馬가 붐비고 공신과 황족의 저택들이 즐비하다. 길에는 비단 도포에 오사모烏紗帽를 쓴 공자들이 거닐고, 한쪽에서는 소녀들이 붉은 소매 옷에 붉은 수를 놓은 신발을 신고 뛰어놀고 있다.

이처럼 남경은 외국인의 눈에도 번창하고 풍요로움이 느껴질 정도로 안정을 찾아가고 있었다. 또한 명나라는 건국 초기에는 원의 제도를 그대로 답습했으나 1380년에 일어난 호유용(胡惟庸, ?~1380)의 역모 사건을 계기로 제도 개편에 착수했다. 호유용은 일체의 정무를 주도할 정도로 막강한 권력을 행사했으나 주원장의 견제를 받자 군사를 일으켰던 것이다. 주원장은 호유용을 주살하여 난을 진압했고, 이후에도 사건을 집요하게 파헤쳐 사건에 연루된 자가 3만 명이나 되었다고 한다.

주원장은 농촌 부흥 정책을 가장 먼저 실시하여 농촌과 농민들의 열악한 생활을 극복하기 위해 적극적으로 나섰다. 그리고 정치체제도 대폭 개편했다. 특히 황제 중심의 중앙집권 체제를 구축하기 위해 중서성과 재상직을 폐지하고 6부를 황제 직속으로 두었다. 궐내에 내각대학사를 두었지만, 실권이 없는 자문기관에 지나지 않았다.

군정軍政을 맡았던 추밀원도 폐지하고 대도독부를 5군 도독부로 나누어 군권을 분산시켰다. 지방은 행정을 담당하는 포정사와 군사를 맡는 도지휘사, 감찰을 맡는 안찰사로 분리해 황제가 직접 관장했고, 향리에는 이갑제里甲制를 도입해 10호와 100호 단위로 가구를 묶어 황제의 통치력이 지방의 말단까지 미치도록 했다.

주원장은 친아들 25명을 번왕으로 분봉하여 각 지방에 거주하게 하면서 교대로 수도에 올라와 숙위하도록 했다. 그리고 황태자를 제외하고 성인이 된 황자들이 수도에 머무는 것을 금했고, 변방을 제외한 번왕의 휘하 병력이 3천을 넘지 못하게 했다.

이처럼 도시의 생활상은 물론, 각종 제도와 정책 등을 실시하며 나라의 기틀을 잡아가고 있던 명나라의 모습을 정도전이 놓칠 리 없었다. 또한 당시 사행은 황제를 알현하여 고려의 상황에 대한 이해를 구하는 것이었기에 주원장을 만난다는 것만으로도 귀중한 경험이었다. 정도전은 사행을 준비하면서 주원장에 대해 관심 이상의 세밀한 연구를 했을 것이다.

지방 관리를 자청하다

정도전은 귀국 후 제례와 교서작성 업무를 다시 맡았고, 외교문서 작성과 사신들을 접대하는 업무를 병행했다. 이 해에 보우普愚선사가 열반涅槃하자 그의 비문도 지었다. 왕사와 국사를 역임한 보우는 불교계의 정화와 통합에 힘썼으나 신돈과 대립하여 큰 어려움을 겪기도 했다. 따라서 정도전은 불교계와 일정한 교류가 있었던 것으로 보인다.

훗날 한성판윤에 오른 정도전의 막내 동생 정도복이 과거에 합격했고, 정도전의 대표 저서인 『삼봉집』도 이 시기에 정리한 것으로 전한다. 『삼봉집』은 정도전 개인은 물론, 조선의 건국에 대단히 중요한 의미를 지니고 있다. 유배와 유랑 시절을 정리하면서 개인적으로는 새로운 출발을 의미하기도 했지만, 『삼봉집』은 구체제를 청산하고 새로운 정치체제를 구축하기 위한 기본 이념서였기 때문이다. 즉 정도전은 이 무렵 자신의 경험과 사상을 총체적으로 재정리하면서 여전히 치열하게 살아가고 있었던 것이다. 『삼봉집』의 의미를 평가한 김용옥 교수의 다음의 글도 참고할 만하다.

> 『삼봉집』은 혁명의 책이다. 어쩌면 삼봉은 우리 역사에서 세계 정치사에 치립峙立할 수 있는 인물로 내놓을 수 있는 유일한 혁명아revolutionary요, 프로페셔널 폴리티션professional politician일지도 모른다. ……그는 좌절한 몽상가가 아니요, 치열한 현실의 승자였다. ……자신의 삶을 통하여 정치적 권력에 헌신하고, 그 권력을 공적인 가치

로 전환시키는 위대한 정치적 지도자로, 우리는 삼봉 정도전을 뛰어 넘는 인물을 우리 역사에서 발견하기 어려울 것이다.

우왕 13년(1387), 정도전은 외직 근무를 자청하고 나서며 그 이유를 "신은 생활을 영위하는 지혜가 졸렬하여 먹을 것은 적은데 식구는 많습니다. 그래서 외직을 구하여 남은 세월이나 보내려고 한 것입니다"라고 했다. 분명 의외였다. 정도전이 갑자기 지방 수령직을 자청한 것도 그렇지만, 그 이유가 생활고라는 것도 이해하기 힘들기 때문이다.

당시 지방관은 녹봉이 제대로 지급되지 않았던 탓에 불법과 탈법으로 수입을 보충하는 일이 일상사였고, 한번 지방으로 내려가면 특별히 누군가 챙겨주지 않는 한 중앙으로의 복귀도 쉽지 않았다. 때문에 중앙관청의 아전인 서리胥吏가 지방관으로 임명되기도 했다. 하지만 이들은 학문은 고사하고 글도 모르는 자들이 많아 천자문을 시험 봐서 1백 자 이상을 쓰면 부임시키는 기준을 마련하기도 했다.

지방관 중에는 신변 보호와 승진을 위해 중앙의 권신에게 뇌물을 바치고 현지에서 대리인 역할을 하는 자들도 있었다. 때문에 문신은 지방관으로 나가는 것을 좌천으로 인식하여 대단히 부끄럽게 여겼다. 정도전 역시 『경제문감』에서 지방 수령의 타락을 다음과 같이 신랄하게 비판했다.

(지방관들은) 서릿발처럼 탄핵하는 사람도 두려워하지 않는다. 아침저녁으로 백성을 가렴주구 하면서도 태연하게 생각하며, 탐스럽고 외람된 짓을 서로 결탁해서 행한다. ……탐스러운 마음과 포악한 독을 멋대

로 뿜어내고, 남을 무고하는 풍습을 조장한다. 재판하는 일을 이익을 챙기는 문門으로 생각하고, 감옥을 마치 재물 흥정하는 집으로 생각한다. 사사로운 감정으로 정해진 법을 멋대로 무너뜨리고, 국가에 바칠 세금의 일부를 가로채며, 인자하고 자상하고 온화하게 하는 것을 '고지식하다'고 말하고, 각박하고 독살스럽게 하는 것을 '정돈한다'고 말한다. 그러니 의논이나 습속이 날마다 천박한 데로 줄달음치고, 청렴한 성군 시절이 있어서는 안 될 것처럼 생각한다.

이처럼 정도전이 지방 수령의 실상에 대해 누구보다 잘 알고 있었음에도 지방직을 자청한 이유는 무엇일까?

정도전의 진심은?

정도전이 지방관을 자청한 것과 관련해서 전하는 자료가 없어 구체적인 이유는 알 수 없다. 하지만 당시의 정국과 이후에 벌어진 일들을 살펴보면 몇 가지 추론이 가능하다.

첫째, 정도전은 복직은 했지만 조정에서 운신의 폭이 좁았다. 권신들은 여전히 그를 달가워하지 않는 눈으로 보았고, 정도전 역시 권력을 전횡하는 그들의 행태를 그저 지켜보아야 했다. 10년 만에 돌아온 그의 눈에 비친 고려 왕실과 조정은 특별히 달라진 것이 없었던 것이다. 하지만 대안도 없이 부딪쳐본들 소용이 없다는 것을 이미 유배 경험에서 잘 알고 있었다. 따라서 정도전이 민생 현장으로 눈길을 돌렸을 가능성도 있다.

둘째, 정도전이 지방관을 자청한 것에 대해 주변에서 아무도 언급하지 않았다는 점도 의문이다. 당시의 정국을 고려하면 단순히 먹고살기 위해 지방직을 자청한다는 것은 도피나 무책임한 행동으로 받아들일 수도 있었기 때문이다. 따라서 어떤 방식으로든 한 번쯤 거론할 만했고, 이기주의자나 기회주의자로 비판할 수 있는 좋은 공격 거리가 될 만했다. 그럼에도 이에 대한 언급이 전혀 없다는 것은 주변 사람들과 사전에 교감이 이루어졌을 가능성을 배제할 수 없다.

셋째, 정도전은 유배와 유랑 생활 등으로 지방에서 생활하며 지역 실정을 경험하기는 했지만, 관리로서 지방을 체험한 적이 전혀 없었다. 이때의 지방직이 그의 관직 생활에서 처음이자 마지막이었다. 따라서 지방 관리를 직접 체험해보려는 의도가 있었을 가능성도 충분했다. 그는 평소 "지방 수령이 선정을 베푸느냐, 악정을 베푸느냐에 따라 군현에 거주하는 백성의 행복과 불행이 반복된다"고 강조할 정도로 국가의 운영에서 지방관의 역할을 대단히 중요하게 생각했고, 조선이 개국한 후에는 지방 관리의 육성과 그들의 역할 등에 대해 적극적인 관심을 기울였다. 예를 들면 『삼봉집』과 『경제문감』 등에 위민정치가 실효를 거두려면 지방관을 대우해야 한다며 다음과 같이 말했다.

> 수령을 존중하면 천하 국가가 존중되는 것이다. 수령을 존중한다 함은 첫째 수령의 자질을 높여 현능賢能한 자를 임명한다는 것이고, 둘째로는 수령의 품계를 높이고 중외경내重外輕內의 원칙을 세워 외직을 거친 사람을 중용해야 한다는 것이다. ……국가는 지방 수령이 공평하게 일을 처리할 수 있게 하고, 덕과 의를 갖추고 청렴하고 부지런히

> 일할 수 있도록 배려해야 하며, 백성을 존중하려면 당연히 수령을 존중해야 한다. ……지방관은 국가의 존중에 힘입어 토지를 개간하고, 인구를 늘리고, 학교를 진흥하고, 풍속을 바로잡고, 재판과 형벌을 공정하게 하고, 도적을 막고, 군역과 노동력 부과를 균등하게 하고, 세금을 가볍게 하는 데 힘쓰면 국가는 자연스럽게 안정된다.

한마디로 '국가 운영의 답은 현장에 있다'는 것이 지방관에 대한 정도전의 생각이었다.

넷째, 위화도회군을 전후해 급박하게 돌아가는 상황에도 정도전의 모습이 보이지 않다가 조선이 개국한 후에 구체적인 대안을 쏟아내는 등 왕성하게 활동했다는 점도 주목된다. 조선 개국 이전에 이러한 구상을 정리하는 등 준비할 시간이 없었다면 불가능한 일이었기 때문이다. 그리고 『삼봉집』도 이미 정리가 끝난 상태였다. 따라서 정도전이 지방관을 자청한 이유는 무언가를 준비할 시간 등 특별히 다른 이유가 있었을 가능성이 충분하다. 이때 그의 나이 46세였다.

때를 기다리며 준비하다

정도전은 남양부사로 재직하는 동안 선정을 베풀었다. 그가 유배지에서 "바른 것을 지키며 때를 기다리리라"고 했던 말을 실천에 옮긴 것이다. 그러나 아무리 선정을 베푼다 해도 지방의 현실은 대단히 열악했다. 매 시기마다 크고 작은 판단을 내려야 했고,

민생과 관련하여 시급한 과제들을 찾아 직접 해결해야 했다.

그는 의학과 역법의 연구에도 몰두했다. 국가에는 전의典醫나 태의감太醫監이 있고, 각 주목州牧에는 의원醫員이 있었지만, 백성들은 의료 혜택을 제대로 못 받았기 때문이다. 또한 관부에서 약값을 철저하게 징수했고, 권세가는 싼값으로 약재를 사들여 비싼 값으로 되팔아 이익을 남겼다. 때문에 백성들은 병이 나면 약재를 구하기 위해 이리저리 헤매다 병이 더욱 깊어졌고, 치료 한번 제대로 받지 못하고 죽는 경우도 빈번했다.

정도전은 중국의 의서와 민간의학까지 연구했다. 그림과 해설을 곁들여 글을 조금만 아는 사람이면 누구라도 쉽게 의술을 처방할 수 있는 『진맥도결診脈圖訣』을 저술했다. 이 책은 창왕이 즉위한 1389년 7월 정도전이 예문관 제학과 예학禮學·악학樂學·병학兵學·율학律學·산학算學·서학書學·의학醫學·이학吏學·풍수음양風水陰陽·자학字學·역학曆學 등 십학十學의 도제조를 겸할 때 발간되었으나 현재는 전하지 않아 구체적인 내용은 알 수 없다. 다만 이숭인이 작성한 서문에서 그 동기와 내용을 짐작할 수 있다.

> 의서는 읽기가 쉽지 않고, 의술은 배우기가 어렵다. 그런데 의원이란 자들은 의서를 제대로 읽지도 못하는 주제에 '내 의술이 용하다'고 하니, 내가 그런 무리를 미워한 지 오래되었다. 국가에서 복학과를 두어 인재를 양성하게 되니 의과가 그중에 하나이다. 제조관 삼봉 정예문이 말하기를, "의원은 마땅히 진맥에 착오가 없어야 처방에 효험이 있다"며 제가諸家의 설을 상고하여 그림을 만들고, 그 범례에 따라 주를 달아 주요한 비결을 자세히 설명했으니 이름하여 「진맥도診脈圖」라고

하였다. 이 책은 상세하면서도 번잡하지 않으며 간결하면서도 소략하지 않으니, 글을 조금 아는 자가 읽어보면 응당 긴요한 것을 얻고 뛰어난 의술을 습득하게 될 것이다.

정도전은 경사經史·예학禮學·병법兵法·산학算學·천문 등도 탐구했고, 성리학을 철저하게 받드는 유학자이면서도 백성을 위한 것이라면 무속과 풍수지리 그리고 참설도 가리지 않았다. 이런 정도전을 '인仁이란 백성을 편안하게 하는 것, 즉 안민安民이며, 현실에서 구체적으로 실천에 옮기는 것이다'라고 해석하는 등 '정치의 발견자'로 평가받는 에도江戶시대 일본 유학자儒學者 오규 소라이(荻生徂徠, 1666~1728)와 비교하여 몇백 년 앞서 위민爲民을 실천했다고 평가하기도 한다.

오규 소라이는 에도 중기의 유학자·사상가·문헌학자로, "군주는 설령 도리에서 벗어나 사람들의 비웃음을 살 만한 일이라 할지라도 백성들을 편하게 할 수 있는 일이라면 그 어떤 것이라도 기꺼이 하겠다는 생각을 가져야만 한다. 그런 마음을 가진 자만이 진정한 백성의 부모가 될 수 있다"라며 서양의 마키아벨리가 『군주론』에서 주장한 내용과 유사한 주장을 했고, "제왕학帝王學의 진수가 치국평천하治國平天下에 있다"며 일본 제왕학의 길을 열었다고 평가받는 인물이다.

이처럼 정도전은 지방관으로 근무하면서 그의 학문의 뿌리가 되는 민본주의를 기반으로 정치인의 역할을 실행에 옮긴 진정한 정치인이었다. 이런 정도전을 『정치가 정도전』(최상용, 박홍규)에는 이렇게 평하고 있다.

통념적으로 말하면 정도전은 대표적인 주자학자인 동시에 발군의 경세가經世家이다. 하지만 그의 일생은 현실정치를 떠나서는 논할 수 없다. 출생에서 죽음까지 '정치적인 것' 빼고는 그의 진면목을 설명하기 어렵다. ……정도전은 세계사적 수준에서 보아 동시대의 어떤 정치가와 비교해도, 그리고 한국사에 등장하는 많은 정치 지도자들과 비교해도 지력知力이나 정치력 양면에서 그 탁월성을 인정하지 않을 수 없다. 정도전은 냉혹한 권력투쟁의 과정에서도 확고한 정치철학을 가지고 새로운 정치 공동체 조선왕조를 건설한 큰 정치가였다.

기회가 찾아오다

권신 이인임이 물러나다

우왕 13년(1387) 8월 이인임이 고령高齡을 이유로 정치일선에서 물러나고 임견미와 염흥방 등이 뒤를 이어 권력의 중심에 서게 된다. 이들 역시 권력을 사유화하며 전횡을 일삼았다. 이 무렵 '조반 사건'이 발생하여 정국에 일대 회오리바람이 몰아쳤다. 『고려사절요』에 전하는 사건의 내막은 다음과 같다.

> 전 밀직부사 조반趙胖이 염흥방의 가노 이광을 백주白州에서 베었다. 처음에 이광이 조반의 토지를 빼앗으니 조반이 염흥방에게 애걸하여 돌려받았다. 그러나 이광이 다시 그 땅을 빼앗고 능욕하니 조반이 이광에게 애청했지만 이광이 더욱 포악하게 굴었다. 조반이 분을 이기

지 못하고 수십 명의 말 탄 사람으로 포위하여 이광을 베고 그 집을 불태운 다음 서울로 와서 염흥방에게 말하려고 하였지만, ……염흥방이 이 사실을 듣고 크게 화를 내며, 조반이 모반하였다고 무고하여 순군巡軍으로 하여금 조반의 어머니와 처를 잡아들이도록 하고, 400여 명의 기병을 백주에 보내 조반을 잡아 오게 하였다.

이처럼 주인의 권력을 등에 업고 권신의 노비까지 횡포를 부린 이 사건은 다음과 같은 점에서 심각성이 컸다.

당시 말을 탈 수 있다는 것은 권력과 부를 상징했고, 주원장이 공물로 말 50필을 요구했을 때 상당히 부담스러워할 정도로 고려에서 말은 대단히 귀했다. 따라서 사건의 당사자인 조반(趙胖, 1341~1401)이 "수십 명의 말을 탄 사람을 동원했다"는 사실에서 그의 지위와 경제력을 짐작할 수 있다.

또한 권신의 일개 노비가 조반을 함부로 대하며 토지를 강탈했다는 것은 이 무렵 강탈할 토지가 고갈되었고, 권신들이 공권력까지 동원하여 사적인 욕심을 채우고 있음을 알 수 있다. 더구나 불법을 저지른 일개 노비의 죽음에 "기병騎兵 400을 동원했다"는 것으로 보아 염흥방이 사건을 대단히 심각하게 받아들였음을 의미했다. 이성계가 왜구나 홍건적의 침입에 기병 1천으로 맞섰다는 사실과도 비교되기 때문이다. 그런 점에서 권신 염흥방도 대단히 주목되는 인물이다.

염흥방은 고려의 명문가 출신으로, 정도전과 정몽주 등과도 교유했던 신흥사대부 출신이었다. 그리고 이색과는 술병을 들고 집으로 찾아가 밤새 술잔을 기울일 정도로 절친한 사이였다. 염흥방이 창녕으로 유배되었을 때 자신의 호를 어은漁隱으로 고치자 이색은 "동정(東亭, 염흥방)은 옛것을 좋아하고 몸을 닦으며 참된 마음을 간직하고 사물을 사랑하는 사람이다. 그는 가렴주구로 백성을 괴롭히는 자들을 개·돼지보다 못하게 여기고, 물고기나 자라조차도 함께 덕화德化를 입게 하는 데 힘쓰는 것을 자신의 임무로 생각했다"라고 극찬하기도 했다.

신흥사대부,
모두가 같은 길을 가지는 않았다

염흥방은 본관이 파주로, 그의 선조는 당나라가 망한 뒤 다섯 나라로 분열되었던 때 오계五季의 난을 피해 신라로 와서 지금의 파주에 정착한 것으로 전한다. 염흥방의 아버지는 염제신(廉悌臣, 1304~1382)이다. 그리고 염제신의 딸, 즉 염흥방의 누이는 공민왕의 부인 신비愼妃이며, 염제신은 충선왕 때 재상을 지낸 조인규(趙仁規, 1227~1308)의 외손이기도 하다.

조인규는 재상지종宰相之宗에 속하는 평양 조씨 가문 출신이었다. 재상지종이란 충선왕이 즉위 교서에서 밝힌 15개 가문으로, 경주 김씨·정안 임씨·경원 이씨·안산 김씨·철원 최씨·해주 최씨·공암 허씨·청주 이씨·파평 윤씨 그리고 고려 후기에 새로 편입된 언양 김씨·평강 채씨와 무인정권 이후 새로운 관인층으로 성장한 당성 홍씨·황려 민씨·횡천 조씨, 원나라 간섭기에 원과 관계를 맺으면서 성장한 평양 조씨 등을 말한다.

재상지종은 왕실에서 동성혼인同姓婚姻을 금지하기 위해 제정되었지만, 이 가문들은 혈연의 범위를 한정하면서 왕실은 물론 권문세족과 중첩된 혼인을 통해 가문의 지위를 확고하게 유지했다. 고려 사회에서 권세를 누렸던 안동 김씨와 안동 권씨 등이 빠져 있다는 사실이 의외이기는 하지만, 이 무렵 재상지종은 곧 명문거족이었다.

염제신의 삶도 대단히 흥미롭다. 어려서 고아가 된 그는 11세에 원나라에 들어가 고모부인 평장사 말길末吉의 집에서 10년간 공부하여 정동성 낭중이 되었다고 한다. 이후 원나라 황실에서 일하며 원의 태정 황제와 순제를 시종하여 총애를 받다가 고려에서 어머니를 만나는 드라마 같은 일도 있었다고 한다.

이후 어머니가 병이나 귀국하게 된 그는 고려에서 관직 생활을 하며 토지와 노비의 소송을 공정하게 처리하여 충숙왕의 신임을 받았고, 외적의 침입에 맞서 수차례 공을 세우기도 했다. 관직과 명망이 최고의 직위에 올랐고, 영도첨의사사로 있을 때 신돈과 대립하기도 했다.

홍건적의 1차 침입 때 조정에서 관리들에게 종군을 명하자 국자감 박사들이 "공자의 묘정을 모시고 있는 학관學官이 종군한 사례는 없다"며 전쟁에 나가는 것을 회피하자 염제신이 "너희가 공자를 모시지 않는다고 공자가 도망가겠는가!"라고 힐책했다는 일화도 전한다. 공민왕 12년(1363) 우정승에 임용되었지만 홍건적이 쳐들어왔을 때 어머니를 버리고 피난 간 것이 문제가 되어 임명장에 서명하는 것을 거부당해 파면되는 등 굴곡진 삶을 살았다.

염흥방 역시 젊은 시절 불의와 탐욕을 멀리했던 양식 있는 사대부였다. 그는 이인복의 문생으로 공민왕 6년(1357)에 장원급제한 후 공민왕 16년(1367) 성균관의 중영을 주관했고, 여러 차례 동지공거를 지낼 정도로 수준 높은 학식을 갖추었다. 우왕 원년(1375)에는 북원과 외교를 복원하는 것에 반대하며 권신들에게 맞서다 창녕으로 유배되기도 했다. 그러나 유배에서 풀려난 그는 변신을 거듭하게 된다.

염흥방은 임견미 등과 어울리며 권력의 맛을 보게 되었고, 이후 매관매직을 자행하고 국유지를 강점하는가 하면, 우왕을 충동질하여 유락遊樂에 빠뜨린 장본인으로 지목받았다. 또한 "도당에서 결정하여 올린 안건을 왕에게 보고하지도 않고 독단으로 처리해 내외의 원성이 자자했다"는 비난을 받았다.

염흥방을 극찬했던 이색도 "시중 이성림(李成林, 또는 이림李琳, ?~1388, 우왕의 장인)은 조그만 집에서 성장했는데, 재상이 되자 전민田民을 많이 탈점하여 한꺼번에 큰 집 세 채를 지었다. 좌사 염흥방 역시 수탈을 일삼으니, 나라를 그르칠 자는 반드시 두 사람일 것이다"라고 비판했고, 이색의 예언대로 염흥방의 과욕으로 인해 '조반 사건'이 발생하게 된다. 그리고 염흥방은 동생 염정수와 함께 각종 부정과 불법을 자행한 주범이자 간신으로 역사에 이름을 남긴다.

권신 척결에 나서다

'조반 사건'의 당사자인 조반의 이력도 주목된다. 중국어에 능통했던 그는 우왕 8년(1382) 정몽주와 함께 국왕의 승습承襲을 청하기 위해 명에 파견되었고, 우왕 11년(1385)에는 윤호와 함께 다시 사신으로 파견되는 등 명나라와의 관계가 순탄하지 않았던 시기에 수차례 사신으로 명에 파견되어 외교적 역량을 인정받았던 인물이다. 또한 공양왕 2년(1390) 5월 윤이·이초 사건'의 내막이 고려에 처음 알려 여 이성계를 제거하려던 '윤이·이초 사건'의 내막이 고려에 처음 알려지게 된 것도 명나라를 다녀온 조반에 의해서였다.

한편 조반 사건이 벌어지자 우왕도 가만히 있지 않았다. 우왕은 권신들의 행위가 도를 넘자 최영의 집에 직접 찾아가 사건 처리를 부탁했고, 최영이 전면에 나서게 된다. 최영은 염흥방을 옥에 가두고 군대를 풀어 염흥방과 함께 정권을 장악하고 있던 임견미와 도길부 등을 잡아들였다. 그리고 이성계의 차남 이방과李芳果가 순군의 부만호로 이들의 죄를 다스리며 최영에게 협력하는 등 신속하게 사건이 처리되었다.

그 결과, 일선에서 물러나 있던 이인임이 유배되고, 임견미·염흥방·도길부 등 이인임 일파가 숙청되었다. 이어서 전민변정도감을 설치하여 전국에 산재한 염흥방과 임견미 등이 탈점한 토지와 그들이 노비로 만든 양민들을 조사해 원상태로 복귀시키는 작업을 진행했다. 이 과정에서 권신과 그들의 수족 1천여 명이 처형당하게 된다.

하지만 우왕은 왕실의 토지까지 넘보는 권신을 견제하기 위해 나섰기에 조사가 선별적으로 이루어졌다. 따라서 염흥방과 임견미 등이 축출되었지만, 국정 운영에 새로운 대안이 마련된 것은 아니었다.

당시 이성계는 부수상에 해당하는 수문하시중에 올라 정방을 통한 정치의 중심에 진입했다. 뛰어난 무장에서 정치인으로 거듭난 것이다. 그러나 사건의 후속 처리를 놓고 이성계와 최영의 의견이 달랐다.

최영은 관련자들의 처벌에 강경했다. 『고려사절요』에 따르면 "이성계의 반대에도 불구하고 최영은 권신들이 등용한 관리들을 모두 내쫓고, 사형당한 자들의 자손과 심지어 갓 태어난 아이까지 강물에 던져 죽였다"고 한다. 최영은 신흥사대부와도 좋지 않은 인연이 있었다. 최영이 이인임 등과 정방을 관장할 때 신흥사대부가 권신들을 적극적으로 비판한 적이 있었고, 우왕이 즉위한 해(1374)에는 북원에 사신을 보내는 것에 반대한 신흥사대부를 처벌하는 과정에서 최영이 이인임보다 훨씬 강경하게 처리하여 사망자가 발생하기도 했다.

조반 사건의 처리 과정에서도 최영은 지나친 독단으로 신흥사대부의 반감을 샀다. 신흥사대부는 이인임의 처벌을 주장했지만, 최영은 "이인임은 국가를 진정시킨 공이 있다"며 지금의 경북 성주, 즉 이인임의 고향이었던 경산부京山府에 유배 보내는 것으로 사건을 마무리했다. 당시 사람들은 "큰 도둑이 그물에서 빠졌다"며 수군거렸고, "정직한 최공(崔公, 최영)이 개인적인 정으로 노적(老賊, 이인임)을 살렸다"며 조롱하기도 했다.

최영은 인사 개편에서도 중도적 인물을 등용하는 형식을 취했지만, 실제로는 자신의 측근들을 요직에 앉히며 정국을 주도했다. 따라서 이성계가 정방 정치에 참여하게 되었다고는 하나 정국에 영향력을 행사하는 데에는 한계가 있었다. 반면 최영은 우왕의 두터운 신임을 받으며 정국의 중심에 섰고, 한편으로는 개혁 성향을 지닌 신흥사대부가 이성계와 더욱 밀착하면서 정국에 또 하나의 변수로 떠오르게 된다.

돌아올 수 없는 다리를 건너다

최영과 이성계, 정국의 중심에 서다

이성계와 최영은 전쟁터에서는 홍건적과 왜구의 잦은 침입에 맞서 패배를 몰랐던 천하 명장이었고, 조정에서는 청렴한 관리로 왕과 백성들의 신임을 받았다. 하지만 두 사람은 다른 점도 적지 않았다.

최영은 중앙의 귀족 출신이었고, 그의 군사력은 왕의 시위와 숙위를 담당하는 우달치(于達赤우달적 또는 우다치) 그리고 왕궁과 왕을 숙위하는 성중애마成衆愛馬 등 중앙의 정부군이 기반이었다. 그는 권신 이인임과도 가까이 지냈다. 최영은 문인들에 대해 "탁상공론으로 시간을 소비한다"며 좋지 않은 감정을 지녔고, 개혁 성향의 신흥사대부에 대해서도 "불평불만으로 질서를 문란하게 한다"며 부정적으로 평가했다.

반면 최영은 자신보다 열아홉 살이나 적은 후배 이성계를 신뢰했다. 우왕과 이인임이 이성계를 멀리하라고 충고했지만, 귀 기울이지 않았다. 이성계는 국가의 명이 있으면 전쟁터를 가리지 않고 나아가 싸웠고, 이를 통해 그의 투철한 군인정신과 국가에 대한 충성심을 확인했던 것이다. 특히 근왕파의 세력을 키워 조정의 질서를 바로잡고 민심을 추슬러 정국을 안정시키려고 했던 최영은 후배 무장인 이성계가 자신을 지원한다면 충분히 가능할 것으로 기대했다.

하지만 정국은 최영의 생각대로 흘러가지 않았다. 조정에는 그동안 성장한 신흥사대부가 있었고, 이들의 지원을 받는 이성계는 이제 변방 출신의 일개 무장이 아니었다. 이러한 정국에서 명나라에 갔던 설장수가 '명나라가 쌍성총관부에 철령위를 설치하여 요동도지휘사사(요동도사) 관할에 두겠다'는 소식을 가지고 귀국하면서 조정이 다시 술렁거리기 시작했다. 이때가 우왕 14년(1388) 2월이었다.

철령은 오늘날 함경남도 안변군 신고산면과 강원도 회양군 하북면 경계에 있는 685미터 높이의 고갯마루로, 그 이북에는 영흥·정평·함흥·공험진 등이 포함되어 있었다. 명나라는 이곳이 원나라 땅이었다는 이유를 내세워 원나라를 계승한 명나라가 담당할 권리가 있다며 군사 주둔지를 설치하겠다고 통보한 것이다.

고려는 명나라를 설득하기 위해 박의중을 보냈으나 별다른 응답이 없었다. 이에 그동안 명나라의 부당한 요구에 불만이 있었던 최영은 요동을 정벌할 계획을 세우고 강력하게 밀어붙였다. 당시 요동 정벌에 반대한 전 문하시중 이자송(李子松, ?~1388)이 권신 임견미 일당으로 몰려 처형되었고 많은 사람이 귀양 가기도 했다. 『태조실록』에는 당시의 분위기를 다음과 같이 기록하고 있다.

> 무진년 최영이 요동위를 공격하자고 청하여 우왕이 나이 많은 신하들과 양부兩府로 하여금 모여서 가부를 의논하라고 하자 모두 임금의 비위를 맞추어서 반대하는 자가 적고 좋다고 하는 자가 많았다. 이색도 여러 사람의 의견을 따랐으나 물러 나와서 자제들에게 하는 말이 "오늘날 내가 너희들을 위해서 의리에 거스르는 논의를 했다"고 하였다.

당시 요동 정벌에 반대한 사대부들이 적지 않았음을 알 수 있다. 그럼에도 최영의 입장에서 요동 정벌은 다음과 같은 의미가 있었다.

첫째, 정벌군을 편성함으로써 전시 동원 체제를 가동하여 장수들이 거느린 군사들을 최영을 중심으로 하는 공식적인 지휘체계 안에 묶어둘 수 있었다.

둘째, 대외적으로 전쟁이라는 위기의식을 통해 정국의 주도권을 장악할 수 있었다. 그리고 동북면 병사들을 사병으로 거느리고 있던 이성계가 참전하게 되면 승패를 떠나 타격을 입게 될 것이고, 패하면 책임을 물어 실각시킬 수도 있었다.

실제로 정벌군을 편성할 때 조민수의 좌군은 서경·양광도·경상도·전라도·계림·안동 등 비교적 인구가 많은 지역에서 병력을 차출했고, 이성계가 맡은 우군은 인구가 훨씬 적은 지역에서 병력을 모았기 때문에 이성계의 친병에 의지할 수밖에 없었다.

셋째, 명나라와의 화친은 신흥사대부의 입지를 다져주는 기회가 될 것이라는 우려도 영향을 미쳤다. 더구나 최영은 개혁 성향의 신흥사대부와 이성계의 관계에도 신경이 쓰일 수밖에 없었다.

최영,
요동 정벌을 단행하다

『연려실기술』에는 다음과 같은 기록이 보인다.

> 이성계의 정치적 위상이 날로 높아가고 풍문에 '이씨가 왕이 된다'는 말이 나돌자, 최영이 이를 꺼려 이성계를 제거하려 했으나 마땅한 죄를 찾지 못해 요동을 치게 하여 명나라에 죄를 짓도록 만든 뒤에 이를 핑계로 이성계를 제거하려는 의도에서 요동 정벌을 시도했다.

이때 이성계는 요동 정벌에 대해 이른바 4대 불가론을 들어 반대했다.

첫째, 작은 나라가 큰 나라를 거역하는 것은 불가하다.

둘째, 여름에 군사를 출동시키는 것은 불가하다.

셋째, 온 나라의 군사를 이끌고 정벌하러 간 사이에 왜적이 빈틈을 타서 침입할 우려가 있다.

넷째, 무더운 장마철에 활은 갓풀이 눅눅해지고 수많은 돌림병을 앓을 수도 있으니 불가하다.

그러나 이성계의 의견은 받아들여지지 않았다. 이성계는 다시 추수가 끝날 때까지 평양에 병사들을 주둔시켰다가 군량미가 넉넉한 가을에 출병하자는 절충안을 내놓았지만, 역시 거부당했다.

이성계는 이미 20여 년 전 원나라의 후퇴를 틈타 요동을 공격하여 동녕을 정벌한 경험이 있었고, 무장으로서 이성계의 주장은 상당히 설득력이 있었다. 그럼에도 최영의 요동 정벌 계획은 다음과 같은 이유에서 긍정적으로 평가하는 견해도 있다.

첫째, 우왕 13년(1387) 명나라가 요동 지역에 20만 대군을 파견해 나하추의 항복을 받아냈지만 요동을 완전히 장악한 것은 아니었다. 따라서 기습이 제대로 이루어진다면 성공 가능성도 있었다.

둘째, 불법적으로 철령위를 설치하려는 명나라에 대항해 민족적 자존심을 살릴 수 있는 기회였다.

셋째, 최영이 이성계의 군사력을 경계했다는 것은 대외 관계를 분석하는 데 국내 요인을 지나치게 부각해 객관적인 상황 판단이 이루어지지 못했다는 지적이 있다. 예를 들면 이성계가 제시한 절충안의 경우 한반도에서 추수가 끝나면 더 북쪽에 위치한 요동은 이미 추위가 시작되어 병력 이동이 어렵고, 추수 시기까지 대규모 병사들을 주둔시키기 위한 경비 부담 등을 고려할 필요가 있다는 것이다.

반면 요동 정벌을 부정적으로 평가하는 관점에서 보면 다음과 같은 이유를 꼽고 있다.

첫째, 명나라는 당시 주변의 많은 나라가 스스로 나서서 조공할 정도로 강대국이었다. 따라서 명나라와의 군사 충돌 가능성이 있는 요동 정벌은 국가의 존망이 달린 문제였다.

둘째, 명나라가 함경도 영흥에 철령위를 설치하겠다고 한 것은 고려를 친명 노선으로 돌려세우려는 전략적 행동으로 해석하기도 한다. 당시 명나라 군사들은 현재의 자강도 강계 건너편에 있는 황성에 와서 잠시 백성들을 살핀 일이 있을 뿐 구체적으로 병력을 이동한 적이 없고, 최영의 심복이자 동북면의 책임자였던 최원지(崔元沚, 생몰 미상)는 마지막으로 "(명나라가) 요양성 동북방에서 80리나 떨어진 곳에 철령위를 설치했다"고 보고했다는 명나라의 기록을 근거로 제시하고 있다.

셋째, 철령위 설치의 중단을 요청하기 위해 명나라에 사신으로 갔던 박의중이 위화도회군이 일어난 다음 달인 우왕 14년(1388) 6월에 철령위 설치 논의를 중지한다는 주원장의 자문을 가지고 귀국했다는 사실을 주목하기도 한다. 고려에 친명 정권이 들어서자 명나라가 철령위 설치를 철회한 것으로 볼 수 있기 때문이다. 그리고 박의중은 이성계 측의 신흥 사대부로 분류된다는 사실을 고려하면 주원장의 철령위 설치에 대한 공세는 고려 조정을 압박하여 정쟁을 유도했다는 의심도 가져볼 만하다.

이외에도 요동 정벌 계획은 우왕이 또 다른 변수였다.

돌아올 수 없는 다리를 건너다

요동 정벌을 준비하는 동안 우왕은 신변에 대한 불안감이 커졌다. 그는 "내 아버지(공민왕)가 밤에 자다가 해를 당했으니, 나도 단단하게 경계해야 한다"며 강에 배를 띄우고 칼을 찬 채 밤을 새웠고, 잔치에 참석하지 않은 기생이나 내시를 의심해 참수하기도 했다. 여기에 우왕은 패륜 패덕의 타락상까지 심해졌다.

이 무렵 우왕은 최영과 첩 사이에 태어난 딸을 왕비로 맞아들이겠다고 고집을 부렸다. 최영은 천한 출생이라는 이유로 반대했지만, 최영에게 의지했던 우왕은 군신君臣 혼인동맹婚姻同盟까지 맺으며 결국 혼인하게 된다.

이러한 상황에서도 요동 정벌을 위한 준비는 계속되었다. 한양의 중흥성을 축조해 왕족들을 이주시켰고, 조민수를 좌군도통사 그리고 이성계를 우군도통사로 임명하여 군사를 정비했다. 당시 동원된 군마軍馬가 2만 632필, 정병 3만 8830명, 종사원 1만 1634명으로 정벌군을 구성하고 대외적으로는 10만 대군이라는 소문을 퍼뜨렸다.

또한 최영은 우왕에게 "지금 대군이 길에서 10일간이나 지체한다면 큰일이 실패로 돌아갈 것이니, 신이 가서 독려하겠습니다"라며 참전을 요청했다. 『고려사』에는 "처음에 최영이 모든 장군의 처자를 가두려고 하였으나 일이 급박하여 마침내 실행하지 못하였다"는 기록도 보인다. 최영이 정벌군에 의구심을 품고 있었던 것이다. 하지만 우왕의 만류로 최영은 정벌군을 직접 지휘하지 못했고, 서경에 머무르게 된다.

우왕 14년(1388) 4월 6일 정벌군이 출발했고, 5월 압록강 하류에 있는 위화도에 도착했다. 그러나 장마로 강물이 불어나고 돌림병까지 퍼지면서 보급로에 차질을 빚자 정벌군의 사기에 영향을 미쳤다. 여기에 이성계가 동북면으로 돌아갈 것이라는 소문이 자자하자 도주하는 병사들까지 생겨났다.

조민수는 비록 정벌군의 수장을 맡기는 했지만, 이인임 일파가 제거될 때 간신히 살아남았기에 운신의 폭이 좁았다. 때문에 이성계의 눈치를 보았던 조민수는 이성계를 직접 찾아가 "공이 가면 우리들은 어디로 가는가?"라며 눈물로 호소했다. 결국 조민수와 이성계는 5월 13일 이후 두 차례 장계를 올려 회군을 요청하게 된다. 하지만 최영은 감독관까지 보내 진군을 독려했다.

5월 22일, 이성계는 마침내 결단을 내렸고, 장병들에게 이렇게 연설했다.

> "만일 상국上國의 지경地境을 범하여 천자께 죄를 얻으면 종사宗社 생민生民에게 곧 화가 이를 것이다. 내가 순順과 역逆으로써 글을 올려 회군하기를 청하였으나 왕이 살피지 못하고 최영이 늙고 어두워 듣지 않으니 어찌 그대들과 함께 들어가서 왕을 뵙고 친히 화와 복을 전달하고 왕 옆의 악한 사람을 제거하여 생령生靈을 편안히 하지 않으랴."

이성계가 회군이 왕명을 거역한 것이 아니라 '왕의 옆에 있는 악을 제거하여 생령을 편안하게 하겠다'는 이유를 내세우며 회군을 단행한 것이다. 이에 수하 장수들은 "우리 동방 사직의 편안하고 위태한 것이 공(이성계)의 한 몸에 있으니, 감히 명령대로 하지 않겠습니까?"라며 군사를 돌려 개성으로 향했다.

두 영웅의 운명이 엇갈리다

평양성 밖에는 불길이 타오르고

병력이 개경으로 진군하면서 혹시 있을지 모르는 충돌 방지와 민심의 동요를 막고 지지 여론을 형성하기 위해 행군 속도를 늦추었다. 『태조실록』에는 개경으로 향하는 병력이 지나가는 곳곳에서 다음과 같은 노래가 유행했다는 기록이 보인다.

평양성 밖에는 불길이 타오르고
안주성 밖에서는 연기가 자욱하다
평양과 안주 사이를 왕래하는 이 장군이여
원컨대 세상의 모든 사람을 구제하소서

갑자기 내린 회군 결정에 민심이 이토록 빨리 기울었다면 요동 정벌 결정에 문제가 있었음을 의미했지만, 한편으로는 회군 과정에서 여론을 의식한 선무宣撫 작업이 병행되었을 가능성도 있다.

회군 소식을 보고받은 우왕과 최영은 이성계와 조민수의 관직을 삭탈했다. 그리고 거리에 '조민수 등 장수들을 붙잡아오는 자에게는 노비일지라도 큰 상과 높은 작위를 주겠다'는 포고문을 붙이고 병사들을 모집했다. 그러나 고려에는 남아 있는 병사들이 없었다. 최영은 자신의 군사 기반인 근왕병을 중심으로 조정의 관리들까지 동원했고, 국고를 열어 금과 비단을 나누어주며 시정잡배들까지 끌어모았다.

최영은 각 도에 전령을 보내 잔류 병사들을 개경으로 속히 보내도록 명했다. 우여곡절 끝에 1천여 명의 병력을 동원하여 방어에 나서면서 수레를 모아 방벽을 치고 시가전에 대비했다.

6월 3일 회군한 병사들이 숭인문(개경의 동문東門) 밖에 진을 치고 최영을 문책할 것을 요구했다. 그러나 우왕은 이들의 요구를 일축했고, 최영은 기습 공격을 감행했다. 최영은 일시적으로 밀어붙였지만, 훈련된 대병력을 상대하기에는 역부족이었다. 결국 최영은 우왕과 함께 궁궐 안에 있던 화원의 팔각전 안으로 후퇴했고, 추격에 나선 이성계 병력은 화원을 겹겹으로 포위했다. 그리고 화원의 담을 무너뜨린 후 팔각전에 있던 우왕과 최영 그리고 그의 서녀 영비寧妃를 끌어냈다. 당시 최영을 보내지 않으려고 저항하던 우왕은 끝내 최영의 손을 잡고 눈물로 작별을 고했고, 최영은 우왕에게 두 번 절한 뒤 후원 밖으로 나왔다고 한다.

『태조실록』에 따르면 이성계가 최영을 마주 보며 눈물을 흘리면서 "이와 같은 일은 나의 본의가 아니오. 다만 그대가 대의에 거슬렀을 뿐 아니라 나라가 편치 못하고 백성들이 고달파하여 원한이 하늘에 사무쳤기에 하는 수 없소. 잘 가시오"라고 말한 후 현재의 경기도 고양시인 고봉현으로 유배를 보냈다. 같은 해 12월 최영은 개경으로 압송되어 72세의 노구老軀에 목이 잘려 생을 마감하게 된다.

최영,
72세의 노구에 목이 잘리다

최영은 철원 최씨 집안 출신으로, 무인정권 시대에 세력을 떨쳤던 최유청(崔惟淸, 1095~1174)의 5대손이다. 최영의 아버지 최원직(崔元直, ?~1332)은 낮은 벼슬을 지냈으나 그의 가문은 문벌 귀족에 속했다.

또한 최영은 "황금 보기를 돌같이 하라"는 아버지의 유언을 좌우명으로 삼아 백성들의 재물은 털끝만큼도 취하지 않을 정도로 평생을 청렴하게 살았다. 그는 아무리 가까운 인척이라도 재주 없는 자는 함부로 기용하지 않았다. 『고려사』에서는 최영을 다음과 같이 평하고 있다.

> ……크고 작은 싸움에서 향하는 곳마다 공을 세웠으며, 한번도 패한 적이 없어 나라가 그의 힘을 입어 편안하고 백성들이 그 혜택을 입었다. 일찍이 최영의 나이 16세 때에 아버지 최원직이 죽으면서 경계하기를 '황금 보기를 돌같이 하라'고 하였는데, 최영은 부친의 유훈을 가슴 깊이 간직하여 치산治産을 일삼지 않았으니 사는 집은 비습하고 좁았으며, 의복과 음식이 검소하여 살찐 말을 타고 사치스러운 옷을 입

은 자 보기를 개·돼지같이 여겼다. 그리하여 오랫동안 장수와 정승으로 나라의 군사를 쥐고 있었으나 청탁이 그에게 이르지 못하였으니 세상에서 그 청렴함을 탄복하였다. 그러나 성품이 우직하고 학술이 없어서 모든 일을 자기 뜻대로 결단하고, 사람을 함부로 죽여 위엄을 세웠으며, 늙어서는 정신이 쇠하고 감퇴하니 지식과 사려가 전도하고 착란하여 요동을 치는 군사를 일으켜 나라에 화를 입힐 뻔하였다.

최영은 문인 집안 출신이었지만 무인의 길을 걸었다. 고려 말기 사회는 계속되는 전쟁으로 무인이 필요했던 시기라는 점을 감안하면 그렇게 특별한 일도 아니었다.

그는 용의 얼굴에 봉의 눈, 걸음을 걸을 때는 마치 범과 같고, 풍채는 훤칠하고 당당했다고 한다. 조정에서는 원칙과 소신을 지키는 강직한 재상이었고, "나라에 장수다운 장수가 누구냐?"고 물으면 대다수가 최영을 꼽을 정도로 전쟁에 나가서 한번도 패한 적이 없는 천하 명장이었다.

충청도 부여에 왜구가 침입하자 젊은 장수들이 진군하기를 꺼려하며 모두 뒤로 물러서는데, 최영은 61세의 고령에 참전하여 입술로 화살을 뽑아 적을 쏘아 죽이며 돌격하여 대승을 거두는 노익장을 과시하기도 했다. 그리고 원나라에 조정군으로 파견되어 반란군과의 27차례 전투에서 모두 승리를 거두기도 했다. 왜구들도 "우리가 두려워하는 자는 백발의 최영뿐이다"라고 할 정도로 적들이 두려워한 무장이었다.

최영은 35세의 나이에 양광도(충청도)에서 왜구를 물리치는 공을 세워 왕의 시위·숙위를 담당하는 우달치에 편입되면서 조정에 정치적 기반을 마련했다. 공민왕 대에 전투에서 공을 세우며 백성들의 주목을 받았고, 공민왕의 최측근이었던 '조일신의 난'을 진압하면서 공민왕의 신임을 받게 된다. 이후 대장군에 오르며 서서히 정국의 중심에 다가서게 된다. 공민왕 12년(1363)에는 문하평리門下評理로 재직하며 우달치 출신을 대간에 앉혀 문인들을 견제하려고 했으나 뜻을 이루지 못했다. 공민왕 14년(1365) 신돈이 집권하자 견제를 받아 정계에서 물러났다가 우왕이 즉위한 후 복귀한다.

백성들의 기억 속으로…

최영은 복귀한 후 군사 활동에 주력했다. 최영의 세력 기반은 숙위군과 자신의 문객으로 활동한 무인 그리고 일부 문벌과 관료들이 주축을 이루고 있었다. 특히 최영의 군사는 일반 백성들로 충원된 군대와 달리 잘 훈련된 전문적 군사 집단이었고, 왕의 친위대로 우왕을 최측근에서 보필했다. 하지만 최영은 일반 군사들까지 장악하지 못했기 때문에 독자적인 세력을 형성하기에는 한계가 있었다.

따라서 최영은 이인임과 협력 관계를 유지했지만, 도당을 중심으로 하는 이인임과는 정치적 성향이 달랐다. 이인임은 영악하게 자신의 권력을 유지·확장해 나갔고, 권신들의 도당정치를 비판했던 신흥사대부도 필요하면 수용했다. 귀양 갔던 신흥사대부들을 복권한 것이 그 예였다. 하지만 최영은 자신이 불참한 가운데 결정된 것이라며 반발했고, 신흥사대부의 비판을 일종의 하극상으로 보아 강력하게 대처했다.

염흥방과 임견미가 이인임에게 "최영을 멀리하라고 충고했다"는 기록으로 보아 최영이 이인임 일파의 견제를 받았던 것으로 보인다. 하지만 이인임은 이들의 충고를 듣지 않았다. 이인임은 귀족 출신으로 백성의 신망을 받는 장수의 지지가 필요했기 때문이다. 최영은 그 대가로 군권을 통제할 수 있었다. 그런데 정확한 이유는 알 수 없지만, 『고려사』에는 관직에서 물러나 있던 최영이 우왕 10년(1384)에 다시 복귀하면서 재상들로부터 백성의 토지를 침탈하지 않겠다는 서약을 받았다는 다음과 같은 기록이 보인다.

> 우왕이 일찍이 최영에게 토지를 주었는데, 최영이 국가의 창고가 비어 있다 하여 받지 않고 스스로 쌀 200석을 내어 군량미에 보충하도록 하였으며, 이때에 이르러 다시 곡식 80석을 내어 보충케 하였다. 우왕 10년 9월, 최영이 퇴직하기를 바라니 문하시중門下侍中에 임명하였는데 병으로 사직하고, 도통사都統使의 직에서 물러나 병권兵權을 반납하고자 하였다. 동년 10월, 우왕이 지신사 염정수를 보내 위로하고 일을 보도록 하였다. 최영이 도당에 나와 여러 재상들의 토지 겸병으로 백성들의 폐해에 대해 말하니, 그들이 모두 앞으로 그러하지 않을 것을 약속하여 서명하였다.

아마도 왜구의 침략에 불안을 느낀 우왕이 임견미의 건의를 받아들여 남경(한양)으로 천도했던 우왕 8년(1382)경에 최영은 이미 정치적 실권이 약화되었고, 권신들 사이의 권력투쟁으로 그가 잠시 밀려났던 것으로 보인다. 하지만 군사력과 우왕의 비호 그리고 이인임의 애매한 태도 등으로 최영을 효과적으로 견제하지 못했고, 다시 복귀하면서 재상들의 약속을 받아낼 정도로 최영 역시 만만한 상대는 아니었다.

이 무렵 정국을 흔들었던 조반 사건이 일어났고, 최영은 이 사건을 처리하면서 권력의 중심에 서게 된다. 그리고 요동 정벌을 단행했지만, 위화도회군으로 실각하여 처형당하게 된다. 당시 최영은 "내 죽음이 억울하다면 무덤에 풀이 자라지 않을 것이다"라며 억울함을 호소했는데, 현재의 개풍군 덕물산德物山에 조성된 최영의 묘에는 그의 말대로 풀 한 포기도 자라지 않는다고 한다.

최영이 죽던 날 개경의 상점들이 문을 닫고 그의 죽음을 애도했다는 이야기도 전하며, 최영의 무덤이 있는 덕물산에는 장군당이 있고, 이중환(李重煥, 1690~1752)의 『택리지』와 홍명희(洪命熹, 1888~1968)의 소설 『임꺽정』에도 최영과 관련하여 "처녀를 바쳐서 신령과 결혼시킨다"는 전설을 소개하고 있다.

최영을 신으로 모시는 사당과 무속인들도 생겨나 현재까지 이어지고 있으며, 민간에서는 전국을 누비며 전투를 치렀던 최영과 관련한 다양한 이야기들이 전한다. 다음은 강원도 영월에서 전하는 이야기이다.

> 자신보다 능력이 뛰어난 사위를 얻고자 했던 최영은 딸에게 사랑하는 청년이 생기자 청년을 시험하기 위해 스스로 목을 자른 후 다시 붙이는 소생술을 시도했다. 그러나 고난도의 소생술을 시도한 아버지가 다시 살아난다면 결혼을 허락받지 못할 것을 우려한 딸이 잘려나간 아버지의 목에 매운 재를 뿌려 최영이 죽고 말았다.

이 이야기에는 노구에 목이 잘린 최영의 최후를 애석하게 여긴 민심이 담겨 있는 듯하다.

또한 영월에는 단종을 서낭신으로 모시는 마을이 있는데, 최영 장군 신을 모시는 서낭기가 단종의 서낭기와 마주치면 최영 장군의 깃봉이 저절로 부러졌다는 이야기도 전한다.

정도전은 어디서 무엇을 하고 있었을까?

요동 정벌을 준비하는 과정에서부터 위화도회군까지 정도전과 관련한 기록은 보이지 않는다. 때문에 그가 어디에 있었고, 어떤 역할을 했는지 알 수 없다. 특히 위화도회군을 전후한 시기의 기록들을 살펴보면 다음과 같은 의문이 든다.

첫째, 우왕과 최영이 요동 정벌을 추진할 때 하륜 등 일부 신흥사대부의 반대가 있기는 했지만, 우왕 원년 때처럼 집단적인 반발은 보이지 않는다. 특히 조선의 개국에 참여하지 않았던 하륜 등이 요동 정벌에 반대하다 유배되었지만, 이성계를 지원했던 개혁 성향의 신흥사대부들은 침묵하는 듯했다. 이성계 역시 적극적으로 반대하지 않았고, 요동 정벌을 반대하는 의견을 제시하는 정도였다.

둘째, 최영이 "정벌군 장수들의 가족을 잡아들이려고 했으나 실행에 옮기지 못했다"는 기록도 주목된다. 최영에게 사정이 있었겠지만, 정벌군 장수들이 먼저 선수를 치는 등 요동 정벌을 준비하는 과정에서 어떤 움직임이 있었다는 추론도 가능하다.

셋째, "회군 소식을 듣고 동북면 주민들이 달려왔다"는 기록도 주목된다. 물리적 거리를 생각하면 동북면 주민들에게 이렇게 빨리 회군 소식이 전해지는 것이 가능한지 의문이 든다.

넷째, 개경으로 향하는 대규모 군사들을 보고도 민심이 동요하기보다 지지를 보였다는 점도 주목된다. 민심이 이렇게 빨리 회군파에 기울었다는 사실에 의문을 가져볼 만하다.

다섯째, 회군 이후 개혁을 추진하는 과정에서 회군파의 분위기가 '준비된 느낌'이 들 정도로 단계적으로 진행되었다는 점이다. 회군한 지 불과 두 달 만에 조민수가 제거되고 전제 개혁에 착수했을 때, 내부에 의견 차이가 있었음에도 정도전이 조준의 전제 개혁에 협조적인 태도를 보인 것이 그 예였다.

이러한 의문점을 기반으로 정도전의 입장에서 당시 상황을 정리해 보면 다음과 같이 추론할 수 있다.

첫째, 정도전은 왕명을 앞세워 권신이 내린 결정을 특별한 일이 없는 한 번복할 수 없다는 점을 이미 경험한 바 있었다. 이 시기는 이성계가 함께하고 있다는 점에서 우왕 원년 때와는 상황이 달랐다. 정국을 수습할 시간이 필요하다고 판단한 그는 일단 정벌군을 이끌고 개경에서 벗어나 추이를 살펴보기로 했다. "서경에 군사를 머물게 했다가 추수가 끝나면 출병하자"고 제의한 것이 그 예라 하겠다. 그리고 개경으로 향하는 대규모 군사를 보고 백성들이 놀라기보다는 공개적으로 지지를 보냈다는 것도 민심을 의식하고 이에 대한 사전준비가 있었음을 의미했다.

둘째, 정도전이 회군 즉시 합류하지 않았다는 사실은 회군이 갑자기 이루어진 놀랄 만한 사건이 아니었음을 의미한다. 정도전이 지방관으로 있던 지금의 경기도 화성과 개경은 비교적 가까운 거리에 있었다. 따라서 정벌에 대한 논쟁이 시작된 우왕 14년(1388) 2월에서 회군이 단행된 5월 22일까지 3개월은 두 사람이 교감을 나누기에 충분한 시간이었다. 또한 조선이 개국한 후 태조가 개국의 공을 전적으로 정도전에게 돌렸고, 태종이 정도전과 함께 처형한 남은에 대해 위화도회군에 적극 참여한 공을 칭찬했다는 사실도 이러한 추론에 힘을 실어주고 있다. 남은은 죽을 때까지 정도전과 정치적으로 함께했던 절친한 동지였다.

셋째, 회군 후 초기에 단행된 인사를 보면, 이행이 조사의대부, 허응이 우상시, 윤소종이 우사의, 조인옥이 전법판서에 오르는 등 당시 회군파 내부의 정치적 입장이 동일하지 않았다. 따라서 개혁의 방향과 수위 조절 등에 대한 이견 조율이 필요했다. 달리 말하면 공개적으로 앞에 나서기보다 막후에서 이견을 조율하는 역할을 누군가 담당해야 했고, 정도전이 그 역할을 했을 가능성도 충분했다. 때문에 그는 회군 후 3개월이 지난 8월이 되어서야 이성계의 천거로 성균관 대사성에 오르게 된다. 정도전과 의견을 달리했던 조준은 이때 사헌부 최고 책임자 자리인 사헌부 대사헌에 오른다.

당시 성균관은 이념적 논리를 제공하는 등 유생들의 정신적 지주 역할을 담당했고, 우수한 인재들이 모여 활동하는 핵심 공간으로 회군의 정당성을 널리 알리고 개혁의 지지 기반을 확보하기 위해 상당히 중요한 곳이었다. 따라서 정도전은 회군 직후 비공식적 활동에 이어 정치적으로 전면에 나서기보다 개혁의 이념을 제공하고 정치 세력을 결집하여 지지 세력을 확대하는 등 성균관을 중심으로 개혁 지원 활동을 했을 가능성이 충분했다.

반면 정도전의 토지 개혁안이 지나치게 이상적이어서 조준을 중심으로 전제 개혁이 이루어졌고, 한편으로는 상소와 탄핵으로 전개되는 급박한 상황에서 대간직을 거친 경험이 없는 정도전이 당시 정국에서 활동 공간을 마련하기 쉽지 않았다는 점에서 이 무렵 정도전이 정치적으로 소외되었다는 견해도 있다. 정도전이 성균관 대사성에 오른 지 불과 두 달 만인 10월에 물러났고, 이지(李至, ?~1414)가 뒤를 이었으며, 다음 해에 윤소종이 성균관 대사성에 오르게 된다. 이들은 조준과 뜻을 같이한 인물들로, 성균관까지 조준 계열의 인물들이 활동 영역을 넓힌 것으로 해석하고 있다.

5부

어디로 갈 것인가?

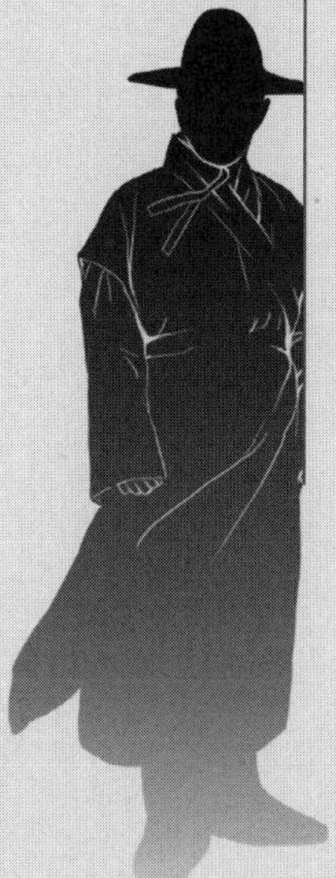

개혁의 불씨를
댕기다

전격적으로
전제 개혁을 단행하다

권신들이 차례로 제거되자 이색이 이들의 공백을 메우며 조정에서 사태 수습에 나섰다. 이색은 최영이 유배된 후 퇴직한 전임 재상들과 함께 이성계와 회담을 했고, 이후 이성계는 군대를 이끌고 성문 밖으로 철수했다. 민심을 의식한 양측의 협상 결과였다.

이후 단행된 인사에서 이색이 수상인 문하시중에, 이성계가 부수상인 수문하시중에 오르게 된다. 그러나 두 사람이 정치적 공조보다는 견제의 입장에 서게 되면서 정국은 다시 긴장감이 흘렀다.

여기에 최영이 떠나자 더욱 불안해진 우왕이 변변한 병력도 없이 80여 명의 내시를 동원해 야밤에 이성계와 조민수의 집을 습격하는 사건이 발생했다. 당시 이성계와 조민수가 성문 밖에서 군사들과 함께 진을 치고 있었기에 공격은 실패했고, 우왕은 강화도로 쫓겨나게 된다. 폐위된 우왕의 뒤를 이을 후계자 선정 문제를 놓고 논란이 벌어졌다. 외형상으로는 정통성을 지닌 적임자를 찾는 문제였지만, 여기에는 우왕의 즉위와 통치를 인정할 것인가의 문제도 포함되어 있었다.

우왕 대에 조정에 있었던 권문세족은 우왕을 부정한다면 그 책임에서 자유로울 수가 없었다. 때문에 우왕의 아들이 왕위를 물려받아야 한다고 주장했다. 이색은 "우왕이 신돈의 아들이라 해도 공민왕이 자신의 아들로 인정하여 강녕군으로 봉하였고, 또 천자의 고명을 받아 임금이 되었으니 이미 그 신하가 되었다가 몰아내는 것은 불가한 짓이다"라며 "마땅히 전 왕의 아들을 세워야 한다"고 주장했고, 명분상 회군파의 수장이었던 조민수 역시 이들과 같은 입장이었다.

하지만 이색의 판단은 당파적 이익을 고려한 것이 아니라 자신이 신봉한 유학적 논리에 충실한 것이었다. 훗날 조선왕조에 협조하지 않은 석학 길재(吉再, 1353~1419)도 우왕이 사망했다는 소식을 듣고 고기반찬이 없는 소식素食으로 삼년상을 지내 왕에 대한 예를 표했고, 원천석(元天錫, 1330~?)이 우왕과 그의 아들 창왕을 고려의 왕으로 인정한 이유도 유교의 논리에 따른 것이었다. 그리고 조선 중기 이후 이황과 송시열 등 주류 사림들의 경우 우왕이 신씨라는 사실을 인정하지 않았으며, 조광조는 중립적 태도를 취했다.

반면 조민수는 우왕의 아들 창을 옹립하고 정국을 최영 집권 이전으로 돌려놓으려고 했다. 우왕 14년(1388) 6월 9일, 회군 후 첫 공식 성명에서 우왕 대의 정치 행태나 이인임에 대한 비판은 없고 모든 책임이 최영의 소행이라고 발표한 것이 그 예였다.

조민수는 공민왕 대에 작은 고을 수령으로 있다가 홍건적이 침입했을 때 공을 세워 무장으로 출세한 인물로, 권신 이인임과 인척 관계를 맺고 있던 구세력 출신이었다. 한때 이인임의 후견으로 시중에 올랐기 때문에 정치적으로 개혁과는 거리가 멀었다.

그러나 이성계 측은 우왕이 왕씨가 아니라는 이유로 우왕의 정통성을 인정하지 않았고, 공민왕의 개혁 정치를 이어받는다는 명분을 내세우며 왕실 종친 중에서 왕을 옹립할 것을 주장했다. 윤소종 등은 "우왕을 신씨라고 하는 사람은 충신이고, 왕씨라고 하는 사람은 역적이다"라고 주장했지만, 1388년 우왕과 근비 이씨와의 사이에서 태어난 장남이 9세의 어린 나이에 창왕(1380~1389)으로 즉위하게 된다.

이후 이성계와 정치적으로 함께하기에는 부담이 너무 컸던 조민수는 이인임을 불러들여 권력 기반을 다지려고 시도하면서, 자신은 양광·전라·경상·서해·교주도 도통사에 그리고 이성계는 동북면·삭방·강릉도 도통사에 임명하여 군대 통수권 장악을 시도하는 등 이성계와 결별 수순을 밟았다.

그러나 이인임은 이미 사망한 후였고, 불만을 품은 이성계는 병을 핑계로 사직서를 제출했다. 자신의 세력을 확고하게 구축하지 못했던 조민수는 이성계의 사직서를 받아들일 수 없었고, 결국 이성계가 복귀하는 형식을 취하면서 심덕부·배극렴·지용기·박위·정지 등 조정에 뿌리내리고 있던 무장들과 무공을 세우고도 권력에서 소외되었던 장수들의 지지를 끌어냈다. 이후 이들이 전격적으로 추진된 전제 개혁을 지지하고 나서면서 개혁에 힘이 실리게 된다.

반쪽짜리 개혁으로 끝나다

고려의 토지제도는 전시과田柴科라고 해서 지역에 따라 곡식을 수확할 수 있는 전지田地와 땔감을 얻을 수 있는 시지柴地에 차등을 두어 나누어주었다. 분급된 토지, 즉 수조지收租地는 수급자가 사망하면 나라에 반납해야 했고, 수조율도 10분의 1을 넘지 못했다. 그러나 무인정권이 들어서면서 수조지는 매매·상속·증여가 가능한 사유재산으로 변했고, 전민田民을 탈점한 권문세족은 산과 강을 경계로 거대한 농장을 형성했다.

토지제도의 문란은 관료 체제는 물론 국방의 붕괴와 행정 기능의 마비 그리고 사회규범의 붕괴 등으로 이어졌다. 때문에 무력해진 국가의 기능을 바로 세우기 위해 수차례 개혁을 시도했지만, 모두 실패로 끝나고 말았다. 공민왕 대에도 전민변정을 시도하여 사전私田을 원래대로 공전으로 되돌리고 부당한 방법으로 보유하고 있던 노비를 풀어주려고 시도했지만, 기득권층의 반발에 부딪혔다.

우왕 14년(1388년) 7월, 조준·윤소종·조인옥 등이 전격적으로 전제개혁을 주장하고 나서면서 정국은 급박하게 돌아가기 시작했다. 조준 등은 사전의 폐단을 조목조목 열거한 후 조상들에게 물려받은 토지인 조업전祖業田이 사전이 된 것을 모두 없애고 수조지로 재분배할 것을 주장했다. 기존의 전민변정이 철저하게 시행되었다면 사전이 절반으로 줄어드는 정도였다면, 과전법은 사전을 아예 없애자는 것이었다. 따라서 이제까지의 개혁과는 차원이 달랐다.

이에 기득권층은 필사적으로 저항했다. 심지어 개혁을 지지하는 관리들 사이에서도 의견이 엇갈렸다. 『고려사절요』의 창왕 원년(1389) 4월 다음의 기록이 그 예다.

> 우리 태조(이성계)가 대사헌 조준과 더불어 사전을 개혁하고자 하니, 이색이 '구법을 가벼이 고칠 수 없다'며 자기 의견을 고집하여 따르지 않았고, 이림·우현보·변안렬 등도 모두 개혁하지 않으려고 하였다. 유종儒宗이었던 이색이 그의 입을 통해 사람들의 귀를 현혹시켰으므로 사전을 혁파하고 공전을 회복하자는 논의가 결정되지 못하였다. 예문관 제학 정도전과 대사성 윤소종은 조준의 의견에 찬동하고, 후덕부윤 권근과 판내부시사 유백유는 이색의 의견을 좇았으며, 찬성사 정몽주는 그 사이에서 머뭇거렸다. 이에 각 관사에 시켜 사전을 개혁하여 공전을 회복하는 일의 이해를 논하게 하니, 의논한 자 53명 중에 개혁하고자 하는 자가 열에 여덟아홉 명이었으며, 하지 않으려는 자는 모두 거실巨室 자제들이었다.

이처럼 정몽주만 중도적 입장을 취했을 뿐, 토지 문제의 심각성을 인식하고 토지개혁 방안을 제시했던 이색을 중심으로 한 신흥사대부도 조준의 전제 개혁에 제동을 걸었다. 하지만 이색이 권문세족의 이익을 대변했던 것은 아니었다.

이색의 토지 개혁안은 '일전일주一田一主', 즉 논은 하나인데 여러 사람이 자기가 주인이라며 세금을 징수하는 문제를 제거하기 위해 토지 문서를 정확히 조사하여 본래의 주인을 가려 한 사람에게만 조세를 걷고, 세금을 한 해에 여러 번 걷지 못하게 관에서 엄격하게 관리하자는 것이었다. 이색은 사전의 폐해를 시정하면 혼란을 바로잡을 수 있다고 보았던 것이다.

또한 이색은 전제를 급진적으로 개혁할 경우 그 여파로 사회가 혼란에 빠지는 것을 우려했다. 결국 신흥사대부 내에서도 토지문제를 전면적으로 개혁하자는 급진 개혁파와 점진적으로 개혁하자는 온건 개혁파로 나누어지게 된다. 창왕이 즉위한 이듬해(1389) 10월에 이루어진 인사개편에서 급진 개혁파 인사들이 대거 등용되자 부담을 느낀 이색은 관직을 버리고 낙향해 버렸다. 이를 신호탄으로 급진파는 전제 개혁에 박차를 가했다. 이 과정에서 조민수가 회군 두 달 만에 부정축재 혐의로 탄핵을 받아 실각하고 창원으로 유배된다. 조민수는 염흥방과 임견미가 축출될 때 자신이 탈취한 토지와 노비들을 원주인에게 돌려주었는데, 다시 탐욕을 부린 것이 화근이었다.

이성계를 앞세운 급진파는 전제 개혁을 통해 다음과 같은 정치적 의미도 강화해 나갔다.

첫째, 같은 무장이었지만 조민수와 같은 부패 세력과 달리 도덕적으로 청렴하다는 차별성을 확보하고, 둘째, 중소 지주들이 주를 이루고 있던 개혁 세력의 경제적 기반을 확충하는 등 물적 기반을 구축하며, 셋째, 구세력들이 권력을 이용해 특권을 행사하면서 각종 부정과 비리로 부귀영화를 누려왔다고 비판을 가해 이들의 제거에 명분을 확보했다.

국가 차원에서는 첫째, 농민층의 확대로 튼튼한 국가의 통치 기반을 구축하는 등 고려 사회의 지배 체제를 재정립하고, 둘째, 국역 부담자의 확보와 국가의 재정을 확충하며, 셋째, 백성들의 전제와 조세의 부담을 줄여줌으로써 생활의 안정을 도모하고, 넷째, 구세력이 저질러온 경제

비리를 사회적으로 고발함으로써 사회 기강을 바로잡는 등 복합적 의미가 있었다. 따라서 전제 개혁은 개혁 세력이 여말선초에 추진했던 최대의 사회개혁 운동이기도 했다.

전제 개혁은 창왕 원년(1389) 8월에 시작되어 공양왕 3년(1391) 5월 과전법이 제정됨으로써 일단락된다. 개혁안은 현직 관리, 왕족, 군역에 종사한 전직 관리, 수절한 관리의 처, 귀화인, 군인, 향리, 역을 지는 백성, 지방 수령, 역驛과 관청 등 토지 분배 대상자를 전체 백성이 아니라 주로 관리와 군인 등으로 했고, 농민에 대한 불법 수탈을 금하고 세율을 10분의 1로 낮추는 것을 골자로 했다. 따라서 정도전의 개혁안에 비해 조준의 개혁안은 토지제도의 폐해를 덜어내는 정도였고, 그나마 완료된 개혁안은 그 반쪽짜리 개혁에 지나지 않았다. 때문에 급진파 내에서도 불만의 소리가 나왔지만 개혁의 구체적인 성과를 처음으로 이끌어냈고, 이 과정에서 노비로 추락한 양민의 신원이 회복되는 등 혁명적인 성과를 거두었다.

'국가 재정 확충'에 '사유재산 보호'로 맞서다

왕조 사회에서 노비는 토지와 함께 중요한 경제적 기반이었다. 그들은 농사를 짓고 집안일을 돌보았으며, 유사시에는 주인집의 경호와 사병 역할도 수행했다. 따라서 노비는 지배층의 권력 유지와 확장에 핵심적인 요인이었다.

노비는 매매와 상속이 가능했다. 부모 중 한쪽이 노비이면 자녀는 자동적으로 노비가 되었고, 여자 노비는 남자 노비보다 비싸게 거래되었다. 부부 사이에도 노비는 각자 관리했으며, 상속할 때도 부부의 노비를 구분했다. 상속자가 없을 때는 부부 각자의 본가에 귀속되었다. 부부가 이혼하게 되면 본래 자신의 노비를 찾아갔다.

후삼국 시대 이후 전쟁 포로나 과중한 부채, 문서 위조 등으로 양민이 노비가 되는 일이 빈번했다. 그러나 노비가 늘어난다는 것은 국가 차원의 문제였다. 양민의 확보는 국가재정의 확충과 국방 인력의 확보 그리고 통치자의 권력 강화와 관련이 있는 중요한 문제였기 때문이다. 역대 왕들은 억울하게 노비가 된 자들의 신분을 회복시켜주려고 관심을 기울였다. 반면 기득권층은 자신들의 사유재산을 보호한다는 이유를 내세워 거세게 저항했다. 때문에 왕건은 고려를 개국하면서 노비의 일부를 면천시켜주기 위해 왕실 재산으로 값을 지불하기도 했다. 후대의 유학자 최승로(崔承老, 927~989)는 이때의 일을 다음과 같이 평했다.

> "고려는 양천良賤의 법이 유래가 오래되었습니다. 우리 태조(왕건)께서 창업한 초기에 여러 신하 가운데 본래 노비를 소유한 자를 제외하고 노비를 가지지 못한 자는 혹은 종군하면서 얻은 포로를, 혹은 재화를 지불해 사들인 사람을 노비로 만들었습니다. 태조께서 일찍이 포로를 해방하여 양인으로 만들려고 했지만, 공신들의 마음을 격동시킬까 염려하여 편의를 따르기를 허용하셨습니다. 그 후 60여 년에 이르도록 소송을 제기하는 자가 없었습니다."

광종이 노예제도의 폐단을 시정하기 위해 「노비안검법奴婢按檢法」을 추진했을 때도 태조 왕건의 셋째 딸이자 광종의 비였던 대목왕후(大穆王后, 생몰 미상)가 "노비들이 주인을 멸시蔑視하고 배반하는 일이 자주 일어난다"며 중지하도록 종용했다가 거부당하기도 했다.

당시 노비안검 정책은 모든 노비를 면천시키는 것이 아니라 억울하게 노비가 된 양민을 조사해서 풀어주자는 것이었음에도 대신들의 반대가 심했던 것이다. 이때의 일에 빗대어 최승로는 성종에게 다음과 같은 상소문을 올리기도 했다.

> 광종에 이르러 비로소 노비를 안험按驗하여 그 옳고 그름을 변별하게 하였습니다. 이에 공신들이 탄식하고 원망하지 않을 수 없었지만, 간언하는 자가 없었습니다. 대목왕후가 절실하게 간언했지만, 듣지 않았습니다. 천예(노비)가 뜻을 얻어 존귀한 자를 능멸하고 다투어 허위를 만들어 주인을 모함하는 일이 이루 기록할 수조차 없이 많이 발생하였습니다. ……원컨대 성상(성종)께서 이전 일을 거울삼으셔서 천인으로 하여금 존귀한 사람을 능멸하지 못하도록 하시고, 노비와 주인의 주장을 분별할 때 중도를 지키십시오. 대저 관직이 높은 자는 법에 어긋나는 이치를 알아 법에 어긋남이 드물고, 관직이 낮은 자는 법에 어긋나는 일을 꾸밀 만큼 지혜롭지 못하니 어찌 능히 양인을 천인으로 만들 수 있겠습니까? 오직 궁·원과 공·경이 위세를 부려 법을 어기는 경우가 간혹 발생한다고 할지라도 지금은 정치가 거울처럼 맑아 사사로움이 없으니 어찌 능히 마음대로 할 수 있겠습니까?

최승로의 말대로 노비의 소유가 상식적으로 이루어졌다면 신분제 사회에서 그나마 질서를 유지할 수 있었겠지만, 현실은 그렇지 못했다. 고려의 역대 왕들은 기회가 있을 때마다 「노비안검법」을 만지작거렸지만, 귀족들의 반발로 실행에 옮기지 못했다.

그러나 귀족들이 항상 유리한 입장에 있었던 것은 아니다. 대표적인 예로 귀족들의 반발은 본인의 의지와 관계없이 왕권에 대한 도전으로 비화될 소지가 있었다. 때문에 권력자는 이 문제를 정치적으로 해결하려는 경향이 있었고, 귀족층은 '사유재산 보호와 신분제의 근간을 흔들어서는 안 된다'는 등 사회질서 유지 차원으로 묶어두려고 했다. 약간 협박적인 느낌까지 드는 최승로의 상소가 그 전형이라 하겠다.

이후 정도전의 정적들이 그의 혈통을 집요하게 공격한 것도 개인적인 인신공격을 넘어 미천한 출신이 자신과 처지가 비슷한 노비를 면천해주려는 감정적 조치라는 점을 부각시켜 '사회질서를 어지럽혔다'는 의미가 담겨 있었다.

조선 초기에도 노비변정도감이 다섯 차례나 설치되었는데, 그중 네 차례가 태종 대에 이루어졌다. 태종 14년(1414) 100여 명의 관원이 1만여 건을 처리할 정도로 사업의 규모가 컸고, 그 결과도 성공적이었다. 반면 세종은 세 차례 노비의 변정을 시도했지만, 뜻을 이루지 못했다.

모든 토지는 국가가 소유하고, 백성의 품으로…

정도전은 『조선경국전』에서 민생과 국가 경제를 잠식하는 요인으로 토지제도의 문란을 다음과 같이 지적했다.

전제田制가 파괴된 후부터는 호족이 겸병하여 부자는 땅이 더욱 불어나고 가난한 자는 송곳을 꽂을 땅도 없다. 가난한 자는 부자의 토지를 빌려 경작하면서 일 년 내내 고생해도 먹을 것이 부족하고, 부자는 편안히 앉아서 경작인을 부려 그 수입의 태반을 먹는다. 국가는 아무 대책 없이 바라보고 있을 뿐 그 세를 받지 못한다. 따라서 백성은 더욱 고생하고 국가는 더욱 가난해진다.

『삼봉집』에도 토지제도의 문란에 대한 심각성과 함께 토지개혁에 관한 생각을 다음과 같이 구체적으로 밝혀놓았다.

세력가들은 무제한으로 토지를 점령하여 한 사람이 경작하는 토지에 지주가 7~8인이 되는 곳도 있어서, 소작료를 바칠 때면 지주의 인마人馬를 먹이는 비용과 그들이 억지로 사라는 물건이며 왕래하는 노자와 운반하는 비용이 소작료보다 배가 넘게 되니, 그 폐단은 날로 더욱 심하여 백성의 원망이 극심하였다. 공은 그 폐단을 잘 알고 반드시 고쳐야 하겠다는 생각이 들어서, 태조를 극력 도와서 국내의 토지를 전부 몰수하여 국가 소유로 만들어서 인구수에 따라 토지를 분배해 옛날의 올바른 토지제도를 회복하려 하였다. (……)
옛날에는 토지를 국가에 귀속하여 백성에게 나누어주었기 때문에 천하의 백성은 누구나 토지를 받았고, 경작하지 않는 사람이 없었다. 따라서 빈부격차가 그리 심하지 않았으며, 토지세도 모두 나라에 수납되었으므로 나라 또한 부자였다.

정도전의 토지개혁 방안은 '계민수전計民授田', 즉 전국의 토지를 국가에 귀속시켜 식구 수대로 경작권을 분배하고 국가가 일정한 세금을 걷는 제도를 근간으로 하고 있다. 민본사상에 근거한 그의 토지정책은 전 국민을 자작농으로 하여 수확의 10분의 1을 세금으로 거두는 것으로 충분하다고 보았던 것이다.

하지만 정도전의 토지정책은 대지주 출신 관료들은 물론, 그동안 교유 관계를 유지했던 동지 중에서도 반발이 있을 정도로 반대가 심했다. 때문에 위화도회군 후 실시한 전제 개혁은 수조권의 재조정을 통해 개혁을 주장한 조준·조인옥·윤소종 등이 중심이 되었다. 이들은 대사헌과 전법판서 등 전제 개혁을 상소할 수 있는 직책을 최대한 활용했다.

정도전은 당시 정3품 밀직부사密直副使로 왕의 비서직에 있었다. 따라서 왕의 동태를 파악하고 구세력을 포함한 권문세족의 행태를 파악하는 데 좀 더 유리한 위치이기는 했지만, 전제 개혁에 직접 참여하기에는 한계가 있었다.

그럼에도 정도전이 조준의 개혁안에 반대하지 않았던 이유는 급진파 내에서 논쟁이 발생할 경우 반대 세력에게 힘이 실리는 등 소모전으로 변질되는 것을 우려해서였다. 또 당시 토지제도의 문란이 한 번에 바로 잡히지 못할 정도로 대단히 심각한 상황이었음을 보여주고 있다.

따라서 과전법을 통해 공정한 세금을 부과하고 이를 토대로 새로운 질서를 구축하는 것으로 눈높이를 맞추었고, 전제 개혁의 마무리는 이후의 과제로 남겨두었을 가능성이 충분했다.

급진파가 심혈을 기울여서 양전量田 사업을 실시한 결과, 50만 결의 논밭에 부과하는 세금을 파악해냈다. 이러한 성과만으로도 그동안 은폐되고 은닉되었던 농토를 확보함으로써 국가재정의 확충은 물론, 급진파의 개혁에 상당한 힘이 실리게 된다. 이후 조선이 건국하고 10년이 조금 지난 태종 4년(1404)에 93만 결, 세종 대에 160만 결을 파악해내는 성과로 이어졌다. 이는 토지개혁이 한 번에 이루어지기 힘들다는 사실을 잘 보여주는 예이다.

우리나라의 지형적 특성이나 당시의 기술력을 고려하면 몇십 년 만에 100만 결이 넘는 토지를 새로 개간하는 것은 불가능했다. 따라서 양전 사업 당시에도 엄청난 양의 토지가 누락될 수밖에 없었다. 여기에는 권문세족만이 아니라 일반 백성의 토지도 포함되어 있어 일반인들의 협조가 제대로 이루어지지 않았던 것이 그 이유였다. 그런 점에서 토지문제는 개혁의 시작이자 마침표를 찍는 혁명의 완성을 의미했다.

정도전은 조선이 개국한 후에도 전제 개혁에 대해서는 말을 아꼈다. 그는 태조 즉위 6년 차가 될 때까지 조선의 건국 이념을 구축하면서 법률과 제도를 만들고 인재 발굴과 중앙과 지방의 관리 등용 등 국가의 기틀을 마련하는 데 열정을 쏟았고, 사병을 혁파하는 등 군제 개혁에 나서서 재상 중심의 중앙집권적 통치체제를 갖추는 일에 심혈을 기울였다. 그리고 그다음 수순은 경제 개혁의 틀을 완성하기 위한 전제 개혁이었는지도 모른다.

그러나 정도전은 전제 개혁을 완수하지 못하고 세상을 떠났고, 태종이 즉위 초부터 과전법(1401)을 개정하고 관련 법률과 제도 개선에 적극적인 관심을 기울였다. 태종도 전제 개혁의 완성이 신생국 조선의 물적 기반을 구축하는 혁명의 완수라는 사실을 잘 알고 있었던 것이다. 이 과정에서 조준이 태종을 지원하고 나섰다. 정도전과 조준은 정말 묘한 인연이었다.

정도전과 조준, 동지인가? 경쟁자인가?

비슷한 환경에서 성장하다

조준은 위화도회군 후 전제 개혁을 주도하며 개혁의 전면에 나섰고, 조선 개국 후에는 초대 영의정을 지낸 배극렴과 함께 '좌 극렴 우 조준左克廉 右趙浚'이라고 평가할 정도로 측근에서 이성계를 보필했다.

조선시대 역대 왕들의 업적 가운데 선정善政만을 모아 후세의 왕들에게 교훈을 남기려고 편찬된 『국조보감國朝寶鑑』에는 "비의군자지, 주초대부필非衣君子智, 走肖大夫筆"이라는 기록이 보인다. '비의군자지'는 '배씨非+衣=裵氏 성을 가진 사람, 즉 배극렴이 지혜로 왕을 받들고, '주초대부필'은 '조씨走+肖=趙氏 성을 가진 사람, 즉 조준이 글로써 조선 건국을 도왔다는 뜻이다. 『태조실록』에도 "배극렴이 백관을 거느리고 태조의 즉위에 행동으로 앞장섰다면, 조준은 그 문서를 기초하는 등 글로써 조선의 건국을 도왔다"고 기록되어 있다.

이처럼 조준은 위화도회군 이후 조선 건국 초까지 급진 개혁파를 대표해서 적극적인 활동을 벌였고, 이 과정에서 마치 정도전과 역할 분담이라도 한 것처럼 교대로 정국을 주도했던 두 사람 사이에는 다음과 같은 공통점이 발견된다.

첫째, 두 사람은 어려운 환경에서 성장했고, 권문세가의 지원을 받지 못했다. 오로지 자신의 능력이 자산이었고, 두 사람 모두 정치에서 소외된 경험이 있었다.

둘째, 두 사람은 자신들의 삶을 통해 개혁에 대한 의지를 지니게 되었고, 현실 정치에서 이를 실천에 옮기려고 노력했다. 그리고 개인적으로 개혁에 대한 구체적인 준비 기간을 가졌다는 공통점이 있었다. 정도전은 10년 동안의 유배와 유랑 생활을 통해서 단련되었다면, 혼탁한 정치에 실망한 조준은 관직을 버리고 4년 동안 은둔 생활을 하며 실천 의지를 구체적으로 다지는 시간을 가졌다.

셋째, 두 사람은 가족을 통해 사회에 대한 문제의식을 깨우쳤다. 정도전은 아버지의 영향을 받았고, 조준은 형의 영향을 크게 받았다. 조준의 큰형 조린(趙璘, ?~1368)은 홍건적과 왜구 토벌에 공을 세워 일등공신에 올랐으나 오인택·윤승순 등과 함께 신돈을 제거하려다 발각되어 유배되었고, 가족들은 관노가 되었다. 그 후 김정(金精, ?~1368)과 함께 다시 신돈을 제거하려다 실패하고 살해되었다.

때문에 조준은 관직에 뜻을 두지 않았으나 "여섯 형제 가운데 과거에 합격한 아들이 없다"는 어머니의 탄식을 듣고 분발해서 우왕 즉위년

(1374) 29세의 나이로 과거에 합격했다. 이후 조준은 주로 외직에 근무하면서 문인이었음에도 군사를 이끌고 왜구들과의 전투에 직접 참여하기도 했다. 군사들은 그의 명령에 따라 일사불란하게 움직여 수차례 승리를 거두었고, 우왕 14년(1388) 강원도에 출몰한 왜구를 물리친 공으로 선위좌명공신에 책봉되었다. 당시 전투에 임하는 그를 보고 장수들조차 두려워할 정도로 용맹을 떨쳤고, 최영도 조준의 능력을 인정할 정도였다.

그가 강릉도 안렴사로 있을 때 지은 「차정선객사운次旋善客舍韻」에는 그의 기상을 엿볼 수 있다.

> 계산에 첫눈 오자 행인도 적은데
> 흥에 겨워 높이 읊으며 봉성에 이르렀네
> (……)
> 술잔 들고 칼을 보며 내 뜻을 위안하고
> 고삐 잡고 풍속 보며 인심을 점검하네
> 동해를 말끔히 씻을 날이 있으리니
> 백성들 다 눈을 씻고 밝힐 때를 기다리네

이성계와의 만남이 인생의 전환점이 되다

정도전과 조준은 모두 이성계와의 만남이 인생에서 전환점이 되었다.

우왕 10년(1384) 조준은 우왕과 이인임 일파의 정치 행태에 실망해 관직을 버리고 낙향했다. 이후 그는 4년간 두문불출하며 경사經史를 익힌 것으로 전한다. 우왕 14년(1388) 최영이 그를 천거했으나 거절했다가 위화도회군 후 이성계의 천거로 다시 관직에 나오게 된다. 이는 그가 이전부터 이성계와 알고 있었음을 의미했다.

조준은 이성계의 측근이었던 조인옥과 일찍이 교유했고, 조인옥이 조준을 이성계에게 소개한 것으로 보인다. 정도전이 이성계를 만난 시기와 비슷한 우왕 10~13년 사이에 두 사람이 만난 것으로 보고 있다. 이후 두 사람은 각별한 관계를 유지했다.

조준이 이성계에게 『대학연의』를 건네주며 "이것을 읽으면 가히 나라를 만들 수 있다"고 말했다는 이야기도 전한다. 조선이 개국한 후 조준이 중국에 사신으로 가는 길에 북평부北平府에 있던 이방원을 스스로 찾아갈 정도로 이방원과의 오랜 인연도 전한다. 조준의 인품을 알고 있던 이방원은 당시 조준의 마음을 사로잡기 위해 극진하게 대접했다고 한다. 이 무렵 이방원은 세자 책봉에서 밀려나 절치부심하던 때였고, 이런 이방원에게 조준은 『대학연의』를 권하며 "큰 뜻을 품고 있으니 외번外藩에만 있지는 않을 것이다"라고 말했다는 이야기도 있다.

이처럼 『대학연의』를 내세워 '조준이 이성계와 이방원이 어려운 시기에 장차 왕위에 오를 것이라고 예언했다'는 이야기는 '태조와 태종이 왕위에 오르는 데 조준의 영향이 적지 않았다'는 사실을 간접적으로 보여준다. 『태조실록』에도 이성계가 "조준의 기량이 비범함을 알아보고 일을 논의해본 후 크게 기뻐하여 그를 옛 친구처럼 대우했다"며 조준의 능력을 극찬하고 있다.

조준은 위화도회군에 직접 참여하지는 않았으나, 이성계는 위화도회군 후 조준을 파격적으로 정2품 대사헌에 천거하여 중용했다. 조준에 대한 이성계의 기대가 남달랐음을 알 수 있다. 당시 정도전은 이성계의 천거로 성균관 대사성에 올라 두 사람 모두 개혁에 나서게 된다.

하지만 두 사람이 협조 관계를 유지했다는 구체적인 근거는 어디에도 보이지 않는다. 오히려 조준이 전제 개혁을 주도할 때 정도전의 활동은 거의 보이지 않고, 정도전이 척불운동을 전개할 때 조준 역시 척불에 관해 언급한 적이 거의 없는 등 조준의 활동이 눈에 띄지 않는다.

뿐만 아니라 전제 개혁에서부터, 조선 건국 이후 명의 황제에게 보낸 표전表箋 문제로 명과 외교적 갈등이 발생하여 왕자의 난이 일어난 시기까지 두 사람은 민감한 국정 현안에 대해 의견을 달리하는 경우가 많았다. 특히 두 사람이 조선 건국 후 세자 책봉과 요동 공벌에 대해 의견을 달리하면서 사이가 벌어졌다는 이야기가 전한다.

같은 길을 걸었으나
다른 생각을 하다

정도전은 공민왕 11년(1362) 21세 때 과거에 급제했고, 정도전보다 네 살이 어렸던 조준은 그보다 12년 후인 우왕 즉위년(1374) 29세에 과거에 급제했다. 조준이 관직 생활을 시작할 무렵 정도전은 유배 생활을 했고, 정도전이 복직할 무렵 조준은 관직을 버리고 은거 생활을 했기 때문에 두 사람이 관직 생활 동안 만날 기회가 없었다. 이렇듯 관직 생활을 하는 동안 인연이 없었던 두 사람은 차이점도 많았다.

첫 번째는 가문에 차이가 있었다. 정도전은 지방 향리 출신으로 아버지 대에 와서 처음으로 과거를 통해 중앙에서 관직 생활을 했고, 여말선초에 나타나는 혼인 관계 등으로 혈맹 관계를 구축하는 등의 사례는 전혀 보이지 않는다.

반면 조준의 집안은 평양 조씨로 명문가였다. 시조는 고려로 귀화한 남송南宋의 상장군이었던 조춘趙春이었고, 조준은 그의 8대손이다. 고조부 조인규(趙仁規, 1227~1308) 대까지 주로 무관직을 지냈으나 조인규는 몽골어 실력이 뛰어나 문하시중까지 올랐고, 그의 딸이 충선왕과 혼인하여 왕의 장인, 즉 국구國舅가 되었다. 조준의 가문은 고려 왕실과 혼인할 수 있는 재상지종이었지만, 계국대장공주가 조비를 질투해 부녀父女가 원나라에 압송되었고, 가족이 옥에 갇히는 고초를 겪기도 했다.

조준의 아버지는 조덕유(趙德裕, 생몰 미상)이며, 어머니는 오의吳懿의 딸이다. 조덕유는 음보蔭補로 관직에 나아가 정3품 판도판서의 고위직에 올랐다. 성품이 청렴하고 재산을 모으는 데 관심이 없었던 그는 고위직에 오르면서 친척이나 오랜 친구들과 왕래하는 것조차 꺼렸다고 한다. 그러나 그는 일찍 세상을 떠났고, 어머니 혼자 여섯 형제를 키우며 가난한 살림을 한 것으로 전한다.

조준 역시 과거를 보기 전에 음보로 관직에 나갔다. 음보란 '조상의 은덕으로 벼슬을 하게 되었다'는 점에서, 비록 가세는 기울었지만 그의 집안이 명문가로 인정받고 있었음을 알 수 있다. 당시 조정에는 조인규의 후손들이 적지 않게 활동하고 있었지만 조준이 이들과 교류했는지는 확인할 수 없다.

조준의 집안이 조선 개국 후 다시 한번 중흥기中興期를 맞았다는 점도 정도전과 비교된다. 조준의 아들 조대림(趙大臨, 1387~1430)은 태종의 부마였고, 조카 조박(趙璞, 1356~1408)은 개국 일등공신으로 태종의 장인인 민제(閔霽, 1339~1408)의 맏사위였다. 동생 조견(趙狷, 1351~1425)은 승려가 되었다가 30세가 넘어 환속하여 개국공신에 올랐다.

두 번째는 교유 관계에도 공통점이 발견되지 않는다. 정도전은 이색의 문하생들과 교유 관계를 유지했고, 회군을 전후한 시기에는 남은·오몽을·심효생·장지화·황거정·이근 등과 절친하게 지냈다. 이들은 역성혁명을 주도했고, 급진적이면서 실력을 갖춘 지식인이라는 평가를 받았다. 그리고 정도전은 성균관의 젊은 유생들과도 교류한 것으로 전한다.

반면 『고려사』에 따르면 "조준이 우왕 대의 정치에 실망하고 관직에서 물러나 윤소종·허금·조인옥·유원정·정지·백군녕 등과 결사를 맺고 부흥의 뜻을 맹세했다"고 한다. 이들은 학문적으로 사제師弟나 동문 관계가 아니고 문인과 무인의 구별도 뚜렷하지 않았다.

또한 정도전과 조준이 서로 교유했다는 기록도 찾아볼 수 없다. 당시 지식인들은 교유의 징표로 서로의 문집에 글을 써주었다. 정도전의 『삼봉집』에 조준과 관련한 시문이 두 편 있지만, 모두 조선이 건국한 이후에 지은 것들이다.

조준의 『송당집松堂集』에는 공양왕 3년(1391)에 정도전이 지은 시에 답한 「대동강 배 위에서 정삼봉의 시에 차운次韻을 하다」라는 시문이 한 편 있을 뿐이다.

뿐만 아니라 정도전은 조준이 교유 관계를 유지한 윤소종·허금·조인옥 등과 교유했다거나 조준이 이색의 문하생이나 남은·오몽을·심효생 등 정도전이 교유했던 인물들과 왕래했다는 기록이 없다. 그리고 이색의 문집에도 조준은 물론 그와 가깝게 지냈던 인물들의 이름이 나오지 않는다.

세 번째는 학문에도 차이가 있다. 정도전은 이색의 문하에서 공부했다. 그리고 성리학의 도통道通으로 인정받은 정몽주와도 학문적으로 서로를 인정했으며, 성균관 유생들에게 강론을 펼쳤던 정통 주자학자였다. 그러나 조준은 글에 주자학적 요소는 있으나 정통 주자학으로 보기 어렵다는 평가를 받는다. 조준이 누구에게 학문을 배웠는지 전하지 않고, 성균관과도 인연이 없었다. 조준은 가난한 집안 형편으로 독학을 했고, 후에 윤소종에게 배웠다는 이야기가 전한다.

조준과 절친했던 윤소종은 당시 신흥사대부가 인정한 성리학자로, 이색의 문하생이었다. 그러나 언제부터인지는 모르지만 이색이나 그의 문하생들과 사이가 벌어졌고 조준과 가깝게 지내게 된다. 따라서 조준은 이색을 포함해 성균관 출신 성리학자들과는 학문적 계보가 달랐다.

출신 지역과 지지 기반에도 차이가 있었다

정도전과 조준이 교류했던 인물들은 서로 다른 지역을 중심으로 정치적 지지 세력을 확보하는 등 출신 지역과 지지 기반의 차이도 뚜렷했다.

조준의 경우 개경을 중심으로 한 경기 이북 지역과 서해안 변두리 지역을 기반으로 하고 있었다. 이들 중에는 경제력이 비록 뒷받침되지는 않았지만, 고려 중기 이후 정치적 부흥기를 누렸던 신흥 권문세족 출신이 많았다. 반면 정도전의 경우 지역적으로 충청·경상·전라 등 하삼도下三道 출신들과 한미한 집안 출신들이 많았다. 물론 두 부류 모두 도덕성 면에서 흠은 없었지만, 정치적 성향 면에서 차이가 있었다.

조준과 교류했던 인물들은 '서북과 동북의 변경 지대에서 끊임없는 전란의 위험을 겪으며 부국강병의 필요성을 절감했고, 경사에 관한 높은 지식을 쌓아 우국憂國과 애민愛民을 바탕으로 개혁 의지를 중시하게 되었다'는 평가를 받는다. 반면 정도전의 경우 여말선초의 사회변동 시기에 과거를 거쳐 관계에 진출한 중소 지주 출신의 신흥사대부 중 하삼도 지방 출신의 비중이 높아진 현상과도 연관이 있었다.

『고려사』「열전」에 따르면 3품 이상 고위 관리를 3인 이상 배출한 성씨는 54곳으로, 이들 중 하삼도 지역을 본관으로 하는 성씨가 전체의 3분의 1을 약간 넘는 20곳이다. 그리고 2인 이상 배출한 성씨는 53곳이며, 이들 중 하삼도는 25곳으로 절반에 약간 못 미친다. 특히 14세기 이후, 즉 고려 말기에 이르면 하삼도 출신들이 증가 추세를 보인다.

고려 태조부터 의종 대에 중앙에 진출한 관리의 경우 무인정권 때까지 전체 120명의 과거 합격자 중 본관이 파악되는 경우는 51명으로 전체의 절반에 못 미치지만, 이들 중 하삼도가 본관인 경우가 거의 절반에 해당하는 25명이다. 14세기에 들어선 후 원종과 충렬왕 대에는 전체 파악 대상 중 62퍼센트, 충선왕과 충목왕 대에는 과거 급제자가 현격히 줄어든 가운데 80퍼센트를 차지했고, 공민왕 대에도 77퍼센트가 하삼도를 본관으로 하고 있었다.

이러한 현상은 고려 초기부터 의종 대까지 고려를 개국한 중심 세력들의 근거지가 경기 이북 지역이었기 때문이며, 이후 약 200년 동안 이들의 정치력이 유지된 것으로 보고 있다. 그러나 후기로 오면서 고려 사회는 개경을 중심으로 한 권문세족 자제들은 과거 외에도 문음門蔭 등으로 관직 진출 기회가 열려 있었다. 따라서 권문세족의 경우 과거를 거쳐 등용한 비중이 줄어들게 된다.

반면 역대 왕들은 자신의 지지 기반을 충원하여 권문세족을 견제하기 위해 과거를 적극 활용했다. 따라서 과거가 관직 진출의 유일한 기회였던 지방 향리 출신들이 과거에 급제하는 비율이 높아졌다. 이들은 대부분 도덕성과 학문적 식견을 갖추었고, 권문세족들과는 특별한 인연이 없었다. 따라서 개혁 성향의 사대부들 중에 하삼도 출신들이 많았고, 이들은 조선의 개국 과정에도 대거 참여하게 된다.

조선 개국공신 52명 가운데 경상도를 관향으로 하거나 거주한 경우가 12명, 충청도 8명, 강원도 7명, 평안도 6명, 전라도 5명, 함경도 5명, 경기도 3명, 황해도 3명으로 개경에 가까울수록 공신이 적고 하삼도 출신이 절반을 차지하고 있다. 또한 개국 후 정변으로 피살된 개국공신은 12명으로 경상도 4명, 전라도 4명, 충청도 2명 등 하삼도 출신 문인들이 10명이나 되었다. 물론 이들은 정도전의 지지 기반과도 무관하지 않았다.

갈등의 골이 깊어지다

정도전과 조준은 개혁과 정치체제에 대한 인식의 차이도 발견된다. 두 사람은 개혁과 관련해서 토지제도의 경우 모두 정전제井田制를 모범으로 삼았지만, 내용 면에서는 차이가 있었다. 정도전은 태조 왕건의 토지제도를 긍정했지만, 그렇다고 요순시대나 하·은·주 삼대와 비교할 대상은 아니었다. 반면 조준은 왕건의 전시과田柴科를 삼대의 인정仁政을 계승한 훌륭한 제도로 보았고, 왕건의 전시과를 회복하는 것을 삼대의 이상정치를 실현하는 것으로 인식했다.

또한 조준 역시 정도전처럼 '군신공치君臣共治'를 주장했지만, 왕권의 안정과 군주의 역할을 더 중시했다. 폐가입진 사건 때까지도 조준은 이성계를 모범적인 재상으로 생각했을 정도로 역성혁명까지는 생각하지 않았다. 반면 정도전은 재상이 중심이 되고 사대부와 백성이 뒷받침하는 정치체제를 구축하고자 했다. 그는 왕과 재상은 왕도정치의 동업자이고, 재상은 군주의 스승이라고도 했다.

이와 같은 두 사람의 인식 차이는 현실정치에서 갈등의 소지를 안고 있었다. 『태조실록』에는 다음과 같은 일화가 전한다.

정도전을 따르던 감찰 김부金扶와 황보전皇甫琠이 새 감찰 김중성金仲誠의 집에서 술을 마신 후 조준의 집 앞을 지나면서 "비록 큰 집을 지었지만, 어찌 오래갈 수 있겠는가? 후일에 반드시 다른 사람의 소유물이 될 것이다"라고 말했다. 이 말을 황보전이 주부 이양수李養修에게 전했고, 이양수는 조준의 문생이었던 성균악장 김분金汾에게 전했다. 김분은 당연히 그 말을 조준에게 전했고, 조준은 다시 태조에게 고했다고 한다.

이 말을 전해 들은 태조는 "나라와 고락을 같이한 사람을 오래가지 못한다고 한 것은 사직이 오래가지 못한다고 한 것이다"라며 엄하게 다스릴 것을 명했다. 결국 김부는 처형되었고, 황보전은 조정에 곧바로 전하지 않았다는 죄를 받아 장형을 받았다. 그리고 이양수는 태형을 받았고, 김부와 함께 술을 마신 감찰 18명을 파직시켰다. 당시 조준이 김부의 처형을 면해줄 것을 청하지 않았다고 해서 정도전과 조준 사이에 감정의 골이 깊어졌다고 한다.

때문인지 정도전과 조준의 인연은 끝까지 엇갈렸다. 정도전은 역적으로 몰려 이방원에게 처형되고, 이후 모든 것을 부정당하게 된다. 반면 조준은 이방원의 즉위와 통치 과정에 참여하여 정당성을 부여하는 역할을 수행했고, 태종에게 각별한 대우를 받는다.

정종 2년(1400) 이방원의 처남 민무구(閔無咎, ?~1410)와 민무질(閔無疾, ?~1410) 형제가 조준에게 좋은 벼슬을 청했다가 거절당하자 화가 난 민씨 형제가 매형인 이방원에게 조준을 무고한 적이 있었다. 그러나 이방원은 "조준은 죄가 없다"며 조준을 옹호했다.

이후 명나라에서 조선 왕실과 통혼할 뜻을 전했을 때 정보의 유출과 명나라의 간섭을 우려했던 태종은 둘째 딸 경정공주(慶貞公主, ?~1455)를 조준의 외아들 조대림과 서둘러 혼인시키기도 했다. 당시 조대림은 어머니가 사망한 지 넉 달밖에 되지 않은 상중이라 사간원에서 혼인을 반대했다. 태종 1년(1401) 상복을 입는 3년 동안에는 과거 응시를 금하는 조치가 내려졌고, 상중喪中에는 관직에 나아가는 것도 법률로 금지했던 것이다. 그러나 태종은 이를 무시하고 조대림을 사위로 맞아들였다.

한편 경정공주는 조대림과 혼인한 후 남별궁南別宮에 거주했는데, 이곳은 조선 초기에 한성부 호현방에 속했다. 사람들은 이곳을 '작은공주골'이라고 했고, 이를 한자로 '소공주동小公主洞' 또는 '소공주댁小公主宅'이라고 했다. 그리고 1946년 10월 일제식 동명을 우리 동명으로 바꿀 때 소공동이 되었다. 즉 지금의 서울시 중구 소공동小公洞이다.

어디로
갈 것인가?

전적田籍은 불에 타고, 눈물과 탄식이 이어지다

권문세족의 반발로 더디게 진행되던 전제 개혁은 뒤에서 설명하게 될 '김저 사건'으로 탄력을 받게 되고, 공양왕 원년(1389) 12월 북방과 해안 지방을 제외한 6도의 양전 사업이 완료된다. 양전 사업은 농지를 측량하는 것 외에도 국가의 토지대장에 토지를 등록하여 국가 소유라는 점을 명백히 했다는 점에서 의미가 컸다.

양전 사업 결과 50만 결結이 국가에 귀속되었다. 여기서 '결'은 농지의 수확을 기준으로 하는 토지 면적 단위로, 당시 소 한 마리가 나흘 동안 갈 수 있는 면적으로 대략 5천 평 남짓이었다. 따라서 양전 사업의 성과는 상당했다. 이 중 13만 결을 국가재정에 직접 충당되는 수조지로 만들었고, 13현에서 44현으로 늘어난 경기도의 10만 결은 신흥사대부에게 배당했다. 외방의 17만 결은 군전·진전·원전·역전·사원전·외역전 및 지방의 관전으로 책정했다.

공양왕 2년(1390) 1월에 토지대장이 반포되었고, 5월에는 과전법이 공표되었다. 9월에는 예전의 전적田籍이 불에 태워졌다. 오랜 시간 동안 권문세가 등 기득권층의 불법이 자행된 노획물이 한 줌의 재로 소멸하는 순간이었다. 따라서 전적의 소각은 급진파의 승리를 알리는 성격도 있어 남다른 의미가 있었다.

반면 방대한 분량의 낡은 토지대장이 며칠에 걸쳐 불에 타는 것을 보면서 권문세족과 공양왕은 눈물로 탄식했다.

> 공전과 사전의 전적을 저잣거리에서 불살랐는데, 불길이 며칠 동안이나 꺼지지 않았다. 왕이 눈물을 흘리면서 "조종祖宗의 사전지법私田之法이 과인의 대에 이르러 갑자기 개혁되니 애석하구나"라며 눈물을 흘리며 탄식하였다.

그러나 당시 토지개혁은 조준이 1차 상소에서 주장한 내용에도 상당히 후퇴한 것이었고, 백성에게 토지가 분배되지 않아 개혁의 취지가 퇴색한 면도 있었다. 그럼에도 지주가 경작권을 함부로 빼앗지 못하도록 했고, 사전은 경기도 내로 한정했으며, 그 외의 지역에서는 개인 소유를 일절 인정하지 않음으로써 국가재정을 늘릴 수 있게 되었다.

그리고 2분의 1 또는 4분의 1 세이던 조세부담률도 공·사전을 막론하고 1결마다 30두로 정해 납세자의 부담을 대폭 완화했다. 이러한 조치가 그대로 지켜졌는지는 확인할 수 없지만, 이전과는 비교할 수 없을 정도로 획기적이었던 것만은 사실이다.

정도전 역시 당시의 개혁에 상당한 의미를 두었다.

> "당시 구가세족이 불편하다고 입을 모아 불평하고 여러 가지로 방해하고 비방하여 마침내 우리 백성으로 하여금 이상 정치의 은택을 입지 못하게 하였으니, 이 어찌 탄식할 일이 아닌가. 그러나 두세 명의 대신동지와 함께 전대의 법을 연구·토의하고 오늘의 시의를 참작하여…… 토지를 백성들에게 나누어준 것이 비록 옛날의 이상적 제도처럼 되지는 못했으나, 토지법이 정리되고 일대의 법전이 마련되어 고려의 폐법을 내려다보게 되었으니 만만다행이 아니랴!"

이처럼 개혁을 추진하면서 "두세 명의 동지와 함께 연구하고 토의했다"는 말에서도 개혁의 시급함을 알 수 있다. 그러나 관점을 달리하면 다수의 논의를 거쳐 개혁안을 만들기에는 의견을 모으기가 쉽지 않았음을 의미했다. 개혁에 참여한 구성원들의 성격이 다양했기 때문이다.

서로에 대한 불신으로 이어지다

위화도회군 이후 이성계가 실권을 장악하면서 급진 성향의 신흥사대부를 포함해 그동안 이인임 일파의 권신들과 최영 등 보수 세력의 득세로 권력에서 소외되었던 전·현직 관료들과 이색과 정몽주 학파에서 소외되었던 신진 유학파 등 가문과 경제적 기반 그리고 정치적으로 다양한 경력을 지닌 인물들이 정계에 진출하여 이성계 측에 가담했다.

이들 중 개혁에 적극적으로 참여한 문인들의 경우 성리학을 기반으로 도덕성과 학문적 소양을 갖추었다는 공통점이 있었다. 이들을 개혁파라고 부르기도 한다. 그러나 이들은 소수를 제외하면 정치 공동체로서의 윤곽이 뚜렷하지 않아 사안에 따라 개혁에 동참했다. 때문에 이성계를 중심으로 사상적 논리성을 갖춘 소수의 핵심 인사들이 세력의 결집을 추동하며 개혁을 이끌어나갔다. 정도전·조준·조인옥·남은·윤소종 등이 그들이다.

그러나 개혁에 대한 입장 차이가 표면화되면서 개혁에 참여했던 신흥사대부는 급진 개혁파와 온건 개혁파로 나누어지게 된다. 양측은 다음과 같은 입장 차이가 있었다.

첫째, 급진파는 전면적인 제도의 개혁을 주장했고, 온건파는 개개인의 도덕성 회복을 바탕에 두고 불법과 탈법의 척결에 주목했다. 제도의 개혁보다 토지 점유의 분쟁과 수탈 그리고 과세 중복 등을 개선하여 합리적으로 운영하면 토지문제가 해소될 수 있다고 보았던 것이다.

둘째, 온건파는 급진파의 개혁에 따른 사회질서의 혼란을 우려했다. 억울하게 노비가 된 자들을 환속시키는 과정에서 각종 송사訟事가 벌어지고, 주인에 대한 무고 등 하극상이 일어나는 것을 우려한 것이 대표적 예였다.

셋째, 개혁과 관련하여 성리학을 수용하는 태도에도 차이가 있었다. 온건파는 성리학을 신봉하면서도 불교에 대해 유연한 태도를 보였고, 치인治人보다는 수신修身을 강조하는 등 관념적이고 윤리적인 면을 중시했다. 그리고 왕실에 대한 의리를 지키는 것과 국가에 대한 충성심을 동일한 것으로 받아들였다.

반면 급진파는 성리학을 국가의 통치 이념으로 삼아 민본사상을 바탕으로 사회의 여러 분야를 개혁하고자 했다. 급진파에 속했던 조준은 "군주는 하늘과 백성을 두려워하는 자세를 취해 주변의 훌륭한 신하들에 의해 보좌되어야 한다"며 '군주의 군자君子化'를 강조했고, 윤소종의 경우 한발 더 나아가 "백성을 기르는 자는 흥하고 백성을 해치는 자는 망한다"고 주장했다. 심지어 "군주는 혈통이 아니라 자질로 뽑아야 한다"고 주장하는 급진적 혁명주의자도 있었다.

넷째, 양측은 경제적 여건과 정치적 위상 등에 차이가 있었다. 과거를 통해 정계에 진출한 소장파 관리들이 주를 이룬 급진파는 일반적으로 2~3대 조상이 향촌의 중소 지주 등 향리 출신이 많았다. 따라서 이들은 중앙에서 대대로 권력을 장악하며 토지를 겸병한 대지주 출신이 아니었고, 변화의 수용에 비교적 자유로웠다.

온건파 역시 선진 학문인 성리학을 공부하여 개혁 성향과 실력을 갖춘 학자 출신이 다수 포함되어 있었으나 명문가에 지주 출신 집안도 적지 않았다. 따라서 급진적인 변화에는 소극적인 경향이 있었다.

이처럼 양측의 차이는 서로에 대한 의심으로 이어졌다. 특히 온건파는 급진파의 출신과 경제적 여건 등을 들어 개혁의 진정성을 의심했다. 좀 더 극단적으로 말하면 '권력에서 소외된 소수의 세력이 권력을 장악하기 위해 개혁에 나섰다'며 경계했다. 반면 급진파는 기득권 상실에 대한 온건파의 우려 때문에 개혁에 장애가 된다고 비판했다.

지금 어린아이는 대국大國의 수도首都에 올 필요가 없다!

급진파는 전제 개혁 외에도 조정 대신들의 지지를 끌어내야 했고, 민심을 안정시키고 지속적인 개혁을 위해 이념을 세워 전파하는 일도 중요한 과제였다. 한편으로는 자신들에게 적대적인 세력에 대해서도 대응해야 했다. 특히 본격적인 개혁에 돌입하게 되면서 온건 개혁파 외에도 친원파와 권문세족, 권신들의 잔존 세력 등 수구세력의 저항이 거셌다.

따라서 급진파는 시급한 과제를 수행하면서 지지할 가능성이 없는 자들을 제거하거나 고립시키는 전략을 병행했다. 이러한 분위기에서 축출되었던 우왕과 구가세족이 주동하여 이성계를 제거하려는 음모가 발각된다. 이른바 '김저 사건'으로, 전제 개혁이 불과 1년 만에 진전을 보이자 다급해진 대지주들이 벌인 저항이었다. 이 사건과 관련해서 창왕 원년(1389) 11월 『고려사』에는 다음과 같이 기록하고 있다.

> 김저가 정득후와 함께 몰래 강화도 황려부로 가서 우왕을 만났다. 김저는 최영의 조카인데 최영을 오랫동안 따라다니면서 대단한 권세를 부렸으며, 정득후 또한 최영의 족당이었다. 우왕이 울며 말하기를 "내가 울적해서 견디지 못하겠다. 이대로 죽기만 기다릴 수 있느냐. 그 전에 곽충보를 잘 봐주었으니 네가 가서 의논해보라. 이성계만 처치해 버리면 내 뜻대로 될 것이다"라며 '이성계를 암살하라'고 지시하였다. 그리고 검 한 자루를 곽충보에게 보내면서 말하기를 "이번 팔관회 날에 거사하라. 성사되면 왕비의 동생을 처로 줄 것이요, 부귀를 함께 나

누겠다"고 하였다. 김저가 이 말을 전하니 곽충보가 승낙하는 체하고서 이성계에게 고발하였다.

정득후(鄭得厚, ?~1389)는 밤중에 이성계 집에 몰래 침입했다가 붙잡히자 목을 찔러 자결했다. 당시 이성계는 팔관회 행사에 참석할 예정이었으나 집에 있다가 김저(金佇, ?~1389)가 찾아오자 그 자리에서 체포하여 순군옥에 넘겼다. 김저는 문초를 당하자 "변안렬·이림·왕안덕·우현보·우인열·우홍수 등과 공모하여 신우(우왕)를 맞아들이는데, 창왕이 내응하기로 했다"고 자백한 후 순군옥에서 갑자기 죽고 말았다.

김저의 고변으로 사건은 전·현직 국왕과 구가세족을 포함한 수구세력이 대거 연루된 사건으로 확대되었다. 결국 창왕은 즉위 1년 만에 폐위되어 강화로 추방되고, 강화에 있던 우왕은 강릉으로 옮겨졌다. 그리고 온건파의 대표격인 이색을 비롯해 김저가 고변했던 인물들이 관직에서 축출되었고, 권근과 하륜도 이들에 동조했다는 이유로 유배되었다.

그러나 이것으로 끝이 아니었다. "창왕은 왕족이 아니니 고려의 왕으로 인정할 수 없다"는 명나라의 외교문서가 공개되면서 정국은 다시 요동쳤다. 문서가 공개되기 전해의 겨울, 이색은 명나라를 방문해 주원장에게 천자天子의 권한을 일시적으로 대행하는 감국監國과 창왕의 입조를 승인해달라고 요청한 일이 있었다. 명나라 황제의 권위로 창왕의 정통성을 확보하여 논란을 불식시키고 왕권을 강화하려는 의도였다. 하지만 주원장은 이색의 청을 외면하고 고려의 도당에 다음과 같은 공문을 보냈다.

고려에서는 임금의 대를 끊어버리고 딴 성을 왕씨로 속였으나 그것은 삼한에서 대대로 지켜온 좋은 전통이 아니다. 과연 소국의 무던하고 지혜로운 신하들이 벼슬자리에 앉아서 임금과 신하의 명분을 바로 잡았다면 아무리 수십 대를 조회하러 오지 않은들 무엇을 근심하겠는가. 또 해마다 조회하러 온들 무슨 걱정이 있으랴. 지금의 어린아이는 대국의 수도에 올 필요가 없다.

이 문서는 창왕의 외조부인 이림(이성림)이 국내 정치에 미칠 파장을 우려해 숨겨두었는데, '김저 사건'으로 세상에 알려진 것이다. 이에 심덕부·지용기·정몽주·설장수·성석린·조준·박위·정도전 등 9명이 흥국사에 모여 대규모 병력이 주변을 호위하는 가운데 대책회의를 열었다.

흥국사에서 대책회의가 열리다

흥국사 회의에서 급진파는 우왕과 창왕이 신돈의 자식이라는 이유를 내세워 "거짓 임금을 폐하고 진짜 임금을 세운다"는 의미에서 '폐가입진廢假立眞'을 주장하고 나섰다. 그리고 그 결과 공양왕(1345~1394)이 즉위하게 된다. 이때가 1389년 11월이다. 『고려사』에는 공양왕의 즉위와 관련하여 다음과 같이 기록하고 있다.

사람 하나 처형하지 않고도 잠깐 사이에 16년간 왕 노릇을 한 신씨를 제거하였다. 그들의 인척과 패거리가 지천에 널려서 뿌리박고 있었으나 그것을 휘둘러보고는 간담이 부서질 듯이 놀라 잘못을 고치고 순종하기를 표시하면서 감히 꼼짝도 할 수 없었던 것이다.

급진파는 또한 우왕과 창왕에게 연계된 근왕파 세력과 전제 개혁에 반대하는 자들, 그리고 이성계의 군사력에 대항할 가능성이 있는 무인들을 숙청했다. 같은 해 12월에는 대사헌 조준이 시무책과 함께 3차 전제 개혁에 관한 상소를 올려 개혁에 박차를 가했다.

한편 위화도회군에 동참한 남은과 조인옥 등은 회군 당시 "이성계를 왕으로 추대하자"는 제안을 최초로 했다. 하지만 이방원이 "이런 문제는 경솔히 말하고 다녀서는 안 된다"며 단속에 나서서 더 이상 공개적으로 논의되지 않았다. 이는 이성계를 중심으로 모였던 인물들의 정치적 영역이 넓게 형성되어 있음을 의미했다.

또한 조정에서 뿌리가 깊지 못했던 급진파는 정치적 명분과 세력이 확실하게 우위에 있지 않았다. 때문에 급진파는 위화도회군 이후 정치적 명분을 확보하기 위해 조정에서 보수파와 온건 성향의 신흥사대부들과도 협력과 견제를 병행하며 개혁을 추진해 나갔다. 개혁에 성과가 나타나기 시작하면서 탄력을 받게 되었고, 김저 사건으로 확고하게 정치적 우위를 차지했다. 결과적으로 '김저 사건'은 급진파가 권력을 장악하게 되는 빌미(?)를 제공한 격이었다.

그런데 왕조 사회에서 신하가 국왕을 폐하고 새로운 왕을 옹립하는 것은 정치적으로 대단히 민감한 사건이었고, 공양왕을 옹립하기까지 대규모의 사건이 단기간에 연이어 일어났으며, 사건의 처리 역시 단기간에 일사천리로 진행되어 온건파에서 의혹을 제기하기도 했다.

여기에 주원장의 존재도 주목된다. 그는 불안정하고 판단하기 쉽지 않은 고려의 내부 사정에 무관심하고 방관자적 태도를 보여주는 듯했지만, 결정적인 역할을 했기 때문이다. 즉 이색이 죽음을 각오하고 주원장을 찾아갔지만 주원장은 이색의 청을 받아들이지 않았고, 오히려 도당에 보낸 공문을 통해 이성계의 손을 들어주었던 것이다.

따라서 평소 주변국의 동향에 소홀함이 없었던 주원장은 '창왕은 단순히 자리를 지키고 있는 허수아비에 불과하며, 이성계를 중심으로 신진사대부가 실권을 장악하고 있다'는 사실을 알고 있었고, '이성계와 급진세력이 친명 사대를 표명하고 있으니 불리할 것이 없다'고 판단했을 가능성도 충분했다.

관점을 달리하면 급진 개혁파가 명나라의 지지를 이끌어내기 위해 물밑 교섭을 포기하지 않았던 전략적인 노력의 결과이기도 했다. 급진파는 이 기회를 활용해 보수세력의 정치력을 해체시킨 후 공양왕 3년(1391) 군제를 개편하여 군권까지 장악한다.

투표로
왕을 결정하다

투표로
왕을 결정하다

『고려사』에는 공양왕의 즉위에 대해 다음과 같이 기록하고 있다.

> 우·창은 본래 왕씨가 아니라서 가히 종사를 받들 수 없으며, 또한 천자의 명이 있으니 마땅히 가짜를 폐하고 진짜를 세울 것이다. 정창군 왕요는 신종의 7대손으로 그 족속이 왕실에 가장 가까우니 마땅히 세울 것이다.

당시 왕실의 후손으로는 정창군定昌君 요瑤 외에도 그의 아우인 정양군定陽君 우(瑀, ?~1397), 사촌형제 간인 남평군南平君 화(和, ?~1394) 그리고 8대왕 현종(재위 1010~1031)의 12대손 보령군保寧郡 복福과 수연군壽延君 규珪, 14대손 순녕군順寧君 담湛, 영원군寧原君 기琦, 익산군益山郡 집輯 등이 있었다. 그러나 정창군이 왕실 혈통으로 가장 적통에 해당했다.

정창군 요는 고려 20대 왕 신종의 6대손인 정원부원군 균(鈞, 생몰 미상)과 어머니 왕씨 사이에서 태어났으며, 정창군의 어머니는 충렬왕의 증손녀로 순수 고려 왕실의 혈통이었다. 따라서 원 황실과 혈연관계가 없는 정창군의 즉위는 왕실의 존엄성과 왕권의 정통성 회복을 기대할 수 있었고, 명나라도 안심시킬 수 있었다. 또한 정창군의 동생 정양군 왕우의 딸이 이성계와 두 번째 부인의 장남 방번과 혼인하여 공양왕과 이성계는 사돈 관계이기도 했다.

그러나 급진파 내부에서 정창군의 즉위에 반대하는 의견이 있었다. 특히 조준은 "정창군의 성격이 유약하고 부귀하게 성장하여 자기 재산만 다스릴 줄 알고 나라를 다스릴 줄 모르니 왕으로 세울 수 없다"며 반대했고, 성석린(成石璘, 1338~1423)도 "왕을 세울 때에는 마땅히 어진 이를 가릴 것이요, 반드시 그 족속의 친소를 논할 것이 아니다"라며 조준의 의견에 동조했다. 이 발언은 '정창군이 이성계·심덕부·박위·정몽주 등과 혼맥 관계를 맺고 있어 조준이 이들을 견제하려는 의도가 있었다'고 해석하기도 한다.

때문에 합의를 끌어내지 못하자 성석린의 의견에 따라 왕실 종친 중에서 몇 명을 선발하여 표결에 부쳤고, 그 결과 정창군이 고사했음에도 44세의 나이에 공양왕으로 즉위했다. 조준의 지적대로 정창군이 유약한 것은 사실이었고, 즉위를 고사한 것도 나름의 이유가 있었다.

지난 우왕 8년(1382) 가을, 이인임의 사위 강서(姜筮, 1347~1424)의 집에

서신 한 통이 날아들었다. 서신에는 "백성들이 우왕의 출생과 즉위 과정에 의혹을 품고 있고, 우왕의 소행이 도리에 벗어난다"면서 "임견미·염흥방·조민수·도길부·문달한 등이 이인임과 최영을 제거하고 정창군 요를 왕으로 세우려고 한다"는 내용이 있었다. 이에 임견미는 전 판사 김극공金克恭이 자신을 모함한 것이라며 잡아다 혹독하게 심문했고, 김극공은 있지도 않은 사실을 자복하게 되었다. 이에 최영은 "김극공을 가족과 함께 처형하고 정창군을 멀리 유배 보내야 한다"는 상소를 올렸다. 다행히 목숨을 구한 정창군은 이후 대신들과는 가까이하지 않았고, 은둔에 가까운 생활을 하고 있었다.

공양왕은 즉위한 해 11월에 또 한 차례 위기를 맞았다. 공양왕의 셋째 사위 강회계(姜淮季, ?~1392)의 아버지 강시(姜蓍, 1339~1400)가 공양왕에게 "중흥의 공신을 믿지 말라"고 말한 것이 화근이었다. 중흥공신中興功臣은 이른바 '폐가입진'으로 공양왕의 즉위를 결정하는 회의에 참석했던 9명의 공을 인정해 공신에 책봉된 인물들이었다.

당시 옆에서 시립했던 공양왕의 둘째 사위 우성범(禹成範, ?~1392)이 어머니 윤씨에게 이 말을 전했고, 윤씨는 종형 윤소종에게 알렸다. 그리고 윤소종은 다시 중흥공신 측에 이 말을 전하면서 사건이 커지게 된다.

다행히 공양왕은 무사할 수 있었지만, 몇 년 뒤 그가 우려했던 대로 두 아들과 함께 세상을 떠나고 말았다. 그를 공양왕이라고 한 것도 '국왕 자리를 공손히 양보했다'는 의미라고 한다. 이처럼 공양왕이 즉위하면서부터 정국에 커다란 변화가 일었다.

정국을 장악하다

공양왕은 즉위 후 교서를 발표하면서 비로소 이인임을 공식적으로 비판했고, 우왕과 창왕을 부정함으로써 부패 정치의 청산을 공식 선언했다. 그리고 수문하시중 이성계에게는 '충성을 다하여 난을 평정하고 다스린 공으로 공신작위를 준다'는 의미가 담긴 '분충정난광복섭리좌명공신 화령군개국충의백奮忠定難匡復燮理佐命功臣和寧郡開國忠義伯'이라는 공신호가 내려졌다. 고려에서 김부식과 신돈 다음으로 긴 공신호로, 이성계가 정국의 중심에 섰음을 의미했다.

당시 이색은 판문하부사에 임명되어 정계에 복귀했지만, 창왕의 즉위를 도왔다는 이유로 대간들이 탄핵하여 복귀 한 달 만에 파직당한 후 아들 이종학(李鍾學, 1361~1392)과 함께 유배되었다. 창왕의 생일에 특사로 풀려났던 조민수도 이성계 측과 대립하다가 서인으로 강등되어 공양왕 2년(1390) 창녕에서 사망했다. 그리고 이숭인·하륜·권근 등도 이들과 당여黨與라는 이유로 유배되었다.

이처럼 잔존 권신들과 보수 인사들까지 제거되면서 이성계를 중심으로 하는 급진세력이 정국을 장악하게 된다. 그리고 국왕을 소수의 대신들이 투표로 선택했다는 사실에 왕실의 존엄성이 크게 훼손되는 등 고려는 서서히 무너져 내리고 있는 듯했다.

그러나 폐가입진 당시 공양왕의 자질을 이유로 반대한 조준의 발언은 급진파 내에서 사전에 의견 조율이 이루어지지 않았음을 뜻했다. 그만큼 급박하게 일이 진행되었음을 말해주고 있지만, '자질을 갖춘 왕이 즉위해야 한다'는 의미는 당시까지도 급진파 내에서 역성혁명까지 염두에 두지 않았던 인물들이 있었음을 알 수 있다.

폐가입진 과정에 정도전과 정몽주가 참여했다는 점도 대단히 주목된다. 이때까지도 급진파와 온건파가 완전히 결별하지 않았으며, 한편으로는 정도전이 개혁의 전면에 나서고 있음을 의미하기 때문이다.

정도전은 이후 삼사우사에 올라 첨설직 혁파 등 인사 정책의 혁신을 주장했다. 첨설직添設職은 공민왕 때 홍건적의 침입을 막고 왜구 토벌에 공을 세운 군인들에게 내린 명예직이었다. 하지만 지방 토호로서 현직이 없는 관리와 직역이 없는 사족 등의 한량관閑良官이 점차 늘어나면서 민폐의 온상이 되었고, 이마저도 매관매직을 남발하여 심각한 사회문제를 일으켰다.

때문에 정도전은 그 대안으로 궁성숙위부宮城宿衛府를 설치해 한량관 자제들을 개경으로 불러들여 수비병으로 근무하게 하고, 인사 정책의 혁신을 위해 인재 교육(교양)·관료 선발(선거)·관직 임명(전주銓注)·성적 평가(고과)·승진과 면직(출척黜陟) 등 다섯 조목으로 나누어 실시하자는 안을 제시하는 등 급진파가 개혁을 주도했다.

반면 온건파는 급진파가 고려 왕실을 위협하는 존재라고 비판하며 체제 유지라는 왕당파적 성격이 더해졌고, 정몽주가 그 중심에 서게 된다. 양측은 왕과 신하들이 경전經典을 읽고 토론하는 경연經筵의 내용을 놓고도 의견이 대립했다. 공양왕은 대신들이 경연을 건의하자 이를 받아들였다. 오랫동안 폐지되었던 경연을 다시 시행하는 것만으로도 당시로서는 정치 개혁에 해당했다. 하지만 양측의 의도가 달랐다. 급진파가 경연을 통해 왕을 앞세워 제도 개혁의 공론화를 꾀했다면, 온건 보수파는 국왕의 자질을 높여 왕실의 존엄성과 왕권 회복을 꾀하려고 했다.

그런데 '윤이·이초 사건'으로 대규모 옥사가 발생하면서 양측은 서로에게 깊은 상처를 남기며 돌아올 수 없는 강을 건너게 된다.

서로에게 깊은 상처를 남기다

'윤이·이초 사건'은 공양왕 2년(1390) 5월 명나라에 사신으로 간 순안군 왕방(順安君 王昉, 생몰 미상)과 동지밀직사사 조반이 귀국하면서 고려에 알려지게 된다. 누군가가 파평군 윤이(尹彝, 생몰 미상)와 중랑장 이초(李初, 생몰 미상)를 명나라에 보내 파병을 요청하면서 다음과 같이 말했다는 것이다.

> "공양왕은 왕씨가 아니라 이성계의 외척이며, 이성계가 명나라를 공략하려는 것을 이색 등이 말리다가 이색·조민수·이림·변안렬·권중화·장하·이숭인·권근·이종학·이귀생 등이 죽고, 우현보·우인열·정지·김종연·윤유린·홍인계·진을서·경보·이인민 등은 멀리 유배되었다. ……배척당한 재상들이 은밀히 자신들(윤이와 이초)을 보내 '황제께서 친히 군사를 이끌고 역적 이성계 무리들을 토벌해달라고 청하라'고 하였다."

그런데 이 사건은 3년 전인 우왕 13년(1387) 염흥방과 임견미 등 권신들의 척결에 단초를 제공한 조반이 명나라 조정으로부터 문서가 아닌 구두로 들었던 내용을 조정에 보고한 것으로, 물증도 빈약해서 온건 보수파 측은 거세게 반발했다. 그러나 이 사건을 조사한 급진파는 우현보·권중화·경보·장하·홍인계·윤유린·최공철 등을 순군옥에 가두고 이림·우인열·이인민·정지·이숭인·권근·이종학·이귀생 등은 청주 옥사에 가두었다. 이 사건의 배후에 관여한 것으로 알려진 이색도 투옥되었다. 이색은 다시 풀려나게 되지만, 그가 투옥되었다는 사실 자체가 정국의 주도권이 급진파 쪽으로 기울었다는 것을 보여주고 있다.

같은 해 6월 청주에 대홍수가 발생해 강이 범람하여 성문이 무너지고 성안까지 물이 들어차 옥에 갇힌 사람들이 나무에 매달려 겨우 목숨을 건진 일이 발생했다. 이에 정몽주가 나서서 "민심 수습 차원에서 죄상이 명백하지 않은 사건에 대해 대사면령을 내려야 한다"고 왕에게 청했고, 공양왕은 이성계와 심덕부에게 '윤이·이초 사건'의 심문을 중단하고 관련자들을 풀어줄 것을 명했다.

공양왕은 폐위된 창왕의 뒤를 이어 즉위했던 탓에 '윤이·이초 사건'에 연루된 자들의 처벌을 적극적으로 반대할 수 없었다. 그러나 사건에 연루된 자들의 범위가 자신의 인척들까지 확대되자 태도가 바뀌기 시작했다. 그는 연루자의 강력한 처벌을 주장한 윤소종과 오사충을 간관 직에서 해임하고 정몽주 측 인사들을 임명했다. 이에 힘을 얻은 온건 보수파 측의 김진양(金震陽, ?~1392)은 "윤이·이초 사건은 세 살 아이도 조반이 꾸민 것임을 알고 있다"며 의혹을 제기했다가 파직되는 등 양측 모두 결말을 내지 못하고 관련자들의 귀양과 사면을 반복했다.

공양왕 2년(1390) 6월 급진파는 사건의 경위를 파악하고 해명하기 위해 명나라에 사신을 보내기로 결정했다. 그리고 사신으로 종2품 정당문학으로 승진한 정도전이 가게 된다. 정도전에게는 6년 만의 명나라행으로, 여러 가지 의미가 있었다. 무엇보다도 사건 자체가 대단히 민감했기 때문에 주원장을 이해시키는 일이 중요했고, 한편으로는 우왕 10년 정몽주와의 명나라행 이후 안정을 찾아가고 있는 명나라에서 선진문물을 접했음은 물론, 명이 고려에 군사를 동원할 준비가 되어 있는지도 탐색했다. 50대의 나이에 들어선 정도전은 외교 분야까지 활동 영역을 넓히며 정국의 전면에 나서고 있었던 것이다.

한편 급진파가 우현보와 이색의 처벌을 주장하자 부담을 느꼈던 공양왕은 보수파 쪽으로 더욱 기울었다. 급진파가 정국을 장악하는 것이 자신의 신변에 위협이 될 것으로 판단했던 것이다. 이에 정몽주가 나서서 "윤이·이초 사건의 관련자는 죄가 명백하지 않고, 이미 용서를 받았으니 다시 죄를 논할 필요가 없다"며 맞섰다. 이렇게 논란이 벌어지는 과정에서 심덕부와 지용기가 역모죄에 걸려드는 등 권력투쟁의 양상까지 보이게 된다.

영원히 함께할 것을 맹세하다

'심덕부·지용기 역모 사건'의 발단은 공양왕 2년(1390) 11월 김종연(金宗衍, ?~1390)이 빌미를 제공했다. 그는 '윤이·이초 사건'의 관련 문서에 자신의 이름이 들어 있다는 사실을 알고 도망쳤다가 서경에 있던 윤구택尹龜澤을 찾아가 "심덕부와 지용기가 함께 이성계 제거를 공모했다"며 병력 지원을 요청했다. 그러나 윤구택이 이성계 측에 이 사실을 전해 사건이 공개된 것이다.

서경을 중심으로 하는 서북면은 중국과의 교통로이자 수도 개경과도 가까운 거리에 있어 군사적으로 대단히 중요한 요충지였다. 때문에 고려는 우왕 이후에도 하삼도 주민들을 이곳에 이주시키는 등 병력 충원에 적극적인 관심을 기울였다.

또한 서경은 이성계의 동북면 군사력과 맞설 수 있는 유일한 곳이었고, 심덕부는 이 지역의 군사력에 영향력을 지니고 있었다. 위화도회군에서 이성계를 지원했던 심덕부를 이성계는 선배 무인으로 예우했지만, 이 사건에 심덕부가 연루되었다는 사실에 문제가 더욱 심각해졌다.

심덕부는 결백을 주장하며 스스로 옥에 들어가 강력하게 대질신문을 요구했으나 파직당했다. 그는 파직된 후에도 직위를 내놓지 않고 버티다 간관의 탄핵으로 유배형에 처해졌다. 그러나 곧 풀려난 것으로 보아 반역 혐의는 무고였던 것으로 보이지만, 이 과정에서 이성계 세력에 편입되지 않은 인물들이 정계에서 물러나게 된다. 이로써 9공신이 상징했던 협력 체계가 청산되었고, 이후 이성계의 친위 세력이 전면에 등장했다. 이성계는 공양왕 2년(1390) 12월 부수상인 수문하시중을 사임했다가 한 달 만인 이듬해 1월 최고의 직위에 올랐다.

급진파는 재야인사들을 영입하는 등 지지 세력의 확장에 관심을 기울였고, 한편으로는 중앙집권 체제로 전환하기 위한 구체적인 조치들을 취해 나갔다. 대표적인 예로 보수파의 장수들을 파면하고, 무장들이 거느린 사병을 혁파하여 중앙군에 통합시키기 위해 기존의 군사 체제인 5군을 없앴으며, 삼군도총제부三軍都摠制府가 설치되었다. 삼군도총제사에 이성계가 오르고, 배극렴과 조준이 중군총제사와 좌군총제사에 각각 올랐다. 이성계를 중심으로 한 측근들이 군사력까지 장악하게 된 것이다. 이때 정도전도 우군총제사에 올라 문관의 역할에서 보폭을 넓혀 나갔다.

당시의 상황을 『고려사절요』에는 다음과 같이 기록하고 있다.

> 헌부憲府에서 말하기를 "지금 모든 군사의 일은 이미 영삼사領三司 이성계로 하여금 모두 총괄하도록 하였으니 여러 장수將帥의 인장印章을 거두어들이도록 하십시오"라고 하자 이를 따랐다.

이는 이성계 측이 군권을 완전하게 장악했음을 의미했고, '김종연 사건'이 그 단초가 되었던 것이다. 이후 삼군도총제부는 조선의 건국에 결정적인 역할을 하게 된다.

공양왕 3년(1391) 11월 이성계가 돌연 수문하시중을 사임하자 정몽주가 그 자리에 오르게 된다. 같은 달에 이색과 우현보의 형량이 감해져 개경 출입이 허용되었고, 곧이어 권근도 개경을 제외한 곳에 임의로 거처하게 된다. 급진파가 의도적으로 한발 물러난 것인지, 온건 보수파의 공세가 거셌기 때문인지는 정확하지 않으나 조정은 이미 급진파가 포진하고 있었다.

때문에 위기의식을 느낀 공양왕은 9공신과 함께 종묘에 나가 맹세를 다짐하는 일종의 서약의식을 거행했다. 다음은 당시의 상황을 기록한 내용이다.

> 이성계를 비롯한 9공신의 공을 비석에 새기어 황하가 말라 띠처럼 좁아지고 태산이 닳아 숫돌처럼 작아질 때까지 세세토록 선조의 묘에 간수할 것을 맹세합니다. 비록 9공신의 자손이 왕가에 반역하는 죄를

범하여도 그 작록을 삭감하지 않고 후계자를 구하여 작위를 계승케 하고 제사를 받들어서 대를 끊임없이 함으로써 9공신의 공에 보답할 것입니다.

공양왕은 그날 연회를 베풀어 9공신을 위로했다. 하지만 '반역 행위를 해도 후손들은 보살피겠다'고 선언을 할 정도로 공양왕의 불안감은 극에 달했고, 고려의 왕실은 무력해진 상태였다.

누가 이색을 공격할 것인가?

구언에 답하다

공양왕 3년(1391) 4월 공양왕은 구언교求言敎를 내렸다. 구언교란 나라에 재난이나 중대 사안이 발생했을 때 민심을 다스리고 해결 방안을 마련하기 위해 왕이 널리 의견을 구하는 것을 가리킨다. 당시 공양왕은 천문을 관측한 일관의 보고를 받고 '심상치 않은 하늘의 경고'로 여겨 하늘의 견책을 피하기 위한 의견을 널리 구한 것이다. 이에 정도전은 왕의 구언求言에 응하는 형식으로 장문의 상소문을 올렸다.

당시 그의 상소는 첫째, '왕의 덕이 부족하여 상제上帝의 마음에 들지 않는가?'와 '왕의 명령이 사람들의 기대에 부합하는가?' 둘째, '사람을 임용함에 있어 사적이었는가?'와 '상벌이 정도에 어긋났는가?' 셋째, '민폐가 제대로 제거되지 않아 재정이 헛되이 소비되었는가?'와 '아랫사람들의 억울한 사정을 제대로 들어주었는가?' 넷째, '뛰어난 재주가 있으나 등용되지 않은 자가 누구인가?'와 '참소하는 사람들은 누구인가?' 등 크게 네 가지로, 당시 사회의 구조적 모순을 일목요연하게 지적했다.

예를 들면 '사람을 임용함이 사적인가?'와 관련해서 정도전은 "임금이 사람을 등용함에 공사를 구별하여 내린 것인지는 알 수 없으나 소문에 따르면 인맥이나 인척의 연줄이 많이 작용했다"고 지적했다. 이어서 "우왕과 창왕을 옹립한 사람들에 대한 상벌이 잘못되었다"고 비판하면서 "우왕·창왕과 관련된 족속들은 마땅히 형벌을 받아야 사람들과 귀신들의 마음이 후련할 것"이라고 주장했다.

또한 정도전은 "위화도회군 이후 모든 장수들이 왕씨를 세워 부흥할 수 있는 절호의 기회였는데, 신창(창왕)을 세운 것은 왕씨의 부흥을 막은 자들이며, 신우(우왕)를 다시 맞이하려던 자들은 왕씨를 영원히 끊으려는 자들이다"라며 '김저 사건' 등과 관련된 자들의 엄한 처벌을 주장하는 등 반대파의 숙청을 주장하며 나섰고, 여기에는 그의 스승 이색도 포함되어 있었다.

정도전은 이색이 우왕의 즉위에 대해 "공민왕이 우왕을 자식으로 인정했고, 천자도 승인하여 이미 그의 신하가 되었으니 내쫓는 것은 불가하다"는 주장에 대해서 "왕위는 고려 태조의 왕위이고, 사직社稷도 태조의 사직이니 공민왕이 그것을 사사로이 취급할 수 없다"며 중국의 사례까지 열거하며 조목조목 비판했다. 또 "과연 어질고 지혜 있는 신하가 있다면 임금과 신하의 자리가 올바로 정해질 것이다"라고 반박하며 그 책임을 물어야 한다고 주장했다.

정도전은 불교의 폐단에 대해서도 공양왕이 남경(한양)에 행차했다가 돌아오는 길에 자신의 생일을 자축하기 위해 양주 회암사檜巖寺에 들러 예불을 올리고 반승飯僧을 베푼 것에 대해 "왕이 스스로 복을 비는 일은 없으며, 또 왕이 연복사 탑전을 건설하기 위해 경기도와 양광도의 백성들에게 나무 5천 주를 바치도록 명한 것 역시 민폐가 크다"고 지적했다.

반승의 경우 '승려들에게 식사를 대접하는 왕실 행사'로 숭불崇佛에 대한 비판으로도 보이지만, 문제는 지나친 낭비였다. 당시 그는 재물을 관리하고 출납과 회계를 맡아보는 정3품 삼사우사 직을 겸하고 있었고, 국고國庫는 단 하루치의 나라 살림을 꾸릴 만한 재정도 없이 바닥난 상태였다.

정도전이 따랐던 『주례周禮』에는 "백성의 목숨을 좌우하는 전곡錢穀이란, 3년마다 1년간 쓸 전곡을 저축하고 30년이 되면 9년치를 저축할 수 있어야만 전쟁이나 흉년이 닥치더라도 염려할 것이 없다"고 했고, "재정은 수입을 먼저 헤아린 다음 지출해야 한다"고 했지만, 그야말로 이상에 지나지 않았다.

집요한 견제가 시작되다

공양왕이 즉위 3년 차를 맞이하면서 전제 개혁이 마무리되어 가자 급진파는 다음 개혁 과제를 내놓아야 했다. 권력 장악이 궁극적인 목표라면 이 무렵 마무리 단계로 접어들 수도 있었다. 하지만 권력이 궁극적인 목적이 아니었던 정도전은 장문의 상소를 올리는 등 점차 분주해졌다.

아마도 이 무렵 정도전은 개혁을 넘어 혁명을 위한 구체적인 행보를 시작한 것으로 보인다. 반면 조준의 경우 공양왕을 옹립한 다음 달인 1389년 12월에 군주의 수신修身에서 국정 전반에 걸친 시무책을 올린 후 개혁의 정쟁에서 한발 뒤로 물러나 있는 듯했다. 회군 이후 활발하게 활동했던 것과 분명 대조적인 모습이었다.

정도전이 적극적으로 활동하면서 반대파들의 공격 화살이 그에게 향했다. 특히 온건 보수파는 군제 개혁이 단행되자 사병과 한량관의 군역 편입을 물고 늘어지며 정도전을 집요하게 공격했다. 정도전은 당시의 심정을 이렇게 말했다.

> "장수들이 사병을 두는 것은 그 내력이 오래되었는데 이를 하루아침에 개혁하고, 더구나 구가세족이 군역을 지지 않은 것 또한 오래되었는데 하루아침에 그 이름을 군적에 올려 몸으로 군역을 치르게 하면 크고 작은 원망이 모두 신에게 돌아옵니다."

그리고 전제 개혁에 대한 자신의 입장을 다음과 같이 밝혔다.

> "사전을 개혁한 건의는 원래 토지는 모두 국가 소유로 만들어서 국가재정을 확보하고 군량미도 넉넉히 하고, 사대부의 녹도 주고, 군역들도 먹여서 상하에 근심이 없게 하려는 것이 신의 생각이었습니다. ……그런데 토지 분배가 고르지 못하게 되었다는 원망은 모두 신에게로 돌아옵니다."

정적들의 공격에 정도전도 심적인 부담이 컸던 모양이다.

온건 보수파는 이성계에게도 "군사를 마음대로 휘두른다"거나 "권력을 잡으려 하고, 군사에 쓸 물자를 개인이 소비한다"는 등, 맹렬하게 비판했다. 이에 이성계는 "일 년 사철이 바뀌듯이 성공한 자는 그 자리를 떠나야 한다"고 말하면서 "고향에서 여생을 보내겠다"며 사직서를 제출했다. 공양왕 즉위 이후 세 번째 사직 상소였다.

이성계는 정치적 논란이 발생할 때마다 사직서를 제출했고, 이번에는 '정적들의 공격 때문에 못 견디겠으니 물러나게 해주든지 아니면 정적들을 알아서 처리해달라'는 요구를 담고 있는 듯했다. 그런 점에서 이성계가 흔들리는 듯했고, 그를 추종하는 세력이 위기의식으로 느낄 만했다. 이때 이성계의 설득에 나선 사람은 정도전이었다. 『태조실록』은 당시의 상황을 이렇게 전한다.

"공(이성계)의 한 몸에 종묘사직과 백성의 운명이 달렸습니다. 어떻게 가고 말고 하는 것을 경솔히 할 수 있겠습니까? 머물러 있으면서 왕실을 돕는 것이 좋겠습니다. 그래서 어진 사람들을 등용하고 나쁜 자들을 물리쳐 규율을 바로 세우면 헐뜯어 하는 말들도 저절로 잠잠해질 것입니다. 이제 한구석에 물러나가 있게 되면 헐뜯어 하는 말이 더욱 퍼져서 '딴마음을 먹고 있다'고 무고할 것이며, 그 화야말로 측량하기 어려울 것입니다."

이 과정에서 이성계의 두 번째 부인 강씨가 정도전을 오해한 일이 벌어졌다. 이성계를 설득하는 정도전의 말을 가솔이 잘못 알아듣고 "정도전과 남은 등이 이성계에게 낙향을 권고한다"고 전한 것이다. 당시 이방원이 나서서 "이들은 대감과 생사고락을 같이하는 사람들이다"라고 변호하여 무마되었다.

정도전은 공양왕과 독대하여 결단을 촉구하기도 했다. 망설이던 공양왕은 사직서를 돌려주면서 이성계를 다독이는 모양새를 취했다.

> "무엇 때문에 남의 뒷말을 근심하는가? 높은 지위에 있으면서 조심하는 것이 경의 처신으로써 옳으나, 일을 의논하고 정사를 함께하는 데 나는 누구를 신임하겠는가? ……나의 기대를 저버리지 말라."

일진일퇴를 거듭하다

공양왕은 급진파에서 '우현보와 이색을 처벌하라'고 주장하자 유배 보내는 선에서 마무리하려고 했다. 그러나 정도전은 출근을 거부하며 맞섰고, 더 이상 물러날 곳이 없었던 공양왕도 쉽게 결정을 내리지 못했다. 이 무렵 정도전은 자신의 심경을 담은 시 한 수를 남겼다.

> 여보소 나무를 하려거든
> 푸른 솔가지는 찍지 마오
> 소나무 높이 커서 만 길이 되면
> 넘어지는 큰 집을 받칠 수 있네

여보소 나무를 하려거든

가시덩굴 모조리 베어내야 하네

가시덩굴 모조리 베어내는 날

지란芝蘭은 그 얼마나 무성할는지

(……)

'가시덩굴 모조리 베어내는 날'을 향한 정도전의 각오가 느껴지기도 하고, 한편으로는 그 시기가 다가오는 듯하다.

정도전은 "왕씨가 아닌 우왕과 창왕을 옹립하는 데 앞장선 자들을 용인할 수 없다"며 이색 등 관련자들의 처벌을 강력하게 주장하고 나섰다.

"이색과 우현보 등이 구차하게 처형을 면하고 나서도 모양 좋게 꾸미고 수행인을 성대하게 갖추어 도성 출입하기에 조금도 기탄이 없을 뿐더러 자제와 생질 등을 요직에 배치하여 누구도 넘보지 못하게 하고 있다. ……그 죄상을 하나하나 들어서 처벌한 뒤라야 하늘에 계신 영혼이 위로될 것이요, 신민의 울분도 씻어질 것이다."

정도전은 온건 보수파 인사들의 도덕성과 반개혁성을 비판하며 공세를 멈추지 않았다. 이성계가 사직을 청한 상태에서 정도전이 정쟁의 중심에 선 것이다. 이에 유백순(柳伯淳, ?~1420)은 "위화도회군을 한 장수들은 오히려 군사를 되돌렸으니 공로가 없는데도 포상을 받았다"고 비판하면서 이성계 세력을 무인정권에 비유하며 "지금 유자儒者 정도전 등이 국가의 권력을 자기 멋대로 농단하는 음모를 꾸미고 있다"며 정도전을 배후 세력의 핵심으로 지목하는 등, 공양왕 3년(1391) 후반에 들어서면서 양측은 탄핵과 상소를 주고받으며 일진일퇴를 거듭했다.

한편 정도전의 이색에 대한 비판은 개인적으로 스승인 이색과의 결별을 의미했지만, 주변에서 격렬하게 비판하자 정도전도 부담이 컸던 것으로 보인다. 『삼봉집』에 당시 그의 심정이 다음과 같이 기록되어 있다.

> 사람이 지극히 어리석더라도 모두 자기 자신은 사랑할 줄 알며, 그 처자의 생계를 위하는 그런 마음이야 누가 없겠습니까? ……신이 비록 광망狂妄하오나 풍병風病은 들지 않았는데, 어찌 자신을 사랑하지 않겠습니까? 신이 홀로 뭇 원망 가운데에 고립되어 있으니, 이 말이 나가면 화가 이른다는 것을 알지 못하는 것이 아닙니다.

정도전의 심적 부담이 어떠했는지 미루어 짐작할 수 있지만, 그 역시 한발도 물러서지 않았다.

누가 이색을 공격할 것인가?

급진파는 위화도회군 이후 이색을 상대하는 데 어려움이 많았다. 이색이 점차 개혁의 걸림돌로 작용했지만, 고려 사회에서 그의 영향력이 대단히 컸기 때문이다. 또한 고려 말 관료 사회에서는 혈연과 사제 관계를 대단히 중요하게 생각했다.

특히 지식인들이 신봉한 성리학은 학문적 인연과 의리를 중요하게 여겼다. 더구나 성리학을 신봉하는 신흥사대부가 참여한 온건파와 급진파에는 고려 말기 명문 학당으로 인정받았던 이색의 문하생들이 다수 포진해 있었다. 때문에 누구도 쉽게 이색을 비판하며 나서지 못했다.

급진파 내에서 최고의 이론가에 속했고, 항상 선봉에서 반대파를 공격했던 윤소종도 이색과의 인연으로 이색을 탄핵하는 상소문에 서명하지 못했다. 결국 그는 자신의 정치 생명에 결정적인 타격을 입고 조선 건국 후 정치 일선에서 물러나게 된다.

윤소종의 집안은 현재 전북 고창군 무장면에 위치한 무송茂松의 호족 출신으로, 고조부 윤해(尹諧, 1231~1307)와 조부 윤택(尹澤, 1289~1370)이 과거를 통해 관직에 나오게 되면서 중견 가문으로 성장했다.

윤해는 강직한 성품에 일처리가 깔끔한 인물로 인정받았고, 윤택 역시 관리 시절 죽도 먹지 못해 콩으로 배를 채울 정도로 청백리였다. 그는 송나라 재상 범중엄(范仲淹, 989~1052)이 "나의 근심보다 천하 사람의 근심을 먼저 걱정하고, 천하 사람들의 즐거움을 본 연후에야 즐거워한다"는 구절을 평생 가슴에 새기며 공인으로 살았다. 범중엄은 현대 사회에서도 주목받는 역사적인 인물로, 혁명가 마오쩌둥은 "중국 역사에서 커다란 공을 세운 사람도 무수히 많고, 훌륭한 사상과 성품으로 사람들에게 영향을 미친 사람들도 적지 않지만, 두 가지를 모두 겸비한 사람은 송나라의 범중엄과 청나라의 증국번(曾國藩, 1811~?) 두 사람뿐이다"라고 극찬한 인물이다.

윤택은 충숙왕이 사망하면서 '강릉대군(공민왕)을 후계자로 추대하라'는 유명遺命을 받들어 실행에 옮기다 좌천되기도 했다. 이후 공민왕이 즉위한 후 복직되어 유학의 보급에 앞장섰고, 『대학연의』를 처음으로 공민왕에게 강의하는 등 학문적으로도 뛰어난 실력을 인정받았다.

윤소종 역시 조부 윤택에게 수학하며 일찍이 신학문이면서 진보적인 성리학을 접했고, 이제현은 그의 시문을 보고 "스무 살이 되기도 전에 이미 노성老成했다"고 감탄할 정도로 학문적으로 조숙했다. 윤소종의 집안은 이색의 집안과 선대부터 교유 관계를 유지했고, 이런 인연으로 윤소종은 이색의 문하에서 공부하게 되었다.

윤소종은 공민왕 14년(1365) 이인복과 이색이 주관한 과거에 장원급제하여 이색과는 좌주座主와 문생門生의 관계였고, 두 사람 모두 장원급제자 모임인 용두회龍頭會의 일원이기도 했다. 이후 그는 『고려사』 편찬 사업에 참여했고, 공민왕에게 친정親政을 건의하면서 정도에 지나친 토목 공사를 비판하는 등 기개도 있었다. 그가 사망한 후 졸기卒記에는 다음과 같이 평하고 있다.

> 윤소종은 강개慷慨하고 큰 뜻이 있어 항상 임금의 마음을 바로잡고 풍속을 바르게 하는 일로써 자기의 임무로 삼았다. 매양 임금에게 말할 때는 정치의 잘되고 잘못된 점을 남김없이 진술하여 꺼리고 숨김이 없었다. 그가 집에 있을 때는 산업産業을 돌보지 아니하여 비록 자주 양식이 떨어지는 지경에 이르러도 개의介意하지 아니하고, 경사經史를 널리 보아 손에서 책을 놓지 아니하였다. 더욱이 성리性理의 학문에 정통精通하였으며 이단異端을 배척하는 데 매우 힘을 기울였다. 나이 49세에 병들어 죽으니, 사림士林에서 애석하게 여겼다.

그의 관직 생활은 불운한 편이었다. 권신들이 조정을 장악하고 있는 상황에서 뜻을 펼칠 기회가 찾아오지 않았기 때문이다. 우왕 12년(1386) 윤소종이 조준에게 보낸 편지에는 "장원급제를 하였지만, 중앙 정계에서 제대로 쓰이지 못함을 한탄한다"는 하소연이 적혀 있었다.

가장 급진적인 인물도 이색의 비판에 나서지 못하다

우왕 6년(1380) 윤소종은 왜구를 대파하고 개선하는 이성계를 인월역에서 맞이하면서 그의 공적을 기리는 시를 짓기도 했다.

(……)

두건 쓰고 사제에 돌아와

주자와 정자를 스승으로 삼고

주자와 정자의 학문으로 이윤과 주공이 되어

공公께서 만세 태평을 열어주소서

윤소종은 이성계가 중국의 이윤伊尹과 주공周公 같은 명재상이 되어 태평성대를 이루기를 염원할 만큼 일찍부터 그를 주목했다.

이후 윤소종은 조준을 통해 이성계를 만났고, 위화도에서 회군할 때 개경 동문에 나가 영접하며 품에 지니고 있던 『한서漢書』의 「곽광전霍光傳」을 바쳤다. 곽광(霍光, ?~BC 68)은 전한前漢의 9대 황제 창읍왕昌邑王을 폐하고, 선제宣帝를 황제로 옹립한 인물이다. 향연과 음란을 일삼았던 창읍왕을 즉위 27일 만에 폐하고, 전한의 여러 황제 중에서도 가장 어진 황제로 꼽히는 선제가 즉위한 중국 역사의 사례를 인용하여 회군의 정당성을 제공한 것이다.

윤소종은 이때의 공을 인정받아 공양왕 2년(1390) "예조판서 윤소종과 판전교시사 남재 등은 사직의 큰 계책을 고사의 증거로 인용하여 도왔으니 역시 칭찬할 만하다"며 회군 공신에 책봉되었다. 그는 또한 사망한 이인임을 논죄하면서 "관을 쪼개 송장의 목을 베고, 집터를 파서 연못으로 만들어야 한다"고 주장했고, 우왕비왕설禑王非王說을 내세워 우왕과 창왕을 옹립한 세력을 비판했다. 뿐만 아니라 이인임·변안열·조민수와 같은 구세력은 물론, 이숭인·권근과 같이 개혁에 미온적인 신흥사대부도 비판의 대상이었다.

윤소종은 "이시중(이성계)은 소인을 물리치지 못하니, 만약 하루아침에 소인의 계략에 빠진다면 후회한들 무슨 소용이 있겠는가?"라고 비판했다는 이유로 지금의 충남 금산인 금주錦州로 추방되기도 했다. 그가 말한 소인이 누구인지는 분명하지 않지만, 『고려사절요』에 따르면 '김저 사건'과 관련해 논란이 일어났을 때 이성계가 관련자들의 처벌에 강경한 태도를 보이지 않자 불만을 표했던 것이다. 당시 이성계는 "윤소종의 충심을 의심하지 않는다"고 두둔했지만, 정몽주가 "왕을 비난했다"며 거세게 공격하여 유배되었던 것이다.

윤소종은 정적을 설정하여 비판에 앞장선 단순한 공격수가 아니었다. 그는 정치적으로 성리학의 이념을 최고 수준에서 이해한 몇 안 되는 인물이었다. 그럼에도 윤소종은 개국공신에 책봉되지 못했다. 그와 함께 활동한 동료들과 비교하면 의외였다. 『고려사』에는 그 이유를 다음과 같이 기록하고 있다.

(공양왕 2년 2월) 헌사에서 상소하여 이색과 조민수가 신창(창왕)을 세웠고, 신우(우왕)를 맞아들이려 한 죄를 다스릴 것을 청하였다. 간관이 또 상소하기를 이색과 조민수를 헌사에 회부하여 엄중히 신문하여 극형에 처할 것을 청하였다. 이에 이색의 관직을 삭탈하고, 조민수와 함께 먼 곳에 옮겨 보낼 것을 명하였다. 좌상시 윤소종은 이색의 문생이었으므로 서명하지 않았다. 대간이 다시 이색의 죄를 다스릴 것을 청하였다.

이처럼 급진파 내에서 적극적으로 활동했던 윤소종도 선뜻 나서지 못할 정도로 이색의 비판은 상당히 부담스러운 일이었다. 결국 정도전이 이색을 비판하고 나선다.

6부

고려와 경계선을 긋다

정도전,
전면에 나서다

이색을 비판하며 전면에 나서다

정도전이 이색을 비판하고 나서자 "스승과 선배에 대한 예의도 지키지 않는다"며 그에 대한 공세가 거셌다. 이에 정도전은 주희朱熹가 선배인 소식(蘇軾, 소동파)을 논박했던 사례를 들어 반박했다.

"소식이 주문공(주자)의 선배였지만, 문공은 소식이 감히 괴이한 의논을 하여 예악과 명교(名教, 유교)를 무너뜨리자 그를 깊이 꾸짖고 배격하기를 가차 없이 했습니다. ……소식의 죄는 이론異論을 세우고 예법을 멸하는 데 그칠 뿐이었는데도 주자와 같이 어질고 너그러운 분이 공격하기를, 탕왕(상나라 개국 군주)이 하나라 걸왕을 꾸짖던 말과 똑같이

하였습니다. 하물며 이성異姓의 일파가 되어 왕씨를 방해하는 것은 왕실의 죄인이며 명교의 괴적이거늘, 어찌 옛 동료라는 연고 때문에 그를 용인한단 말입니까?"

이처럼 소식의 죄는 기껏해야 이론異論으로 예법禮法을 없애버렸을 뿐임에도 '주자가 탕왕과 걸왕까지 거론하며 비판했다'는 중국의 역사적 사례에 비하면 자신은 더 심각한 문제를 비판했다고 강조하고 있다.

정도전은 이색에 대해 첫째, 왕씨가 아닌 우왕과 창왕의 옹립에 적극적으로 나서서 왕실의 존엄성을 파괴했고, 둘째, 명나라에서 돌아온 후 창왕과 모사를 꾸며 국정을 혼란하게 했으며, 셋째, 왕의 스승으로 우왕의 포악한 행동을 말리지 않았고, 넷째, 전제 개혁을 완고하게 반대했으며, 다섯째, 유학자의 신분으로 불교를 숭상했다는 등 그동안 급진파가 개혁에 나서면서 비판했던 내용을 모두 포괄하여 비판했다. 다시 말해 이색에 대한 비판은 우왕과 창왕 대의 정치를 청산하고 새로운 출발을 준비하는 의미가 담겨 있었다.

예를 들면 이색의 숭불 태도를 비판한 것은 개인에 대한 비판을 넘어 성리학을 기반으로 하는 이념과 질서를 세우기 위한 공론화를 시도한 것이었다. 정도전은 예전에 정몽주가 불교 서적을 본다는 말을 듣고 같은 논리로 우려의 편지를 쓰기도 했다. 하지만 정몽주에 대해서는 진심으로 걱정하고 충고하는 마음이었다면, 이색에 대한 비판은 정치적 공세였다.

온건 보수파는 이 문제를 옹호했다가 성리학의 가치를 부정한다는 비판에 직면할 수 있어 선불리 나설 수가 없었다.

반면 정도전이 이색을 비판한 것은 두 사람의 관계가 소원했기 때문이라는 견해도 있다.

정도전은 이색의 문집인 『목은집牧隱集』 서문에서 "이색에게 배웠다는 사실에 자부심을 느낀다"고 했지만, 그가 남긴 기록에는 이색을 거론한 내용이 많지 않다. 그리고 우왕 원년(1375) 정도전 등 신흥사대부들이 유배되었을 때 이색이 적극 변호하지 않았다는 점도 두 사람이 소원해진 이유로 꼽힌다. 이 견해는 이색이 평소 후배 문인들을 위해 적극적으로 변론에 나섰다는 점과 비교된다는 점에서 근거가 없는 것은 아니다.

그러나 정도전이 유배에서 풀려났다는 소식을 듣고 이색이 쓴 「정도전을 생각하며」라는 시가 『목은집』에 실려 있고, 우왕 6년(1380)에는 김구용·정몽주·권근과 함께 승려 백정(柏庭, 원통선사)을 전송하는 모임에서 두 사람이 시를 쓰기도 했다. 우왕 8년(1382) 이색이 정도전의 방문을 받고 「정종지(정도전)가 찾아왔기에 대신 짓다」와 「정종지가 입성하여 찾아오다」라는 시를 썼고, 우왕 10년(1384)과 다음 해에도 이색이 정도전의 부탁을 받고 글을 써주었다는 기록이 전한다. 따라서 두 사람의 교류는 유배 이후에도 지속되었던 것으로 보인다.

두 사람의 관계를 단순히 감정적인 관점에서 판단하기에는 사안이 너무나 중대했다. 따라서 정도전과 이색의 사이가 벌어진 것이 사실이라고 해도 다른 관점에서 살펴볼 필요가 있다. 예를 들면 정도전이 유배와 유랑 생활을 하는 동안 이색이 끼어들 여지가 점점 없어졌을 가능성을 말한다. 유배지에서 지은 「금남야인錦南野人」은 유학자 담은談隱 선생의 허위의식을 풍자한 작품으로, 정도전이 이색의 학문적 지평에서 벗어났다고 볼 수 있기 때문이다. 그리고 정도전은 『맹자』를 통해 최고의 정치

권력인 왕권의 세습적 특권을 당연한 것으로 받아들이지 않게 되었고, "백성의 마음을 얻으면 백성은 복종하지만, 백성의 마음을 얻지 못하면 백성은 인군을 버린다"며 백성이 군왕을 버릴 수도 있다는 점을 수용한 것은 이색과 분명한 차이였다.

이색은 왜 비판받았나?

이색은 아버지 이곡과 함께 '고려 말기 성리학을 한 단계 높은 차원으로 끌어올렸다'는 평가를 받는 대학자였다. 또한 그는 일찍이 성리학에 기반을 둔 개혁 정치를 주장했고, 직언을 하다 위기에 처한 관리들을 적극적으로 변호하는 등 든든한 버팀목 역할을 하여 신흥사대부의 존경을 받았다.

이색은 13세에 성균관시험에 합격한 수재였고, 18세 때는 원에서 관직 생활을 한 아버지 이곡의 권유로 원나라에 유학하여 연경의 국자감에서 3년간 공부했다. 당시 그는 신사상의 조류 등 선진학문을 배우면서 실천을 중시하는 주자학을 접하게 된다.

원나라에 사신으로 갔던 26세 때 과거에 응시해 2차 시험인 회시會試와 황제 앞에서 보는 최종 시험인 전시殿試에서 각각 1등과 2등으로 합격해 국제적인 명성을 얻었다. 당시까지 원나라의 과거에 합격한 고려인은 18명에 지나지 않았고, 대부분 상위권 성적에 들지 못해 지방관이나 변방의 행성에서 일했다는 사실을 고려하면 이색은 원나라의 주목을 받기에 충분했다.

이색과 그의 아버지 이곡은 문필文筆을 담당하는 문한관文翰官에 제수되어 연경에서 생활하기도 했다. 그리고 이색은 이방인으로는 오르기 힘든 고위직까지 무난하게 지낼 정도로 원나라와 인연이 각별했다. 이러한 인연 때문에 훗날 고려가 명나라와 북원 사이에서 외교적 선택으로 고민하면서 "선광宣光과 홍무洪武 두 용이 나니, 외국의 고신孤臣 두 줄기 눈물 흐르네"라고 자신의 속마음을 시로 표현하기도 했다. 여기서 선광은 북원을, 홍무는 명나라를 가리켰고, 고신은 자신을 뜻했다.

이색은 부친상을 치르기 위해 공민왕 5년(1356)에 귀국했다. 이후 고려에서 관직 생활을 하며 「시정施政에 관한 8가지 상소」를 올렸고, 공민왕의 개혁에도 참여했다. 그는 상소에서 국방 계획과 교육 진흥, 불교의 폐단에 대한 개혁을 건의했고, 전제 개혁에 대해서는 다음과 같이 주장했다.

> "지금 고려는 말세의 폐단이 한둘이 아닙니다. 그중에서도 전제田制의 문란이 극심하여 백성들의 고통은 이루 다 말할 수 없으니 법제를 개혁하지 않고서는 그 폐단을 제거하기 어렵습니다. 그런데 전하께서는 무엇을 꺼리어 이를 행하지 않으십니까? 혹시 '부자들의 토지를 빼앗기 곤란하며 오랜 폐단을 갑자기 개혁하기는 어렵다'고 하신다면 이는 용렬한 임금이나 행할 소치요, 현군이 취할 바가 아니니 개혁이 실행되고 안 되고는 오직 전하의 결단 여하에 달려 있습니다."

이색 역시 토지제도의 문란으로 나라가 위태로울 수 있다고 우려했고, 공민왕에게 국왕으로서 소임을 다할 것을 강조할 정도로 개혁의 필요성을 절실하게 인식하고 있었음을 알 수 있다.

이색이 개경에 학당을 열자 전국의 인재들이 모여들어 최고의 명문 사학으로 자리 잡았다. 그리고 신돈의 집권기에 실시한 네 번의 과거에서 고시관考試官을 맡았고, 인사를 담당하기도 했다. 특히 시가詩歌와 문장보다는 유교 경전을 중시했고, 과거에서 부정과 탈법을 엄벌하는 등 과거제도의 개혁과 성균관을 중심으로 신흥 관료들을 육성하는 등 교육 개혁을 통해 신흥사대부가 현실정치에 참여하는 기회를 제도적으로 늘려 나갔다.

이처럼 진보적인 학문 보급과 이를 통한 인재 육성 그리고 구조적 모순이 심화된 고려 말기 사회를 개혁하기 위해 적극적으로 나섰던 이색이 급진파의 공격을 받게 된 이유에는 그의 성품도 영향을 미쳤다.

이색의 아버지 이곡은 "직直에 대하여 불곡不曲을 말함은, 이치는 그럴 듯하다. 그러나 직의 뜻이 어찌 이에 그치랴. 사물의 이치는 일직 일곡一直一曲으로 하나를 고집할 수 없으며, 곧기만 하고 굽히지 않으면 곧음을 기를 수 없다"라며 세상을 이분법적 사고로 구분하려는 위험성을 경계했다. 아버지의 영향을 받은 이색 역시 평소에도 "빠른 말과 당황한 낯빛이 없고, 모나지 않았다"고 하며, 극단적인 것을 경계하고 균형감각을 유지했다.

그가 원·명 교체기에 자신의 심적 부담을 표현한 시에서도 변화를 바라보는 그의 성품을 엿볼 수 있다. 그는 아들과 부인이 먼저 세상을 떠났을 때도 "소리 없이 울면 내 가슴이 메고, 소리 내어 울면 사람들의 귀가 두렵네. 어느 쪽이나 좋은 게 없으니, 깊은 산 속에 들어가느니만 못하네"라며 가족의 죽음을 두고도 평상심을 유지하기 위해 애썼다.

조선의 개국론자들은 이러한 이색을 "지조와 절개가 굳세지 못하여 크게 건백建白함, 즉 윗사람이나 관청에 의견을 말한 바가 없었고, 학문이 순수하지 못하고 불법佛法을 숭신崇信하므로 세상이 비웃는 바가 되었다"고 비판했다.

생각을 달리하다

이색이 위화도회군 이후 줄곧 급진파와 대립하는 입장에 서게 된 이유에는 다음과 같은 요인들도 영향을 미쳤다.

첫째, 이색은 성리학적 세계관을 보편적 질서에 순응하는 것으로 보았다. 따라서 그는 '개혁은 고려왕조라는 틀 안에서 이루어져야 한다'고 생각했고, 개혁의 중심 역시 왕이 되어야 했다. 반면 급격한 변화를 동반하는 개혁은 보편적 질서를 혼란하게 만드는 것으로 받아들였다.

둘째, 이색은 유학을 정치의 중심으로 삼은 성리학자이자 정치가였지만, 일상에서 불교와 사상적 융통성까지 부정하지는 않았다. 비록 정치에 관여한 승려와는 교유하지 않았지만, 사회적 관습까지 거부하지 않았던 것이 그 예였다.

셋째, 이색의 주변 여건이 젊은 시절과 달라진 것도 영향을 미쳤다. 이색은 전란戰亂 중에 왕을 호종한 공으로 토지 100결과 노비 10구를 받는 등 노년에는 전국 10여 곳에 토지를 소유한 대지주가 되었다. 그리고 지금의 영덕군 영해면의 영해寧海 향교의 생도 김택金澤의 딸과 혼인한 아버지와는 달리 명문가 안동 권씨 집안에 장가들었고, 그의 두 아들도 당대의 권력자인 양성 이씨 집안과 안동 권씨 집안에 장가들어 기득권층에 편입되어 있었다.

넷째, 무인정권 시기의 역사적 경험도 커다란 영향을 미쳤다. 이색은 염흥방과 임견미를 숙청하면서 떠오른 최영 정권과 위화도회군으로 부상한 이성계를 무인정권의 연장으로 보았다. 때문에 이를 경계하지 않을 수 없었다. 문인들에게 무인 집권기는 암흑의 시기였기 때문이다.

이색의 스승이었던 이제현은 이 시기를 "호구戶口를 벗어난 자는 궁산窮山으로 도망쳐 관대를 벗고 가사를 입은 채 여생을 마쳤다"고 평할 정도로, 대다수 문인은 낙향하거나 처사處士로 살다 생을 마감했다. 그리고 불교에 귀의한 문인들도 있어 학문을 배우려고 절을 찾는 젊은이들의 발길이 이어졌고, 유학자들과 불교가 친숙해지는 인연이 되기도 했다. 단지 극소수의 문인들만 무인정권을 지원했고, 그들의 지식은 무인의 정권 유지를 지원하는 수단 이상의 의미를 지니지 않았다.

이처럼 지식인들은 무인 집권 시기에 유교만으로는 정체성을 찾을 수 없었다. 문인들에게 무인정권 시기는 한마디로 창조적이고 비판적인 지성이 소멸된 암흑과 같은 시기였다. 뿐만 아니라 무인들이 물러난 후에도 문인들의 위상은 좀처럼 향상되지 않다가 충목왕 즉위년(1344)에 이제현의 추천으로 처음 사서四書가 과거시험에 포함되었고, 공민왕 16년(1367) 성균관이 중영되어 이색이 최고 책임자가 되면서 회복되기 시작했다. 무인 집권이 끝나고도 100년이라는 시간이 걸린 것이다.

고려 말기 유학자들의 호에 유달리 '은隱' 자가 많은 것도 절망적인 상황을 극복해 보려는 심리가 후대에까지 영향을 미친 것이었다. 초은樵隱 이인복·포은圃隱 정몽주·목은牧隱 이색·야은冶隱 길재 등이 그 예이다.

그러나 이색은 '유학자로서 사회적 책임 의식을 저버리고 은둔과 도피로 일관했다'는 이유로 운둔 생활을 선택했던 죽림칠현과 도연명을 죄인이라고 비판했다.

이색이 당시 지식인들의 은일隱逸 사상에 대해 우려한 것도 같은 이유였다. 제자였던 이숭인이 도은陶隱으로 호를 짓자 "나는 늙었으니 오히려 괜찮다. 하지만 자안씨(子安氏, 이숭인)는 탁연히 전진할 때이다. 그런데 '은隱'으로 이름하는 것이 옳겠는가?"라고 우려했고, "이제 달가(達可, 정몽주의 자)는 채소밭에 숨어 있다. 그러나 (정몽주는) 조정에서 유도儒道의 부흥을 자임하고, 엄한 얼굴로 학자의 스승이 되었다. 그러니 그는 진정으로 숨은 것이 아님이 분명하다"며, 정몽주는 호에 '은' 자를 사용하지만 조정에서 활약하고 있다는 사실을 애써 강조했다.

이처럼 이색은 사회가 잘못되면 바로잡으려고 나서는 것이 유학자의 책무 중 하나이며, 이를 통해 문인들의 위상을 지킬 수 있다고 보았다. 따라서 이색은 무인 집권을 막아내는 것을 문인의 소임으로 받아들였다. 그러나 구심점 역할을 해야 할 왕권이 무력화되었고, 온건 보수세력에 구세력까지 가세했던 탓에 세력을 하나로 모으는 데 한계가 있었다. 이색도 끝까지 이들을 이끌지 못했다. 그는 7년 동안이나 병마病魔와 씨름했고, 부인과 아들이 세상을 떠나자 산중 편력으로 실의를 달래다 조선의 개국을 맞았다.

다만 조선 개국 후에도 끝까지 협조하지 않았던 그와 관련하여 재미있는 일화들이 있다. 한번은 태조가 이색을 초대하여 한산백韓山伯에 봉하며 회유했지만, 이색은 '조선에는 늙은이(이색)가 앉을 자리가 없다'라는 뜻으로 '노부무좌석老父無座席'이라는 글을 남겨 '조선에 협조할 뜻이 없다'는 의사를 밝히고 궁궐을 떠났다고 한다. 또 이색은 태조를 만나면서 군신의 예의도 갖추지 않고, "개국하던 날 어찌 저에게 알리지 않았습니까? 어찌 마고馬賈로 하여금 국왕의 추대에 수석이 되게 하셨습니까?"라며 이성계의 추대에 앞장섰던 배극렴을 마고, 즉 말 장수에 비유하며 조롱했다. 그리고 그 길로 마포나루에서 배를 타고 강을 건너다 의혹의 비명횡사를 당했다고도 하고, 다음 해인 태조 4년(1396) 5월 신륵사를 방문했다가 병사한 것으로 전한다.

야사에는 태조를 만나고 돌아가는 이색에게 정도전이 작별 인사로 독약이 들어 있는 술을 한 병 선물했고, 이색은 마포나루에서 이 술을 마시고 사망했다는 이야기가 전한다. 물론 이 이야기에 구체적인 물증은 없다. 아마도 스승과 제자의 관계를 중시하던 사회적 분위기가 여전히 사람들에게 영향을 미쳤고, 이로써 '정도전은 사회질서를 위반한 인물'이라는 부정적인 이미지가 다시 한번 강조된 것으로 보인다.

개혁에서 혁명으로
국면이 전환되다

척불운동으로 혁명이 시작되다

불교는 우리 역사와 오래전부터 각별한 인연을 유지해 왔다. 불교는 토착 신앙인 조상신 숭배와 융화되어 고대국가 성립에 커다란 역할을 했고, 선진문물을 전파하는 창구 기능도 담당했다. 6세기 중후반에 불교가 융성하면서 신라의 왕권 강화에도 크게 기여했다. 이 무렵 승려들이 중국에 대거 유학하여 외교관 역할을 수행하기도 했다.

예를 들면 608년에는 원광법사가 수나라에 고구려 공격을 청하는 문서를 작성하기도 했고, 패망한 고구려와 백제의 문화유산을 계승한 통일신라에서 불교는 각 지방의 고유 신앙과 풍속의 결합 등, 정치와 사상 그리고 다양한 문화의 접착제 역할도 담당했다. 이후 고려 사회에는 유교와 불교가 공존했고, 고려의 지식인들은 세속적 삶을 위해 유학을 공부했으나 불교의 가르침에서 정신적 위안을 얻기도 했다.

이처럼 불교는 천 년이 넘는 오랜 기간 동안 나라와 백성들에게 정신적으로 뿌리 깊은 영향력을 지니고 있었다. 고려의 경우 나라에 변고가 있을 때면 위기에 처한 국가를 구하고자 불교를 중심으로 흔연히 일어나기도 했고, 몽골과의 전쟁기에는 『팔만대장경』을 만들어 호국의 의지를 다지는 등 민간신앙으로 자리 잡으면서 민족 통합의 견인차 역할을 담당했다.

그러나 고려 초기부터 무분별한 사찰의 건립이나 승려의 정치 참여 등 불교의 폐단에 대한 우려의 목소리도 있었다. 성종 원년(982) 최승로는 「시무 28조」에서 "과다한 사찰을 짓거나 불사를 일으켜 과중한 민역民役과 재물의 낭비 그리고 인과설에 현혹되어 현세보다 내세의 복을 구하는 풍조 등으로 국가와 사회질서가 혼란에 빠질 수 있다"고 경고했다. 실제로 사치 풍조와 세속화 등 불교의 폐해가 심해지자 성리학에 대한 관심이 높아졌고, 불교의 폐단에 대한 비판도 이어졌다.

특히 성리학이 들어오면서 안향安珦은 불자들의 비윤리성을 지적했고, 정몽주 역시 불교에서 출가 행위는 가족관계를 파괴하는 비윤리적 행위라고 비판하는 등 윤리적인 차원에서 비판했다.

그러나 유학자들의 비판은 불교의 사회적 위상을 인정하면서 폐해의 시정을 요구하는 수준이었다. 다만 초기의 최승로는 불교의 정신적 우위를 전제로 한 유불병존儒佛竝存의 사상을 지녔다면, 이색을 비롯한 고려 후기의 유학자들은 유교우위儒教優位를 전제로 불교를 수용했다.

반면 정도전의 척불론은 이제까지와는 차원이 달랐다. 그는 "불교가 사회 발전에 기여하지 않았고, 정치적 비전을 제시하지도 못했다"면서 백성들의 일상생활과 관련해서 구체적인 사례를 들어 다음과 같이 비판했다.

첫째, '남녀 사이에 혼인을 끊고 부모와 자식을 버리고 출가해야 도를 얻을 수 있다'고 주장하는 불교는 반인륜적이다.

둘째, 승려들은 의무는 없고, 특권만 향유하는 거대한 소비 집단일 뿐이다.

셋째, 세속을 경시한 채 해탈과 초월을 강조하여 백성들의 가치관을 혼란하게 하여 정치 공동체의 질서를 훼손하고 있다.

넷째, 백성을 주술적이고 기복적인 세계에 빠지게 하여 사회질서를 어지럽히고 있다.

이렇듯 정도전의 척불론은 불교의 교리 세계에 대한 지적 탐구의 성과에서 나온 것이 아니라 정치 공동체와 사회질서의 관점에서 이루어졌다는 점에서 종교의 교리에 대한 비판이 아닌 사회운동의 성격이 강했다. 달리 말하면 왕실에서부터 일반 백성에 이르기까지 고려인의 사고와 생활방식 그리고 인간관계 등에 대한 총체적인 문제 제기였고, 군주에서 신민에 이르기까지 불교의 정신세계에서 벗어나 성리학을 기반으로 하는 이념을 새롭게 구축하려는 명확한 목표 의식을 가지고 출발한 것이었다.

따라서 '척불론은 인간의 내면세계를 경시한 측면이 있다'는 지적을 받기도 한다. 즉 척불론의 대안으로 성리학이 세상의 진리임을 입증하기 위해서는 인간이 성리학에서 말하는 도덕적 의지만으로도 일상에서 발생하는 현실적 고난은 물론, 내면적 갈등과 고통을 극복하고 진리에

도달할 수 있다는 점을 증명해야 했다. 하지만 유학은 지극히 현실적인 학문이었기에 이를 입증하기에는 한계가 있었다.

정치와 사회운동을 병행하다

정도전 이전에도 지식인들은 불교의 영향에 대한 논의를 진지하게 펼쳤다. 20세 때 과거에 급제한 후 문장가로 명성을 떨치다 출가한 승려 천책(天頙, 진정국사 1206~?)은 현실 사회의 한계와 극락에 대해 다음과 같이 말했다.

> "이곳은 순전히 고통뿐이고 즐거움이 없으며, 악한 사람이 죽어서 간다는 삼악도三惡道를 낳게 하는 원인을 더욱 심화시키고, 저곳은 순전히 즐거움뿐이며 고통이 없고, 인륜의 네 가지 덕인 효孝·제悌·충忠·신信 등 사덕四德의 과보果報를 이루게 한다. 이미 깨끗하고 더러움의 차이가 선악으로 나누어지고 고락苦樂이 다르다. 그러니 더러운 세상을 버리고 저 즐거운 곳에 나아가고자 하는 사람이라면 누가 아미타교관阿彌陀教觀을 연마하여 속속들이 깊이 연구하지 않겠는가? 부처를 선택하여 이러한 세속의 부담에서 벗어나 비로소 즐거움을 얻을 수 있다."

천책의 이러한 진술은 현실 사회에서 '정신분열을 경험한 지식인의 고뇌를 대변했다'는 평가를 받는다. 그리고 이규보(李奎報, 1168~1241)는

"유교와 불교는 지극한 이치가 같거늘, 어느 것이 순수하고 어느 것이 잡雜되겠느냐?"며 유교와 불교의 융합을 옹호하는 등 고려 지식인 사회에는 유불겸통儒佛兼通의 전통이 흐르고 있었다.

그러나 정도전의 비판은 관점이 달랐다. 그는 유불겸통에 대해 "겉으로 보기엔 합리적으로 보일지 모르나 세련된 속임수에 불과하다"고 비판했고, "우리 유교는 하나인데 불교는 둘이며, 우리 유교는 연속되어 있으나 불교는 단절되어 있다"며 불교의 정신세계가 분열적이라고 지적하면서 유교의 우월성을 강조했다. 그는 산림山林에 들어가 공부하는 선비와 산사山寺의 승려가 수련하는 차이에 대해 다음과 같이 말했다.

> "승려들이 구름과 물처럼 이름난 산을 떠돌아다니는 것은 세속을 단호히 끊고자 함이요, 선비들이 산을 찾는 것은 심신을 수양하면서도 세상을 위하여 유유한 도리를 찾으니 세속과 떨어져 있으나 떨어져 있지 않다."

이처럼 정도전은 "유가의 실천은 현실 세계에 대한 객관적 인식을 바탕으로 하는 적극적인 실천이지만, 불교의 실천은 일체의 욕심을 끊어버리는 내면적 수양에 치중한 것으로 현실을 부정하고 있다"며 현실과 실천의 관점에서 불교는 비실천적이고 비현실적이라는 점을 비판의 출발점으로 삼았다.

그는 불교가 허무적 세계관을 조장한다면서 "불교의 세계관은 거울이 빈 것과 같이 허무주의적 세계관이며, 변화에 대한 능동적 인식이 없는 비실천적 세계관으로 비판받아 마땅하다"고 주장했다.

정도전은 불교의 세속화에 대해서도 쓴소리를 아끼지 않았다.

"오늘날에는 저들이 화려한 전당과 큰 집에 사치스러운 옷과 좋은 음식으로 편안히 앉아서 향락하기를 왕자 받듦같이 하고, 넓은 전원과 많은 노복을 두어 문서가 구름처럼 많아 공문서를 능가하고, 분주하게 공급供給하기는 공무公務보다도 엄하게 하니, 그의 도에 이른바 번뇌를 끊고 세간에서 떠나 청정하고 욕심 없이 한다는 것은 도대체 어디에 있단 말인가? ……역대 왕조에서 아무리 공덕을 쌓았어도 나라가 망했으며, 불교가 국가에 기여한 공덕도 없는데 국가가 불교를 지원하는 것은 무익한 낭비다."

또한 정도전은 국가 차원에서 불교의 무익함을 비판하면서 그 대안으로 노동을 중시하는 유학의 건강함을 강조했다.

"위로 천자와 공경대부는 백성을 다스림으로써 먹고, 아래로 농부·장인·상인들이 힘써 일함으로써 먹고, 그 중간인 선비는 집에서 효도하고 밖에서 공경하여 선왕의 도를 지켜 후학을 가르침으로써 먹었으니, 이는 옛 성인들이 하루도 구차스럽게 먹고살 수 없음을 알았기 때문이다."

이처럼 정도전은 불가의 승려들이 생산에 종사하지 않고 탁발托鉢로 생계를 잇는 것을 무위도식에 비유하여 "백성의 일상에서 동떨어진 불교에서 치국의 도리를 찾을 수 없다"고 비판했다.

그외에도 사찰들은 왕실을 포함하여 권문세가와 결탁하며 권력을 전횡했고, 경제적으로는 대규모 농장 등 거대한 경제력과 노동력을 지니고 있어 국가재정과 국역자國役者의 확충 차원에도 장애가 된다고 비판하면서 "불교의 비판은 유자의 의무"라며 유생들의 지지를 이끌어내는 등 새로운 정치 세력의 결집을 시도하는 정치 운동을 벌였다. 따라서 이 무렵 척불 운동은 혁명을 향한 구체적인 발걸음이기도 했다.

고려와 경계선을 긋다

정도전의 척불 운동은 조인옥·윤소종·성석린 등이 지원하고 나서면서 힘을 받았다. 그러나 고려 말기 사회에서 불교에 대한 비판은 정도전이 처음은 아니었다.

『고려사』에 따르면 공민왕 11년(1362) 김속명(金續命, ?~1386)이 상소를 올리면서 척불론이 공식적으로 처음 제기되었고, 공민왕 12년(1363)에는 신라의 숭불崇佛이 나라에 미친 폐단을 비판하면서 승려 허가제 등을 주장하는 백문보(白文寶, 1303~1374)의 「척불소斥佛疎」로 이어졌다. 그리고 김자수(金自粹, 생몰 미상)는 "사전祀典에 기재된 바(제사)를 제외하고는 일체의 음사淫祀를 금지하고 모든 무당의 궁중 출입을 엄단할 것, 천변天變이 자주 일어나는 것은 숭불로 인한 것이니 연복사탑演福寺塔의 중수 공사를 중지할 것" 등을 주장했고, 이후 성균관을 중심으로 김초(金貂, 생몰 미상)와 박초(朴礎, 1367~1454) 등에 의해 논리를 갖춘 척불론이 본격적으로 시작되었다. 그리고 그 배후에는 정도전이 있었다.

정도전은 명나라 사행에서 돌아온 후인 우왕 11년(1385) 성균관 좨주를 맡았고, 우왕 14년(1388) 성균관 대사성에 올라 성균관 유생들과 각별한 인연을 이어갔으며, 그해 10월 권근과 함께 지공거가 되어 33인의 진사를 선발했다. 이들 중에는 척불론에 동조한 박초·김초·정포 등 15인이 포함될 정도로 신흥 유생들을 적극적인 지지 세력으로 확보했다. 당시 성균박사 김초와 박초 등은 상소를 올려 다음과 같이 사회개혁 차원에서 척불 운동을 주장했다.

첫째, 사원이 소유한 전답과 노비를 몰수하여 국가에 귀속시킬 것. 둘째, 일반 백성이 승려가 되는 것을 엄금할 것. 셋째, 고려 불교의 주류를 이루어왔던 오교양종五敎兩宗을 철폐할 것. 넷째, 승려를 환속시켜 군적을 늘릴 것. 다섯째, 사찰의 전지田地와 노비를 군자軍資로 전환할 것.

그리고 유교의 진흥책으로 왕과 신하들이 함께 학습하는 경연 제도를 현실화하고, 개성의 5부와 동북면과 서북면의 주·부에 유학 교수관을 설치하고, 주자가례를 시행하여 집집마다 가묘를 세우는 운동을 전개하자고 제안했다. 불교의 국가적인 위상을 강력하게 부정하면서 유교로의 대체 운동이 전개된 것이다. 박초는 한발 더 나아가 척불론을 주도한 정도전을 다음과 같이 극찬했다.

"천天·인仁·성性·명命의 연원을 밝혀 공자와 맹자, 그리고 주자학의 도를 높이 외쳐 부도백대浮屠百代의 광유誑誘를 막아 삼한의 오랜 미혹을 끝냈다. 이단을 배척하고 사악한 이론을 종식시켜 천리를 밝히고 인심을 바르게 했으니 우리 동방의 진유는 오직 그 한 사람뿐이다."

이처럼 정도전을 '동방의 유일한 진유眞儒'라는 주장에는 당시까지 유종儒宗으로 인정받았던 이색이 불교와 친밀한 관계를 유지하고 있다는 사실을 비판하면서 학문적 정통성에 이의를 제기하는 의미도 담겨 있었다. 정도전 역시 『삼봉집』에서 다음과 같이 이색을 비판했다.

> 목은 선생께서 우리 도의 맹주가 되어 유학을 흥기시킴을 자기 임무로 삼아 근심한 지가 오래다. ……명색이 대유大儒라 불리는 자까지도 도리어 (불교를) 찬송하고 노래 불러서, 성세聲勢를 도와 고무하고 진동시킨다. ……대유라고 불려도 학문이 바르지 못할 수 있다.

뿐만 아니라 정도전의 척불론은 부처에 의지하여 국왕의 권위를 유지하려는 고려 왕실에 대한 비판으로 이어졌다. 따라서 척불론은 역사적으로 고려와 경계선을 긋는 일이기도 했다. 그리고 정도전은 조선 건국 이후 태조 7년(1398) 『불씨잡변佛氏雜辨』을 완성하여 우리 역사에서 천년간 국가와 민족의 정신을 지배해왔던 불교를 대신하여 유교를 기반으로 하는 새 왕조의 이념적 틀을 완성하게 된다.

권근은 『불씨잡변』의 서문에서 "불법佛法이 중국에 들어오니 그 폐해가 양묵보다 심하여 선유先儒들이 이따금 그 잘못을 변박辨駁하였으나 책을 지을 만한 사람이 없었다"며 중국에서도 감히 해내지 못한 대단한 작업이었다고 극찬했다. 이처럼 『불씨잡변』은 도교와 불교에 대한 본격적인 철학적 비판서이며, 동양권에서 불교 사상에 대한 비판서로는 가장 종합적이고 체계적이라는 평가와 함께 조선 건국의 철학적 기초를 본격적으로 탐구한 성과물로 평가받았다.

그러나 조선에서도 불교를 완전히 배척하지 못했다. 특히 왕실에서 불교를 숭상하며 종교로서의 위상을 유지하는 데 커다란 영향력을 미칠 정도로 불교는 우리 사회에 깊이 뿌리내리고 있었다. 그럼에도 불교는 척불론에 적극적으로 대응하지 못했다.

불교는 왜 척불론에 적극 대응하지 못했나?

척불론에 대해 불교계에서 자기 목소리를 내지 못한 데에는 다음과 같은 이유가 있었다.

첫째, 자급자족의 계율이 사라지고 승려가 특권계급의 일원이 되는 등 지나치게 세속화되어 그동안 수행해왔던 종교적 역할을 이미 상실하고 있었다. 불교를 지원했던 왕실과 권문세족이 권세를 잃게 되면서 불교도 따라서 위축된 것이 그 예였다.

둘째, 선禪을 중시한 고려의 불교는 정치가들에게 선정善政과 무욕無慾을 권고하는 정도에 머물렀다. 따라서 정치에 직접 뛰어들지 않았고, 정치와 제도에 대해 포괄적인 견해를 제시하지도 못했다. 대표적인 예로 신라처럼 공공의식이 담긴 이념적 근거를 제시하거나 백성들에게 사상적인 열정을 불러일으키는 역할을 수행하지 못했다.

셋째, 척불론은 종교 차원의 비판보다 정치와 사회적 차원에서 비판이 이루어졌다. 즉 사회의 구조적 모순을 해소한다는 관점에서 불교에 대한 비판이 이루어졌기 때문에 종교의 본질에 대한 논쟁과는 일정 정도 거리가 있었다. 예를 들어 정도전은 "왜 현실에서 불교가 부패한가?"

를 집중 공격하면서 "불교라는 낡은 정신적 지주를 붙들고 있는 한 혼탁한 사회질서를 바로잡을 수 없다"는 주장을 펼쳤다. 즉 불교는 '천 년의 전통이 아니라 낡은 질서'로 개혁의 대상이었다. 따라서 승려 등 당사자들이 끼어드는 데 한계가 있었다.

중국의 경우 당나라의 문학가이자 사상가였던 한유(韓愈, 768~824)에서 남송의 유학자로 주자학을 집대성한 주자(朱子, 1130~1200)에 이르기까지 논쟁이 이어졌고, 불교 측에서도 반박하는 글을 작성하는 등 상호 논쟁이 이어졌다. 마치 대화하듯 유교와 불교는 상대방의 논점을 차분하게 반박하면서 논의가 더욱 깊어졌고, 이 과정에서 열세에 있던 유학이 노불老佛에 대해 차별화를 시도했다. 따라서 성리학을 기반으로 하는 정체성을 정립하는 기회가 되는 등 중국에서 배불론排佛論은 성리학의 성립 과정과 비례했다.

그러나 고려에는 성리학과 배불론이 시차 없이 들어왔다. 때문에 고려 말기에는 논의의 깊이보다는 '현실에서 어떻게 수용할 것인가'의 문제였다.

넷째, 척불론은 다양한 관련자들이 참여하여 논쟁을 벌인 것이 아니라 소수에 의해서 진행된 경향이 있었다. 성균관 유생의 경우 대다수가 침묵 또는 방관하는 자세를 보였다. 따라서 비록 많은 수는 아니었지만, 척불론에 소수의 성균관 유생들이 참여한 것이 큰 힘이 되었다. 박초의 경우 조선 개국 후 비리와 직무수행에 대한 문제로 몇 차례 탄핵되었지만, 태종의 비호로 무사히 넘길 수 있었던 것도 이에 대한 보답이었다. 당시 척불론에 참여하는 것은 상당한 수준의 논리와 용기가 필요했기 때문이다.

반면 척불론을 주장했던 김초의 경우 공양왕이 처형하라고 할 정도로 심각한 반발을 불러일으켰다. 당시 김초는 이성계 측의 정탁이 적극적으로 변호하여 무사할 수 있었다. 그리고 척불론에 구세력들의 반발도 있었다. 불교가 오랜 시간 이들과 밀접한 관계를 유지해왔기 때문에 척불에는 구세력의 잔재를 청산한다는 의미가 포함되어 있었던 것이다. 조선이 개국하기 한 달 전인 공양왕 4년(1392) 6월 전 부의령 김전(金琠, 생몰 미상)과 전 호조판서 정사척鄭士倜 등 퇴역 신료들이 정도전의 척불은 '고려 건국의 근본을 알지 못하는 광유狂儒의 소행'이라고 비난하며 '불교를 장려하자'는 항의서를 제출한 것이 그 예였다. 하지만 구세력은 척불론의 핵심을 짚어내지 못했던 탓에 논쟁에 힘이 실리지 못했다.

또한 척불을 주장한 인물들이 모두 급진파를 지지한 것은 아니었다. 박초 등이 성균박사로 있으면서 척불에 관한 상소를 올렸는데, 생원 서복례徐復禮가 소에 서명하지 않자 대사성 김자수에게 고하지도 않고 함부로 성균관에서 쫓아내어 말썽이 벌어졌다. 때문에 척불을 수락했던 김자수는 관직을 버리고 고향에서 은거 생활을 했다. 개국 후 태종이 그를 형조판서에 제수했으나 자손들에게 자신의 묘 앞에 세우는 비석(묘갈墓碣)도 만들지 말라는 유언을 남기고 스스로 목숨을 끊었다고 한다.

또한 정몽주는 공양왕의 숭불을 비판하다가 위기에 처한 성균박사 김초와 박초를 구해주기도 했다. 그리고 『고려사』에 따르면 공양왕이 승려 찬영粲英을 스승으로 삼으려고 하자 정몽주가 다음과 같이 반대했다고 한다.

"유자의 도는 일용의 평상사에 있습니다. 음식과 남녀는 모든 사람이 같이하는 바이거나 거기에 지극한 이치가 있으니, 요순의 도가 또한 다른 것이 아닙니다. 동정어묵動靜語默이 올바름을 얻으면 이것이 곧 요순의 도요, 시초가 심히 높고 행하기가 어려운 것이 아닙니다. 저 불씨佛氏의 교는 그렇지 않아서, 친척과 절연하며 남녀를 끊고, 홀로 암혈巖穴에 앉아 풀로 짠 옷을 입고, 나무 열매를 먹으며 관공觀空 적멸寂滅을 숭상하니, 어찌 이것이 정상적인 도이겠습니까?"

정몽주 역시 '척불은 유학자의 임무'라고 받아들였고, 그가 내세운 논리도 정도전과 다르지 않았다.

천하 명장,
말에서 떨어지다

다시
위기를 맞이하다

공양왕 4년(1392) 정몽주는 『신정률新定律』을 지어 왕에게 바쳤다. 이 책은 현재 전하지 않지만, 중국의 『대명률』과 고려의 법을 참고하여 만든 것으로 알려져 있다. 정몽주는 공양왕의 즉위를 새로운 출발점으로 삼아 고려왕조의 중흥에 나섰던 것이다. 이 무렵 그는 "왕실의 존엄성과 사회질서를 문란하게 한다"는 이유로 급진파를 공격하며 온건 보수파를 대표하게 되었다.

특히 온건 보수파는 "조준과 남은을 탄핵해 극형에 처하면, 조박·윤소종·오사충의 무리는 족히 제재할 것이 없다"며 급진파의 핵심을 찾아 맥을 끊어놓으려고 맹공을 가했다. 그런데 뜻하지 않은 일이 발생하여 급진파와 온건 보수파의 대립이 격화되었다.

공양왕 3년(1391) 9월 우현보의 아들 우홍득(禹洪得, ?~1392)이 사헌부 집의로 임명되어 출근하게 되자, 정도전과 가까웠던 박자량朴子良 등이 우홍득을 영접하지 않았다. 창왕을 옹립한 이색은 처벌을 받았는데, '김저 사건'과 '윤이·이초 사건'에 우현보가 연루되어 있었음에도 처벌받지 않은 것은 사헌부 집의로 있는 우현보의 아들 우홍득 때문이라며 불만을 표시한 것이었다.

이 일로 박자량이 소환되어 국문을 받는 과정에서 우현보를 탄핵하는 정도전의 상소문이 사전에 발설되었다는 사실이 드러났다. 왕에게 올리는 상소문은 밀봉하여 전달해야 한다는 법규를 어긴 것이다. 이에 대간들은 정도전의 출생 문제까지 거론하며 탄핵에 나섰고, 공양왕은 정도전을 평양부윤으로 보내는 것으로 사건을 마무리하려고 했다.

하지만 정도전을 처형하라는 탄핵이 이어지자 열흘 만에 공신녹권을 박탈하고 관직을 삭탈하여 고향인 봉화현으로 유배에 처했다. 10월에는 다시 나주로 이배되었고 당시 관직에 나와 있던 정도전의 아들 진津과 담澹도 서인으로 강등되었다. 이 무렵 정도전이 지은 시가 있다.

북쪽을 바라보니 차츰차츰 멀어지고
남방을 향해 오니 걸음걸음 더디구려
어찌 홀로 떨어진 이 신세가
여기서 또 이별을 보란 말인가

세상사는 시운을 좇아 변해만 가고
인정은 세상사를 좇아 옮겨만 가네

만나는 사람들이 나를 묻거든
병이 많아 시 읊기를 폐했다 하오

모든 것을 내려놓은 듯도 하고, 마지막 구절은 자신의 복잡한 심정을 스스로 위로하는 듯하다. 개혁이 막바지에 접어들었는데, 유배지에 있어야 하는 자신이 얼마나 답답했을까?

정도전은 같은 해 12월 감형되어 봉화로 이배되었다가 이듬해 유배에서 풀려났지만, 거주지가 영주로 제한되었다. 이에 온건 보수파는 여전히 정도전의 처형을 주장했다. 당시 그는 「산에 살며 봄날 경치를 보고(山居春日卽事)」라는 시를 지었다.

한 그루 배꽃은 눈부시게 밝은데
지저귀는 산새는 봄볕을 희롱하네
은둔자 홀로 앉아 무심하니
뜰에 제 스스로 돋아난 풀만 한가로이 바라보네

당시의 정국을 생각하면 한가롭게 지내는 자신이 답답하기도 했을 법하지만, 고려에 대한 미련을 버린 초연함이 느껴지기도 한다. 그러나 조정의 상황은 꼬여만 갔다. 남은이 정도전을 구하려다가 여의치 않자 병을 핑계로 물러난 상태에서도 온건 보수파는 공세를 늦추지 않았다. 여기에 공양왕 4년(1392) 3월 황제를 조회하고 돌아오는 세자를 황주로 나아가서 맞이했던 이성계가 해주에서 사냥을 하다 낙마하여 부상당하는 일까지 발생했다. 이때 이성계는 거동을 못 할 정도로 중상을 입었고,

평생을 말 등에 앉아 전투를 치른 천하 명장 이성계의 낙마 사건은 정국의 최대 변수로 떠오르게 된다.

악의 근원으로 지목받다

공양왕 3년(1391) 9월부터 온건 보수파가 정국을 주도하는 듯했다. 공양왕 4년(1392) 4월, 이들은 이성계가 없는 기회를 이용해 정도전·조준·남은 등 세 사람을 악의 근원으로 지목하여 공격에 나섰다. 세 사람만 제거하면 이성계도 속수무책일 것으로 판단했던 것이다. 그러나 정도전의 뚜렷한 탄핵 근거를 찾을 수 없었던 대간들은 그의 출생 문제를 다시 꺼내들었다. 김진양은 정도전의 처형을 주장하는 상소에서 다음과 같이 주장했다.

> "정도전은 미천한 출신으로 교묘하게 당상관 자리에 앉아 참소하는 말로 남을 얽어넣어 많은 사람이 죄에 연좌되었으며, 조준은 도전과 더불어 마음을 같이하고 변란을 서로 부채질하여 권세를 농락하여 모든 사람을 유인하기도 하고 위협하기도 했으며, 남은은 조준과 더불어 도전의 뜻에 맞추기 위하여 감히 가벼운 욕설과 불경한 말을 해서 전하의 뜻을 격동시키고 그 사욕을 채우려 하니, 조준과 남은 등의 직첩과 공신녹권을 회수하고 그 죄를 국문하여 국법대로 처벌하고, 도전은 귀양 가 있는 그곳에서 처형하여 후세에 경계가 되게 하소서."

공양왕은 심덕부와 정몽주를 불러 논의한 후 영주에 있던 정도전을 예천 감옥으로 압송하고, 조준·남은·윤소종·남재·조박 등을 유배에 처했다. 그러나 온건 보수파의 상소는 멈추지 않았다. 김진양은 다시 이렇게 주장했다.

"옛사람의 말에 '풀을 뽑는데 뿌리를 뽑지 않으면 결국 다시 나오고 악을 없애는데 그 근본을 없애지 않으면 그 악은 더 자란다'고 하였습니다. 조준과 정도전은 악의 뿌리요, 남은과 윤소종 등은 악의 뿌리를 북돋워서 그 덩굴을 자라게 하는 사람입니다. 어제 신 등이 상소하여 벨 것을 청했으나 오직 (정)도전만이 특별히 윤허를 얻었고, 그 나머지는 외방으로 쫓는 데 그쳤습니다. 죄는 같은데 벌은 다르게 되었으니 조준 등도 극형에 처하게 하소서."

온건 보수파는 '정도전과 조준 등을 처형해야만 악의 뿌리가 근절된다'며 물러서지 않았다. 정쟁의 골이 깊어졌고, 온건 보수파의 수장 격인 정몽주와 정도전은 이제 최대의 정적이 되어 있었다. '굳고 곧은 지조를 함께 지키며 서로 잊지 말자'고 다짐하며 서로 의지하고 개혁을 독려했던 30년의 각별한 우정이 한 편의 비극으로 전락하고 있었다.

한편 공양왕은 계속해서 내시를 보내 이성계의 안부를 물으며 이성계 진영의 동태를 탐색했다. 공양왕은 정도전 등을 옹호하고 나서는 것이 부담이었지만, 그렇다고 자신을 옹립한 공신을 처형하는 것은 자신의 존재를 부정하는 일이었다. 때문에 이성계의 눈치를 살필 수밖에 없었던 공양왕은 "먼저 남은 등을 국문하여 그 말이 조준과 정도전에게 관련이 있음을 밝힌 뒤에 아울러 국문하는 것이 옳다"며 절차를 밟아 처리할 것을 명했다. 당시 정국의 분위기를 고려하면 정도전의 처형은 시간문제인 듯했다.

정도전이 처형되면 다음 순서는 이성계였다. 급진파 입장에서는 최대의 위기였다. 이때 대세를 반전시키며 역사의 물줄기를 바꾸어놓은 인물이 있었다. 바로 이성계의 다섯째 아들 이방원이었다.

역사의 물줄기를 바꾸어놓다

포천에서 모친상을 치르던 이방원은 상황이 급박하다는 소식을 듣고 신속하게 움직였다. 당시 그에게 상황을 전한 사람은 계모 강씨였다. 이방원은 벽란도碧瀾渡에서 치료 중이던 이성계에게 달려가서 상황을 전하며 개경으로 돌아갈 것을 청했다. 반응이 없었던 이성계는 조준 등이 유배된 다음 날인 4월 2일 밤이 되어서야 들것에 실려 개경으로 돌아왔다. 곧바로 아들 이방원과 동생 이화와 사위 이제 그리고 수하 장수 황희석 등을 공양왕에게 보내 항의했지만 공양왕에게 아무런 대답도 듣지 못하고 돌아왔다.

이후의 상황을 『태조실록』에는 다음과 같이 기록하고 있다.

> 전하(이방원)는 물러 나와서 상왕(정종, 이방과) 및 이화·이제 등과 의논하고 또 들어가서 태조(이성계)에게 말하였다. "이제 몽주 등이 도전 등을 심문한다고 하니 그것은 우리 집안을 걸어넣자는 것입니다. 형세

는 이미 급박하게 되었는데 어떻게 하시겠습니까?"라고 하자, 태조는 "죽고 사는 것이 천명에 달린 것이다. 그저 순순히 받아들여야 할 뿐이다"라며 우리 전하(태종)더러 빨리 여막廬幕으로 돌아가 어머니의 거상을 마저 마치라고 하였다. 전하가 머물러 있으면서 병구완을 하게 해달라고 두세 번 청했지만 끝내 허락하지 않았다. 전하는 하는 수 없이 나와서 숭교리의 옛집으로 왔으며, 사랑에 앉아서 걱정만 하면서 결단을 내리지 못하였다. 조금 뒤에 문을 두드리는 소리가 나서 급히 나가 보니 광흥창사 정탁이었다. 탁이 극력 주장하기를 "백성들의 이해가 이 시각에 달렸습니다. 여러 소인이 저렇게 간악한 꾀를 부리는데 어디를 간다고 그럽니까. 왕후장상의 씨가 어디 따로 있답니까?" 라고 하였다.

이방원은 결국 정몽주를 제거하기로 결심했고, 이지란에게 일을 맡기려고 했다. 그러나 이지란은 "우리 시중(이성계)이 모르는 일을 내가 어떻게 감히 하겠는가?"라며 거절하자 이방원은 이렇게 탄식했다.

"이씨가 왕실에 공로가 있다는 것은 온 나라 사람들이 다 알고 있건만 지금 소인들의 모함을 받고 있는 것이다. 제대로 해명도 하지 않고 고스란히 앉아서 죽음을 당한다면 저 소인들은 반드시 흉악한 이름을 이씨에게 둘러씌울 것이다. 후세에 가서야 누가 알겠는가? 부하들이 많은데 한 사람도 이씨를 위하여 힘을 써줄 사람이 없단 말인가?"

이에 조영무(趙英茂, 1338~1414)가 나섰고, 이방원은 이무(李茂, ?~1409)

등도 함께 행동할 것을 명했다. 당시 정몽주의 문인이었던 변중량은 이방원이 이제 등과 함께 정몽주를 제거하려는 계획을 미리 눈치채고 이성계에게 문병 가는 것을 만류하는 등 주변에서 정몽주를 붙잡았지만, 정몽주는 혼자 이성계를 문병하러 갔다.

이성계의 부상이 어느 정도인지 알아보려는 의도도 있었지만, 이성계와 담판을 지으려고 그를 찾아갔던 것이다. 물리적인 충돌이 아닌 문인다운 선택이었다. 그러나 두 사람이 만나 어떤 이야기를 나누었는지는 전하지 않지만, 특별한 성과는 없었다.

34대 475년의 고려 역사가 막을 내리다

「하여가」와 「단심가」를 주고받다

문병을 마치고 나온 정몽주와 이방원이 만나 유명한 시를 한 수씩 역사에 남기게 된다. 마치 막후 협상이 이루어진 듯했다. 이방원은 「하여가何如歌」를 남겼다.

이런들 어떠하리 저런들 어떠하리
만수산 드렁칡이 얽힌들 어떠하리
우리도 이같이 얽혀서 백 년까지 누리리라

그리고 정몽주는 「단심가丹心歌」로 답한 것으로 전한다.

이 몸이 죽고 죽어 일백 번 고쳐 죽어
백골이 진토되어 넋이라도 있고 없고
임 향한 일편단심이야 가실 줄이 있으랴

두 사람의 대화는 이것으로 끝이었다. 마지막 협상의 결렬을 의미했다. 그러나 누가 먼저 시를 읊었는지, 두 사람이 한자리에서 시를 주고받았는지는 명확하지 않다. 다만 '각자의 길을 가겠다'는 의지를 확인한 것만은 분명했다. 결국 정몽주가 이방원에게 선죽교에서 피살됨으로써 상황이 종료된다. 이때 정몽주의 나이 56세, 이방원은 25세였다.

정몽주가 이처럼 무기력하게 제거된 데에는 다음과 같은 온건 보수파의 내부 사정도 영향을 미쳤다.

첫째, 정몽주가 추천한 도평의사사의 권한 축소와 6조의 기능 확대, 그리고 성리학의 보급 등은 급진파의 정책과 유사했다. 때문에 구 관료 등 수구세력의 지지를 이끌어내기가 쉽지 않았다.

둘째, 온건 보수파는 문인들이 주축을 이루고 있었기에 물리적 기반이 취약했다. 9공신 가운데 중도 성향의 성석린과 심덕부마저 급진파 쪽으로 기울었고, 그나마 무력 기반을 지니고 있던 지용기는 '윤이·이초 사건'에 연루되어 힘의 균형을 유지할 수 없었다.

셋째, 결속력이 견고하지 못했다. 온건 보수파는 공양왕의 지원에 힘입어 정몽주를 중심으로 하여 일시적으로 뭉칠 수는 있었지만, 공양왕의 지원은 처음부터 한계가 분명했다. 그리고 구성원들의 생각이 모두 일치하지도 않았다. 따라서 비록 간관들이 앞에 나서기는 했지만, 정몽주는 힘겨운 싸움을 하고 있었다.

이러한 정몽주의 삶은 그의 탄생담에서 이미 예고하고 있는 듯했다. 정몽주는 어머니 이씨가 임신했을 때 난초 화분을 품에 안고 있다가 땅에 떨어뜨리는 꿈을 꾸었다고 해서 초명初名이 몽란夢蘭이었다. 아버지가 다시 용꿈을 꾸었다고 해서 몽룡夢龍으로, 성인이 된 후 몽주로 이렇게 이름을 세 번씩이나 바꾸었다.

정몽주는 부모의 기대 속에서 훌륭하게 성장하여 주변의 존경을 받았다. 하지만 격동의 시기를 살아가기에는 버거움이 많았는지 '허무한 말을 꾸미고 대간들을 꾀어 대신을 모해하고 국가를 요란하게 하였다'는 죄목으로 참수되고 말았다. 공양왕 4년(1392) 4월 4일이었다. 그가 사망한 지 100일 만에 고려왕조는 막을 내리고 조선이 들어섰다. 정몽주를 마지막 고려인이라고 부르는 이유가 여기에 있다.

정도전이 남긴 의문의 2개월

정몽주가 사망한 후 유배 갔던 급진파 인사들이 속속 조정으로 돌아왔고, 이들의 탄핵에 앞장섰던 인사들의 유배가 이어졌다. 정도전의 처형을 앞장서서 주장했던 김진양이 국문과정에서 자신의 배후에 "이숭인·이종학·조호가 있고, 그들의 배후에는 정몽주·이색·우현보가 있다"고 자백했다. 이에 이색은 현재 충남 사천의 한주韓州로 귀양 갔고, 김진양과 이숭인 등은 서인으로 강등되어 유배되었다. 5월에는 "설장수와 김리 등도 유배 보내야 한다"는 상소가 이어졌고, 6월에는 우현보 일가가 유배되었다.

정도전은 두 아들과 함께 6월 10일 개경으로 돌아왔고, 7월 6일 봉화현충의군에 봉해졌다. 그리고 이성계가 왕위에 오르고 3일 후인 7월 20일 도당에 참여하여 조선에서 공식적인 일정에 참여하게 된다. 그런데 정도전은 정몽주가 사망하고 두 달이 지난 뒤에 복귀했고, 공식 일정에 참여한 시기는 더 늦게 이루어졌다는 점이 의문이다.

조준은 정몽주가 사망한 다음날 유배에서 풀려났고, 정도전과 가깝게 지냈던 남은은 정도전과 같은 날 뒤늦게 개경으로 돌아왔지만, 6월 16일 조준과 함께 지방을 장악하기 위해 경상도절제사로 임명되었다가 3일 후인 6월 19일에 종2품 동지밀직사사에 임명되어 적극적으로 활동했다.

그렇다면 정몽주가 사망한 후 두 달이 넘는 공백기 동안 정도전은 어디서 무엇을 하고 있었을까?

정황상 그는 지방에 기거하고 있었고, 정몽주의 사망 소식을 그곳에서 들었을 가능성이 크다. 곳곳에 포고문이 붙었고, 이 시기는 정도전이 급진파의 핵심 인물이라는 사실이 공개되었기에 누군가 정도전에게 이 사실을 전했을 가능성도 충분했다. 따라서 정도전이 향후 정국의 구체적인 방향을 잡아야 하는 등 정국이 급박하게 돌아갈 것이라는 사실을 모를 리 없었다. 더구나 백성들의 추앙을 받았던 정몽주의 목이 개경 거리에 걸렸기에 민심에도 신경 써야 했다.

정도전의 활동에 대한 기록이 보이지 않는 이유는 정몽주가 피살된 후 왕조 교체 작업에서 의도적으로 배제되었을 가능성도 없지 않다. 그러나 조선이 개국한 후 발표된 교서에 따르면, "국호를 그대로 고려라 하고 의장과 법제는 모두 전조(前朝, 고려)의 고사에 따른다"고 했다. 민심이반을 우려한 이유였겠지만, 준비가 부족한 탓도 있었던 것이다.

따라서 개국 후에 보여준 정도전의 엄청난 활동과 성과들을 생각하면 이 시기에 개국을 준비하는 시간을 가졌고, 덕분에 조선은 태조 3년(1394)을 넘기면서 새 왕조의 기틀이 갖춰지는 등 가시적인 성과들이 나타나기 시작했다.

이성계가 고려의 왕으로부터 왕위를 물려받는 '선양禪讓'의 방식을 선택한 것도 정도전의 작품으로 보인다. 선양이란 어진 사람에게 왕위를 양보하는 것으로, 요 임금이 자신의 아들이 아닌 순에게 그리고 순 임금 역시 자신의 아들이 아닌 우에게 왕위를 물려준 것은 유학儒學에서 가장 이상적인 권력 이양 방식이었다. 따라서 '선양이라는 방식으로 국왕의 자질을 갖춘 이성계가 왕위를 물려받았다'는 사실을 강조함과 동시에 여기에는 '이 땅에 동방의 주나라를 만들겠다'는 정도전의 평소 의지가 담겨 있었다.

그럼에도 이성계의 즉위는 역성혁명이었다. 따라서 조정에서 개혁의 방법이나 강도를 두고 논쟁을 벌이는 것은 더 이상 의미가 없었고, 하루 빨리 혁명의 청사진을 제시해야 했다. 그러나 시간적 여유가 없었고, 마음만 먹는다고 누구나 이러한 역할을 할 수 있는 것도 아니었다. 정도전을 적임자로 보는 것도 이러한 이유 때문이다. 그렇다고 정도전을 제외한 대부분의 급진파 인사들이 손을 놓고 있었던 것은 아니다.

왕의 자리가 공석이 되다

정몽주의 사망으로 더욱 불안해진 공양왕은 이성계에게 동맹 의식을 제안했다. 그리고 조용(趙庸, ?~1424)에게 맹세문 초안 작성을 명했다. 이에 조용은 "열국의 동맹과 같은 것은 옛적에 있었으나 왕과 신하가 동맹을 맺은 사례는 없다"며 반대했지만, 결국 지신사로 있던 이방원과 함께 맹세문을 작성해야 했다. 당시 맹세문에는 다음과 같은 내용이 담겨 있다.

> 경(이성계)이 없었으면 내가 어찌 이에 이르렀으랴. 경의 공과 덕을 내가 어찌 잊을 수가 있으리오. 황천후토皇天后土가 위와 옆에 계시니 세세자손이 서로 해치지 말 것이다. 내가 경에게 저버리는 것이 있으면 이 맹세와 같이 하리라.

공양왕은 자신의 절박한 심정이 담긴 맹세문을 가지고 이성계의 집으로 떠날 준비를 했다. 이때가 공양왕 4년(1392) 7월 12일이었다.

이 무렵 급진파 측에서도 분주하게 움직였다. 조정에서 해야 할 일들이 남아 있었기 때문이다. 이날도 배극렴 등은 왕대비를 찾아가 만났고, 이 자리에서 왕대비에게 "지금 왕이 혼암昏暗하여 군도君道를 잃고 인심人心도 이미 떠나갔으므로 사직과 백성의 주재자가 될 수 없으니 이를 폐하기를 청합니다"라며 공양왕의 폐위를 주청하여 허락을 받아냈다. 따라서 공양왕이 준비한 동맹의식은 물거품이 되고 말았다.

일주일 뒤인 7월 17일 이성계에게 '나랏일을 맡긴다'는 왕대비의 교지가 내려졌고, 이성계의 즉위식이 거행되었다. 『태조실록』에는 당시의 상황을 이렇게 기록하고 있다.

남은이 곧 문하부평리 정희계와 함께 지시문을 가지고 임금이 거처하고 있던 북천동의 궁전으로 가서 지시문을 발표하였다. 공양왕은 엎드려서 지시를 듣고 말하기를 "나는 본래 임금 노릇을 하고 싶지 않은 것을 여러 신하가 억지로 데려다가 세웠던 것이다. 똑똑하지 못하고 사리에 밝지 못한 내가 어떻게 신하들의 비위를 거스르지 않았겠는가?"라면서 눈물을 두어 줄 흘렸다.

공양왕은 왕위에서 물러나 원주로 떠났고, 고려는 34대 475년의 역사를 마감하게 된다. 이후 공양왕은 원주에서 다시 강원도 간성으로 옮겨졌다가 태조 3년(1394)에 삼척으로 쫓겨나서 생을 마감했다.

공양왕의 능은 경기도 원당(고양시)과 그가 사망한 강원도 삼척 두 곳에 조성되어 있다. 실제 능으로 알려진 고양시에 조성된 능에는 '고려공양왕고릉高麗恭讓王高陵'이라는 비석이 세워져 있으나, 삼척의 능에는 비석이 없고 '공양왕릉'이라는 표식만 전하고 뿐이다.

한편 공양왕이 물러난 후 급진파는 공석이 된 왕위에 이성계를 옹립하는 수순을 밟았다. 그러나 이성계는 "새 왕조 창업은 하늘의 뜻이 없으면 되지 않는다. ……내가 정말 덕이 없으니 어떻게 감당하겠는가?"라며 극구 사양하여 며칠 동안 왕이 없는 초유의 사태가 벌어졌다.

왕이 출퇴근하다

7월 17일 이성계가 둘째 부인과 함께 물에 밥을 말아 먹고 있었다. 후에 개국공신에 오른 52명의 대신이 조정의 높고 낮은 관리들과 현직에 있지 않은 사대부들 그리고 퇴직한 노재상들을 모두 데리고 옥새를 받든 채 몰려가 엎드려 절하며 이성계에게 즉위를 요구했다. 하지만 이성계는 받아들이지 않고 방문을 닫아걸었다. 『태조실록』에는 당시의 상황을 이렇게 기록하고 있다.

> 해질 무렵 배극렴 등이 문을 밀치고 안뜰로 들어와 대청 위에 옥새를 놓았다. 태조는 황급하여 어쩔 바를 모르다가 이천우의 부축을 받아 안문에서 막 나서는 판에 모든 관리가 늘어서서 절을 하고 북을 치면서 만세를 불렀다. 태조가 몹시 송구해 몸 둘 바를 몰라 하니 배극렴 등이 일치한 말로 권고하였다.

이성계는 사양을 거듭하다 결국 왕위에 올랐다. 그의 나이 58세였다.

이성계의 즉위는 추대와 선양 그리고 인준이라는 형식으로 권력이 이양되었음을 강조하지만, 도평의사사의 추대가 아니라는 점에서 모순을 남겨놓게 된다. 때문인지 이성계는 즉위식에서도 대단히 신중한 태도를 보였다. 『태조실록』에는 이성계가 수창궁에서 왕위에 오르는 과정을 이렇게 기록하고 있다.

> 태조는 말에서 내려 대궐 안으로 걸어 들어가서 왕위에 올랐다. 임금

의 좌석에는 앉지 않고 기둥 안쪽에 서서 신하들의 축하를 받았다. 육조판서 이상을 위로 올라오라 하여 말하였다. "내가 시중으로 있을 때도 조심스러운 생각을 품고 늘 자기 직책을 다하지 못할까 봐 걱정하였다. 오늘 이런 일을 당할 줄이야 어디 생각이나 했겠는가? 내가 몸만 건강하다면 말을 타고 피해 가버리기라도 하겠지만 마침 병으로 손발도 제대로 놀리지 못하는 때 이렇게 되었다. 경들은 각기 마음과 힘을 합하여 덕이 없는 이 사람을 도와야 할 것이다." 그러고는 먼저 왕조의 중앙과 지방의 높고 낮은 관리들에게 종전대로 일을 보라고 지시한 후 집으로 돌아갔다.

이렇게 해서 새 왕조가 탄생했다. 그러나 이성계는 즉위식을 마치고 퇴근해버렸고, 이후 한동안 왕이 출퇴근하는 기이한 현상이 벌어졌다. 뿐만 아니라 그는 자신을 왕이라 하지 않고, '임시로 나랏일을 맡아본다'는 뜻으로 감록국사監錄國事라고 했다. 백관의 수장인 문하시중이 신하의 위치에 있었다면, 이 직책은 국왕과 동등한 지위였다. 태조는 조회도 서서 받다가 한 달이 지나서야 왕이 앉는 자리에 앉았다.

이러한 일들이 벌어진 이유는 조정의 여론과 민심을 의식한 이성계가 겸양의 미덕을 보여주려는 의도도 있지만, 한편으로는 조선의 개국이 불안정했음을 의미했다. 따라서 새 나라의 기틀을 잡기 위한 수많은 과제를 시급하게 정리하고 청사진을 제시해야 했다.

이때가 정도전이 말단 관리 시절 '역사의 대들보가 되겠다'고 포부를 밝힌 지 30년 만이었고, 함주 막사에서 이성계를 만나고 확신을 갖게 된 날로부터 10여 년 만이었다.

조선 500년 역사가 뿌리내리다

조선은 제도적 기틀을 마련하기 전에 문을 열었기 때문에 고려의 문물과 제도로 국정을 운영하면서 건국 이념에서부터 생활 규범에 이르기까지 모든 것을 새롭게 만들어야 했다. 정도전은 자신이 구상한 정치체제의 청사진을 각종 제도와 정책에 반영하여 구체적인 실천에 옮기며 새롭게 창조한 왕조를 설계해 나갔다.

7월 28일에 정부조직이 발표되었다. 도당, 즉 도평의사사는 그대로 두되 업무는 적시하지 않고 전속 관리도 배치하지 않았다. 여기에는 '왕이 도당의 합좌 회의를 거치지 않고 국가 대사를 결정하지 않겠다'는 의미가 담겨 있었다. 즉 정도전이 구상한 새로운 정치체제가 하나씩 구축되고 있었던 것이다.

정도전은 국가를 다스리는 기본 정책을 규정한 법제서를 완성하여 태조 3년(1394) 3월 『조선경국전』을 왕에게 올렸다. 여기에는 다음과 같은 조선 건국의 역사적 의미가 담겨 있었다.

> 박씨·석씨·김씨는 서로 이어 신라라고 일컬었으며, 온조는 앞서 백제라 칭하였고, 견훤은 뒤에 백제라 칭하였다. 또 고주몽은 고구려라 칭하였고, 궁예는 후고구려라 칭하였으며, 왕씨는 궁예를 대신하여 고려라는 국호를 그대로 승습承襲하였다. 그러나 이들은 모두 한 지방을 몰래 차지하여 중국의 명령을 받지 않고 스스로 명호를 세워 서로 쟁탈만을 일삼으니, 비록 칭호가 있다 해도 취할 것이 무엇인가?

정도전은 조선 이전의 국가들을 완전한 국가로 인정하지 않았고, 조선이 개국하면서 비로소 공식적인 역사가 시작되었음을 강조했다. 또한 그는 태조의 즉위 교서를 작성하면서 "새 왕조는 찬탈이 아닌 왕조 교체를 통해 건국되었고, 성리학을 건국 이념으로 하여 사회 각 분야의 제도와 정책들을 만들어가겠다"고 국정 방향을 분명하게 밝혔다.

즉위 교서를 발표하던 날에는 고려와 완전히 결별을 선언이라도 하듯 고려의 유신遺臣 56명을 5등급으로 나누어 영구 파직하거나 곤장을 친 후 유배에 처했고, "(고려) 왕족은 강화도와 거제도에 거주하라"는 명을 내렸다. 때문에 왕족은 생활 터전에서 쫓겨나지 않고 살아남기 위해 왕씨王氏를 하사받기 이전의 성씨로 복귀하거나 어머니의 성으로 바꾸기도 했다. 왕王 자에 '들' 입入 자를 얹어 전씨全氏가 되거나 '왕씨의 씨를 전한다'는 뜻으로 점을 하나 찍어 옥씨玉氏가 되었다는 이야기도 전한다.

남평군 왕화는 유배지를 옮기던 중 지금의 경남 밀양인 밀성에서 맹인 점쟁이 이흥무李興茂에게 고려 왕실의 복구와 태조의 운명을 점치게 했다는 사실이 발각되어 역모죄로 동생 영평군鈴平君 왕거王琚, 점쟁이 이흥무 등과 함께 처형되었다. 그리고 왕족을 거제도로 옮기는 과정에서 많은 왕씨들이 수장水葬되는 일이 발생했다. 이에 민간에서는 태조의 꿈에 왕건이 나타나 "네가 내 후손들을 죽였으니, 나도 네 후손들을 죽이겠다"라고 저주했다는 이야기도 전한다.

8월 23일에는 손흥종孫興宗과 황거정黃居正 등이 이색의 아들 이종학과 우현보의 아들 홍수·홍명·홍득 그리고 이숭인과 김진양 등 8명을 곤장에 처해 사망한 일이 벌어졌다. 기록에 따르면 "정도전이 우현보와 이색 등을 사형에 처하려고 했으나 태조가 허락하지 않자, '멀리 유배 보내야 한다'고 주장했다. 그러나 태조가 '굶어 죽을지도 모른다'는 이유로 유배지를 육지로 바꾸도록 명하자 정도전은 '이들을 곤장을 쳐서 죽게 하라'고 손흥종 등에게 명했다"고 한다.

그러나 이 사건이 발생한 지 20여 년이 지난 태종 11년(1411)에 정치적 사건으로 비화되면서 정도전이 거론되었다는 점에서 정확한 사실 여부를 확인하기 힘들다.

한편 정도전은 자신을 장량과 비유하여 조선 건국에서의 역할과 자부심을 강조했다. 그러나 정도전과 장량이 분명하게 다른 점이 있었다. 장량은 한나라를 세운 유방의 절대적인 신임을 기반으로 높은 벼슬에 올라 부귀영화를 누릴 수 있었지만, 어느 날 관직을 버리고 산림에 묻혀 은거 생활을 했다. 그리고 얼마 지나지 않아 대대적인 숙청 작업이 이루어졌다. 이때 황제를 측근에서 보필하던 명장 한신을 비롯해 수많은 개국공신이 역적으로 몰려 처형되거나 숙청되었다. 유방은 자신을 보필하던 충신들을 건국 과정에서는 중용했지만, 일단 나라가 세워지자 수성을 위해 그들을 역모로 몰아 수만 명을 학살했던 것이다. 때문에 장량만이 이런 참화에서 벗어날 수 있었다.

반면 정도전은 새로 건국된 조선에서 자신의 모든 것을 쏟아부으며 새로운 정치체제 구축에 나섰고, 훗날 역적의 죄로 처형되었다. 하지만 그가 남겨놓은 이념적 좌표와 정책들은 조선 500년 역사의 뿌리가 되었다.

7부

백성은 먹는 것이 하늘이다

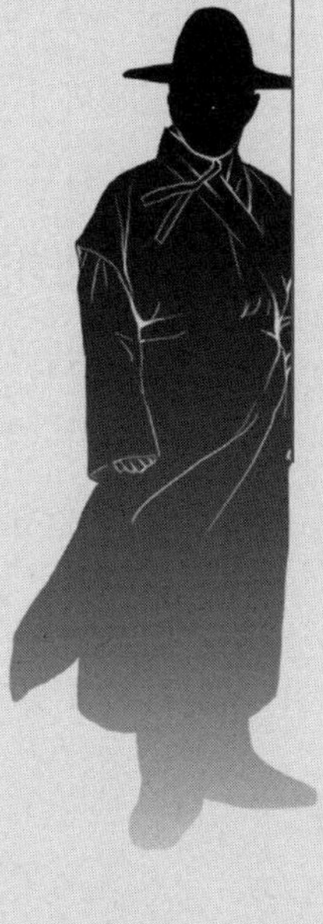

백성의 나라를 위하여

정치의 존재 이유를 백성에서 찾다

정도전은 조선 개국 후 숭록대부·문하부의 시중 다음 직책인 문하시랑찬성사, 최고의 정책 결정 기구의 수장인 동판도평의사사, 국가 경제를 총괄하는 판호조사, 인사 행정을 총괄하는 판상서사사, 문한文翰의 책임을 맡은 보문각대학사, 왕을 교육시키고 역사를 편찬하는 지경연예문춘추관사, 이성계의 친병인 의흥친군위의 두 번째 책임자인 의흥친군위절제사의 직책을 겸임했고, 봉화군의 작위를 받았다. 정도전이 정책 결정, 인사 책임, 국가재정, 군사 지휘권, 왕의 교육과 교서 작성 등을 포함한 왕의 비서실 책임과 역사 편찬 등 국가 경영에 필요한 핵심적인 직책을 모두 겸직하게 된 것이다.

따라서 정도전이 새 왕조의 실권자임이 분명했다. 하지만 그에게는 권한보다 막중한 책임과 과제가 더 많았다. 그에게 정치는 권력을 행사하는 것이 아니라 백성을 받들기 위해 존재하는 것이었기 때문이다. 정도전은 평소 정치 행위에 대해서 이렇게 말했다.

> "세상을 다스리는 것은 다른 방책이 있는 것이 아니라 민심을 따라서 하늘을 받드는 것이다. 순舜 임금에게 천하를 물려준 것은 요堯 임금이 아니라 민심이었다. 고려는 왕씨의 나라가 아니라 백성의 나라이니 민심을 어찌 거스를 수 있겠는가. (……)
> 하늘이 백성을 내면서 통치자를 세우는 것은 백성으로 하여금 잘 살도록 보살펴주고 편안하게 다스리라는 것이다. 그러므로 임금의 도리를 잘하고 못하는 데 따라 인심이 따르기도 하고 배반하기도 하는 것으로써 하늘의 의사가 가고 오는 것도 다 여기에 달렸다. 이것이 정상적인 이치이다."

정도전은 정치가 존재하는 이유를 백성에게서 찾았다. 그렇다고 초현세적인 힘이나 원리에 의존하는 이상주의자는 아니었다. 그는 민본주의라는 정치사상을 기반으로 각종 제도와 정책을 구현하기 위해 유교 이념의 양면성인 왕도주의와 합리주의의 통합을 시도했다. 즉 왕도정치의 이상주의를 역성혁명의 사상적 기반으로 삼고 현세적 합리주의를 제도화하여 새로운 정치체제를 만들려고 했던 것이다.

정도전이 도덕의 영역과 정치의 영역을 인위적으로 구분할 수 없는 동전의 양면으로 보았던 것이 그 예였다. 그는 "정치가 배제된 도덕은 공허한 이념에 불과하고 도덕이 배제된 정치는 형식적 법률로 전락하게 된다"고 보았다. 따라서 인간성의 완성을 목표로 하는 정치를 실현하기 위해 유교 교육을 제도화하여 관료를 양성하고 그들이 정치에 참여하는 정치체제를 국가 통치의 근간으로 삼고자 했다.

정도전은 제도나 체제의 중요성을 인정했지만, 인간 중심의 유교 교육을 정치의 근본으로 삼았다. 그리고 이를 통해 철두철미한 공인 의식과 사명감 그리고 실력을 갖춘 도덕적 관료 집단이 국가 통치의 근간이 되는 문인 정치를 펼치고자 했다.

정도전이 말한 선비가 바로 그들로, 정치는 곧 선비의 의무였으며 이로써 공동체를 위해 모든 것을 바쳐 희생할 수 있는 소명의 기회로 여기는 철학과 덕성을 소유한 철인정치를 꿈꾸었다.

7월 28일에 '백성을 편안하게 하는 목록'이라는 의미를 담은 「편민사목便民事目」 17조의 교서가 발표되었다. 이를 통해 "민심에 의해 조선이 건국되었고 중신들의 권유로 이성계가 왕위에 올랐다"는 사실을 만천하에 공표했고, 정부 구조, 학교와 과거제도, 토지제도 등 새 왕조 건설을 위한 주요 국정 과제를 제시했다.

예를 들면 경제 분야에서 공물貢物의 감면, 국둔전國屯田의 폐지와 토지 1결당 10분의 1 세 이상을 거두지 못하게 하는 등 국가재정의 수입과 지출에 대한 개혁을 분명하게 재확인했다. 그리고 인재의 등용, 언로의 개방, 수령의 역할과 책임, 역관 제도, 군대의 진휼賑恤, 부정부패 방지와 '형벌은 정치의 보조 수단이지 정치의 근본이 되어서는 안 되며, 형벌과 법은 되도록 예방 수단에 머물러야 한다'는 『대명률』의 준수 등 시급한 제도와 법률 제정을 위한 개혁 과제도 밝혔다.

또한 사고四孤, 즉 홀아비·과부·고아·자식이 없는 노인 등 사회적 약자층을 해당 고을에서 먼저 돌보게 했고, 관혼상제와 충신·효자의 표창, 지방 호족이나 토호세력을 견제하기 위해 그들의 자제를 중앙으로 불러들여 출신 지역의 행정 고문 겸 볼모 역할을 하던 기인제도 철폐 등 새로운 사회질서의 정착에 우선적인 관심을 기울였다.

정치인은 하루라도 구차하게 먹고살아서는 안 된다

고려 말기에는 자연재해가 빈번하게 발생했고, 태조 왕건을 받들기 위해 건립한 효사관孝思觀에 노루가 뛰어드는가 하면, 송충이가 솔잎을 갉아먹었고, 6월인데도 서늘한 바람이 불며 모래 먼지가 크게 일어 곡식이 말라 죽는 등 기이한 현상이 벌어지자 도참설이 크게 유행했다. 물론 여기에는 사실 여부와 관계없이 '고려가 말기적 현상을 보이고 있다'는 의미가 포함되어 있었다.

정도전은 이러한 분위기를 적절하게 활용했다. 그러나 그는 사건을 새로 만들어내거나 조작한 것이 아니라 혁명 과정에서 영웅들의 탁월한 능력과 활동을 담은 건국설화나 도참설을 통해 건국의 당위성을 전파했고, 자신의 역할에 대해서도 천명설을 끌어들이는 등 유교적 틀에만 얽매이지는 않았다.

예를 들면 음양오행 사상에 바탕을 두고 이미 고려 중기부터 전하던 내용을 취합해 개국공신과 관련되는 성씨의 인물들과 연결시켰다. 그렇게 조선 건국의 당위성과 주체적으로 건국 과정에 참여한 자신의 역할이 개인적 판단에 의한 것이 아니라 이미 하늘에 의해서 예견된 일이었다는 천명설을 인용했다. 그러나 "이성계가 즉위한 다음 날 비가 내려 가뭄이 해소되었다"는 이야기를 끝으로 더 이상 이러한 내용은 찾아보기 힘들다.

정도전은 조선 개국 후 국가의 기틀을 세우면서 정치를 포함해 모든 분야에서 철저한 유학자의 길을 걸었다. 권력이 부조리하게 유용되는 정치 권력을 통제하는 정치제도를 만들어내는 데 각별한 관심을 기울이는 등 조선의 정치체제에서 유교 이외의 것들이 끼어들 여지가 없도록 했다. 신왕조의 수도를 정하는 논쟁에서 고려 사회에서 지속적으로 관심을 기울였던 풍수지리를 과감하게 배제한 것도 정도전이 조선 개국 과정에서 보여주었던 사상적 유연성과 비교되는 대표적인 예이다. 그렇다 해도 그는 교조주의자가 아니었다.

그는 유교의 교리를 일상생활까지 통제하는 준거의 틀로 적용하지는 않았다. 그가 생각한 사회질서의 가치는 '사士·농農·공工·상商의 분화에 기초해 자신의 직분에 충실해야 한다'는 것에 기저를 두고 있었다.

정도전은 정치에서 선비를 중시했지만, 이는 별도의 신분이나 직업이 아니라 능력을 갖춘 누구든 독서와 학문을 업으로 하게 되면 선비가 될 수 있었다. 그리고 선비는 도덕가·철학자·기술자·교육자·무인의 역할을 겸비해야 비로소 정치에 참여할 수 있었다.

또한 농민과 선비는 구분되지만, 선비가 농사를 지을 수도 있고 농민의 자제가 학문을 익히면 선비가 될 수도 있는 등 혈통보다는 능력과 사회적 역할의 경중에 따라 신분을 구별하여 농·공·상 위에 선비를, 선비 위에 관리를 두어 능력에 따른 신분 상승을 인정했다.

신분제는 양천제良賤制를 기본으로 하고, 양인은 직업에 따라 상·중·

하로 구분했다. 비록 서얼과 노비제도의 철폐까지 주장하지는 않았지만, 사회 지배층의 신분과 관련해서 서얼의 자손을 차별해야 한다고 공식적으로 언급하지도 않았다.

조선에서 서얼의 차별 문제는 태종 때 처음 공식적으로 논의가 이루어졌고, 신분을 구분하기 위해 법이 제정된 것은 태종이 즉위하던 1400년 8월이었다. 당시는 '왕자의 난'을 치르고 정국을 수습하는 차원으로 한양에서 개경으로 다시 환도했을 때였고, 개경에는 부유한 상인은 물론 고관의 하인들까지 말을 타거나 비단옷을 입고 거리를 활보하며 다녔다. 심지어 벼슬아치가 천민보다 더 초라하게 보이기도 했다. 이에 조정에서는 사회질서를 바로잡는다는 차원에서 평민·노비·나무꾼이 개경 거리에서 말이나 소를 타는 것을 법으로 금지했고, 신분의 상하를 구분하기 위해 현직 관리와 퇴직 관리의 옷을 품계에 따라 차등을 두었다. 또 장인匠人·공장工匠·상인商人·하인下人의 옷 색깔도 각각 다르게 하여 의복만으로도 신분과 직업을 구별할 수 있게 했다.

백성의 생활이 안정되지 않는 정치는 없다

민본주의는 정도전의 정치사상을 관통하는 뿌리였고, '실천이 전제되지 않은 사상은 죽은 것이 다름없다'는 실천궁행實踐躬行을 최고의 가치로 삼았다. 그리고 『조선경국전』에서 왕과 백성의 관계를 다음과 같이 정의했다.

인군仁君의 지위는 존귀한 것이다. 그러나 천하는 지극히 넓고 만민은 지극히 많다. 만일 천하 만민의 민심을 얻지 못하면 크게 우려할 만한 일이 생긴다. 백성은 지극히 약한 존재이지만 폭력으로 협박해서는 안 된다. 백성은 지극히 어리석은 사람들이지만 꾀로써 속여서는 안 된다. 민심을 얻으면 백성은 군주에게 복종하지만 민심을 얻지 못하면 백성은 군주를 버린다. 백성이 인군에게 복종하고 인군을 버리는 데는 털끝만큼의 차이밖에 없다. 그러나 민심을 얻기 위해서는 사심을 품고서 구차하게 해서도 안 되고 도道를 어기어 명예를 구해서도 안 된다. 그것을 얻는 방법은 역시 인으로써만 해야 한다. 인군은 천지가 만물을 생성시키는 마음씨를 자기의 마음씨로 하여 차마 함부로 할 수 없는 마음씨로써 정치를 행해야 한다.

이처럼 정도전은 왕의 존재 이유를 백성에서 찾았다. 백성 없는 군주는 존재할 수 없기 때문이다. 따라서 군주는 무한하고 절대적이며 신성불가침한 권력자가 아니라 공동체에 대한 봉사 정신이야말로 왕의 능력이자 권위라고 강조했다. 그리고 왕의 정치 행위는 "백성을 위하고(爲民), 사랑하고(愛民), 존중하고(重民), 기르고(牧民), 편안하게(安民)" 하는 것으로 왕보다는 국가를, 국가보다는 백성을 우위에 두었다.

백성들의 수數를 조사한 자료를 바치면 왕이 절을 하고 받았다는 『주례』의 내용을 강조한 것도 "백성이 국가의 근본이고, 군주의 하늘"이기 때문이었다. 따라서 "백성의 생활이 안정되지 않는 왕도정치란 없으며, 백성은 먹는 것이 하늘이다"라며 정치의 궁극적 목적은 백성들이 먹고 사는 것에 대한 근심을 없애는 데 있고, 이것은 왕을 포함해 관리들의 존재 이유이기도 했다.

정도전은 이를 실천에 옮기기 위해 농업의 생산력을 높이고, 토지를 균등 분배하고, 자작농을 육성하고, 국가 산업을 육성하는 등 중농주의重農主義를 통해 부국강병富國强兵을 이루고자 했다. 그는 『조선경국전』에서 "의식이 풍족해야 염치를 알고, 창고에 곡식이 가득해야 예의가 일어난다"는 관자管子의 말을 인용하면서 "국가가 가난해서 백성들이 가족을 부양하기 힘들고, 장례를 치르거나 제사를 지내기 어렵고, 과부·고아·노인 등 의지할 곳 없는 백성들의 생계가 보장되지 않는다면, 정치가 제대로 이루어질 수 없다"고 강조했다.

또한 철인정치를 꿈꾸었던 정도전은 모험적 허영심이나 이상만 좇는 자들을 경계했고, 현학적이거나 교조적인 선비, 기능적인 지식인과 학문과 정치를 입신양명立身揚名의 기회로 삼으려는 이들을 경멸했다. 그는 백성들의 생활 안정을 실현하기 위해서는 "양식을 갖춘 사대부들의 정치 참여가 이루어질 때 비로소 가능하다"며 "진정한 사대부란 확고한 국가 발전 전략과 덕성을 겸비하고, 백성을 위해 모든 것을 바치는 열정적인 지도자 집단이어야 한다"고 강조했다.

그리고 능력을 갖춘 관리를 양성하려면 교육이 대단히 중요하다고 생각했다. 그가 권근과 함께 4품 이하의 유사儒士와 성균관成均館·예문관藝文館·춘추관春秋館의 유생에게 경학經學과 사학四學을 직접 강습한 이유도 여기에 있었다.

조선을
설계하다

귀족주의 사회에서
관료주의 사회로

정도전이 구상한 이상적인 정치제도는 재상을 최고 실권자로 하고, 권력과 직분이 분화된 관료들이 다스리는 것이었다. 그는 정치 권력과 관련해서 사대부의 위상과 역할을 설명하면서 '왕은 대리천물代理天物, 즉 하늘을 대신해서 만백성을 다스리는 존재이며, 왕의 역할을 나누어 맡은 자가 바로 관리'라고 규정했다. 따라서 왕은 이념적으로는 초월적인 존재이지만, 현실정치에서 국왕은 사대부를 대표하는 상징적인 존재였다.

그리고 "관리의 가장 위에 있는 재상은 왕이 임명하며, 위로는 왕을 받들고 아래로는 모든 관리를 통솔하여 백성을 다스리는 것이니, 그 직책이 매우 크다"면서 다음과 같이 강조했다.

왕의 자질은 한결같지 않아, 어리석은 자도 있고 현명한 자도 있으며 강한 자도 있고 유약한 자도 있으니, 재상은 왕의 좋은 점은 따르고 나쁜 점은 바로잡으며, 해야 할 일은 권하고 해서는 안 되는 일은 막아서, 왕으로 하여금 대중大中의 경지에 들게 해야 한다. 그러므로 상相이라 하니, 즉 '대신을 거느리고 임금을 도와서 나라를 다스린다'는 뜻이다. 백관百官은 제각기 직책이 다르고 만민萬民은 제각기 직업이 다르니, 재상은 공평하게 해서 그들로 하여금 각기 그 적소를 얻게 해야 한다. 그러므로 재宰라 하니, 즉 재제宰制한다는 뜻이다.(……)

재상이 선 채로 소매 속에 넣어 가지고 온 문자를 몇 줄 읽고 훌쩍 나가버리는 형식주의가 아니라 왕과 재상이 상호 존중하는 자세로 대화하여 진지하게 협의해야 한다 .……협의 사항은 대사大事에 한정하고 그외 작은 일들은 재상이 자율적으로 결정하도록 해야 한다.

또한 정도전은 "말이 행해지면 도道가 행해진다"라며 정치체제가 제대로 운영되기 위해서는 언론이 중요하다고 강조했다. 그는 "천하 만민의 현명한 의견과 지혜를 모을 때 민본주의에 입각한 정치가 더욱 보장받을 수 있다"며 관리나 간관만이 아니라 만인에게 언로가 개방되어야 한다고 했다. 그가 태조의 공덕을 찬양하는 「문덕곡」에서 언로의 개방을 가장 먼저 언급한 것도 국가의 근본적인 힘은 무력이나 재력이 아닌 소통에 있다고 보았기 때문이다.

특히 현실정치에서 "사대부들은 왕을 대신해서 여론을 바탕으로 국정을 수행해야 한다. ……사대부의 정치 참여가 원활하면 왕권의 존엄성이 높아지게 되지만, 만약 통치가 민심을 잃으면 정권은 교체되어야 마땅하다"고 말했다. 그리고 "재상보다 지위는 낮지만, 대간과 간관도 재상과 함께 정치를 논하고 재상을 견제하는 데 소홀해서는 안 된다"고 강조했다.

그는 왕권을 제한하고 정치적 균형을 이루기 위해 과거제도에 적극적인 관심을 기울였다. 예를 들면 관리 선발 제도를 합리화하고, 문장을 작성하는 기술적 측면보다 경서의 뜻을 깊이 깨우친 자가 뽑힐 수 있도록 시험 과목을 개선하는 등 과거제도를 개편했다. 이에 따라 권력의 세습을 통한 특권층이 형성되는 요인을 제거하고, 능력을 평가 기준으로 삼아 국가가 관리를 선발하고 육성함으로써 인적자원의 충원 구조에 커다란 변화를 불러일으켰다.

그는 개국한 해에 관리의 선발 규정을 문음門蔭을 비롯해 문과文科·무과武科·의과醫科·역과譯科·음양복서과陰陽卜筮科·이과吏科 등으로 나누어 마련했다. 무과와 서리胥吏를 선발하는 이과는 이전에 없던 제도로, 문서를 다루는 일과 회계를 기록하여 보고하는 일, 돈이나 곡식을 다루는 일, 토목과 건축의 경영, 물품 공급과 손님을 응대하는 일 등을 담당했다. 이 여섯 과는 모두 시험을 통해 선발하여 관리의 충원 방법을 객관화했다.

개국한 다음 해(1393)에는 개편된 과거제도를 실시할 정도로 조선은 능력 있는 관리를 선발하기 위해 서둘렀다. 과거시험은 소수의 결격자를 제외한 모든 사람에게 응시 기회를 공평하게 부여했고, 서리도 임기를 마치면 문반으로 승진할 기회를 보장하여 처음으로 관직에 오를 때를 말하는 초입사직初入仕職의 하나가 되도록 했다.

조선시대에는 과거의 비중이 절대적이었고, 정치에 참여할 인적자원이 전국으로 확대되었다. 그리고 이들이 조선 사회의 공론을 주도하게 된다. 하지만 생계를 위해 일하는 시간도 모자라는 일반인들이 마음만 먹는다고 과거에 합격할 수 있는 것은 아니었다. 그들에게는 과거에 응시하는 것조차 '그림의 떡'일 수 있었지만, 고려와 비교하면 상당히 진보적이고 개방적인 조치였다.

조선시대에 문과에 급제한 1만 4333명 가운데 본관이 밝혀지지 않은 급제자가 451명이었고, 이 중 절반이 넘는 229명이 조선 초기 100년 동안 급제한 1470명에 포함되어 있었다. 조선 초기에 새로운 계층이 과거를 통해 관료층에 편입되었음을 의미했다.

고려가 귀족주의 사회였다면 조선을 관료주의 사회로 평가하는 이유가 여기에 있다. 즉 조선시대에는 실력을 갖춘 선비들이 관료층에 편입되면서 귀족층이 중심이 된 고려와는 사회 성격이 달라졌다. 그러나 후기로 갈수록 공신과 문벌門閥이 양산되어 견고한 기득권층을 형성하면서 비율이 1퍼센트 미만으로 떨어지게 된다.

법과 제도만으로 모든 것을 통제할 수 없다

조선 초기에는 과부의 재혼 금지나 재산 상속과 관련된 규제가 유연했다. 예를 들면 과부가 의지할 자식이나 봉양할 부모도 없이 혼자서 가난하게 살거나 과부가 된 젊은 여인이 부득이한 사연이 있는 경우는 재가할 수 있었다.

또한 명문가의 딸이 재가나 삼가를 해도 본인은 물론, 남편과 자녀의 이름이 족보에 올랐다. 그런데 태종 6년(1406) 조정에서 "양반의 본처였던 여인이 세 번이나 혼인하게 되면 자녀안恣女案에 기록하자"는 논의가 이루어졌다. 자녀안이란 품행이 바르지 못한 여인의 이름을 기록하여 국가가 보관하는 문서로, 양반가의 여인이 여기에 이름이 오르면 자식들이 관직에 나아가는 기회가 차단되는 등 불이익을 당했다.

이후 과부의 재혼 문제는 성종 대에도 논의가 이루어졌다. 당시 논의에 참가한 대신들 가운데 42명이 과부의 재가를 금지한 규정이 가혹하다고 했고, 4명만이 찬성했다. 대다수의 대신들은 과부의 재가는 허용하되 세 번째 혼인은 금해야 한다는 분위기였다. 그러나 '미풍양속을 바로잡아야 한다'는 임원준(任元濬, 1423~1500)의 주장에 힘이 실리면서 성종 8년(1477) 7월 과부의 재혼 금지가 법으로 제정되었다. 따라서 성종 초기까지 양반가 여인들이 세 번이나 혼인하기도 했음을 알 수 있다.

과부의 재혼금지법에 대한 반작용으로 과부를 약탈해 가는 보쌈이라는 풍습이 생겨났다. 보쌈은 본인이나 가족의 의사와 상관없는 강제적이고 불법적 행위였지만, 처벌을 받았다는 기록이 없는 것으로 보아 사회적으로 묵인되었던 것으로 보인다.

남편이 부인을 마음대로 쫓아내지 못하게 하는 법도 있었다. 즉 시집와서 시부모의 삼년상을 치른 경우, 혼인할 때 남편이 가난했으나 이후 부귀를 얻은 경우, 이혼하면 돌아갈 친정이 없는 경우를 삼불거三不去라 해서 여기에 하나라도 해당되면 부인을 쫓아낼 수 없었다. 또 부인을 쫓아낼 수 있는 7가지의 이유인 칠거지악七去之惡에 해당되더라도 삼불거에 해당하는 조항이 하나라도 있으면 쫓아낼 수 없었다.

만약 이를 어기고 남편이 부인을 쫓아내면 처벌받았고, 다시 결합하도록 강제했다. 다만 이 법이 얼마나 철저하게 지켜졌는지는 알 수 없다.

태조 6년(1397) 편찬·반포된 조선 시대 최초의 공식 법제서인 『경제육전』에는 "계모가 사망했을 때 장례 절차는 생모와 같은 삼년상으로 치러야 한다"는 내용도 보인다. 하지만 세종 때 예조에서 "계모의 상을 삼년상으로 치르자"는 건의가 있었던 것으로 보아 이 법이 제대로 지켜지지 않았던 것으로 보인다. 당시 세종은 "계모의 삼년상은 현실 여건에 맞지 않는다"며 수용하지 않았다. 유산 상속을 둘러싸고 계모와 전처의 자식이 소송을 벌이는 등 사회질서를 문란하게 한다는 것이 이유였다. 계모의 삼년상 문제는 계모에 대한 차별 외에도 재산 상속 분쟁 같은 사회문제가 포함되어 있었던 것이다.

또한 계모가 사망했을 경우 전처의 자식은 계모의 재산을 상속받지 못했다. 정도전이 저술한 『조선경국전』을 모태로 편찬된 『경국대전』에 따르면 계모가 친자식이 없이 사망할 경우 정실 자식들이 재산의 5분의 1을 상속하고, 제사를 지내는 장남에게 100분의 3을 더해주었다. 나머지는 모두 친정의 근친에게 상속하도록 했다. 계모가 친자식을 두었을 때는 법적으로 계모를 모시는 장남에게 재산의 9분의 1을 주고 대부분 친자식이 상속받도록 했다.

이처럼 조선 초기에는 유교의 원리로 개인과 가정의 규범을 엄격하게 통제하지는 않았다. 국가의 기틀을 세우는 데도 일정이 빠듯한 상황에서 가정의 세부적인 규범까지 정리할 시간이 없었겠지만, 신분제 등 사회질서 유지 차원에서 등한시할 수 없는 사안이라는 점을 고려하면 정도전은 엄격한 규제나 통제로 사회질서를 유지하기보다는 합리적이고 자발적으로 사회가 운영되는 것을 중시했던 것이다.

조선을 건설하는 데 태조의 군사력이 큰 힘이 되었다는 것은 이론의 여지가 없지만, 태조를 이론적으로 뒷받침해준 사대부들의 힘이 없었다면 조선의 개국은 불가능했을 것이다. 그리고 그 중심에 정도전이 있었다. 정도전을 혁명가이면서 경세가였고, 새로운 왕조 국가의 기틀을 마련한 이론가였으며, 이를 바탕으로 새로운 정치체제의 탄생을 시도한 진보적 정치가이자 사상가라고 평가하는 이유가 여기에 있다.

이처럼 정도전에 대한 다양한 평가는 조선의 새로운 시작이 구호에 그치는 것이 아니라 정치체제에 대한 깊은 관심과 탐구의 결과였다. 조선의 건국은 우리 역사와 문화의 전환점이라는 평가로 이어졌다.

사대 외교를 선택하다

조선은 태조가 즉위한 다음 날 곧바로 명나라에 사신을 보낼 정도로 명과의 관계에도 각별한 신경을 썼다. 당시 명나라에 보낸 외교문서에는 혁명을 뜻하는 '천명'이나 '인심' 같은 단어들은 빼고, '우왕과 창왕이 신돈의 핏줄이며 그들이 폭정을 일삼았다'는 내용, 그리고 위화도회군과 정몽주를 제거한 경위와 이성계가 왕위에 오른 이유 등이 주요 내용이었다. 이 문서는 왕이 아니라 도평의사사의 전·현직 관리들의 이름으로 작성되었고, 명나라 예부를 수취인으로 했다.

10월 22일 석 달 만에 명나라에 갔던 조반이 임무를 무사히 마치고 귀국했고, 3일 후인 10월 25일에는 정도전이 황제에게 신년 인사를 올리기 위해 사신으로 가게 된다. 여말선초 10년 동안 세 번째 명나라행이었지만, 조선이 개국되고 공식적인 첫 명나라행이었다.

이 무렵 정도전은 『오행진출기도五行陣出奇圖』와 『강무도講武圖』를 저술하고 군사훈련을 실시하는 등 분주한 때였다. 하지만 고려 말기와는 많은 것이 달랐고, 신생국 조선과 명나라와의 외교 관계는 대단히 민감한 사안이었다. 때문에 정도전의 명나라행은 대단한 의미가 있었다.

명은 새로운 문물과 선진문화를 정착해 나가고 있었고, 이는 새 왕조의 설계자 정도전에게 큰 경험이 아닐 수 없었다. 정도전은 명나라의 구석구석을 세심하게 관찰하며 명나라와 관련한 정보를 하나라도 더 얻기 위해 촉각을 곤두세웠을 것이다. 정도전이 사신의 임무를 마치고 귀국하는 길에 산해관을 지나면서 일행들에게 "조선과 명의 관계가 잘 풀리면 좋지만, 잘 풀리지 않으면 군대를 끌고 와서 한 차례 기습 공격을 할 것이라고 말했다"는 기록에서도 정도전이 명과의 관계에 대해 어느 정도 관심을 기울이고 있었는지 짐작케 한다.

또한 원나라를 쫓아내고 대국을 세운 주원장과 조선을 설계한 정도전의 만남은 역사적 사건이었다. 두 사람은 이미 두 차례 만난 적이 있었다. 따라서 두 사람 모두 어느 정도 상대에 대한 정보를 지니고 있었다. 권력과 관련해서 주변국의 작은 일에도 민감하게 반응하며 길들이려고 했던 주원장이 '동방의 주나라'를 만들려던 정도전을 만나 무슨 생각을 했을까? 또 현실적으로 대국에 사대주의를 표방해야 했던 정도전이 주원장을 만나 무슨 생각을 했을지도 궁금하다. 어쩌면 두 사람 사이에 묘한 심리전이 벌어졌는지도 모른다. 이후 요동을 두고 벌어진 논란이 대표적 예이다. 비록 나라는 고려에서 조선으로 바뀌었지만, 요동은 여전히 두 나라 사이에서 중요한 위치를 차지했기 때문이다.

한편 조선이 개국한 지 4개월 만인 1392년 11월 29일에 예문관학사 한상질(韓尙質, ?~1400)을 명나라에 보내 국호國號의 재가를 청하면서 '조선朝鮮'과 '화령和寧', 두 가지 안을 올렸다. 화령은 지금의 함흥 지역으로 이성계의 고향이었다. 왕의 고향을 국호로 정한 것은 전례가 없었지만, 조선과 함께 첨부한 것은 황제의 선택을 청하는 예우 차원이었다.

조선은 단군조선으로 시작되는 역사적 정통성과 팔조법금八條法禁이라는 윤리 문명, 그리고 정전제井田制라는 이상적인 토지제도를 실시한 기자조선箕子朝鮮을 잇는다는 의미를 담고 있었다. 따라서 여기에는 중국의 요순시대와 출발 시기가 비슷하고, 중국과 대등한 수준의 문명을 갖추었다는 자부심이 담겨 있었다. 고려에 끝까지 충절을 지킨 원천석도 국호가 조선으로 정해지자 이렇게 평가했다.

(……)

천자께서 우리 동방을 중히 여겨서
이름을 조선이라 하니 이치에 맞구나
기자가 남긴 풍속이 장차 다시 떨치리니
응당 나라를 다투어 우리 문화를 살피리라

이처럼 역사적인 정통성과 자부심이 담겨 있는 조선이라는 국호를 누가 지었는지는 확실하지 않다. 다만 개국 초기에 대부분의 문물제도가 정도전에게서 나왔고, 『조선경국전』에도 조선에 대해 구체적으로 설명하고 있어 정도전이 지었을 것으로 보고 있다.

사대는 맹목적인 복종이 아니다

조선은 동아시아 지역에서 막강한 영향력을 행사하고 있었던 명나라와의 외교를 통해 국가적으로 평화를 유지함은 물론, 왕조 교체의 정당성을 확보하여 정국을 안정시키기 위해 사대事大 외교를 선택했다. 그러나 명나라는 조선을 길들이기 위해 기회만 있으면 조선을 괴롭혔다.

이성계가 이인임의 아들이라는 『대명회전大明會典』의 기록을 수정해 달라는 조선의 요구를 번번이 무시한 것도 한 예였다. 이 일은 후에 완전 삭제가 아닌 주석을 덧붙이는 것에 그쳤고, 200여 년이 지난 선조 17년(1584) 황정욱(黃廷彧, 1532~1607)이 명나라에 가서 정정하기로 확정을 보고, 선조 21년(1588) 유홍(劉泓, 1524~1594)이 수정된 『대명회전』을 가지고 돌아와 일단락되었다. 이일을 '종계변무宗系辨誣'라고 한다.

주원장은 조선의 정탐 행위에 대해서도 끊임없이 의심했고, 지나치게 많은 공물을 요구하는가 하면, 외교문서의 내용을 문제 삼아 시비 걸며 조선을 궁지로 몰아넣었다. 그럼에도 정도전은 사대 외교를 포기하지 않았다. 정도전의 사대 외교 노선은 "오직 지혜로운 자만이 작은 나라로서 대국을 섬길 수 있으며, 오직 어진 자만이 대국으로서 소국을 섬길 수 있다"는 『맹자』의 말에서 연유한 봉건시대의 평화공존론을 핵심으로 하고 있었다.

따라서 조선의 사대 정책은 임기응변의 외교술이 아니었다. 조선이 선택한 사대 외교는 국왕이 황제에게 신하의 예를 취하고 중국의 연호를 사용하며 조공을 바치는 대신, 중국은 조선을 침략하지 않고 외적의 공격에 공동 방위의 책임을 지며, 조공에 대한 답례 형식으로 무역을 하는 쌍무적인 관계였다.

정도전은 『경제문감별집』에서 금金나라를 오랑캐라며 전쟁을 주장했던 대신들을 비판했다. 반면 신하의 예를 취하며 사대로써 평화를 유지한 인종에 대해 "변방의 근심거리를 제거했다"며 긍정적으로 평가했다. 또한 여진과 몽골의 침입에 대처한 것과 관련해 다음과 같이 평가했다.

> 성벽을 견고하게 하고 굳게 지키다가, 물러가면 사신을 보내 통호通好하고 세자를 보내 예물을 가지고 친히 조회하였기 때문에 비록 강포强暴한 나라들과 이웃하였어도 마침내 화호和好할 수 있어 백성과 사직을 보존하였다.

정도전은 이처럼 외적의 침입에 대비해서 철통같은 방어 태세를 취하는 것과 세자가 예물을 가지고 대국에 조회하는 것을 모순으로 보지 않았다. 이어서 무력 항쟁만 주장한 결과 백성들을 오랑캐의 말발굽에 짓밟히게 한 것은 만용이라고 비판했다.

또한 역사적으로 원나라가 송나라의 뒤를 이어 천명天命을 받은 정통 왕조로 보았고, 무인정권이 원나라의 침략에 맞서서 저항한 것보다 무인정권 몰락 후 원나라의 지배를 받아들여 국가의 안정을 꾀한 것을 '원나라에 귀부歸附함으로써 백성이 평안한 그때야말로 왕이 가장 적극적으로 일할 수 있는 시기'라고 평가했다. 반면 충렬왕 이후 부자간에 서로 해치고, 원나라 황제에게 직접 송사하여 천하의 웃음거리를 제공하는 등 상국에 빌붙어 나라의 자주성을 보전하지 못한 행위를 비판했다.

이처럼 정도전에게 사대 외교와 자주성 확립은 모순되는 것이 아니었다. 그는 "사대는 국가의 안녕을 보전하기 위한 선택이므로, 오랑캐라도 세력이 강대하다면 일시적으로 머리를 숙일 수 있다"며 사대 외교의 목적을 '백성과 국가의 평안'에 두었다.

하지만 그가 선택한 사대 외교는 대국에 의지해 국체를 유지하는 것이 아니며, 상국의 지나친 간섭으로 자국의 질서가 흔들리는 것을 수용한 것도 아니었다. 이와 관련해서 『왕조의 설계자 정도전』(한영우)에는 북방 민족에 대한 사대와 중국에 대한 사대를 다음과 같이 설명한다.

> 전자의 경우 군사적 열세를 극복하여 국가와 민족을 보전하기 위한 평화적 외교 수단에 불과하기 때문에 상대국에 대한 문화적 존경심이 따르지는 않는다. 따라서 상대국의 문화적 우위와 힘의 강약에 따라 유동적인 반면, 후자의 경우에 해당하는 명에 대한 사대는 중국의 통치를 받지 않고 자주 독립국이라는 전제하에 문화와 정치적인 면이 결부되어 있기 때문에 유교적 윤리 덕목을 근간으로 한다. 따라서 이 경우의 사대는 도덕적인 쌍무 관계이기 때문에 명이 도덕성을 잃었다고 간주될 때는 우리 쪽에서 섬김도 파기할 수 있다.

외교에서 '섬김도 파기할 수 있다'는 근거는 '왕이 부도덕하고 독선적일 때 신하가 왕을 파기할 수 있다'는 논리와 같은 맥락이다. 정도전이 명나라에 사대하면서도 조선의 국방과 재정, 문화적 주체성 강화에 적극적으로 관심을 기울인 것은 이러한 이유에서였다. 그런 점에서 그는 자국의 이익과 안정을 최우선으로 하는 현실론자였다.

한양을 건설하다

풍수도참설에 의지한 까닭은?

고려 초부터 유행한 풍수지리와 도참설은 풍수도참설風水圖讖說로 발전하여 천도론에 영향을 미쳤다. 대표적인 예로 정치적 위기의 원인이 지덕地德의 쇠퇴에 있기 때문에 천도를 하면 위기를 극복하고 부강한 나라가 도래한다고 믿었다. 특히 고려는 초기부터 풍수도참설에 관심을 기울였고, 이에 근거해 개경 이외에도 여러 곳에 궁궐을 조성했다.

고려의 3대 왕 정종 대에서부터 천도론이 제기되었고, 숙종(肅宗, 재위 1095~1115) 때는 한양이 수도의 물망에 올라 기반 공사를 했다. 인종(仁宗, 재위 1122~1146)은 서경 길지설에 근거하여 서경의 임원역林原驛에 대화궐大華闕을 짓고 수시로 순행했고, 묘청은 서경으로 천도할 것을 주장하며 난을 일으키기도 했다. 의종(毅宗, 재위 1146~1170) 때는 개경의 지기가 쇠하여 여러 곳에 연기궁궐延基宮闕 터를 보러 다니기도 했다. 명종(明宗, 재위 1170~1197) 때는 삼소三蘇라 해서 개경의 지덕을 되살리기 위해 개경을 중심으로 좌측의 백악산白岳山, 우측의 백마산白馬山, 북측의 기달산箕達山 등 세 곳에 궁궐을 지었고, 공민왕 때는 평양·금강산·충주의 세 곳에 궁궐을 조성했다.

이에 최승로·윤택·이제현 등 유학자들은 "왕이 훌륭한 정치를 하면 복은 구하지 않아도 스스로 이루고, 재앙은 기도하지 않아도 스스로 소멸할 것이다"라고 주장하며 풍수도참설에 의지하여 새 궁궐 터를 조성하는 것을 비판했다. 하지만 고려 말기에 이르러 천도론이 더욱 기승을 부리게 된다. 장기간의 대몽항쟁을 겪은 원나라가 고려 조정에서 천도를 논의할 때마다 민감하게 반응할 정도였다.

특히 공민왕 대에서 공양왕 대까지 한양·백악·강화·평양·충주·철원·연천·신계 등의 지역이 신도新都의 후보지로 거론되는 등 그 정도가 심했다. 공민왕은 온 나라가 참혹한 전쟁의 후유증을 앓고 있을 때 천도를 시도했고, 우왕 대에는 최영과 이인임이 "왜구의 방어가 시급하다"며 반대했지만 한양으로의 천도가 이루어졌다. 비록 오래가지는 않았지만, 당시 한양 천도가 신속하게 이루어진 것은 명나라와의 전쟁에 대한 불안감이 그만큼 컸음을 의미했다. 공양왕 2년(1390)에는 '윤이·이초 사건'을 마무리한 직후 한양 천도가 거론되다가 백악으로 옮기기도 했다. 백악은 개경 부근의 임진현으로, 현재의 연천군 일대를 가리킨다. 『도선비기道詵秘記』에도 이곳에 관한 기록이 전하며, 고종 4년(1217)에 궁궐을 세운 적이 있었다.

이처럼 고려 말기에 지속해서 천도가 검토되고 실제로 몇 차례 이루어지기도 했지만, 완벽하게 천도가 이루어진 적은 없었다. 기득권층의 반발과 민심의 영향도 있었고, 재정적 부담 등 어려운 점이 많았기 때문이다.

풍수도참설은 성리학을 관학官學으로 삼았던 조선시대에 들어와서도 여전히 영향을 미쳤다. 태종 13년(1413) 풍수 학생 최양선崔揚善이 "백악산 동령東嶺과 서령西嶺은 경복궁의 양팔에 해당하므로 숙청문(숙정문)을 막아야 한다"는 상소를 올렸고, 조정에서는 이를 받아들여 북대문인 숙청문을 폐쇄하고 소나무를 심어 통행을 막았다고 한다. 숙청문은 산의 중턱에 위치했기에 문을 나서면 백악산(북악산)이 앞을 가로막고 있고, 동쪽 골짜기로 내려오면 동소문인 혜화문 밖의 경원가도京元街道 외에는 다른 길이 없었다. 따라서 서울로 들어오는 길은 혜화문을 거치는 편이 더 빠르고 편리해 숙청문을 폐쇄해도 통행에 지장이 없었다.

또한 숙청문을 열어두면 장안의 여자들이 음란해진다는 풍수도참설에 따라 문을 닫아두었다는 이야기도 전하며, 숙청문의 위치가 음방陰方에 해당하기 때문에 연산군 10년(1504)에 동쪽으로 약간 옮겼다는 이야기도 있다. 그러나 실제로 옮겼는지는 확실하지 않다.

이외에도 북소문인 창의문은 지세가 경복궁을 내리누른다는 풍수 해석에 따라 수백 년간 사용되지 않았다. 다만 국가적으로 필요한 경우 왕명에 따라 일시적으로 통행을 허가했다. 태종 16년(1416)부터 한재가 심할 때 이 문을 열고 숭례문을 닫는 풍습도 생겨났다.

조선의 새로운 수도를 조성하는 과정에서 풍수도참설에 따른 논란이 이어졌다.

천도를 명하다

1392년 8월 개국한 지 한 달도 되지 않아 태조는 "새 도읍지를 물색하라"는 명을 내렸다. 평소 그가 보여준 신중함과 비교하면 의외였다. 아마도 고려의 수도였던 개경에 계속 거주하기가 상당히 부담스러웠을 것이다.

개경 인근에는 고려의 역대 왕릉 등 고려의 흔적이 곳곳에 남아 있었다. 더구나 숱한 정치투쟁 과정에서 뿌려진 피비린내와 500년 동안 특권적 공간을 만들어놓고 안주해온 고려의 구세력도 신경 쓰였을 것이다. 그리고 개경의 민심도 부담이 되었다.

민간에서는 만두소를 만들기 위해 넣는 다진 고기를 '성계육'이라고 하면서 칼로 난도질하며 분풀이를 했다는 이야기가 전한다. 그리고 측간, 즉 화장실을 서각西閣으로 부른 것도 이성계가 국왕이 되어 집무를 보던 서각에 비유하여 '구린내가 난다'는 조롱이 담겨 있었다.

하지만 민생 안정이 우선이라는 이유로 천도에 반대하는 대신들이 적지 않았다. 정도전은 태조에게 다음과 같이 말했다.

"전하께서 기강이 무너진 전조의 뒤를 이어 처음으로 즉위하여 백성들이 소생되지 못하고 나라의 터전이 아직 굳지 못하였으니, 마땅히 모든 것을 진정시키고 민력民力을 휴양休養하여, 위로 천시天時를 살피시고 아래로 인사人事를 보아 적당한 때를 기다려서 도읍 터를 보는 것이 만전萬全한 계책이며, 조선의 왕업이 무궁하고 신臣의 자손도 함께 영원할 것입니다."

이처럼 정도전은 민생부터 챙길 것을 건의했지만, 태조는 물러서지 않고 새 도읍지를 찾는 일을 독촉했다. 태조 2년(1393) 1월 2일 권중화(權仲和, 1322~1408) 등이 계룡산이 수도로 적합하다는 보고를 올리자 태조는 1월 18일 직접 그곳으로 떠났다. 계룡산의 지세를 살펴본 태조는 김주(金湊, 1339~1404)·박영충(朴永忠, 생몰 미상)·최칠석(崔七夕, ?~1394) 등을 남겨 신도 건설을 감독하게 했다.

공사가 한창 진행 중에 경기도 관찰사 하륜이 "계룡산은 국토의 남쪽에 치우쳐 있고, 풍수지리상 물이 빠져나가는 장생혈長生穴이라 수도를 세우면 당대에 망한다"는 이유를 들어 공사 중지를 건의했다. 결국 공사는 10개월 만에 중단되었고, 계룡산으로의 천도는 백지화되었다. 일부에서는 하륜이 도성 공사를 중지시켜 태조의 눈에 들려는 의도였다고 비판했지만, 천문과 지리는 물론 의술과 풍수 등 폭넓은 분야에 걸쳐 해박한 지식을 지니고 있던 하륜의 당시 지적은 타당성이 있었다.

그러나 천도 자체가 백지화된 것은 아니었다. 태조는 풍수지리 연구기관인 서운관書雲觀의 서적들을 연구하여 새 후보지를 물색하라는 명을 내렸고, 하륜은 무악毋岳을 추천하며 "국토의 중앙에 위치하고 뱃길이 통하며, 우리나라 옛사람의 비결祕訣과 부합되는 바가 많고, 중국의 여러 풍수 책의 설명에도 모두 비슷하게 들어맞는다"고 이유를 설명했다. 무악은 안산鞍山을 말하며, 현재 서울의 신촌과 연희동 일대이다.

논의의 쟁점을 바꾸다

태조 2년(1393) 7월에 지리 학설에 관한 서적을 모아 연구하는 음양산정도감陰陽刪定都監이 설치되었다. 고려시대에 편찬된 지리 서적들이 내용이 다르고 학자들마다 주장이 같지 않아 무엇이 옳은지 판단하기 위해서였다. 실제로는 새 도읍지를 찾기 위해 풍수지리 서적을 조사하고 연구하기 위한 기구였다. 여기에는 정도전과 남은 등 개국공신이자 재상들 그리고 권중화·성석린·하륜 등 조정의 중신들이 대거 참여할 정도로 태조의 천도 의지는 확고했다.

음양산정도감이 설치된 다음 달에 태조는 무학대사, 좌시중 조준, 우시중 김사형, 삼사판사 정도전 그리고 서운관 관리들과 함께 무악의 지세를 살펴보았다. 이때 서운관 관리들은 "무악이 새 도읍지로 적합하지 않다"며 "풍수상의 명당으로는 개경이 으뜸이니, 굳이 천도할 필요가 없다"는 의견을 내놓았다.

정도전 역시 "무악이 국토의 중앙에 있고, 뱃길이 통하기는 하나 골짜기 속에 끼어 있어 궁궐·관청·시장·종묘·사직 등을 건설할 만한 공간이 충분하지 않다"는 이유로 반대했다. 그러나 태조는 "나는 이미 도읍을 옮기려고 결심했다. 무악이 적합하지 않다면 다른 곳을 찾아보라"고 명했다. 이 과정에서 '새 도읍지를 정하는 문제는 정통 유가의 합리주의에 입각해야 한다'는 주장과 '풍수지리설에 입각해서 판단해야 한다'는 주장이 팽팽하게 맞서게 된다.

특히 정도전은 "사람에 따라 정사政事가 잘되고 못될 수는 있지만, 땅의 기운에 의해 왕성하고 쇠퇴해질 수는 없다. 풍수지리에 현혹되어 지기地氣의 성쇠를 이유로 건국 초기에 천도를 위한 대단위 공사를 시행해서 백성들의 부담을 가중해서는 안 된다"며 풍수지리설에 근거한 천도 논의를 중지할 것을 주장했다.

또한 그는 사람마다 의견이 다른 풍수지리에 근거한 천도 논의를 이렇게 비판했다.

"지금 지기地氣의 성쇠를 말하는 자들은 마음속으로 깨달은 것이 아니라, 다 옛사람들의 말을 전해 듣고서 하는 말이며, 신의 말한 바도 또한 옛사람들의 이미 징험한 말입니다. 어찌 술수한 자만 믿을 수 있고 선비의 말은 믿을 수 없겠습니까? 삼가 바라옵건대, 전하께서는 깊이 생각하여 인사를 참고해보시고, 인사가 다한 뒤에 점占을 상고하시어 자칫 불길함이 없도록 하소서."

정도전은 중국의 역사적 경험을 사례로 들었다.

"중국에는 천자 노릇을 한 사람들이 많았지만 그 수도로 서쪽에는 관중(서안)뿐이었고, 동쪽으로는 금릉(남경)인데 진(晉, 동진)·송·제·양·진陳이 차례로 수도를 정하였습니다. 그리고 중부로는 낙양이 있어 양·당·진(晉, 서진)·한·주가 도읍으로 정했고, 북쪽으로는 연경(북경)이 있어 요·금·원의 수도로, 천하의 넓은 땅 가운데서도 도읍은 오직 네 곳뿐이었습니다."

이어서 우리나라의 역사적 경험을 들어 태조를 설득했다.

> "우리나라 역대 도읍지 역시 계림(경주)과 완산(전주)은 국토의 한 모퉁이에 치우쳐 있고, 평양은 북쪽에 가까이 있어 적당하지 않습니다. ……하나의 왕조가 쇠퇴하는 것은 그 지기地氣가 다한 것으로 받아들여 '새 왕조가 창업하면 지기가 쇠한 곳을 떠나 지기가 생신生新한 곳으로 도읍을 옮겨야 한다'고 합니다. ……(그러나) 지리적 조건을 따져볼 때 한 나라를 다스리는 중심지로 적합한 곳은 원래부터 정해져 있어 여러 왕조가 교체되더라도 도읍지는 몇 군데 중에서 선택할 수밖에 없습니다."

정도전은 백성들의 생활을 먼저 안정시킨 후에 '적당한 자리를 골라 두었다가 때를 기다려 수도를 옮기자'며 천도를 유보하자고 건의했다. 그러나 정도전의 주장도 태조의 의지를 꺾지는 못했다.

이러한 과정에서 사람이 살기에 충분한 공간과 교통 문제 등 도시의 기능성과 과학적 입지 조건에 무게 중심을 두는 등 논의의 쟁점이 풍수지리에서 유가儒家의 합리주의로 옮겨가게 된다. 이에 대해 '정도전이 모든 논쟁을 잠재우고, 그가 교조적으로 지키고자 했던 유교적 합리성이 불교와 풍수지리적 신비주의에 대한 승리였다'고 평가하기도 한다.

한양,
일찍부터 고려 왕실의 주목을 받다

천도遷都는 한 국가의 수도를 옮기는 것으로, 앞 시대와 단절을 고하고 새롭게 건설된 도시에서 새로운 출발을 의미했다. 하지만 천도는 단순하게 궁궐을 짓고 왕실과 관리들이 이동하는 것으로 끝나는 것은 아니다. 기본적으로 수도의 기능을 할 수 있는 적당한 터전이 필요했고, 치밀한 사전 계획과 막대한 재정 그리고 정치 권력의 관계도 신경 써야 하는 등 대단히 민감한 문제였다.

천도의 성공 조건에서 민심도 중요했다. 천도는 백성들에게 새로운 기회일 수도 있지만, 그동안 쌓아온 생활 터전을 포기하고 떠나야 했기 때문에 일상생활의 급작스러운 변화에 따른 혼란을 부추길 수도 있었다. 따라서 민간에서는 천도에 대해 민감하게 반응했고, 한양 천도와 관련해서 다양한 이야기들이 전한다.

예를 들면 무학대사가 삼각산에서 한양을 내려다본 후 "한강 줄기가 곧지 못해 도성 부녀자들의 풍기가 문란해질 우려가 있으니 치마를 뜯어 강물에 띄워 보내면 이러한 기운을 제어할 수 있다"는 이야기가 전한다. 그러나 이러한 이야기는 근거나 출처를 알 수 없어 사실 여부를 확인할 수 없다.

또한 차천로(車天輅, 1556~1615)가 쓴 『오산설림五山說林』에 따르면, 무학대사가 인왕산을 주산으로 삼고, 북악산을 좌청룡, 목멱산(남산)을 우백호로 삼으려고 했으나 정도전이 "세상은 무릇 남면하는 것이 법도인데 인왕산을 주산으로 삼으면 궁궐을 남향으로 앉힐 수 없다"고 주장해서 북악산이 주산이 되었다고 한다. 그런데 무학대사는 "내 말을 듣지 않았으니, 천 년 왕업이 오백 년에 그칠 것이며, 또한 대대로 적장자가 왕위에 오르지 못하게 될 것이다"라는 예언을 남겼다고 한다. 이 내용 역시 한양 천도가 이루어지고 200년이 지난 후에 기록된 것이라 사실로 받아들이기에는 무리가 있다.

하지만 한양 천도와 관련해서 대신들 사이에 이견異見이 많았던 것은 사실이다. 여기에 개국 후 잦은 정변으로 불안해진 민심이 천도와 관련해서 덧붙여졌고, 임진왜란 등 나라에 변고가 발생할 때마다 풍수 이론의 외피를 빌려 불안한 민심을 달래려는 내용들이 첨가되어 다양한 이야기들이 만들어지게 된다.

한양 천도와 관련해 조선이 건국되기 이전부터 전하는 이야기가 있다. 예를 들면 도선대사가 고려의 수도를 정하려고 개경의 송악 지역을 살폈는데 날씨가 흐려서 동남방에 위치한 삼각산을 못 보았다고 한다. 때문에 개경에 수도를 조성한 후 뒤늦게 삼각산을 보고는 '삼각산이 개경을 노리며 호시탐탐 기회를 엿보는 도둑 형상인 것을 발견하고 삼각산의 지기를 차단하기 위해 지금의 개성시 청교면 덕암리에 등경암燈檠岩을 세우고, 선죽교 남쪽 오천烏川의 좌견교坐犬橋에 개의 조형물을 설치해 개경을 지키게 했다'는 이야기이다.

『도선비기』에는 한양을 찬양하는 「답산가踏山歌」라는 노래가 전한다.

송악의 운세가 다 되면 어느 곳으로 가려는가
삼동三冬에 해 돋는 그곳에는 벌판이 있네
후대의 어진 사람이 그곳에 대업大業을 열면
한강의 어룡魚龍이 사해四海로 통하리니
(……)
나라와 백성이 평안을 얻어 태평성대를 이루리라

또한 「답산가」에는 개경의 지기를 100이라 전하고, 『도선비기』에는

"고려가 개국한 후 160년이 지나면 한양으로 천도하게 되며, 36국 또는 70국 사신들이 조공을 한다"는 등 '한양을 도읍지로 하여 고려보다 더 번창한 나라가 들어선다'는 예언이 담겨 있다.

서운관에 보관된 비기秘記에는 "한양에서 목자木子가 왕이 되어 800년 왕업을 이어 간다"는 한양 명당설이 전한다. 여기서 목자란 이씨李氏 성을 가진 사람을 말한다. 때문에 고려 왕실에서는 일찍부터 한양에 궁궐을 지은 뒤 앞마당에 이씨 성을 상징하는 오얏나무(자두나무)를 심어놓고 나무가 자라면 베기를 반복하여 한양의 지세가 이씨에게 기우는 것을 차단했다고 한다.

이외에도 이인임이 집에서 이성계를 만나본 후 "국가가 장차 반드시 이씨李氏에게 돌아갈 것이다"라고 주변 사람에게 말했다는 이야기가 전하는 등 이성계에게 왕기王氣가 있었다는 이야기로 이어지면서 조선 건국의 정당성을 강조하는 의미가 담기게 된다.

인구 10만 도시를 건설하다

태조 2년(1393) 8월 태조는 남경, 즉 한양의 옛 궁궐에서 산세를 살펴보고 무학대사와 중신들의 의견을 듣고 난 후 한양을 도읍지로 결정했다. 하륜이 반대했지만 무학대사가 중신들의 의견을 지지하여 개국 후 2년 동안 계룡산·무악·불일사佛日寺·선점鐥店·한양·노원역·광실원廣實院·도라산都羅山 등 대상지 9곳에 대한 논의를 거쳐 한양이 최종적으로 확정된 것이다.

한양은 북악을 주산主山으로 하여 시가지가 넓고 국토의 중앙에 위치하고 있으며 한강과 연결되어 있어 교통이 편리했다. 그리고 좌청룡으로 동숭동 뒤편의 낙산과 우백호인 인왕산, 집터나 묏자리 맞은편에 있는 안산으로는 목멱산, 곧 남산이 있으며, 내명당수內明堂水인 청계천과 외명당수外明堂水인 한강이 흘러 풍수상으로도 명당이었다.

천도가 결정되자 정도전은 한양 도성의 범위를 정하는 등 도시 설계를 만들어 태조에게 바쳤고, 유교의 교리에 기반해 새로운 수도 건설에 앞장섰다. 정도전은 한양을 인구 10만의 도시로 설계하면서 『주례周禮』의 「동관고공기冬官考工記」에 나오는 국도國都의 조영造營 원리를 참고한 것으로 전한다. 「동관고공기」는 주나라 이후 도성과 궁궐 조성에 적용하는 원칙을 기록한 기술서이다.

「동관고공기」에 따르면 국도는 전조후시前朝後市라 해서 궁궐의 앞쪽에 관청을 세우고, 뒤쪽에 시가지를 조성했다. 그리고 좌묘우사左廟右社라 해서 종묘는 궁궐 좌측에, 사직단은 우측에 세워 궁궐을 중심으로 도심을 설계했다. 정도전은 「동관고공기」를 참고해 한양을 건설하면서 지형과 산세를 함께 고려했다. 자연경관을 함부로 훼손하지 않고 산과 언덕이나 내(川)가 있으면 있는 그대로 살리면서 자연과 인간의 생활 터전을 조화시켜 한양을 건설했다.

예를 들면 궁궐을 도심 한복판에 두지 않고, 백악산(白岳山, 북악산)을 주산主山으로 하여 그 밑에 정궁正宮인 경복궁을 두었다. 그리고 동쪽에 왕실의 조상신을 모시는 종묘와 서쪽에 토지와 곡식을 주관하는 신을 모시는 사직단을 조성하면서 경복궁은 정남향이 아니라 동남쪽으로 15도가량 기울어지게 배치했다. 이는 임壬에 앉아 병丙을 바라본다는 임좌병

향壬坐丙向, 즉 묏자리나 집터 등이 임방壬方을 등지고 병방丙方을 향한 방향으로 북서 방향을 등지고 남동 방향을 바라보게 한 것을 말한다. 따라서 주산인 백악산은 남향으로 용이 웅크리고 있는 형세를 띠게 되었다.

광화문에서 현재의 교보문고 좌측에 의정부·이조·한성부·호조·기로소가 들어서고, 맞은편인 현재의 종합청사에서 세종문화회관까지 예조·중추부·사헌부·병조·형조·공조가 같은 높이와 같은 규격의 지붕으로 조성되었다. 또한 광화문 남쪽에 육조六曹거리인 600미터의 태평로를 닦아 육조와 삼군부를 비롯한 중앙의 관청들이 길 좌우에 들어서게 했고, 동대문에서 서대문까지 도로를 연결하여 종로거리를 만들었다. 현재 보신각 자리에 있던 종루에서 남대문까지의 곡선 대로인 남대문거리를 조성하여 오늘날 서울의 중심 도로인 태평로·종로와 함께 한양의 3대 도로망을 완성했다.

한양의 중심부를 관통하는 운종가, 즉 종로거리에는 상인들이 자리를 잡았다. 종로를 기준으로 북쪽을 북촌이라 하여 주로 관청과 상류층의 주택가가 형성되었다. 당시 양반들이 집을 지으면서 다른 집을 염두에 두지 않았던 탓에 저택들 사이로 꼬불꼬불한 골목길이 생겨났다고 한다. 남산 아래의 남촌은 상인과 하층민 거주지가 조성되었으나 시간이 지나면서 가난한 선비와 몰락한 중산층들이 터를 잡고 살게 되면서 '남산골 샌님'이라는 별호로 불렸다.

한양이 건설된 후 사대문四大門 주위로 사람들이 모여 터를 잡고 살면서 마을이 형성되었다. 동대문 바깥에는 점쟁이와 무당들이 모여들었고, 남대문 밖에는 장사꾼들이 모이면서 주막도 들어섰다. 그리고 남소문인 광희문光熙門 밖에는 미나리가 많이 재배되었고, 현재의 동대문역

사문화공원 자리에는 훈련원이 들어섰으며, 왕십리 일대는 상인과 하급 군인들이 모여 살았다. 서대문 밖에는 서문시장과 사형장이 들어서면서 상인과 포졸들이 모여 살았다. 세종 10년(1428) 인구조사에 따르면 도성 안 인구가 10만 3328명이었다고 한다.

도시는 동서남북과 중앙의 5부로 나누어 방명표坊名標를 세워 52방의 공간으로 구획했다. 52방의 이름은 유교 경전을 인용했다. 예를 들면 인창·인지·인달·관인·의통·예성·명례·숭신 등은 유교 덕목을, 숭교·건덕·관덕·덕성·광화 등은 교화 덕목을 인용했고, 낙선·정선·적선·창선 등은 선행을, 태평·견평·안국·여경·서린 등은 국가의 평안함을, 그리고 정심·명철·성신·호현 등은 심신 수양을 권한다는 뜻을 담았다.

도시에 유교의 정치철학을 담다

기공식을 한 지 1년 만인 태조 4년(1395) 9월 새 궁궐과 종묘가 완성되었고, 그해 12월 천도가 이루어졌다. 정도전은 새 궁궐의 이름을 『시경』의 「주아周雅」 편에서 '국왕과 국가가 만년토록 큰 복을 누리기를 기원하다'는 의미를 담아 경복궁景福宮이라 했고, 근정전勤政殿·사정전思政殿·교태전交泰殿·강녕전康寧殿 등 대궐 안 각 전각들은 물론 융문루隆文樓·융무루隆武樓·영추문迎秋門·건춘문建春門·신무문神武門 등 궐문의 이름에 이르기까지 유학의 가르침을 담아 유교적 이상 도시를 건설했다.

도성의 동서남북에는 사대문四大門을 세우고 그 사이마다 사소문四小門

도 두었다. 사대문의 이름도 유학의 인의예지신仁義禮智信에서 한 자씩 인용해 동대문東大門은 흥인지문興仁之門, 서대문西大門은 돈의문敦義門, 남대문南大門은 숭례문崇禮門, 북대문北大門은 숙정문肅靖門으로 지었다. 도심의 중앙에는 대문이 없어 '신信' 자를 쓰지 못했는데, 후에 보신각普信閣을 지으면서 보완했다.

4대문과 관련하여 다양한 이야기들이 전한다.

흥인문은 지대가 낮아 이를 보충하기 위해 '지之' 자를 추가했고, 남문南門은 정문正門으로 지었다가 뒤에 광화문光化門으로 고쳤다. 그리고 숙정문은 '엄히 다스린다'는 의미를 담아 '지智' 자를 간접적으로 인용해서 숙청문肅淸門이라고도 불렀는데, 『중종실록』 이후 역대 실록에는 숙정문이라고 기록하고 있다. 그러나 숙청문이 숙정문으로 불리게 된 자세한 이유는 전하지 않는다.

숙정문은 항상 닫혀 있었기 때문에 북소문이었던 창의문彰義門을 북문이라고도 했다. 서대문인 돈의문은 1915년 일제의 도시계획에 따라 도로 확장을 핑계로 철거되어 흔적을 찾을 수 없다. 다만 지금의 독립문 쪽으로 넘어가는 고갯길 부근에 있었던 것으로 추정하고 있다.

태조 5년(1396) 초부터 농한기를 이용해 도성 공사가 이어졌다. 1차 공사는 1월 9일부터 2월 28일까지 49일간 진행되었고, 경상·전라·강원도와 청천강 이남 지역인 안주 이남과 함주(함흥) 이남에서 11만 8700명이 동원되었다. 농사철이 끝난 8월 6일부터 9월 24일까지 49일간 20만 명을 동원한 2차 도성 축조 공사가 진행되었다. 도성 공사는 내사산內四山인 북악산·인왕산·남산·낙산을 연결하는 총연장 5만 9500자, 약 18킬로미터에 달하는 대역사였다. 지형을 고려해서 축조된 성벽의 높이는 일정하지 않았으나 높은 곳은 12미터나 되었다.

한양 건설에서 보여준 또 하나의 특징은 종묘와 사직, 궁궐과 관아, 시장과 민가, 학교와 사당을 조성하여 최대한 공적 건물과 공적 기능만으로 채웠다는 것이다. '조선의 궁궐은 고려에 비해 웅장하거나 화려하지 않지만, 단아하고 장중한 자태를 지녔다'는 평가를 받는다. 또한 점포의 크기를 제한하고 대신들의 저택도 40칸을 넘지 못하게 했으며, 숙석(熟石, 석공이 솜씨 있게 잘 다듬은 돌) 같은 사치품 사용을 금하여 절제된 도시를 조성했다.

정도전은 한양 조성과 관련해서 다음과 같이 말했다.

"궁궐이 사치스러우면 반드시 백성을 수고롭게 하고, 국가 재정에 손상을 입히기 마련이다. 그렇다고 너무 누추하면 조정에 대한 위엄을 보여줄 수 없다. 검소하면서도 누추하지 않고, 품위를 지키면서도 사치스럽지 않은 것이 아름다운 것이다. 검소한 것은 덕이 되지만, 사치한 것은 악이 되는 것이니 사치스럽기보다는 검소해야 한다."

정도전은 한양을 조성하면서 유교를 바탕으로 한 정치철학을 철저하게 따랐고, 태조는 그 공을 치하하며 정도전을 '유학의 으뜸이요, 나라를 세우는 공도 으뜸'이라는 뜻으로 '유종공종儒宗功宗'이라고 칭찬했다. 정도전이 한양 건설을 축하하기 위해 「신도팔경시新都八景詩」를 지어 태조에게 바치자 태조가 크게 기뻐하며 병풍을 만들어 좌정승 조준과 우정승 김사형에게 각각 하사했다. 다음은 경복궁 조성 후에 지은 「도성궁원都城宮苑」이라는 시이다.

철옹성 같은 도성은 높이가 천 길
구름에 싸인 무악은 오색이 가득
철마다 꽃과 새들 궁원을 찾으니
날마다 도성 사람 즐거이 노니네

경복궁의 의연한 모습과 평화로운 시가지가 연상되지만, 정도전의 자부심이 느껴진다. 이때가 이방원의 손에 사망하기 넉 달 전이었다.

조선을 저술하다

조선을 저술하다

정도전은 바쁜 일정 중에도 저술 작업을 통해 조선을 설계하면서 경세제민經世濟民과 부국강병富國强兵에 필요한 병학·의학·지리·산술·천문·음양학 등 잡학에도 관심을 기울였다. 이러한 그의 저술들은 '민본주의에 기반하여 재상 중심의 권력 구조와 『주례』에 바탕을 둔 국가사회주의적 성격을 지닌 경제구조 그리고 한당漢唐의 군현제도와 군사제도를 절충했다'는 평가를 받는 등, 한 사람이 썼다고 믿기 어려울 정도로 국가 경영의 모든 분야를 총망라하고 있다.

정총(鄭摠, 1358~1397)은 정도전이 지은 『경제문감』의 서문에서 이렇게 말했다.

대저 옛사람의 저서란, 뜻은 있어도 일할 처지에 있지 않은 자가 쓰는 것이다. 정공(정도전)은 성군을 만나 재상의 지위에 올랐으니 불우한 때라고 말할 수도 없고, 도를 행하지 못하였다고 말할 수도 없는데, 무슨 저서를 쓴단 말인가. ……공은 기필코 요순이 백성을 다스리던 것처럼 하리라는 마음에서였으니, 요순의 도를 행함에 한 올이라도 다하지 못한다면, 그 가운데 실로 모자람이 있을 것이기에 그렇게 한 것이요, 이것이 공이 저술한 뜻이다.

새 왕조 창업에 대한 정도전의 꿈과 열정이 저술 작업을 통해 분출되었다는 사실을 확인할 수 있다.

정도전은 각종 유서儒書들을 참고하여 문물제도의 논거로 삼는 데 필요한 교재를 직접 저술했다. 조선이 건국된 후 그가 사망할 때까지 6년 동안의 작업들은 중복이나 누락없이 정교하여 유교적 이상 국가를 건설하기 위한 강령과 구체적인 통치 교범으로 오래도록 지속될 조선 문명의 설계도를 완성했다.

또한 그는 서적 보급에도 적극적인 관심을 기울였다. 아무리 훌륭한 책을 쓴다고 해도 대량의 보급 체계가 뒷받침되지 않으면 실효성에 한계가 있었기 때문이다.

정도전은 고려가 금속활자를 발명했다고는 하지만 당시 인쇄와 출판에 금속활자가 활용된 풍부한 사례를 찾아보기 힘들다는 점을 안타까워하며 다음과 같이 말하기도 했다.

"선비가 아무리 학문에 마음이 있어도 서적을 구하지 못하면 또한 어떻게 하겠는가. 우리 동방은 서적이 적어 배우는 사람들이 모두 독서의 범위가 넓지 못함이 한스럽다. 나 또한 이 사실을 가슴 아프게 생각한 것이 오래다. 간절한 바람이 있다면 '서적포'를 설치하고 동활자를 만들어서, 경經·사史·자子·서書·제가諸家·시詩와, 의醫·병兵·율律의 서적까지 모두 인쇄해서 학문에 뜻을 둔 사람들이 모두 그 서적을 구해 읽어 학문의 시기를 놓치는 일이 없었으면 한다. 모쪼록 모두 사문(斯文, 유학의 도의나 문화를 이르는 말)을 일으키는 일을 자신의 책임으로 삼아 이 일에 공감해주기 바란다."

「서적포를 설치하는 시(置書籍鋪詩)」라는 그의 시에도 서적 간행에 대한 간절한 마음이 담겨 있다.

물어보자, 어떤 물건이 사람에게 지식을 더해줄까
타고난 자질이 좋지 않으면, 문장을 통해 얻는 법
한스럽게도 우리나라에는 서적이 적어서
열 상자 책을 읽은 이 한 사람도 없다네
(……)
간절히 바라노니 부디 서적포를 설치하여
후학에게 책을 널리 읽게 하고 무궁토록 전했으면
(……)

이처럼 정도전이 인쇄술에 적극적인 관심을 기울인 이유는 조선의 건국 이념과 성리학을 널리 보급하기 위해서였다. 이러한 정도전의 염원은 이후 태종이 새로운 금속활자인 계미자癸未字를 개발하는 묘한 인연으로 이어진다.

조선을 노래하다

정도전은 「문덕곡文德曲」, 「몽금척夢金尺」, 「수보록受寶籙」, 「납씨곡納氏曲」, 「정동방곡靖東方曲」 등을 저술하면서 신비한 사건이나 그 계기를 설명하기 위해 신인神人을 끌어들여 이야기의 재료로 삼는 등 도참설과 비기의 내용을 활용한 상징 조작으로 역성혁명과 건국의 정당성을 노래했다.

태조 2년(1393) 7월에 쓴 「문덕곡」은 언로를 열고, 창업 공신의 보전과 토지개혁의 실시, 그리고 법질서를 세워 정치와 경제를 바로잡는 등 태조의 학문과 덕을 찬양하며 문치주의 시대를 열었다는 업적을 기리는 악장이다. 「몽금척」은 태조의 꿈에 신인神人이 나타나 "경시중(경복흥)은 깨끗한 덕행은 있으나 또한 늙었으며, 최삼사(최영)는 강직한 명성은 있으나 고지식하다"며 금으로 된 자(金尺)를 주면서 "이것으로 국가를 정제하라"며 '문무를 겸비한 이성계야말로 백성이 바라는 지도자라는 예언을 했다'는 내용으로, 이성계가 하늘의 계시를 받은 군주이며 조선의 건국이 천명에 의한 것이었음을 노래하고 있다.

3편의 노래를 수록한 「수보록」은 '보배처럼 영험한 책을 받았다'는 뜻으로, 이성계가 어떤 사람에게 지리산 석벽에서 발견된 참서를 한 권 받았는데, "목자(木子, 이성계)가 왕이 되고, 주초(走肖, 조준)와 비의(非衣, 배극렴)

그리고 삼전삼읍(三奠三邑, 정도전·정총·정희계)이 목자를 도와 800년 왕업을 이룬다"며 조선 창업의 당위성을 강조했다.

이외에도 「납씨곡」과 「궁수분곡窮獸奔曲」은 각각 이성계가 나하추와 왜구를 물리친 공을 찬양했고, 「정동방곡」은 위화도회군을 찬양한 작품이다.

정도전은 이 작품들에 곡을 붙여 궁중음악과 궁중무용으로 만드는 등 유교의 정치적 이상을 실현하기 위해 궁중의 예악에까지 각별한 관심을 기울였다. 유학에서 예악禮樂을 중시한 이유는 예禮가 질서를, 악樂은 화합을 뜻했으며, 질서는 삼강오륜三綱五倫의 토대를 이루고 화합은 인심의 순화와 풍속의 순치馴致를 도모하는 것으로 보았다.

태조 3년(139)에 새 도읍의 토목공사가 시작되자 「신도가新都歌」라는 시를 지어 새 도읍에 대한 희망을 노래했고, 한양의 도성 공사가 완료되자 6언 절구의 「신도팔경시」를 지었다. 한양의 모습을 8개로 나누어 찬양하는 신도팔경의 첫 번째는 「기전산하畿甸山河」로 다음과 같이 시작한다.

기름지고 풍요로운 경기 땅 천 리
안팎의 산과 강 천하의 요새
덕이 큰 정치에 형세까지 갖추어
왕업은 길이길이 천년을 기약하리

한양 건설에 대한 자부심과 함께 번영을 기원하는 정도전의 마음을 읽을 수 있다.

통일된 통치 기준을 마련하다

정도전은 나라의 근본을 세우기 위해 통치 체제는 중앙집권제를, 통치 철학은 왕도정치와 민본주의를 기저로 하여 문물제도의 정비에 필요한 백과전서식 교재 저술에도 심혈을 기울였다.

태조 3년(1394) 3월 정도전은 『조선경국전』을 편찬하여 태조에게 바쳤고, 이를 받아본 태조는 감탄하며 말과 비단, 백은白銀 등을 하사했다. 『조선경국전』은 조선의 최고 법전인 『경국대전』의 편찬에 기초가 된 우리나라 최초의 포괄적인 정치체제 연구서이자 조선왕조 최초의 법전이다. 이 법전은 '중국의 사례와 고려의 경험을 조선의 현실에 맞게 정립했고, 새로운 정치체제를 구축하기 위한 제도와 운영 원리를 제시하여 정치를 중심으로 모든 사유事由를 구성했다'고 평가받는다.

예를 들면 『조선경국전』에는 교육의 기회를 균등하게 부여하고 인재를 양성하여 적극적으로 등용하며, 합리적인 재무구조로 백성의 세금 부담을 완화시키고 국가재정을 확충하는 등 『주례』의 육전 체제를 조선의 현실에 맞게 기술하고 있다. 그리고 왕위 계승 방법, 재상과 관리의 관직 구분, 군현제도와 호적제도의 정비, 관리의 선발과 관료의 급료 체계 등 행정과 관련한 세부 내용과 사치의 방지, 농업·광산·의료·물가 조절 등 경제 운용 방안에 대해서도 수록되어 있다.

그리고 사대 외교, 도덕 정치, 군대의 조직과 운영, 치안과 범죄인의 처벌, 성곽과 교량 건설, 관혼상제, 우편제도 등 새 왕조가 추진해야 할 과제들에 대한 대안을 모색하는 등 조선은 『조선경국전』으로 통일된 제도와 정책을 갖추게 된다. 고려의 경우 정치와 종교가 혼재된 경향이 있었고, 체계적인 법전을 갖추지 못해 각 행정부서들이 관례나 규정에 따랐던 것에 비해 조선은 일관된 통치 기준을 마련하게 된 것이다.

정도전은 『대명률大明律』을 해설한 『대명률직해大明律直解』 30권 4책을 편찬했고, 태조 3년(1394) 6월에는 『조선경국전』을 일부 보완해 『경제문감』도 펴냈다.

『경제문감』은 주자의 경해經解를 중심으로 남송 대의 『주례정의周禮訂義』와 『산당고색山堂考索』을 전거典據로 『조선경국전』「치전治典」의 권력 구조 부분을 보완하여 중국 역대 왕조의 통치 사례와 변천 과정을 정리하면서 재상·대간·위병·감사·수령의 직책과 우수한 관리의 등용 원칙 등을 설명하고 있다. 예를 들면 중앙집권 체제를 강화하기 위해 재상이 지방의 최소 단위까지 파악해야 하며, 부·주·군·현의 행정체제를 정돈하고 상·하의 통솔관계에 대해서도 논하고 있으며, 호족豪族·사문私文·권귀權貴의 사적인 지배를 차단하고 중앙과 지방을 일원화하여 공권력에 의한 중앙집권을 강화하는 방안에 대해서도 서술하고 있다.

또한 이무李茂가 전라도 관찰사로 임명되었을 때 지방수령론을 정리한 『감사요약監司要約』을 써주기도 했다. 이 책은 현재 전하지 않아 구체적인 내용은 알 수 없지만, 중국과 우리나라 역대 감사의 연혁과 득실을 개관하고, 선유先儒들의 논설과 지방 수령에 대한 고과 기준을 제시하는 등 『경제문감』의 「감사의 직책」과 유사했을 것으로 추정된다.

태조 6년(1397)에는 『경제문감』을 보완해서 『경제문감별집經濟文鑑別集』을 저술했다. 『경제문감』이 신하의 직책과 도리를 밝혔다면, 『경제문감별집』은 중국과 고려의 역대 제왕들의 치적과 군주의 도리가 수록되어 있다. '조선의 군주론'이라는 평가를 받는 이 책은 정치서이지만 역사서에 가까우며, 고려 전기를 긍정적으로 평가한 반면 후기를 부정적으로 평가한 정도전의 사관을 엿볼 수 있다.

이외에도 『주역』의 오위효상(五位爻象, 임금의 자리)에 대한 정자程子의 전傳을 바탕으로 군주의 몸가짐을 밝힌 『경제의론經濟議論』은 재상 중심의 정치체제를 담은 정도전 정치사상의 완결편으로 평가받는다.

이처럼 정도전은 이른바 새로운 왕조 국가의 지침서를 만들어 관제·병제·세제·의례·교육 및 지방 제도 등 군주제에 걸맞은 정치체제를 구축하기 위해 새로운 제도와 정책을 실행에 옮겼다.

성리학적 이념과 질서를 세우다

정도전은 「심난기心難氣」·「기난심氣難心」·「이유심기理諭心氣」 등 세 편의 철학 논문을 수록한 『심기리편心氣理篇』도 저술했다. 이 책은 불교·도교·유교를 각각 심心·기氣·리理로 표현하고, 불교와 도교가 서로 상대를 비판하게 한 다음 유교가 잘못을 깨우쳐 줌으로써 성리학의 우월함을 입증하는 철학 사상서이다. 이 책은 이후에 편찬한 『불씨잡변佛氏雜辨』에 비하면 불교를 비판하는 강도가 약하지만, 유교의 입장에서 불교와 도교를 흡수하여 삼교일체三敎一體를 지향하고 있다는 평가를 받는다.

태조 7년(1398) 여름 불교의 윤회설·인과응보·지옥·화복·걸식 등을 성리학적 관점에서 비판한 15편의 글과 불교의 폐단을 열거한 4편의 글

등 모두 19편으로 구성된 『불씨잡변』을 펴냈다. 불교에 대한 논설을 주제별로 나누어 종교·철학·윤리·사회·역사 등 전 분야에 걸쳐 기술한 『불씨잡변』은 '사회의 지도 이념으로서 순기능을 상실한 불교를 비판하면서 왕에서 백성에 이르기까지 불교의 정신세계에서 벗어나 성리학적 질서를 정착시키기 위한 사상의 전환을 시도했다'는 평가를 받는다.

권근은 이 책의 서문을 쓰면서 "불법佛法이 중국에 들어오니 그 폐해가 양묵(楊墨, 양자와 묵자)보다 심하여 선유들이 이따금 그 잘못을 변박辨駁하였으나 책을 지을 만한 사람이 없었다"며 중국에서도 감히 해내지 못한 성과라고 극찬했다. 이 책은 불교사상에 대한 비판서로는 가장 종합적이고 체계적이라는 평가를 받는다.

또한 『불씨잡변』은 정도전이 사망하기 직전에 완성한 '문명 개혁을 마무리하는 최후의 저술'이기도 하다. 이 책에 수록된 다음과 같은 내용도 흥미롭다.

> 성상(태조)께서 내 말이라면 다 들어주시고, 계획하는 것마다 따르시니 뜻을 얻었다 할 만하나, 성상께서 아직도 불씨를 물리치지 못하시니…… 내가 이 글을 지어 후세 사람들에게 깨닫게 하려는 것이다.

불교만큼은 정도전의 뜻에 따르지 않았던 태조가 무학대사를 왕사와 국사로 삼고, 궁궐 안에서 법석法席과 반승飯僧을 베푸는 등 불교를 숭상하는 것에 대한 불만이 이만저만이 아니었던 모양이다.

이외에도 정도전은 태조 4년(1395) 1월에 조준·정총·박의중·윤소종 등과 함께 고려 태조에서 공양왕에 이르기까지 『고려사高麗史』 37권을 편찬했다. 이 책은 현재 전하지 않아 자세한 내용은 알 수 없지만, 전 왕조의 역사를 정리하여 편찬함으로써 새 왕조의 출발을 정당화하려는 의도가 담겨 있는 것으로 보고 있다. 여기에는 고려의 정치체제를 정리하면서 재상 중심의 정치체제를 지향한 정도전의 정치사상이 담겨 있었을 것이다. 때문에 태종의 정치 노선과 맞지 않았고, 조선의 건국 과정에 대한 서술도 태종의 마음에 들지 않는다는 이유로 태종이 즉위한 후 수정 작업이 이루어졌다. 이 책은 후대에 김종서(金宗瑞, 1390~1453) 등이 편찬한 『고려사절요』의 모태가 되기도 했다.

병법서를 쓰고 직접 훈련시키다

정도전은 평소 "옛날부터 나라를 다스리는 사람은 문화로써 정사하고, 군사로써 난리를 막는 것이니 문화와 군사 두 편의 직무는 사람의 두 팔과 같아서 어느 편도 없앨 수 없다"라며 문무의 중요성을 강조했고, 직접 실천에 옮겼다.

1392년 11월 정도전은 절제사 수하의 병사들 중에서 무략武略이 있는 자들을 뽑아 「진도陣圖」를 가르칠 것을 건의했고, 사흘 후 격구 구정毬庭에서 「진도」를 펼쳐놓고 군사훈련을 실시하는 등, 개국 직후부터 병서兵書를 쓰고 진법을 창안해 군사들을 직접 훈련시켰다.

태조 3년(1394) 6월에는 중국과 우리나라 역대 부병제의 폐단과 부병府兵의 유래를 그림으로 설명한 『역대부병시위지제歷代府兵侍衛之題』를 저술했고, 사냥을 통해 대규모 전술 훈련을 도모할 수 있는 병법서로 전하는

『사시수수도四時蒐狩圖』를 태조에게 올리며 군제 개혁의 필요성을 역설하기도 했다.

또한 그가 저술한 『팔진삼십육변도보八陣三十六變圖譜』는 제갈량이 창안한 8진을 기본으로 하여 지형과 군사력에 따라 전술을 36가지로 변화시켰고, 이를 더욱 발전시켜 진나라 문공, 제나라 혼공, 위나라 혜공, 진나라 소공, 춘추시대 제나라 장군 양저穰苴, 당나라 장군 이정李靖 등의 진법과 용병술을 토대로 『오행진출기도五行陣出奇圖』를 저술했다.

점술가들의 태을사상을 적용한 병법서로 전하는 『태을칠십이국도太乙七十二局圖』와 양저의 『사마법』을 기초로 중국의 역대 병법을 우리 실정에 맞게 제작한 『강무도』도 저술했다. 이 책은 현재 전하지 않지만, 천하제일의 무장이었던 태조가 극찬하며 이 책에 의거해 군사훈련을 시키도록 명했다는 것으로 보아 대단히 뛰어난 실전서로 추정된다.

정도전은 단순히 진법이나 병서만 중시하지 않았다. 전쟁에서 승패의 기본 요인은 사람에게 달려 있다고 보았던 그는 장수와 병사들 사이의 튼튼한 신뢰 관계를 군사학의 핵심으로 꼽았다. '믿음은 항상 불변하나 전투에는 일정한 규칙이 없다'고 보았기 때문이다.

세종 때 집현전 대제학 변계량(卞季良, 1369~1430)은 여말선초의 3대 진법서로 이제현·하륜·정도전의 저술을 꼽았고, 그중에서도 정도전의 진법을 "공격과 수비에 대한 전술이 다른 것과 비교할 수 없을 정도로 가장 뛰어나다"고 평가하는 등 실전 위주로 작성된 정도전의 군사훈련 관련 저술들은 전술 운용 면에서 과학적이고 현실적인 계책들을 집대성해 놓았다는 평가를 받는다. 이러한 정도전의 병서 저술 작업은 사병 혁파 등 군제 개혁과 함께 이루어졌다.

조선은 정도전의 노력으로 건국 5년 차를 맞으면서 국가의 기틀이 다져졌고, 중앙 집권적인 일원적 정치와 행정체제로 정비되어 갔다. 그리고 정도전은 "백성들에게 싸우는 법을 가르치지 않으면, 백성을 버리는 일이다"라며 현직 관리나 학생, 특수한 직역을 가진 자 외에 신분 고하를 막론하고 군역에 예외를 두지 않고 강도 높은 군사훈련을 실시했다. 일반적으로 조선 사회에서 양반은 군역이 면제된 것으로 알고 있으나 건국 초기에는 군역이 면제된 특권층이 뚜렷하게 존재하지 않았다. 아무리 물질적인 풍요를 누리더라도 군사력이 뒷받침되지 않는다면 새로운 정치체제를 세운다 해도 사상누각이라는 것을 잘 알고 있었기 때문이다. 하지만 백성들의 생계와 사기를 중시했던 정도전은 되도록 농한기에 군사훈련을 실시했고, 의식衣食의 조달에도 만전을 기했다. 노인과 어린아이는 귀가하도록 조치했고, 환자들의 보호에 각별한 관심을 기울였다.

8부

역사 속으로

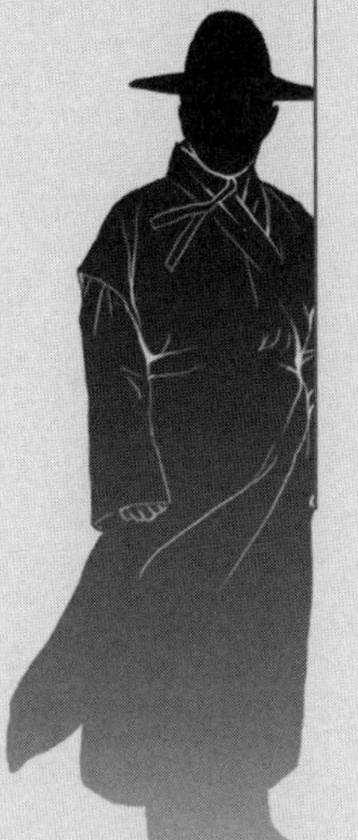

누구를 향한 칼끝인가?

싸우는 법을 가르치지 않으면, 백성을 버리는 일이다

각 도에서 수도 방위를 위해 올라오는 병사들의 모병권募兵權과 지휘권은 각 도 절제사인 왕자들과 공신들에게 있었다. 때문에 이들은 관군이라기보다 사병에 가까웠다. 엄밀하게 말하면 조선은 개국 후 관군이 없는 상태에서 사병 연합체가 그 임무를 대신하고 있었다. 왕의 지휘를 직접 받는 병력은 도성 수비대인 의흥친군위와 세자가 거느린 사병 등 1천 명도 안 되었다. 그러나 왕자들과 왕실 종친을 포함한 절제사들이 시위패侍衛牌로 불리는 사병을 거느리고 있으면서 쉽게 복종하지 않자 정도전은 태조의 전폭적인 지원으로 훈련을 회피하거나 태만한 자들에게 엄하게 책임을 물었다. 태조 7년(1398) 8월 태조는 상장군과 대장군 등이 「진도」를 익히지 않은 이유를 추궁하고 훈련을 게을리 한 왕자들과 공신들에게도 엄중히 경고했다. 당시 대사헌 성석용(成石瑢, ?~1403)은 "「진도」를 익히지 못한 문하부와 중추원 관리들을 파면하고, 현직에 있지 않은 자는 임명장을 회수한 후 한 품계씩 강등하며, 5품 이하 관리들은 태형笞刑에 처해 뒷날을 경계해야 한다"는 상소를 올렸다.

이에 태조는 이지란과 장사길은 개국공신이고, 이화·이방간·이방번·이방과·이제·이방원 등은 왕실 종친이며, 유만수·정신의 등은 원종공신이라 죄를 따질 수 없으니, 그 수하들을 태형 50대에 처할 것을 명했다. 이때 이무가 파직되었고, 절제사 중에서 「진도」를 익히지 않은 자들은 모두 장형에 처했다.

사병을 해산하고 병장기를 불에 태워버리는 사병 혁파령도 내려졌다. 그러나 사병 혁파령은 공신들의 권력이 강제 해산당하는 것을 의미했기에 불만이 클 수밖에 없었고, 그 화살이 정도전에게 향했다. 사병 혁파령은 정도전이 추진한 군제 개혁의 핵심이었기 때문이다.

물론 사병 혁파가 갑자기 이루어진 것은 아니었다. 태조 2년(1393) 9월 정도전은 국가재정을 담당하는 삼사판사로 자리를 옮긴 다음 날 삼군총제부를 의흥삼군부義興三軍府로 개편하고 중앙군 책임자인 판의흥삼군부사를 맡게 된다. 의흥삼군부는 사병 성격을 지닌 중앙군과 지방군을 귀속하여 일원적인 지휘 체제를 확립하고 명실상부한 중앙 집권적 군사 체제를 확립하려는 시도였다.

도성을 숙위하는 지방군은 농민 중에서 징발된 순수 국방군으로 맡게 했고, 치안군 성격이 강한 중앙군은 궁성宮城을 수비하는 시위군과 경성京城을 수비하는 순위군으로 나누었다. 그리고 중앙군은 군역 의무자

중에서 선발된 정예 군사들로 무반武班과 연결되었다.

태조 3년(1394) 1월 한겨울에 군기軍旗에 제사 지내는 의식을 거행했다. 당시 장수와 사졸들이 철갑 차림으로 참석했는데, 『태조실록』에 따르면 "제사를 마치고 난 뒤에 천호千戶 유서봉兪瑞鳳이 갑자기 사망했다"고 할 정도로 대단히 엄격하게 진행되었다. 이 의식에 참석하지 않은 자들은 지위고하를 막론하고 태형에 처했다.

같은 해 2월 29일 정도전은 병제 개혁에 관한 5개 항목의 상소를 올려 절제사들의 통수권을 회수하고 사병을 국가의 병력으로 편입하고자 했다. 3월 3일에는 정도전이 삼군도총제사에 임명된 이후 남쪽 지역의 군사 통할권을 일원화하고 행정구역을 개편했으며, 3월 11일에는 5군에 「진도」를 가르치면서 훈련에 불참하거나 명령을 어긴 절제사는 처벌하겠다는 왕명이 내려졌다.

같은 해 4월 10일에 매일 아침 정전에서 재상과 장수들이 함께 국가 중요 현안이나 민감한 군사 문제 등을 다루는 군국사軍國事를 열 것을 건의했고, 11월에는 절제사 관할의 군사들 가운데 무예가 뛰어난 자들을 선발해 「진도」를 가르쳤다. 이듬해에는 부병제가 시행되어 무인인 서반西班의 관제가 정비되었고, 이를 정리하여 『경제문감』에 「위병衛兵」 항목으로 기술했다.

그런데 『태조실록』에 "정도전이 주도한 군제 개혁의 목적은 요동遼東 지역을 공벌하기 위해서였다"는 기록이 보인다. 이것이 빌미가 되어 정도전은 결국 이방원에 의해 죽음을 맞이하게 된다. 그러나 요동 공벌과 관련해서 현재 전하는 자료는 대부분 정도전이 역모죄로 이방원에게 처형당한 이후에 작성되었고, 주원장과 조선의 관계, 정도전과 이방원의 관계 등을 고려하면 복잡하게 얽혀 있는 실타래를 푸는 것만큼이나 간단하지 않다.

자손들까지 대대로 의리를 지킬 것을 맹세했지만…

1392년 9월 9월 44명의 개국공신이 책봉되었다. 당시 정도전은 일등공신에 책봉되어 토지 200결과 노비 25구를 받았다. 부모와 아내의 작위도 세 등급 올랐고, 아들들도 관직이 세 등급 올랐다. 그리고 집안의 장남은 대를 이어 녹봉이 끊이지 않게 되었고, 자손들은 반역죄가 아니면 면책특권이 부여되었다.

며칠 뒤 7명이 개국공신에 추가되었고, 11월에 태조의 특지特旨를 받아 황희석(黃希碩, ?~1394)이 더해져 모두 52명이 확정되었다. 황희석은 원래 원종공신에 책봉되었으나 이성계가 해주에서 낙마했을 때 병사들을 이끌고 이성계를 경호했으며, 정몽주가 사망한 후 구성로(具成老, 생몰 미상) 등과 함께 군사 200명의 연서를 받아 정몽주 일파에게 죄를 물어야 한다고 청했던 공을 인정받아 개국공신 2등에 오른 것이다.

이처럼 공신 책봉이 한 번에 이루어지지 못한 이유에는 탈락한 자들의 요구도 있었지만, 개국을 기정사실화하기 위해 서두른 탓도 있었다. 명단이 발표되고 10여 일 후에 공신들과 왕자들이 충효계를 조직하고 '끝까지 의리를 지키겠다'는 결의를 하는 의식을 거행했다. 다음은 의식에서 발표한 맹세문의 일부이다.

시작을 잘하는 사람들은 많으나 끝을 잘 맺는 사람들은 적다는 것을 사람들은 경계하고 있다. 일을 같이한 우리들이 모두 성의껏 임금을 섬기고 믿음으로 서로 사귀어야 할 것이다. 저만 잘되기 위하여 서로 해치지 말며, 제 이익을 위하여 서로 시기하지 말며, 남들이 이간하는 말을 듣고 딴생각을 하지 말며, 말이나 기색이 약간 잘못되었다 해서 의심을 품지 말며, 뒤에서 미워하다가 만나서는 좋아하는 체하지 말며, 겉으로는 친한 체하면서도 속으로는 간격을 두지 말며, 잘못한 일이 있으면 고쳐주고 의심나는 것이 있으면 물어보며, 병이 나면 서로 돌봐주고 재난이 있으면 서로 구원할 것이다. 우리 자손들에게까지 대대로 이 맹세를 지켜나갈 것이다. 만약 어기는 일이 있을 때에는 귀신이 반드시 처치해버릴 것이다.

맹세문에는 목숨을 걸고 혁명에 나섰던 사람들에게 걸맞은 최고의 내용이 들어 있었다. 그러나 공신들은 여러 면에서 차이가 있었고, 앞날에 대한 생각도 같지 않았다.

기본적으로 개인적인 환경에 차이가 있었다. 공신들 가운데 귀족 출신은 소수였고, 지방 출신의 한미한 가문 출신들이 많았다. 그리고 무인들의 경우 사졸士卒이나 농민 출신들도 있었다. 52명의 공신 가운데 서얼 출신이 6명, 출생 연도가 불분명한 사람이 23명, 부계 4대 조상의 신원이 확인되지 않는 사람이 20명이었다. 그리고 중국 출신의 성씨가 17명, 본인 대에 귀화한 경우도 3명이 있었다.

이처럼 개국공신의 절대다수가 고려 말에 시조를 갖기 시작한 신흥 가문 출신으로 중앙 정계에 뿌리가 깊지 않아 조선의 개국이 고려 사회에서 소외된 세력들이 주류를 이루었다거나 정도전 등을 성리학 좌파 또는 소수 비주류로 평가하는 것도 이와 무관하지 않다.

공신들이 하나의 정치 공동체로 결집하는 데에도 한계가 있었다. 정도전 등 극소수를 제외하고 사상적으로 무장한 개국공신은 많지 않았기 때문이다. 개혁을 추진하는 과정에서는 이러한 차이가 크게 드러나지 않았으나, 조선이 개국된 후 서서히 고개를 들기 시작했다. 정도전은 물론 그와 가까이 지낸 인물들은 한미한 가문 출신이라고 비판받은 것이 대표적 예였다. 이러한 비판에는 정치적 이유가 있었고, 사실 여부와 관계없이 정국에 영향을 미쳤다. '정도전 등이 서자인 방석을 세자로 옹립하는 데 주도적 역할을 수행했다가 정변에 휘말려 처형당했다'는 꼬리표가 붙어 다닌 것도 그 때문이다.

갈등의 싹이 자라다

왕자들이 공신 책봉에서 배제된 점도 정국에 변수로 작용했다. 특히 이방원은 훗날 왕으로 즉위한 후 자신의 이름을 추가로 개국공신 1등에 올릴 정도로 불만이 컸다. 그럼에도 태조대에는 각 계파를 대표하는 인물들이 재상의 자리에 올랐고, 국정이 도평의사사에서 내린 결정을 왕이 재가하는 형식으로 운영되었기 때문에 문제가 겉으로 드러나지 않았다.

혁명 주체 세력은 크게 세 부류였다. 동북면에서부터 이성계와 동고동락했던 조인옥·조영무·이지란 등이 있었고, 위화도회군 후 이성계를 지원하며 부상한 정도전·조준·윤소종·남은 등 신진사대부가 있었다. 그리고 김사형과 배극렴 등 고려에서 고위직을 지낸 명문가 출신들이 있었다. 이들 중에는 조선 건국에는 참여하지 않았지만 개혁의 명분을 위해서 영입한 인물도 다수 포함되어 있었다.

이 세 부류는 조선 건국 후 역할 분담이 비교적 잘 이루어졌다. 예를 들면 신진사대부를 대표하여 이성계의 핵심 브레인으로 건국 이념을 제공하고 재상권의 강화를 시도했던 정도전을 비롯해서 고려의 명문가 출신 김사형, 고려의 명문가 출신이면서 신흥 무인 세력으로 이성계의 돌격대장 역할을 수행한 배극렴, 위화도회군 후 전제 개혁을 통해 개혁의 물꼬를 튼 조준 등을 꼽을 수 있다.

그러나 이들은 태조의 뒤를 이을 세자 책봉 문제를 놓고 의견이 달랐다. 왕조 사회에서 장남이 왕위를 물려받는 것이 원칙이었지만, 태조의 장남 이방우는 고려에 충절을 지키며 조선의 개국에 협조하지 않고 술에 빠져 지내다 사망한 것으로 전한다. 태조에게는 장성한 아들이 네 명이나 더 있었고, 특히 다섯째 아들 이방원이 주목받았지만, 조선 개국 후 태조는 이방원에게 눈길조차 주지 않는 듯했다.

1392년 8월 20일 태조의 명에 따라 재상들이 세자의 책봉을 논의하면서 '나이와 공을 따져 세자를 책봉하는 것이 좋겠다'고 건의했다. 그러나 태조의 뜻에 따라 둘째 부인 신덕왕후의 차남 방석이 세자에 오르게 된다. 당시 신덕왕후의 입김이 작용했다고 하며 신권정치를 꿈꾸던 정도전이 지원했다는 이야기도 전한다.

그러나 정도전은 『조선경국전』에서 "세자는 원칙적으로 장자가 되어야 하는데, 장자가 어질지 못할 때는 왕자 중에서 어진 이를 골라 세워야 한다"고 했고, "왕자 중 천명天命을 받은 이가 한둘이 아니다"라고 말하기는 했으나 그가 방석의 세자 책봉에 관여했다는 구체적인 기록은 찾아볼 수 없다.

반면 신덕왕후는 정치적 야심이 컸고, 친정 집안도 세력이 있었다. 조준은 그녀에 대해 "국사가 위태로울 때 대책을 결정하는 데 참여하여 내조의 공이 역사에 빛나게 되었다"고 평했고, 이방원이 정몽주를 격살했을 때 이성계가 불같이 화를 내자 그녀가 나서서 "공은 언제나 대장군으로 자처하더니 이렇게 당황해합니까?"라며 이성계에게 신속하게 사태 수습에 나설 것을 요구했다는 이야기도 전한다.

세자 책봉을 서두른 이유는?

『태조실록』에는 세자 책봉과 관련해서 다음과 같이 신덕왕후에 대한 기록이 있다.

> 처음에 공신인 배극렴·조준·정도전 등이 세자를 세우자고 청하면서 나이가 많고 공도 있는 아들을 세울 것을 청하려고 했지만 (태조는) 강씨를 소중히 여겨 방번을 마음에 두고 있었다. 그러나 방번이 주책이 없기 때문에 공신들이 곤란하게 생각하고 자기네끼리 이야기하기를 만약 꼭 강씨의 소생을 세우기로 한다면 막내아들이 좀 나을 것이라고 하였다. 이때에 와서 임금이 누구를 세자로 세울 만한지 묻자 그 누구도 맏아들을 세워야 한다거나 공로가 있는 아들을 세워야 된다고 딱

잘라서 말하는 사람이 없었다. 이에 배극렴이 말하기를 "막내아들이 좋겠습니다"라고 하자 임금은 그만 그를 세우기로 결심하였다.

『연려실기술』에는 대신들이 신덕왕후의 눈치를 보았다는 이야기도 전한다.

임금(태조)이 일찍이 배극렴과 조준 등을 내전에 불러 세자를 세울 것을 의논하니, 극렴 등이 말하기를 "시국이 평온할 때는 적장자를 세우고 세상이 어지러울 때는 공이 있는 자를 세워야 합니다"라고 대답하였다. 신덕왕후(강비)가 이 말을 몰래 듣고 거처로 돌아와 통곡하는 소리가 밖에까지 들렸다. 배극렴 등이 드디어 의논을 파하고 나왔다. (태조가) 뒷날에 또 배극렴 등을 불러서 의논하니 다시는 적자를 세워야 하느니, 공이 있는 이를 세워야 하느니 하는 말들을 하는 자가 없었다. 극렴 등이 물러가서 의논하기를 "강비가 반드시 자기 아들을 세우고자 하는데 방번은 광패狂悖하고 막내아들 방석이 조금 낫다" 하고 드디어 방석을 봉하여 세자로 삼기를 청하였다.

이처럼 방석의 세자 책봉은 신덕왕후의 의지가 컸고, 그녀를 끔찍하게 사랑했던 태조가 지원한 것으로 전한다.

신덕왕후에 대한 태조의 사랑이 남달랐다고는 하지만, 태조에게는 첫째 부인과의 사이에서 태어나 자신을 따라 전쟁터를 누비며 공을 세웠던 장성한 아들이 다섯 명이나 있었다. 무인이면서도 절제력과 상황 판단력 등이 뛰어난 태조의 정치력은 조선의 건국을 가능하게 했던 중요한 요인 중 하나였다. 그런 점에서 막내아들을 세자에 책봉한 것은 약간 의외였다.

태조가 세자 책봉을 서두른 이유는 개국 초기에 후계 구도를 결정함으로써 왕권이 안정적으로 자리 잡게 하려는 의도에서였다. 그리고 국왕의 자리에 오르기 전에 사망한 첫 번째 부인보다 공식적인 절차를 밟아 왕비의 자리에 오른 신덕왕후의 아들을 적통으로 보는 것도 성리학적 명분에 어긋나는 것은 아니었다.

일부에서는 막내아들에게 세자 자리를 물려준 이유를 이성계가 여진족의 풍습에 익숙했기 때문이라는 견해도 있다. 이성계의 할아버지와 아버지는 장남이 아니었지만 집안의 세력을 물려받았기 때문에 장남 승계 의식이 강하지 않았다는 것이다.

그러나 일개 가문의 세력 승계와 국왕의 자리를 물려받는 것은 차원이 다른 문제였다. 태조와 신덕왕후 사이의 장남 방번은 '광패하다'는 이유로 세자 물망에 오르지 못한 것으로 전하지만, 결정적인 문제는 처가가 고려 왕실이었다는 점이었다. 즉 그가 세자가 될 경우 차기 왕실의 외척이 고려 왕실이 되는 것이다. 더구나 방번의 처가는 고려의 마지막 왕이자 자신들이 폐위한 공양왕의 집안이었다. 때문에 이 문제를 거론조차 할 수 없었던 것이다.

반면 대신들이 "세상이 어지러울 때는 공이 있는 자를 세자로 세워야 한다"고 말한 것은 국가의 명운이 달려 있음을 의미했다. 물론 공이 있는 사람은 이방원을 가리켰지만, 이방원은 이름조차 구체적으로 거론되지 못했다.

이에 이방원은 누구보다 불만이 컸고, 불평의 화살이 정도전에게 향하게 된다. 이방원의 불만은 태조와 신덕왕후에 대한 것이었지만, 그들은 현직 왕과 왕비였다. 정도전은 태조의 전폭적인 지원 아래 실권을 쥐고 개국의 기틀을 다지기 위해 진두지휘하고 있었고, 세자의 교육을 담당하는 책임도 맡고 있었다. 때문에 정도전이 태조 이후의 후계 구도에 적극적인 관심을 기울이고 있다고 판단한 이방원은 그를 표적으로 지목했다.

누구를 향한 칼끝인가?

이방원은 태조의 다섯째 아들로, 우왕 8년(1382) 16세에 진사시에 2등으로, 다음 해에 문과 7등으로 급제했다. 이성계는 집안에서 유일하게 과거에 급제한 이방원을 대단히 자랑스러워했다. 이방원 역시 아버지 곁을 지키며 맡은 바 임무를 성실하게 수행했다.

문무를 겸비한 그는 풍채에서 기질까지 아버지를 빼닮았고, 일찍이 정치를 경험했다. 또한 그는 명나라 황제를 직접 만나기도 했다. 이방원 외에도 조선에서 황제를 만난 왕은 인조가 있다. 인조 15년(1637) 인조는 삼전도에서 청 태종과 굴욕적인 대면을 했지만, 이방원은 우왕 14년(1388) 10월 이색을 따라 서장관으로 명나라에 갔고, 조선 개국 초기에는 왕자의 신분으로 황제를 만났다.

그의 명나라행은 국경을 넘나들며 영토 의식과 국제적 감각을 키우는 기회였다는 점에서도 의미가 있었다. 특히 우왕 때는 국내외 정세가 불안정했고, 개인적으로는 볼모의 성격도 있었던 불안한 상황에서 명나라에 다녀왔지만, 조선 초기에 왕자 신분으로 명나라 황제를 접한 것은 새로 창업한 국가에 대한 책임 의식을 느낄 수 있는 더없이 좋은 기회였다.

이 무렵 주원장은 강력한 권력을 기반으로 황제 중심의 중앙집권 국가를 만들어가고 있었고, 이방원이 꿈꾸는 조선도 이런 나라였다. 그러나 이성계는 왕자들을 개국공신에서 배제하는 등, 왕자들이 정치에 참여하는 것을 경계했다.

이성계는 새 국가에서는 새로운 교육을 받고 자란 인물이 왕위에 올라야 한다고 생각했다. 따라서 이성계가 보았을 때 이방원을 포함한 장성한 왕자들은 조선의 건국으로 소임을 다한 존재였고, 자신과 함께 물러나야 할 대상이었다. 이성계가 세자 책봉을 서둘렀던 이유는 자신이 이미 연로해서이기도 했지만, 새 왕조에서 세자를 기정사실화함으로써 이방원의 왕위에 대한 야심을 스스로 포기시키려는 의도도 있는 듯했다. 게다가 신덕왕후는 아직 젊은 나이였고, 정도전이 지원해준다면 후계 구도가 자리 잡을 것으로 기대했다.

하지만 이방원은 이성계와 생각이 달랐고, 이성계의 구상은 결과적으로 야망이 컸던 이방원의 가슴에 화약을 던진 꼴이 되었다. 결국 두 차례 왕자의 난을 치르고 이방원이 왕위에 오르게 된다. 이방원은 왕위에 오른 데에는 성공했지만, 자신의 즉위 과정이 신경 쓰일 수밖에 없었다. 태종 9년(1409) 『태조실록』 편찬을 자신의 최측근 하륜에게 명했고, 이후 『태조실록』을 보고 싶어 했던 것도 자신의 즉위 과정에 관한 내용에 관심이 있었기 때문이었다.

그러나 건국 과정에서 발생한 각종 사건에 관련된 사람들이 상당수 생존해 있었기 때문에 실록이 공개되면 논란이 벌어질 우려가 있었고, 선례를 남기면 후세의 사관들이 왕의 눈치를 보게 되어 사실대로 실록을 작성하지 못할 수 있다는 이유로 사관들은 물론 대신들까지 반대했다. 이에 태종은 사초를 제출하지 않는 사관에게 벌금을 물리고 자손들에게 벼슬을 주지 않겠다는 규정까지 만들었다. 하륜 등이 왕의 통치행위에 도움이 된다며 태종을 옹호했지만, 대신들의 반대로 태종은 끝내 『태조실록』을 볼 수 없었다.

이처럼 태종의 즉위 과정은 개인적으로는 물론 역사적으로 대단히 민감한 사건이었다. 때문에 사건을 보는 관점에 따라 해석이 달라질 수도 있었다. 예를 들면 태종은 정도전을 지목하여 제거에 나서지만, 이 싸움은 태조에 대한 불만이 내재되어 있었다. 태종의 입장에서는 세자 자리를 빼앗겼다고도 생각할 수 있는 문제였지만, 정도전은 병권을 포함해 정치체제의 중앙집권화를 추진하여 정치 구조의 일대 변화를 모색해 나가는 과정이었다.

이러한 과정에서 정도전의 지위가 태조 다음가는 실권자로 떠올랐고, 공신과 왕실 종친들은 점차 권력의 핵심에서 멀어지게 되었다는 불평이 나오기 시작했다. 결국 사병이 해체되는 단계에 이르게 되자 불만은 극에 달하게 된다.

정도전의 모든 것을 지우지는 못하다

정도전과 이방원은 같은 목표를 향해 같은 길을 걸어왔던 동지였다. 두 사람은 자신이 세운 목표를 관철하기 위한 집념과 강력한 추진력 등 누구보다 유사점이 많았다. 하지만 두 사람은 차이점도 분명했다.

첫째, 정도전이 이상을 현실적인 것으로 만들기 위해 고군분투한 혁명가이자 경세가였다면, 이방원에게는 현실적인 것이 이상적인 것이었고, 이상적인 것이 곧 현실적인 것이었다. 그가 왕권 강화에 집중한 것이 대표적 예였다.

둘째, 정도전은 태조 대에 창업이 마무리되고, 다음 대에 수성에 들어갈 수 있도록 나라의 기틀을 구축하는 데 모든 것을 쏟아부었다. 하지만 이방원은 역사적 경험에 근거해서 태조의 즉위는 건국 과정의 초기 단계일 뿐이며, 새로운 왕조 국가가 안정적으로 자리 잡기 위해서는 더 많은 희생도 감수할 수 있다고 보았다. 그리고 자신이 그 역할을 자임하고 나섰다.

셋째, 정도전은 고려 말기의 경험을 통해 권력이 사적으로 남용되는 통치행위를 가장 경계했다. 따라서 수기修己와 치인治人을 함께 강조하여 왕권을 상대화하고 권력을 공적인 영역에서만 행사할 수 있는 정치체제를 구상했다. 이는 자질이 일정하지 않은 세습 군주가 권력의 전권을 행사하는 것을 반대하며 능력을 갖춘 재상 중심의 정치제도를 뜻했다.

그러나 이방원은 '왕에게 권력이 집중되지 않으면 간신奸臣이 나와 권력의 전횡을 일삼는다'고 보았다. 또한 그는 '위대한 업적을 성취한 군주는 약속을 중시하기보다 오히려 사람들을 혼동시키는 데 익숙했다'는 역사적 경험에도 주목했다. 따라서 이방원의 눈에는 정도전이 비록 혁명에 참여하여 조선을 기틀을 다지는 등 최고의 공신이었지만, 왕조 국가의 관점에서 보면 일개 신하임에도 권력 구조를 논하며 재상 중심의 정치체제를 구축하려는 그를 용납할 수 없었다. 결국 그는 정도전을 부정했고, 피바람을 몰고 온 왕자의 난을 두 차례 치른 뒤 조선의 3대 왕으로 즉위하게 된다. 그리고 조선에서 정도전의 존재감은 지워졌다.

그러나 태종은 즉위한 후 정도전의 구상들을 대부분 수용했다. 태종 9년(1409) 대호군에 임명된 전보田甫에게 진법 훈련을 명하면서 다음과 같이 말한 것이 그 예였다.

"듣건대, 정도전이 진법을 연습할 때에 네가 사마司馬가 되었다고 하니, 지금도 진법을 잊지 아니하였겠지? ……내가 삼군 갑사와 응양위와 별시위, 그리고 좌우左右의 인물들에게 진법을 훈련시켜 대장은 앉아서 지휘만 해도 군대가 제대로 나아가고 물러나는 절차를 알게 하려고 하니, 네가 그것을 가르치도록 하라."

이처럼 태종은 정도전의 구상들을 수용하면서도 재상 중심의 정치체제가 아니라 왕실의 존엄성과 왕권 강화를 기반으로 하는 중앙집권 국가의 건설에 집중했다.

태종은 왕권을 강화하는 과정에서 많은 희생양을 만들어냈고, 그 방식도 다양했다. 문제를 던져놓고 대신들 사이에 논쟁을 유도한 후 자신은 발을 빼고 사태의 추이를 지켜보았고, 대신들의 빗발치는 상소를 외면하다가 마지못해 수용하는 형식을 취하며 단계적으로 상대를 제거하기도 했다. 때로는 몇 년이 지난 일을 거론하며 기습적으로 상대를 제압하기도 했다.

태종은 왕권 강화를 위해 매시기마다 변화무쌍한 상황극까지 연출했고, 왕위에서 물러날 때도 세자를 교체해 불과 두 달 만에 전격적으로 왕위를 물려주었다.

세자 책봉 문제로 고초를 겪었고, 정국에 피바람을 몰고 오는 비극이 벌어졌지만, 그는 장남에게 왕위가 세습되는 관례를 스스로 파기하고 현자賢者를 택해 셋째 아들 충녕대군을 세자로 교체하고 왕위를 물려준 것이다. 그리고 그는 "세상의 업은 모두 내가 지고 갈 테니, 세자는 태평성대를 이끄는 성군이 되라"고 말했다.

이 말은 단순한 덕담이나 유훈이 아니었다. 태종은 세종이 즉위한 후에도 여전히 병권을 틀어쥐고 왕권과 왕실에 위협이 된다고 판단하면, 왕실 인척과 공신 그리고 세종의 장인 심온(沈溫, 1375~1418)까지도 가차 없이 제거했다. 왕실 외척이 왕권을 제약할 수 있다고 우려했던 것이다. 때문에 세종은 외가와 처가도 없는 신세가 된다.

그런 점에서 태종은 화려하고 편안한 왕위가 아니라 '상황이 악행을 요구하면 기꺼이 그것을 실행한다'는 권력의 본질을 적나라하게 보여주며 가장 현실적인 왕위를 물려주었다.

요동 공벌의 진실은 무엇인가?

표전문 시비가 이어지다

건국과 국호를 선정하기까지 조선과 명나라의 관계는 순조로운 듯했다. 그러나 태조 2년(1393) 5월 "조선에서 보낸 문서에 생흔生釁, 즉 '양국 사이에 틈이 생기게 하는 글' 3조와 모만侮慢, 즉 '업신여기고 잘난 체하는 글' 2조가 들어 있다"며 주원장이 조선에 문서를 보내왔다. 정도전이 개국을 알리기 위해 명나라에 다녀온 지 두 달 만이었다.

같은 해(1393) 7월에 명나라는 요동도사를 통해 '조선 사신의 입국을 불허한다'는 주원장의 명을 전했고, 9월에 표문을 해명하러 갔던 남재가 '3년에 한 번씩 조공해도 좋다'는 주원장의 명이 담긴 문서를 가지고 돌아와 양국의 관계가 안정을 찾는 듯했다.

태조 4년(1395) 주원장은 "정월에 조선에서 명나라에 보낸 신년 축하의 글이 중국의 격식에 맞지 않고, 경박하고 희롱하는 의도가 담겨 있다"며 작성자인 정도전과 정탁을 압송하라는 공문을 명나라 사신을 통해 보내왔다. 몇 달 후인 11월 정총(鄭摠, 1358~1397)을 명나라에 파견하여 인신印信과 고명顧命을 요청했는데, "조선에서 보낸 인신과 고명을 주청하는 장계 안에 무례한 내용이 있다"며 정총이 억류되고, 작성자와 교정한 이들 모두를 압송하라고 다시 요구해왔다.

조선은 '외교 문서의 체제를 잘 몰라서 일어난 실수이며, 표전문表箋文 작성자는 정도전이 아니라 정탁·권근·김약항·노인도'라고 해명하는 공문을 보내면서 정도전이 55세의 나이에 각기병을 앓고 있어 입조하기 힘들다는 내용도 첨부했다.

그러나 태조 5년(1396) 주원장은 병자년(1396) 하정賀正의 표전문 속에 경박하게 희롱하고 모멸 하는 문구를 넣어 흔단釁端, 즉 "서로 사이가 벌어져 틈이 생기는 실마리를 자초하여 조선이 명나라와의 관계를 악화시키고 있다"며 사신을 억류했으며, 작성자를 보내라고 요구하는 등 주기적으로 표전문을 문제 삼아 조선을 압박해왔다.

『태조실록』에는 이 무렵 "정도전이 군사훈련을 주도했다"면서 "요동을 공격하려는 정도전의 계획에 조준이 반대하여 두 사람 사이가 벌어졌다"고 기록했다. 정도전이 요동 공벌을 계획했다는 최초의 기록이다. 해를 넘긴 태조 6년(1397) 12월 주원장은 다시 작성자의 압송을 독촉하는 문서를 보냈다.

태조는 '백관百官·기로耆老 회의'를 열어 대책을 논의했다. 당시 한상경(韓尙敬, 1360~1423) 등 10여 명만이 관송을 반대했고, 나머지 대다수는 찬성했다. 결론을 내리지 못하고 망설이던 태조는 조준을 불러 다시 의논했고, 조준은 정도전을 보낼 것을 건의했다. 그러나 변중량(卞仲良, ?~1398)은 '사태의 추이를 지켜보며 대응하자'며 관송에 반대하는 소를 올렸다. 결국 태조는 정도전을 빼고 표전문 작성에 관련된 대신들을 보내기로 결정했다.

다시 해를 넘긴 태조 7년(1398) "정도전이 명나라 황제로부터 문책받을 것이 두려워 요동 공격을 계획했다"며 두 번째 요동 공벌에 대한 기록이 나오고, 같은 해 9월 기록에도 동일한 형식으로 기록이 반복되고 있다.

표전문은 표문表文과 전문箋文의 합성어로, 여기서 '표'란 아래에서 위로 올리는 글로, 중국 황제에게 보내는 글을 말한다. '전'은 중국 문체에 맞춰 새해나 황제의 탄신일을 축하하는 목적으로 올리는 글로 외교문서 작성에서 갖춰야 할 격식이 상당히 까다로웠다. 때문에 외교문서에 따른 논란이 때때로 일어났고, 심각한 외교 문제로 비화될 소지가 늘 있었다. 따라서 이 문제는 주원장의 지적대로 조선의 잘못일 수도 있었기에 긴장하지 않을 수 없었다.

그러나 조선에 대해 구체적인 정보를 가졌던 주원장이 조선의 군제 개혁을 주시했을 가능성도 배제할 수 없다. 자신의 큰아들조차도 군사력을 키우지 못하게 강력히 통제했던 주원장이 조선에서 군제 개혁을 주도하고 있는 정도전을 직접 지목했고, 이후 '정도전이 요동을 넘보았다'며 요동 공벌에 대한 논란으로 이어졌기 때문이다.

주원장과 신경전을 벌이다

만주 지역을 말하는 요동에 누가, 언제부터 지배 세력으로 정착했는지 정확하지 않다. 다만 농업에 적합한 서남부의 요하 유역은 중국의 변방으로 인식되거나 요나라나 금나라 같은 정복 왕조의 중심지가 되기도 했지만, 동부의 산악 지역과 북부의 한랭 지역, 서북부의 초원 지역은 10세기 초부터 상대적으로 어둠 속에 잠겨 있었다.

요동은 7세기 중반까지 고구려가 지배했고, 이어서 발해와 당나라가 분할 통치했다. 이후 10세기 초에 거란족이 세운 요나라가 발해를 멸망시켰고, 다시 여진족이 세운 금나라가 새로운 주인이 되었다가 원나라가 뒤를 이었다. 비록 지역의 주인이 여러 번 바뀌었지만, 고려와 발해의 지배 기간을 합치면 타민족 왕조의 통치 기간보다 훨씬 길었다.

그러나 원나라가 몽골 지역으로 쫓겨난 후 다시 유동적인 상태에 놓였고, 명나라는 3대 황제 영락제(永樂帝, 재위 1402~1424)가 흑룡강과 백두산 일대에 통치기구를 설치하고 여진족을 지배하면서 이 지역을 손에 넣게 된다. 이때가 태종 집권 초기였다.

이처럼 14세기 말부터 10년이 넘도록 누구도 확실하게 차지하지 못하고 있던 요동 지역을 두고 주원장은 태조에게 "조선의 영토나 지킬 일이지, 요동을 넘보지 말라"고 압박했고, "정도전이 사행을 마치고 귀국하면서 이 지역을 정찰했다"며 시비를 걸기도 했다. 그러다가 주원장은 "요동은 원나라가 관할하던 지역이니 마땅히 명나라가 승계해야 한다"고 주장하며 나섰고, 표전문 문제가 정도전의 요동 공벌에 대한 논란으로 이어지면서 국내외 정국이 복잡하게 얽히게 된다.

국제 관계에서 국가 간의 갈등은 전쟁으로 이어지기도 하지만, 불안한 국내 정국을 돌파하거나 국가 간 유리한 입지 확보를 위한 기 싸움으로 전개되는 경우도 적지 않았다. 따라서 요동을 두고 벌어진 주원장의 위협은 정도전과의 기 싸움이었을 수도 있었다.

즉 주원장의 말대로라면, 조선은 '주변의 제후국'이었고, 정도전은 주변 제후국의 '일개 관리'에 지나지 않았다. 그럼에도 대국의 황제가 직접 정도전의 이름을 거론하며 지속적으로 압박을 가해왔고, 국내에서는 사병 혁파로 인해 불만이 쌓인 세력이 이러한 대외적인 정세를 국내 상황에 이용하려는 의도는 아니었는지 의문을 제기해볼 만하다.

물론 요동은 무주공산 상태였고, 대륙으로부터의 침략을 차단하는 길목이기도 했다. 특히 고구려 멸망 후 700여 년 만에 맞이한 수복의 기회를 정도전이 주목했을 가능성도 없지 않았다. 하지만 기록을 중심으로 먼저 국내 상황과 주원장과의 대외 관계라는 두 가지 관점에서 살펴볼 필요가 있다.

『태조실록』에 따르면 정도전의 요동 공벌은 정도전과 이방원의 권력 투쟁이라는 관점에서 살펴볼 수 있다. 즉 사병 혁파로 형성된 불편한 관계가 표면으로 떠올랐고, 결국 1차 왕자의 난으로 이어지게 된다. 여기에 조준이 나서서 정도전의 요동 공벌 추진을 비판하고 나섰다고 한다. 그러나 이러한 내용은 정도전이 사망한 후 기록으로 정리되었다는 점에서 이방원의 정치적 의도가 개입되었을 가능성을 배제할 수 없다.

조선과 명나라의 관계라는 관점에서 살펴보면 요동 문제는 주원장이 조선을 압박하는 과정에서 발생했다. 주원장은 군사력보다는 외교문서를 통해 "말로는 신하라 하면서 공물을 들여보낸다고 하지만, 들여보낸 말을 말 기르는 사람을 시켜 길들여보니 죄다 못 쓸 것이고, 또 다 부려먹을 대로 부려먹은 것들이었다. 이것이 우리를 업신여기는 것"이라며 조공 문제로 시비를 걸기도 했고, 표전문에 문제가 있다거나 조선의 정탐 행위 등을 지속적으로 거론하며 압박을 가했다. 따라서 두 나라 모두 신생국이었기 때문에 유리한 입지를 선점하기 위해 치열한 외교전을 벌이는 과정에서 주원장이 조선을 한반도 안에 묶어두며 길들이려는 의도로 해석할 수 있다.

외교문서를 통해 원거리 통치방식을 구사하다

태조 2년(1393) 5월 주원장이 조선에 다음과 같은 공문을 보냈다.

> ……지난날 절강의 백성 중에서 좋지 못한 자를 꾀어서 너희들에게 우리의 내정을 알리라고 했기 때문에 벌써 수십 호를 죽여버렸다. ……이것이 관계를 나쁘게 한 첫 번째 사건이다. ……사람을 시켜 천과 금·은 등을 가지고 요동에 가서 예물이라는 핑계로 우리의 변방 장수를 매수하려고 하였다. 이것이 관계를 나쁘게 한 두 번째 사건이다. ……최근에 몰래 사람을 보내어 여진 사람들을 유인해서 5백여 명의 가족을 데리고 슬그머니 압록강을 건너갔다. 이보다 더 큰 죄는 없을 것이다. 이것이 관계를 나쁘게 한 세 번째 사건이다.

이 내용이 사실이라면 조선은 개국 직후부터 국경 문제에 관심을 기울이며 전략적인 행동을 했거나 요동 공벌을 준비한 것이 된다. 그리고 주원장은 이러한 정보를 알고 있었음에도 군사를 직접 동원하지 않고, 외교문서를 통해 조선의 잘못을 조목조목 지적하며 지속적으로 압박을 가했다. 같은 해 12월에 주원장은 다음과 같이 유사한 내용의 공문을 조선에 보냈다.

어째서 고려의 이성계는 변경에서 해마다 계속 말썽을 부리는가. 제 딴에는 저의 나라가 바다로 둘러싸이고 험한 산으로 또 겹겹이 막혀 있다는 것만을 믿고 있기 때문이다. 그래서 자주 흉악한 짓을 하는 것은 우리나라를 한나라 때나 당나라 때처럼 알고 있는 데 있다. 한나라와 당나라 장수들은 말 타고 활 쏘는 데만 능하고 배 타는 데는 서툴렀기 때문에 바다를 건너는 것이 어려워 군사들이 우회해 행군하였다. 하지만 나는 중국을 평정하고 오랑캐를 물리치기 위해서 물에서도 육지에서도 다 싸워보았다. 수군 장수들이 어찌 한나라나 당나라 때처럼 하겠는가. 만일 우리 군사의 발길이 삼한에 닿지 않게 하려거든 이때까지 유인한 모든 여진인들을 돌려보내고 또 여진을 유인해간 변경의 천호도 들여보내야 할 것이다. 이후부터는 속임수를 써서 변경의 말썽을 일으키지 말고 그 나라 백성들을 편안히 지내도록 해야만 동방 종족의 임금 노릇을 할 수 있으며 후손들도 번성하게 될 것이다.

주원장의 공문을 가지고 온 사신이 아직 조선에 체류하고 있었던 태조 3년(1394) 새해 벽두부터 또 다른 공문이 조선에 도착했다.

(1393년 11월 20일) 산동도사 영해위에서 최독이라는 고려 강도 한 명을 본부로 압송하였다. 본인의 진술에 의하면 그는 고려의 숙주 노질동에 사는 사람이라고 한다. 같은 해 7월 7일 태조가 만호 김사언·천호 차성부·백호 정릉 등을 시켜 7척의 배에 각각 사람 37명과 베 2필씩 모두 합쳐 사람 259명과 베 60필을 실은 다음, 장사하듯이 꾸며 내정을 알아보라고 하였으며, 만일 큰 부대가 와 있지 않을 때는 우리가 군사를 동원하여 요동을 치겠노라 하였다고 한다. 뒤이어 다시 보낸 10척의 배에는 배마다 37명씩 탔고, 사람마다 무기를 가졌는데 모두 합쳐 370명이었다고 한다.

주원장은 정탐 행위를 했다는 사람의 이름과 인원까지 구체적으로 거론하며 조선을 압박했다. 이에 조선은 "최독이라는 사람은 중국 연안의 해적으로, 명나라 군대에 붙잡히자 목숨을 보존하기 위해 조선에서 보냈다는 거짓말을 한 것에 불과하며, 조선은 최독이라는 사람을 전혀 알지 못한다"고 해명했다.

당시 주원장의 말대로 정탐 행위가 사실이라고 해도 단순히 해적의 소행이거나 고려를 추종하는 자들의 교란 행위 등 여러 가지 변수가 있었다. 그럼에도 주원장은 내용을 바꿔가면서 이 문제로 조선을 긴장시켰다.

조선의 해명서가 명나라에 전달되기도 전인 태조 3년(1394) 2월과 5월에 명나라 병사들이 압록강변에서 무력시위를 벌였고, 4월에는 두 차례나 사신을 보내 정탐자를 압송하지 않으면 군사를 출동시키겠다고 협박하기도 했다.

태조는 주원장의 압박에 다음과 같이 소국 군주의 비애를 토로하기도 했다.

> "황제가 군사도 많고 정사와 형벌을 엄혹하게 해서 결국 천하를 차지하기는 하였으나 사람을 지나치게 죽여 없애니 으뜸가는 공신들과 대신들도 생명을 보전하지 못한 자가 많다. 그전에는 우리와 같은 작은 나라에게 턱없이 많은 물건을 내라고 하더니 이제 또 죄도 되지도 않는 것을 갖고서 우리를 책망하면서 군사를 일으키겠다고 위협까지 한다. 이것이 어린아이를 을러대는 것과 무엇이 다른가!"

그러나 태조는 "명은 강대국이니 아직은 겸손한 말로 조심하면서 명나라의 요구를 들어주며 전쟁 가능성을 무마하기 위해 적극적으로 노력해야 한다"며 명과의 관계에 성의를 다하면서 한편으로는 전국의 군사력을 점검하라는 지시를 내렸다. 이에 정도전은 개국 5년 차를 넘기면서 나라의 기틀이 잡혀가자 군사훈련을 강화하고 사병을 혁파하는 등 더욱 적극적으로 군제 개혁에 나서게 된다.

이처럼 요동 공벌을 놓고 벌어진 조선과 명과의 외교 관계는 단순히 요동 지역에 대한 물리적인 충돌의 가능성의 문제가 아니라, 주원장의 변덕스러우면서도 노련한 외교 전략으로 조선을 길들이기 위해 압박해오는 과정에서 발생한 문제였다. 따라서 정도전의 요동 공벌에 대해서 좀 더 구체적으로 살펴볼 필요가 있다.

요동 공벌,
어디까지 사실인가?

정도전의 요동 공벌 계획은 '사실이다' 또는 '사실이 아니다'라는 견해로 나뉘어 다양한 논리들이 제시되고 있다. 먼저 '사실이다'라는 견해는 다음과 같이 요약할 수 있다.

첫째, 이방원이 정도전의 요동 공벌 계획을 왜곡했을 것이라는 점을 부정하지는 않지만, 옛 국토를 회복하려는 정도전의 의지에 주목하고 있다. 즉 정도전은 동아시아 지역에 생긴 힘의 공백 상태를 주시하던 중 양국 사이에 갈등의 골이 깊어지자 선제공격을 하기 위해 군제를 개편하고, 강도 높은 군사훈련을 실시했으며, 태조 6년(1397)에는 군수품 보급을 담당하는 유비고有備庫를 설치했다고 보고 있다.

둘째, 사대 외교를 했던 정도전이 명나라를 상대로 군사행동을 시도한다는 것은 모순이라는 지적에 대해 사대와 요동 공벌은 양립할 수 있으며, 국가의 안녕을 위한 사대와 자주를 위한 노력은 별개라는 점에서 '고토古土 수복은 사대 외교와 모순되지 않는다'는 견해도 있다.

특히 여말선초는 '단군에 대한 붐'이 일어날 정도로 고대사에 대한 관심이 비상한 시기였다. 따라서 역사 정통성 회복으로 민족적 자부심을 조선인의 역사의식에 심어놓기 위해 요동 지역의 고토 회복이라는 공감대가 형성되었을 가능성도 충분하다고 보고 있다.

셋째, 요동 공략과 관련한 군사적 경험이 있었다는 점도 주목하고 있다. 즉 공민왕 때 동녕부를 공략해 성공한 경험이 있고, 특히 우왕 대에는 비록 위화도에서 군사를 돌리기는 했지만, 요동 공략 준비 과정에 이성계가 직접 참여하기도 했다. 그리고 위화도회군은 요동을 포기했기 때문에 취해진 조치가 아니라 당시 명나라의 의심을 푸는 것이 우선적인 과제였고, 요동을 공격할 경우 이성계가 요동에 머물 가능성이 컸기 때문에 국내의 복잡한 정국을 생각하면 시기가 맞지 않아 유보했다는 것이다.

반면 정도전이 군제 개혁에 본격적으로 나선 시기는 명나라에서 황제 자리를 놓고 내전이 벌어질 조짐이 있어 요동 지역에 신경을 쓸 여력이 없는 등, 대외적 상황을 잘 활용하면 요동 공략이 가능하다고 판단했을 것으로 보고 있다.

이외에도 기록에 따르면 남은이 주로 요동 공벌을 거론했다는 사실에 주목하여 '개국 과정에서도 가장 급진적인 활동을 보여준 남은이 중심이 되어 요동 공벌을 준비했다'는 견해도 있다.

남은은 말 한 필과 노비 한 명도 두지 못할 정도로 가난했고, 우왕 11년(1385) 삼척에서 왜구를 격퇴한 공로로 사복정司僕正에 오르기까지 10년이 넘는 기간 동안 외직 근무를 하는 등 관직 생활이 순탄하지 못했다. 이후 조인옥의 천거로 이성계를 만나게 되었고, 위화도에서 회군을 주장했다. 그리고 이성계를 수행하여 위화도회군에 참여하여 제일 먼저 이성계를 왕으로 추대하자고 제안하는 등 가장 급진적인 인물이었다.

남은은 조선이 개국한 후 39세의 젊은 나이에 일등 공신에 올랐고, 경상도 지역에 침입한 왜구를 물리치는 등 문인이면서 무인으로도 활동했다. 또한 그는 정도전을 가장 잘 이해했고, 끝까지 정도전과 뜻을 함께하다 "왕자를 없애고 권력을 잡으려고 했다"는 죄로 처형되었다. 그럼에도 『태조실록』에는 "(남은은) 천성이 호탕하였으며, 대인관계가 원만하고 의리가 있어 비판받는 일이 거의 없었다"고 평가했다.

그는 1차 왕자의 난이 일어났을 때 도망쳐서 성 밖의 포막(鋪幕, 파수 보는 집)으로 몸을 피해 살아남았다. 그러나 자신의 무고를 밝히기 위해 스스로 출두하려 하자 수하인 최운崔沄과 하경河景 등이 말렸다고 한다. 이에 남은은 "정도전은 남에게 미움을 받았던 까닭으로 참형을 당했지만, 나는 미워하는 사람이 없다"는 말을 남기고 순군옥에 갔다가 처형되었다는 일화가 전한다.

태종은 1차 왕자의 난 후 새롭게 개국공신을 정할 때 정도전은 명단에서 삭제했으나 남은은 공신록에 그대로 두고 좌의정으로 추승했다. 그리고 태종이 상왕으로 물러나 있던 세종 3년(1421) 개국 과정에서 공을 세운 남은과 이제의 공을 칭찬하며 태조의 능에 배향하는 등 각별하게 배려했다.

이처럼 조선의 개국 과정에서부터 적극적으로 활동했던 남은이라면 요동 공벌을 추진했을 가능성도 충분했다. 다만 국가의 중대사를 남은이 단독으로 추진하는 것은 무리라는 점에서 정도전과 역할 분담이 이루어졌을 것으로 추론해볼 수 있다.

요동 공벌은 사실이 아니다?

정도전의 요동 공벌 계획이 '사실이 아니다'라는 주장의 근거를 요약하면 다음과 같다.

첫째, 정도전이 군사훈련을 실시한 시기와 표전 문제가 발생한 시기에 차이가 있다는 것이다. 요동 공벌과 관련해서 표전 문제가 처음 발생한 시기는 태조 5년(1396) 2월이었고, 정도전이 「진도」를 간행한 시기는 태조 4년(1395) 4월이었다. 그리고 요동 공벌과 관련된 최초의 기록은 태조 6년(1397) 6월이었다. 따라서 주원장이 시비를 걸기 약 1년 전부터 정도전은 이미 진법서를 저술하고 군사훈련을 실시하고 있었다. 요동 공벌과 관련한 2차와 3차 기사는 그로부터 2년 후에야 보인다. 따라서 정도전이 정적들에 의해 "주원장의 압박으로 정도전이 군사훈련을 실시하고 요동 공벌을 계획했다"는 주장은 시간이 맞지 않다.

둘째, 다음과 같은 『태조실록』의 기록도 주목된다.

> 정도전이 일찍이 『오진도五陣圖』와 『수수도蒐狩圖』를 만들어 태조에게 바치니 임금이 좋게 여기어 명하여 훈도관訓導官을 두어 가르치고, 각 절제사와 군관, 서반의 각품 성중애마(成衆愛馬, 고려와 조선 시대에 궁궐의 숙위나 임금의 시종을 맡아 보던 벼슬아치)로 하여금 「진도」를 강습하고, 또 잘 아는 사람을 각도에 나누어 보내어 가르치게 하였다. ……정도전·남은·심효생 등이 군사를 일으켜 국경 밖으로 나가기를 꾀하여 왕께 의논을 드리고 좌정승 조준의 집에 가서 이를 알렸다. 조준이 병을 앓고 있다가 즉시 가마를 타고 대궐에 나아가 극력 불가함을 아뢰었다. "본국(조선)은 옛날부터 사대의 예를 잃지 않았고, 또 새로 개국한 나라로서 경솔히 명분 없는 군사를 출동시키는 것은 심히 불가합니다. 이해관계로 말하더라도 천조天朝가 당당하여 도모할 만한 틈이 없으니, 신은 거사하여야 성공하지 못하고 뜻밖에 변이 생길까 염려되옵니다." 태조는 이를 듣고 기뻐하였다. 이를 두고 남은이 분연히 말하기를 "두 정승은 몇 말 몇 되를 출납하는 데는 가능하지마는 큰일은 더불어 도모할 수

없다" 하였다. 이것으로 말미암아 남은 등이 조준과 틈이 생겨 뒤에 남은이 조준을 임금에게 모함하니, 임금이 노하여 질책하였다.

이처럼 표전 문제가 발생한 지 1년 반도 되지 않아 요동 공벌을 거론하고 있지만, 이 무렵에 명나라와 전쟁을 치를 정도로 군대가 양적·질적으로 정비되었는지는 의문이다. 고려 말 명나라에서 철령위 설치를 통보했을 때 '4만의 군사로는 대국에 맞서는 것이 불가능하다'는 이유로 회군한 지 10년도 지나지 않았기 때문이다.

더구나 요동 공벌은 국가의 운명이 달린 중대한 사안이었다. 당시 명나라가 요동 지역에 주력군을 주둔시킬 수 없는 형편이었다고 해도 전쟁이 벌어지면 산발적인 충돌이 아니라 조선으로서는 대규모 군사를 동원하는 총력전일 가능성이 컸다. 따라서 정도전이 갓 출범한 조선을 위기에 빠뜨릴 수도 있는 요동 공벌을 추진했을 가능성은 희박하다고 보고 있다.

특히 정도전은 뛰어난 군사 전략과 냉철한 판단력을 겸비하고 있었다. 그가 저술한 진법서에도 전투에 임할 때와 물러날 때, 전쟁에서 승패와 관련한 조건들을 제시해놓았는데, 요동 공벌은 하지 말아야 할 조건들이 훨씬 더 많았다. 대표적인 예로 사병 혁파 등 군제 개혁에 불만을 품은 자들이 즐비한 상황에서 소수의 사람이 비밀리에 요동 공벌을 추진하여 성공시킬 수 있다고 판단했을 가능성은 희박하다.

셋째, 명나라의 정국도 주목된다. 조선 정조 때 왕명으로 407명의 조선시대 명신名臣의 약전略傳을 기록한 『명신록』에 따르면 태조 2년(1393) 7월 주원장은 요동에 사람을 보내 금주·복주·해주·개주의 관방을 증설

할 것과, 성벽을 수리해 거점을 마련하고 기병을 보내 압록강변을 순시하라고 명하면서 요동 지휘사에게 조선 사신의 입국을 금지하고 방어에 만전을 기하라고 명했다. 뿐만 아니라 당시 명나라는 10년 전보다 더 강성해져 있었고, 후에 명의 3대 황제 영락제로 즉위한 실력자 연왕燕王이 당시 요동 뒤에서 굳건하게 버티고 있었다.

네 번째는 정도전에게 사대와 요동 공벌은 양립할 수 없다는 견해가 있다. 특히 정도전의 정치 사상에 가장 큰 영향을 미쳤던 맹자는 "하·은·주 삼대三代의 이상理想인 소중화小中華는 영토 확장으로 이루어지는 것이 아니다"라고 했다. 그리고 당시 정도전의 압송을 반대했던 대신들 모두 요동 공벌을 지지한 것은 아니었지만, 요동 공벌과 사대가 양립할 수 있다고 본 사람은 아무도 없었다. '사태의 추이를 지켜보며 대응하자'고 제안했던 변중량 역시 사대의 틀 안에서 임기응변으로 대응하자는 의견이지, 명에 대항하자는 의견은 아니었다.

일관성이 보이지 않는 기록들…

요동 공벌과 관련해서 전하는 기록들도 일관성이 부족하다.

첫 번째로, 앞에서 살펴보았듯이 실록에 따르면 군사훈련을 주도한 정도전·남은·심효생 등이 요동 공벌 준비에 힘쓰자 태조가 기뻐했다고 하며, 조준의 요동 공벌 반대 의견을 듣고 태조가 기뻐했다는 기록도 보인다. 태조가 이중 인격자가 아니라면 납득하기 어려운 부분이다.

두 번째로, 요동 공벌이 중차대한 사안임에도 조정에서 공식적으로 논의했다는 기록이 보이지 않는다. 실록에는 태조·심효생·남은·조준·김사형 등이 요동 공벌을 거론하고 있지만 모두 개인적인 의견이었고, '정도전의 요동 공벌'에 대해서는 조준이 사망한 후 기록된 졸기卒記에 처음 등장한다. 그리고 요동 공벌 문제로 정도전과 조준의 사이가 벌어졌다는 기사에 조준이 반대한 이유는 구체적으로 기록하고 있지만, 당사자인 정도전의 의견에 대해서는 설명이 없다.

또한 남은의 경우 실록의 전반부에는 그가 군사훈련에 적극적이지 않다는 이유로 대사헌의 비판을 받았는데, 후반부에서는 요동 공벌의 주동자로 거명되었을 뿐 그 이유 등 구체적인 설명이 없다.

세 번째는 정도전이 남긴 저술 어디에도 요동 공벌에 대한 내용이 보이지 않는다. 심지어 정도전은 민족의 자주성과 관련해서 고토의 회복이 자신의 원대한 이상이라고 언급하거나 암시조차 한 바 없다.

네 번째는 두 차례의 왕자의 난과 관련해서 조준이 보인 태도와 그 이후의 역할에 대한 기록도 주목된다. 조준은 왕자의 난이 일어났을 때 최고위직에 있었고, 두 번 모두 이방원 편에 적극적으로 가담하지 않았다. 때문에 이방원의 측근들이 조준을 처벌해야 한다고 주장했지만, 이방원은 조준을 중용했다. 이후 조준은 왕자의 난이 일어나게 된 불가피성과 이방원 즉위에 대한 정통성을 옹호하는 역할을 하게 된다.

따라서 정도전의 요동 공벌과 관련한 조준의 발언 역시 모두 사실로 받아들이기에는 무리가 있을 듯하다. 태종이 즉위한 후 영화를 누린 조준은 변절자라는 비난에서 벗어나기 위해 정도전을 공박할 필요가 있었고, 이는 태종과 조준 사이에 정치적 이해가 일치하는 부분이었다.

다섯 번째는 정도전을 처형한 죄목과 현장의 기록을 모두 객관적인 사실로 보기에는 무리가 있지만, 이를 모두 인정한다고 해도 정도전을 처형한 이유에 '요동 공벌을 시도했다'는 죄목이 보이지 않는다.

요동 공벌은 계획만으로도 상국인 명나라에 모반을 꾀했다는 중죄에 해당했다. 따라서 추후에도 명과의 외교 관계에서 시빗거리가 될 수 있었고, 두 차례 왕자의 난을 치르고 왕위에 오른 태종의 입장에서는 명 황제의 허락을 받기 위한 중요한 사안이었다. 그럼에도 이와 관련한 언급이 전혀 없다는 것은 정도전의 사망으로 국내 정국에서 요동 공벌에 대한 이용 가치가 소멸되었다고 해석할 수 있다.

이처럼 '정도전의 요동 공벌론'의 실체를 밝힌다는 것은 어려운 문제이다. 긍정과 부정의 견해들이 나름의 논리와 근거가 있기는 하지만, 넘어야 할 난제가 여전히 존재하기 때문이다. 따라서 지나치게 상상에 의존하는 것도 문제이지만, 현재 전하는 자료만으로 당시 상황을 추론하는 것도 한계가 있는 것이 사실이다.

그럼에도 한정된 자료나마 행간의 의미를 읽으면서 신생국의 기틀을 잡아가는 과정에 여러 가지 변수들이 발생할 수 있다는 전제 아래 다음과 같은 추론이 가능하다.

정도전은 조선이 건국되기 이전부터 명나라에 대한 정보 수집에 관심을 기울였다. 이미 원나라와의 외교 경험을 통해 강대국과 인접한 나라는 외교 관계가 국내 정국에도 큰 영향을 미친다는 사실을 알고 있었기 때문이다. 명나라에서 이인임의 소환을 요구했을 때나 정도전이 주원장을 직접 만난 경험에서 인접국을 길들이려는 의도를 읽었을 것이다.

설령 주원장의 요구대로 응한다고 해도 주원장은 또 다른 이유를 내세워 지속적으로 조선을 괴롭힐 것이 분명했다. 이에 정도전은 주변의 강대국에 끌려다니지 않기 위해서 상대국의 정보 수집에 관심을 기울이는 한편, 주원장의 위협을 지렛대 삼아 군제 개혁에 적극적으로 나섰다. 그리고 혹시 이러한 과정에서 요동을 공략할 기회가 올지도 모른다고 기대할 만했다.

명나라는 원나라를 대륙에서 쫓아내고 세운 대국이지만, 신흥국인 데다 황제 자리를 놓고 내부에 정쟁 요인의 불안이 잠재해 있었다. 그리고 수도를 남경에 두고 있어 북쪽 지역의 요동까지 실제로 통제할 힘이 있었는지 불확실했고, 그 위에 북원北元도 있었다.

따라서 힘을 비축해둘수록 손해 볼 일은 없었지만, 아직 기대 수준에 머물러 있는 요동 공벌 문제를 공개적으로 거론할 단계가 아니었다. 다만 요동 공벌은 자주성 고취라는 명분을 내세워 민심을 하나로 묶을 수 있다는 점에서 실행 여부와 관계없이 내정 개혁에 유효한 카드였다. 그런 점에서 정도전은 남은 등을 비롯한 동료들이 요동 공벌을 거론하는 것까지 굳이 막을 필요는 없다고 판단했던 것이다. 그러나 정도전이 처형당함으로써 요동 공벌은 승자의 기록만 남게 되고, 그 동기와 과정에 숱한 의문을 뒤로한 채 실체는 사라지고 말았다.

정도전을 보내라!

사신들을 집요하게 시험하다

조선은 개국 초부터 사치를 금하는 등 사회질서 확립에 적극적인 관심을 기울였다. 이러한 조치는 명나라와 표전문 시비가 발생하자 자연스럽게 비상시국 체제로 이어졌다.

태조 2년(1393) 11월에 금주령이 내려졌고, 태조 3년(1394) 6월에는 도평의사사에서 과소비를 금지하는 계啓를 올렸다. 그리고 대신들은 특별히 부유층의 각성을 촉구하는 상소문을 올리기도 했다.

> 이제부터 여러 가지 비단과 금·은 장식품은 왕에게 올리는 옷과 물품이나 품계에 따른 관리의 허리띠 이외에는 2품 이하에서 일반 백성에 이르기까지 일절 쓰지 못하도록 할 것입니다. 관청과 개인의 집 그리

고 절간의 건물에 진한 채색을 쓰지 못하도록 할 것입니다. 승지 이상을 제외하고는 금이나 옥으로 만든 갓끈을 달지 못하도록 하며, 유밀과(油蜜果, 밀가루나 쌀가루 반죽을 적당한 모양으로 바짝 말린 후에 기름에 튀겨 꿀이나 조청을 바르고 튀밥이나 깨 등을 입힌 과자)와, 채색 실로 만든 꽃과 봉황새, 금이나 은으로 빛깔을 낸 화초 같은 것으로 장식하는 것은 명나라 사신을 위한 연회 이외에는 쓰지 못하도록 해야겠습니다.

조선은 또한 명나라를 설득하기 위해 지속적으로 사신을 보냈다. 그러나 주원장은 조선의 사신들을 끊임없이 시험하며 괴롭혔다. 태조 2년(1393)에 사신으로 명나라에 갔던 이염(李恬, ?~1403)이 황제를 알현할 때 똑바로 꿇어앉지 않고 머리를 구부렸다며 주원장이 그를 거의 죽을 지경까지 몽둥이로 때린 일도 있었다. 때문에 약을 지어 먹고 치료한 끝에 겨우 목숨을 건진 이염이 귀국길에 오르자 황제는 역마도 내주지 않고 조선 사신을 들이지 말라고 명해 걸어서 귀국할 수밖에 없었다고 한다. 이 소식이 조선에 전해지자 정도전은 동북면도안무사의 책임을 태조의 최측근이었던 이지란에게 넘기고 전국적인 군사 대비 태세를 주도했다.

태조 5년(1396) 2월에 새해 축하 사절로 명나라에 갔던 사신들이 억류되고 수행원들만 명나라 예부의 공문을 가지고 귀국했다. 예부의 공문에는 "인장과 책봉을 청하는 글 가운데 은나라를 패망시킨 주 임금에 대한 사실을 인용한 것이 무례하기 짝이 없다"며 "황제에게 바친 표문과 전문箋文에 문제가 있으니 작성자를 압송해야만 사신들을 돌려보내겠다"며 조선을 압박했다.

이에 태조 5년(1396) 7월에 권근이 '정도전 대신 표전문 작성에 참여했다'며 하륜과 함께 명에 가서 주원장이 문제 삼은 글귀의 의도를 해명하고 이해를 구하는 데 성공하고 돌아왔다. 당시 주원장은 권근에게 조선의 역사를 주제로 24수의 시를 써보라고 요구했다. 권근은 그 자리에서 조선의 강토와 역사 그리고 자신이 사행 중에 본 명나라의 궁궐과 풍경 등을 담아 24수의 시를 지어 바쳤다. 당시 권근은 금강산金剛山의 신비롭고 빼어난 경치를 묘사한 구절에 "바라노니 충성스러운 이 몸 이 마음을 만분의 일이라도 알아만 준다면……"이라든가 "백성과 은근하게 말 나누어보니, 황제의 은덕에 살아간다 말하네……" 등 주원장과 명나라의 건국을 칭송하는 내용이 있었다.

「시고개벽동이주始古開闢東夷主」라는 시제에서는 "단군이 단목가에 강림하시어 동쪽 나라 왕위에 오르시니, 그때가 제요帝堯의 시절, 대를 전해온 것 몇인지, 햇수는 천 년을 지났다 하네. 그 뒤에 기자箕子의 대에도 한 가지로 조선朝鮮이라 이름하였네"라고 조선의 역사를 말하며 중국 역사와 비유하기도 했다.

시를 받아본 주원장은 칭찬을 아끼지 않았고, 유사有司에게 명하여 주찬酒饌을 준비하게 하고 기악妓樂을 갖추어 사흘 동안 유람하게 하는 등 후하게 대접했다고 한다. 주원장의 시험에 합격한 것이다. 주원장은 그 답례로 "압록강 맑은 물로 경계를 이룬 오랜 나라에 나쁜 무리 없어지고 좋은 세상 이룩했네"라며 「압록강」이라는 시와 「요동을 지나는 사람들」 그리고 자신이 가보지도 못한 개경을 노래한 「고려의 옛 수도」 등 세 편의 시를 지어 하사했다. 이제까지 조선의 사신을 대했던 주원장의 평소 태도와 사뭇 다른 분위기가 느껴진다.

'왕자를 보내라'고 요구하다

태조 3년(1394) 6월 주원장은 태조에게 "맏아들이나 둘째 아들이 도적들을 직접 압송해 가라"고 요구했다. 이에 태조는 고심 끝에 이방원을 선택하게 된다. 이와 관련해 『태조실록』에 당시의 상황을 이렇게 전한다.

> 전하(이방원)는 대답하기를 "종묘사직과 관련되는 큰일인데 신이 어떻게 마다하겠습니까?"라고 하였다. 태조가 눈물을 흘리면서 말하기를 "네가 허약한 몸으로 만 리 길에 탈이나 나지 않겠는가"라고 하였다. 조정의 관리들이 모두 전하(이방원)를 위하여 위험하게 여겼다. 남재가 말하기를 "정안군(이방원)은 만 리 길을 떠나고 있다. 우리들이 어떻게 여기서 편안히 누워서 지내겠는가?"라며 자기도 가겠노라고 자청하였다.

이방원이 사신으로 떠나던 날에 28명의 원로대신이 전송 모임을 가졌다. 이날 정도전도 참석하여 「송시서送詩序」를 지었다.

> 정안군은 천성이 총명하고 학문이 숙성하여 부왕의 명령을 받들고 천자의 조정에 조회하러 가니 황궁 뜰 지척에서 은은한 광채를 대하고 자상하고도 명백하게 아뢰어 우리 임금에게 내리는 명령을 받아 돌아오면, 집안에서는 효자가 되고 나라에는 충신이 되는 것이니 이는 정안군 스스로 기약하는 바이며 여러 대부도 역시 이것을 바라는 것이

다. 때가 여름철을 당하여 장맛비가 잇따르니 산을 넘고 물을 건너는 여행에 대한 고충을 누구나 생각하게 되는데, 정안군은 이런 것을 가슴에 조금도 염려하지 아니하니, 아! 어지신 분이로다.

당시 명나라와의 관계를 생각하면 왕자 신분으로 주원장을 만난다는 것은 상당한 부담이었다. 그러나 정치적으로 위축되었던 이방원에게는 기회였다. 정도전의 말대로 성공적으로 사신의 임무를 마치고 귀국하면 '집안에서는 효자가 되고, 나라에는 충신'이 될 수도 있었기 때문이다.

이방원은 태조 3년(1394) 11월 무사히 임무를 마치고 귀국했고, 『태조실록』에는 그의 사행을 다음과 같이 평했다.

전하(이방원)가 명나라 수도에 도착하자 황제가 두세 번 만나보았으며, 주고받는 말이 자세하고 똑똑했던 까닭에 잘 대우하여 돌려보냈다. ……명나라의 선비들이 전하를 보고 모두 '조선 세자'라고 부르면서 대단히 존경하였다.

주원장은 물론 명나라 선비들도 이방원을 우호적으로 대했고, 특히 그를 '조선의 세자'라고 했다는 기록은 상당히 주목된다. 그들이 조선에 세자가 따로 있다는 사실을 모를 리 없기 때문이다. 또한 이방원은 명의 수도인 금릉으로 바로 가지 않고 북경에 들러 연왕을 방문했다. 후에 서거정은 『필원잡기』에서 두 사람의 만남을 이렇게 기록하고 있다.

우리 태종이 경사(금릉)에 갔을 적에 문황제(영락제)가 연왕으로 있었는데, 태종이 찾아가 방문하자 문황제가 친히 대해 보고는 크게 기뻐하여 총애와 대우가 지극하였다. 태종이 귀국하자 조정 사대부들이 "천하가 크게 평정되겠습니까?" 하고 묻자 태종이 답하기를 "내가 연왕을 보니 하늘의 태양 같은 의표와 용봉龍鳳의 자품이며 넓고 큰 도량이니, 번왕藩王으로 오래 있을 사람이 아니더라. 천하가 안정될지는 알 수 없다"고 하였다. 그때는 고황제(주원장)가 정무를 사퇴하고 그의 손자인 건문제(혜제)가 태자로 정무를 보고 있을 때였다. 그리고 얼마 안 되어 연왕이 황제의 자리에 오르게 된다. 이에 사람들이 모두 태종의 선견지명에 탄복하였다. 문황제가 천자의 위에 오른 뒤에 우리 태종을 특별히 생각하고 매양 우리나라 사람을 보고 말하기를, "내가 일찍이 너희 나라 임금을 보니 참으로 하늘이 낸 인물이더라"라고 하였다.

이처럼 조선에서도 명나라에서 차기 황제 자리를 놓고 정변이 일어날 수도 있다는 사실을 이미 예상하고 있었다. 따라서 이방원이 연왕을 방문한 것은 앞으로 권력의 향배를 고려한 정치적 계산이 깔려 있었다. 실제로 정도전이 사망한 다음 해(1399)에 명나라에서는 주원장의 손자인 2대 황제 혜제와 주원장의 넷째 아들이자 혜제의 숙부인 연왕 사이에 내전이 일어나 3년 동안 조정을 마비될 정도로 정국이 극심한 혼란에 빠졌다. 그리고 마침내 연왕이 혜제를 죽이고 영락제로 즉위한다.

묘하게도 이 무렵 두 차례의 왕자의 난을 치르고 1400년에 이방원이 왕위에 올랐다. 따라서 이방원의 명나라행은 '사람과 말을 고르는 눈이 누구보다 뛰어나다'고 자부한 그의 선견지명先見之明을 보여주기도 한다. 그러나 이는 몇 년 후의 일이고, 이방원이 귀국하기도 전에 그를 긴장시키는 일이 발생하는 등 국내 분위기는 이방원에게 유리하지만은 않았다.

태조는 정도전에게 더욱 의지하고…

이방원이 귀국하기 전인 태조 3년(1394) 10월 이조전서 심효생(沈孝生, 1349~1398)의 딸이 세자빈으로 간택되었다. 세자의 장인은 장차 왕의 장인으로 왕실의 외척을 대표하는 자리였고, 특히 조선 최초의 왕실 외척이라는 점에서 의미가 남달랐다. 그리고 외척이 지원에 나서면 세자의 위상이 더욱 강화될 수 있다는 정치적 의미도 있었다. 더구나 심효생은 정도전과 뜻을 함께하는 절친한 동지였다. 때문에 이방원으로서는 정도전이 자신의 측근을 세자의 장인 자리에 앉힘으로써 후계 구도를 공고히 하고 장차 국왕과 정치적 공동체를 형성하려는 의도로 받아들일 수밖에 없었다.

이방원이 귀국하기 보름 전인 같은 해 11월에 또 다른 사건이 발생했다. 전중시 변중량이 "정도전 등에게 병권과 권력이 지나치게 집중되어 있다"고 불만을 토로하면서 이회(李薈, 생몰 미상)와 함께 정권과 병권의 분립을 주장하는 상소를 올렸다가 삭탈관직 당하고 변중량은 영해로, 이회는 순천으로 유배되었다.

이 무렵 태조는 정도전에게 더욱 의지하는 듯했다. 태조의 나이가 이미 환갑을 넘었고, 건국 3년 차를 넘기면서 국가의 기틀이 잡혀가자 안도감과 함께 피로감을 느끼는 듯했다. 평생을 전장에서 살아온 그로서는 새로운 국가를 세우는 과정에서 고충이 심했을 것이다. 때문인지 태조는 정도전 등 혁명을 함께했던 공신들과 술자리를 자주 가졌고, 이 자리에서 옛일을 생각하며 눈물을 흘리면서 시를 읊기도 했다. 그리고 "정도전이 아니면 여기까지 올 수 있었겠는가?"라며 정도전에게 공을 돌리기도 했다.

태조 5년(1396) 9월 신덕왕후까지 세상을 떠났다. 태조는 몹시 애통해하며 도성 안에 조선 최초의 왕릉을 조성하고 공신을 파견하여 3년 동안 그녀의 능을 지키게 했다. 그리고 능 옆에 작은 암자를 지어 매일 아침과 저녁에 향차를 바쳤고, 1년 만에 흥천사興天寺를 지어 그녀의 명복을 비는 등 정성을 다했다. 특히 170여 칸에 이르는 대규모의 흥천사는 '하늘을 일으켰다'는 의미를 담아 조선의 개국 과정에서 신덕왕후가 세운 공을 기릴 정도로 각별하게 예우했다.

흥천사가 완공되자 태조는 그녀의 능과 절을 둘러보는 일을 일상으로 삼았고, 세자 등 신덕왕후와의 사이에서 태어난 자식들과 함께 저녁 시간을 보내다 그녀의 능에 재를 올리는 절의 종소리를 듣고 나서야 잠자리에 들었다. 태조는 식사를 할 때도 신덕왕후의 명복을 비는 불경 소리를 듣고 난 후에야 비로소 수저를 들었다.

이러한 태조의 행동은 단순히 감성적인 것만은 아니었다. 태조가 사망한 뒤 '선왕이 죽은 왕비를 극진하게 예우했다'는 사례를 남겨 자신의 뒤를 이어 왕위에 오르게 될 세자의 위상이 흔들리지 않도록 의식한 것이었다. 그러나 이러한 분위기는 권력에서 소외된 공신 등 대신들을 자극했고, 여기에 조선을 길들이기 위한 외교전을 멈추지 않았던 주원장도 국내 정국에 영향을 미쳤다.

정도전을 보내라!

표문은 성균관 대사성 정탁과 정총이 짓고, 전문은 김약항이 수찬했으며, 권근과 노인도가 교정을 보고, 최종적으로 정도전이 검토한 것으로 알려졌으나 자세한 내용은 알 수 없다. 따라서 신하들이 올린 문서의 내용을 문제 삼아 처형했던 '문자의 옥'을 통한 공포정치로 내치에 성공한 주원장이 외교에서도 이러한 방식을 활용하려는 의도가 엿보이기도 한다.

주원장의 요구를 무시할 수 없었던 조선은 당시 중풍으로 걷기조차 힘들었던 정탁은 보내지 못하고 김약항만 보냈다. 하지만 주원장은 같은 해 6월 정도전과 정탁을 지목하여 입조를 요구하는 공문을 다시 보냈고, 조정에서는 다음 달에 권근·정탁·노인도를 추가로 보내면서 한성부윤 하륜을 계품사計稟使로 동행시켰다. 계품사는 중국 황제에게 '특별히 헤아려서 잘 조처하여 달라'고 청원할 일이 있을 때 보내는 사신으로, 조선이 정성을 다하고 있다는 의미가 있었다. 그리고 정도전과 노인도의 공술供述을 조서 형식으로 작성하여 동봉했다. 그 내용은 다음과 같다.

> (정)도전은 나이 55세로 판삼사사의 직무를 맡고 있으며, 현재는 배가 부어오르는 병과 각기병을 앓고 있습니다. 또 도전은 대사성 정탁이 지은 홍무 29년 새해를 축하하는 표문 초고에 대하여 애초에 손을 대어 고치고 빼거나 하는 교정한 일이 없었다고 합니다. ……이 공술을 들은 다음 노인도를 데려다가 신문하였습니다. ……그는 정확히 홍무 28년(1395) 윤 9월 14일에 대사성 정탁이 지은 홍무 29년(1396) 새해를

축하하는 표문 초고를 가지고 그 당시의 제주인 삼사판사 정도전한테 교정하여 달라고 청하러 갔다고 합니다. 그러나 도전이 종묘를 옮기고 제사를 지내는 등의 일로 인하여 표문을 고치고 빼거나 교정할 수 없었던 까닭에 할 수 없이 그 아래에 있는 제주들인 문하부판사 정총과 예문관제학 권근한테 가서 교정을 받았다고 합니다.

태조는 며칠 뒤 정도전이 맡고 있던 판삼사사 자리에 설장수를 임명했다. 정도전은 봉화백에 봉해졌고, 다음 해(1397) 초에는 국경 지역의 국방 태세를 점검하기 위해 여러 달 동안 도성을 비우게 된다. 따라서 정도전이 '건강이 좋지 않아 명나라에 가기 힘들다'는 말에 의문을 가질 만하다. 여전히 직접 진법 훈련에 나섰고, 오랜 기간 동안 환경이 열악한 변방 지역을 여행할 정도였다면 건강에 심각한 문제가 있지는 않았던 것으로 보이기 때문이다.

또한 태조는 명나라에 억류된 사신들의 집에 쌀과 콩을 보내고 그들을 군君으로 봉했다. 황제가 죄인 취급하는 대신들에게 상을 내리고 작위를 준 것이다. 그리고 '민생의 피폐가 우려되니 도성 공사를 연기하자'는 건의를 무시하고 공사를 독려했다. 마치 대신들의 사기를 진작하고 내부의 결속을 다지기 위한 일련의 조치를 취하면서 만일의 사태에 대비하는 듯했다.

태조 6년(1397) 3월, 사신으로 갔던 권근이 주원장의 글을 받아 귀국했다. 여기에는 다음과 같은 내용이 담겨 있었다.

지금 두 나라 사이에 선비란 것들이 줄곧 희롱질을 하고 있으며, 정직하지 못한 짓을 한다. 작은 나라로서 큰 나라를 섬기자면 매사에 정성스러워야 하고 정직해야 할 것이다. 태양은 어디서 뜨고 어디로 지는가. 세상에는 단지 한 개의 태양만이 있을 뿐이다. 태양은 결코 업신여길 수 없다.

주원장은 '조선이 정직하지 못한 짓을 하고 있다'고 힐책하면서 '선비라는 것들'이라는 거친 발언도 서슴지 않았다. 그리고 불과 한 달도 되지 않아 또 다른 공문이 도착했다. 여기에는 더 구체적인 내용이 담겨 있었다.

조선 국왕 이성계가 등용하고 있는 문인 정도전이란 자는 임금을 돕는다고 하면서 무엇을 했는가. 임금이 깨닫지 않는다면 이 사람은 반드시 재난을 가져오는 장본인이 될 것이다. 이제 정총·노인도·김약항이 조선에 있었다면 반드시 정도전의 팔다리가 되었을 것이다. 그들 각자의 공술에 의해 이미 제 몸에 재난이 미치게 되었다. 임금은 이런 줄을 알아두라. 만약 정밀하게 살피지 않다가는 앞날에도 남의 장단에 춤추다가 나라가 재난을 당하게 될 것이다.

주원장이 말했던 '선비라는 것들'은 바로 정도전과 그 일당이었고, '조선에 있었다면 반드시 정도전의 팔다리가 되었을 정총·노인도·김약항은 죄를 받아 마땅하다'며 그들이 억류된 이유를 밝히고 있다. 주원장은 자신의 요구에도 정도전을 보내지 않고, 정총 등이 사신으로 와서 정도전을 옹호하자 불쾌했던 것이다. 그런 주원장에게 또 다른 시빗거리가 생겼다.

주원장은 자신의 시험에 합격한 권근에게 '정총·노인도·김약항을 함께 돌려보내겠다'고 약속했다. 그런데 황제에게 작별 인사를 하기 위해 주원장을 알현할 때 권근은 황제가 선물한 옷을 입고 나왔으나 나머지 세 사람은 신덕왕후의 죽음을 애도하는 상복을 입고 나타났다. 이에 주원장은 황제의 호의를 무시했다는 이유로 세 사람을 억류했고, 결국 권근만 귀국하게 된다. 그리고 8개월 후인 태조 6년(1397) 11월 세 사람의 사망 소식이 조선에 전해졌다.

조선과 명나라 사이에 정보전이 벌어지다

산전수전山戰水戰을 모두 겪으며 중원을 정복한 주원장의 성공기는 중국 역사에도 유례를 찾아보기 힘들다. 주원장은 황제로 즉위한 후에 특수부대인 금의위錦衣衛를 활용해 국내는 물론 주변국들의 정보를 수집했다.

주원장이 조선에 수십 명의 내시를 보내라고 요구한 적이 있었다. 그리고 내시들에게 명나라의 상황을 상세하게 이해할 수 있도록 언어와 풍습을 익히게 했다. 그들을 통해 조선에 대한 정보를 얻고, 명나라의 위세를 보여줌으로써 경거망동하지 말라고 경고하려 했던 것이다. 태조 7년(1398) 6월에 사신을 통해 환관 신귀생申貴生을 조선으로 돌려보낸다는 칙서를 보내면서, 신귀생에게 "본국에 돌아가거든 여기에 있을 때 귀로 듣고 눈으로 본 것은 무엇이든 모조리 너의 임금에게 말할 것이며, 과장하거나 숨기지 말라"고 말했다는 기록이 전한다.

신귀생은 영홍 사람으로 명나라에 조공으로 보냈던 내시 중 한 명이었다. 이후 명나라에 갔던 내시들이 조선으로 다시 돌아왔지만 신귀생은 나이가 어리다는 이유로 명나라에 남게 되었고, 주원장에게 '총명하고 민첩하다'는 평을 받을 정도로 신임을 받았다.

당시 태조는 반송정에서 '신귀생을 돌려보낸다'는 황제의 칙서를 예를 갖추어 받은 다음 왕을 대신해서 우인열과 유운 등이 신귀생을 맞았다. 이때 신귀생이 '기뻐하지 않고 술도 마시지 않아 신료들이 그를 미워했다'고 한다.

신귀생은 조선에 들어와서도 중국말을 사용하면서 마치 중국 사람인 양 거만하게 행동했고, 태조가 신귀생을 위해 연회를 개최한 자리에서 술에 취해 칼을 빼려고 하는 것을 내시 조순曹恂이 말린 일도 있었다. 이 때의 일로 정도전과 좌의정 조준, 우의정 김사형 등이 남은의 집에서 조순을 접대하고 말 한 필을 선물로 주었다고 한다.

주원장은 조선의 사신들이 명나라에 올 때 육로陸路나 해로海路를 선택한 이유까지 꼼꼼하게 따졌다. 한번은 사신들이 명나라에 오는 데 넉 달이나 걸렸다며 '중간에 정탐 행위를 했다'고 추궁하면서 "예전에 사신이 한족의 언어를 몰라 정탐 행위가 불가능하다고 말하기에 그자의 손발을 묶어 물속에 던져버렸더니 한족 말로 살려달라고 소리쳤다"며 사신들을 협박하기도 했다.

이처럼 주원장은 정보 유출에 대단히 민감하게 반응했지만, 실제로는 고려와 조선에서의 정보 수집에 신경을 썼던 것으로 보인다.

공양왕 원년(1389) 9월 권근은 명나라에 사행하고 귀국할 때까지 3개월간 보고 들은 것들을 기록하여 『봉사록奉使錄』이라는 책을 펴냈다. 여기에는 중국의 역사·문화·지리·언어의 특징 등과 함께 명나라의 정세와 군사 배치 상황, 요동 방어 체계, 북방 민족의 동향 그리고 중국 현지에서 만난 인물들과의 교류 내용과 학문의 조류 등 다양한 정보가 수록되어 있다.

태조 2년(1393) 3월에 최영지(崔永沚, 1331~1403)가 명나라에 사신으로 가던 중 안주安州에서 사신으로 갔다가 돌아오던 정도전과 마주쳤다. 정도전은 "내가 도성으로 돌아가 전하를 뵙게 되면 반드시 공을 불러 돌아오게 할 것이니, 마땅히 잠깐 머물러 있으시오"라며 최영지의 사행을 중지시키고 도성으로 돌아가 아뢰기를 "(최)영지는 오랫동안 서북면에서 군사를 거느리고 있어 중국에도 명성이 알려졌으니, 마땅히 경솔하게 보낼 수 없습니다"라며 사신의 교체를 건의했다. 이때 이염이 최영지를 대신해서 사신으로 가게 된다. 중국에도 알려진 무인武人을 사신으로 보낼 경우 주원장의 의심을 살 수도 있고, 조선의 군사 정보가 누설될 것을 우려했던 것이다.

태조 4년(1395)에는 내시 다섯 명을 보냈는데, 그들 중 한 명의 상투에서 버들가지가 발각되었다. 버들가지 속에는 이상한 글자가 쓰인 종이가 돌돌 말려 있었고, 옷깃 속에 여러 통의 편지를 넣고 꿰맨 것이 드러나자 재빨리 우물로 뛰어들어 목숨을 끊었다고 한다.

태조 6년(1397) 4월 사헌부에서 명나라에 동료들이 억류된 가운데 자신만 돌아온 권근을 포함해 정보를 유출했다고 의심되는 설장수와 양천식 등을 탄핵하는 상소가 올라왔다. 태조는 권근의 공을 인정해 탄핵을 받아들이지 않았지만, 5개월 후 통사(진마 사신進馬使臣) 양첨식楊添植이 "명나라 사신 양첩목아楊帖木兒와 우우牛牛 등과 남몰래 쑥덕이면서 정도전을 데리고 (명으로) 돌아가도록 추동했으며, 조순에게 비단과 노비를 뇌물로 상납해 죄를 면하려고 하였다"는 이유로 탄핵되었다. 본인은 이를 극구 부인했지만, 태조는 관직을 빼앗고 섬으로 유배를 보냈다.

우우는 명나라 사신으로 조선에 와서 조정 대신들을 거만하게 대했으나 유독 이방원에게는 집으로 찾아가 예를 차린 인물이었다. 그런데 실록에는 당시 사헌부 상소의 배후가 정도전이었다고 기록하고 있다. 권근이 사신의 임무를 무사히 마치고 귀국하여 공을 세우자 정도전이 이를 시기했다는 것이다. 그러나 당시 권력에서 소외되고 있던 일부 개국공신의 비개국공신인 권근에 대한 견제라는 혐의가 더 짙었고, 한편으로는 주원장의 책략이 효과가 있었다는 해석도 가능하다.

이방원은 물론 그와 가까웠던 권근과 하륜은 예외에 해당할 정도로 주원장의 환대를 받고 무사히 귀국했고, 주원장이 정도전의 당여로 지목한 사신들은 억류되어 결국 죽고 말았기 때문이다. 즉 주원장이 조선의 사정에 대해서 구체적으로 알고 있을 정도로 조선을 예의주시했고, 조정에 밀고자가 있다는 의심을 사기에 충분했다. 이러한 의심은 정쟁으로 확대될 조짐을 안고 있었고, 주원장이 바라는 바이기도 했다.

그렇다면 주원장이 이방원 등은 환대했지만, 정도전을 주목하여 집요하게 물고 늘어진 이유는 무엇일까?

주원장은 왜
정도전을 주목했나?

주원장은 왜
정도전을 주목했나?

고려 말기에 각 정파는 국내 정국에서 유리한 입지를 확보하기 위해 주원장의 지원을 이끌어내려고 노력했다. 주원장 역시 이러한 상황을 적절하게 활용하며 고려를 자신의 손안에 두려고 했다.

역사적 경험에 따르면 건국 과정은 갈등과 대립 그리고 이로 인한 물리적 충돌이 일어나 비록 승자라 하더라도 적지 않은 대가를 치르는 것이 일반적이었다. 건국에 성공한 후에도 정통성을 인정받고 민심의 지지를 받기 위해 각별한 노력이 이어져야 했다.

명나라를 세운 주원장 역시 이러한 경험을 했다. 그러나 조선은 극심한 저항이나 물리적 충돌 없이 건국되었고, 불과 3~4년 만에 국가의 기틀이 잡혀가고 있었다. 특히 무력을 사용하기보다는 문인이 중심이 되어 이념과 방법을 놓고 대립하는 양상을 보였고, 전권을 쥐고 건국의 기틀을 마련하고 있었던 정도전이 그 중심에 있었다. 주원장은 이미 고려 말기에 정도전을 만난 적이 있었다.

두 사람의 첫 만남은 고려의 신흥사대부가 열세에 처했을 때 이루어졌고, 두 번째 만남은 '윤이·이초 사건'을 해명하기 위해 정도전이 명나라에 갔을 때였다. 그리고 몇 년이 지나지 않아 조선의 건국을 알리기 위해 새 왕조의 대표 자격으로 명나라에 갔을 때 세 번째 만남이 이루어졌다. 정도전은 세 차례 모두 민감한 정치적 사안을 가지고 명나라에 가서 주원장을 만났던 것이다.

당시 정도전을 만나본 주원장의 느낌이 어떠했는지는 기록이 없어 알 수 없지만, 예사롭게 보아 넘기지 않았을 것으로 보인다. 태조 2년(1393) 봄, 사신의 임무를 마치고 명나라에서 귀국하는 정도전을 마중 나왔던 조인옥의 글도 간접적이나마 이러한 추론을 뒷받침해주고 있다.

> (……)이때 감사와 군수들은 먼발치에서 선생(정도전)을 바라보고 하풍下風에서 분주하였으니, 그 당당한 의기는 대장부가 당세에 뜻을 얻었다고 할 만하였다. 그러나 선생은 선비 시절과 다름없이 교만한 빛은 털끝만큼도 보이지 않았다. 선생은 도대체 부귀가 무엇인지를 알지 못하고 오직 선한 이름을 후세에 전하는 데 힘쓸 뿐이었다.

정도전의 풍채와 기백, 학문과 화술을 짐작할 수 있는 권근의 글도 전한다.

> 온후한 낯빛과 엄중한 용모는 쳐다보면 높은 산을 우러러보는 듯, 다가서면 봄바람 속에 앉은 듯하다. ……빛은 만 길이나 솟아오르고, 기는 무지개를 뱉어놓은 듯, 바야흐로 곤궁할 때도 그 뜻이 꺾이지 않고, 귀하게 되어서도 그 덕은 더욱 높기만 하도다. 이는 그 마음이 넓고 스스로 만족한 때문이니 정의正義를 집결集結하여 속을 채운 데서 오는 것이리라.

이처럼 조선의 관리들이 보아도 정도전은 당당했으며 범상한 인물이 아니었다. 따라서 황제의 자리에 오르기까지 수많은 사람을 겪었던 주원장이 이러한 분위기를 느끼지 못했을 리 없다.

또 다른 유기를 보다

주원장은 고려와 조선에서 보낸 많은 사신을 만났다. 여기에는 이색과 정몽주 등 중국에 알려진 인물들도 있었고, 조반과 설장수 등 외교 전문가나 권근과 하륜 등 정치적 감각이 뛰어난 인물들도 있었다. 주원장은 이들을 자신의 의도대로 통제할 수 있었다. 하지만 정도전은 이들과 달랐다. 그는 황제 앞에서 예를 다하면서도 논리정연했고, 당당함과 새 왕조의 건국에 대한 자부심을 지니고 있었다.

주원장은 권력을 좇는 자는 다양한 방법으로 제어할 수 있지만, 권력을 창출하는 자는 경솔하게 다룰 수 없다는 사실을 알고 있었다. 오히려 잘못했다가 세상의 웃음거리가 될 수도 있었기 때문이다. 주원장이 권근을 통해 보낸 글에서 "세상에 태양은 오직 하나다"라는 말에는 '중원을 평정하고 대국 명나라를 세운 자신만이 천하를 다스릴 자격이 있다'는 의미가 담겨 있었지만, 한편으로는 정도전을 의식한 발언이기도 했다.

이처럼 주원장이 정도전을 의식하게 된 또 다른 이유가 있었다.

주원장을 보좌했던 유기(劉基, 1311~1375)라는 인물이 있었다. 유기는 한족 출신으로 원나라에서 하급관리를 지냈다. 그러나 그는 원나라의 학정에 좌절하여 관직을 버리고 은거 생활을 하다가 주원장을 만나 창업을 돕게 된다. 그는 사상가이자 문장가였으며, 탁월한 병법서를 남긴 군사 전략가였고, 의학·농업·천문·지리 등 다방면에 걸쳐 능력을 발휘한 경세가였다.

또한 그는 유학의 이론에 근거해 "폭군이 나오면 반드시 성현이 출현하여 세상을 평정한다"는 논리를 내세워 도적 집단의 우두머리였던 주원장에게 원대한 꿈을 심어주었고, 직접 실행에 옮길 수 있도록 지원했다. 평소 사람 평가에 인색했던 주원장도 유기만큼은 "나의 장자방이다"라며 극찬할 정도였다.

이렇듯 유기는 정도전과 모든 면에서 유사한 점이 많았다. 두 사람이 만난 적이 있거나 서로의 존재를 알고 있었는지는 확인할 수 없지만, 주원장은 두 사람을 모두 알고 있었다. 따라서 주원장은 정도전을 주변국의 일개 신하로 볼 수 없었던 것이다. 더구나 유기는 이미 세상을 떠났고, 정도전은 자신의 손이 미치지 않는 거리에 있었다.

또한 건국 과정에서 주원장은 정도전과 분명하게 다른 점도 있었다. 정도전은 새로운 권력을 창조하는 과정에서 모순되는 질서를 만들어놓지 않았다. 반면 주원장은 건국 과정에서 도처에 장애와 모순을 심어놓았고, 그의 통치 방식에 적지 않은 영향을 미쳤다.

대표적인 예로 관리들을 상대로 공포정치를 실시하여 그의 재위 기간 동안 수만 명을 권력의 희생양으로 삼았다. 뿐만 아니라 명나라는 유교를 통치의 기반으로 삼았지만, 승려 출신이었던 주원장은 승려들을 후하게 대했다. 황제에 즉위한 지 얼마 안 되어 천하의 유명한 승려들을 초청하여 법회를 열어 며칠 동안 경을 읽고 불법佛法을 논하게 했으며, 대신들을 거느리고 직접 법회에 참석했다. 그리고 벼슬을 원하는 승려가 있으면 중책을 맡기기도 했다.

또한 권력에 민감했던 주원장은 정도전의 사표師表였던 『맹자』를 '혁명을 설파한다'며 금서禁書로 탄압했다.

암울한 먹구름 속에서도 지지 않는 빛으로…

2차 도성 축조 공사가 시작되던 태조 5년(1396) 8월 13일 신덕왕후가 사망했다. 『태조실록』에는 그녀가 사망하자 "임금(태조)이 통곡하고 슬퍼하여 조회에 열흘이나 나타나지 않았다"고 하며, 유교의 법도에 어긋나는 일임에도 사대문 안에 그녀의 능을 조성할 정도로 대단히 슬퍼했다.

그러나 신덕왕후의 죽음은 이방원에게 분명 기회였다. 자신의 둘째 아들을 세자로 책봉하는 데 결정적인 영향력을 행사하는 등 그녀의 존재는 이방원에게 적지 않은 정치적 부담을 주었기 때문이다. 그녀의 죽음 이후 외교에서도 변화의 조짐이 느껴지는 듯했다.

주원장은 권근이 귀국할 때 그녀의 죽음을 애도하며 태조를 위로하는 친서를 보냈다.

> 사신이 오는 편에 임금의 첫째 왕비인 강씨가 죽었다는 소식을 들었다. 아, 참으로 안되었구나. 임금은 으레 아침저녁으로 그리움을 못 이겨 할 것이다. 왜 안 그렇겠는가. ……첫째 왕비인 강씨의 혼령이 있어서 멀리 궁전을 바라본다면 아득한 가운데서도 얼마나 처량해하겠는가. 이런 것을 임금이 생각하는가. 그리워하는가. 그러나 강씨는 가버렸다. 임금은 응당 자기 몸을 돌보아야 할 것이다. 그렇기 때문에 황제는 글을 보낸다.

주원장이 신덕왕후를 첫째 왕비라고 칭하는 등 이제까지 그가 보낸 글과 비교하면 상당히 의외였다.

주원장은 조선 건국의 승인을 요청하는 고명과 이를 증명하는 책인을 요구했을 때도 "원래 오랑캐는 교화의 범위 밖이라 명령을 내리거나 법으로 징계해본 일이 없다. ……좋거든 조공하러 오고, 노여워서 오지 않더라도 내버려두겠다고 이미 밝혔다"라며 조선의 존재에 관심조차 없다는 태도를 보였고, 자신이 사망할 때까지 태조의 즉위를 승인하는 고명을 내려주지 않을 정도로 인정하지 않으려고 했다. 조선은 주원장이 사망하고 이방원이 태종으로 즉위한 다음 해(1401년)에 고명과 책인을 받을 수 있었다. 그런 주원장이 태조를 조선의 왕으로 인정하며 지극한 말로 위로했다는 점은 분명 의외였다.

하지만 주원장의 호의는 잠시였다. 태조 6년(1397) 4월 조선에서 공물로 보낸 금으로 만든 말안장에 '천天'자가 쓰여 있었는데, 주원장은 '사람이 어떻게 하늘을 타고 다니느냐'며 말안장을 불에 태워버리고 그 값이라며 57냥을 보냈다. 물론 그 57냥이 어떻게 산정된 것인지에 대해서는 설명도 없었다.

두 달 후인 6월에도 공물을 가지고 가던 사신이 출입을 허락받지 못해 돌아왔고, 이어서 다음과 같은 공문이 조선에 도착했다.

> 지금 사람을 보낸 것은 사례하기 위함이라고 하지만 알지 못할 노릇이다. 조선이 무슨 은혜를 입었기에 사례를 한단 말인가? 더구나 시기에 맞지 않는 예물은 규례로 보아서도 받을 것이 못 된다. 저자에서나 논밭에서나 백성이 모두 편안히 살게 하려고 한다면, 사람들을 수고롭게 왔다 갔다 하느라고 고생시키지 말고, 가만히 앉아서 나라를 잘 다스릴 것이며, 변경에 말썽이나 일으키지 말라.

마치 조선의 군사 도발을 경고하고 있는 듯하다. 이 무렵 조선은 분주하게 움직이고 있었다. 태조 6년(1397) 6월 정도전이 『오진도』와 『수수도』로 각 도절제사 밑에 있는 직속 군관과 전직 무관들을 대상으로 진법 훈련을 실시했다. 그리고 그동안의 진법 훈련을 통해 단련된 자들은 각 도에 교관으로 파견되어 병사들을 훈련시켰다. 10월에는 정도전이 군수물자를 관리하는 유비고의 제조관이 되었고, 군량미의 부족을 우려해서 공전公田과 사전私田의 세금을 모두 국가에서 받는 비상조치가 내려졌다.

같은 해 12월에는 태조의 명으로 정도전이 맡고 있던 의흥삼군부판사를 조준이 겸임하도록 했다. 정도전이 백의종군하게 된 것이다. 때문에 이때 정도전이 권력을 상실한 것으로 보기도 하지만, 이후에도 이성계와 정도전의 신뢰 관계가 여전히 굳건하게 유지되었다는 점에서 그 가능성은 희박하다.

또한 요동 공벌에 반대했던 조준을 군사 책임자로 임명해 요동 공벌을 추진하게 하려는 의도로 해석하기도 한다. 그러나 이러한 해석에는 정도전이 요동 공벌을 구체적으로 추진했다는 근거가 뒷받침되어야 하며, 당시 요동 공벌을 실행에 옮길 정도로 분위기가 무르익었는지 충분한 설명이 필요하다. 그리고 조준이 이러한 조치만으로 요동 공벌에 앞장섰을지도 의문이다. 따라서 관점을 달리해서 당시의 조치를 살펴볼 필요가 있다.

북방 지역을 정비하고 돌아오다

조준의 등용은 정도전의 정치적 부담, 즉 군사훈련과 군제 개혁을 주원장의 압박과 연계시켜 쟁점화하려는 분위기를 차단하려는 의도로 해석된다. 정도전이 추진해온 군제 개혁은 누구도 공개적으로 반대할 수 없었기 때문이다. 정도전이 의흥삼군부판사 자리에서 물러난 후에도 진법 훈련이 계속된 것이 그 예라 하겠다.

또한 정도전은 의흥삼군부판사에서 물러난 지 엿새 만에 함경도 지역의 주군州郡을 구획하고, 성보城堡 수리와 호구戶口와 군관軍官을 점검하기 위해 동북면 도선무순찰사로 임명되었다. 이를 요동 공벌을 위한 최종 점검으로 보는 견해도 있지만, 역시 구체적인 근거가 미약하다.

태조는 정도전을 떠나보내고 허전함이 컸던 모양이다. 『태조실록』에 이듬해인 태조 7년(1398) 2월 다음과 같은 내용이 보인다.

> 임금(태조)이 좌승지 이문화에게 이르기를 "내가 들으니 고려왕조의 충숙왕이 거사라는 칭호로 예천군 권한공에게 편지를 보낸 사실이 있다고 한다. 나도 봉화백(정도전)에게 거사라는 칭호로 편지를 하고 싶은데 별호를 무엇이라고 하면 좋겠는가?"라고 물으니, 이문화가 답하기를 "왕위에 오르기 전에 거처하던 처소의 이름은 어떻습니까?"라고 하였다. 임금이 좋다고 하고는 곧 송헌松軒을 별호로 하였다.

태조는 다음날 중추원부사 신극공(辛克恭, 1353~1423)을 동북면 도선위사로 명하고 편지와 함께 옷과 술을 정도전에게 전하게 했다. 편지에는 다음과 같은 내용이 있었다.

> 헤어진 지 오래되어 그리운 생각이 더욱 간절하다. 신중추(신극공)를 보내 객지에서 고생하는 것을 물으려고 하던 차에 마침 최공이 와서 안부를 알게 되어 적이 위로된다. 찬바람이나 막게 솜옷 한 가지를 보내니 받아주기 바란다. 이 참찬과 이 절제사에게도 함께 옷을 보내니 그리워하는 내 마음을 말해주었으면 한다. 나머지 이야기는 신중추에게서 들으라. 봄추위에 맞추어 몸을 조심하고 변경의 일을 잘 마무리 지어야 하겠다. 더 적지 않는다. 송헌 거사가 쓰다.

각별한 애정과 함께 마치 오랜 친구를 대하는 듯하다.

정도전은 부·주·군·현의 이름과 여기에 소속될 지방관의 명칭과 인원을 정하는 등 그동안 여진족이 출몰하여 행정체계가 잡히지 않았던 함경도 지방을 남방의 여러 도와 같은 수준으로 정비하여 조선의 영토로 귀속시키는 작업을 마치고 넉 달 만에 돌아왔다. 여기에는 태조의 고향이 조선의 국토에 완전하게 편입되었다는 특별한 의미가 있었다. 이 때가 1398년 봄이다.

태조는 정도전을 반갑게 맞았고, 안장을 갖춘 말과 함께 성대하게 연회를 베풀어주었다. 이 자리에서 태조는 "동북 지방의 행정체계를 정비하고 돌아온 공이 고려시대 윤관尹瓘이 9성을 개척한 공보다 크다"고 치하하면서 "충성스러운 말은 귀에 거슬리지만 품행을 닦는 데는 이로울 것이니 경들은 숨김없이 말하라"며 구언求言을 명했다. 이에 남은이 다음과 같이 태조에게 아뢰었다.

> "전하가 왕위에 오르기 전에 군사를 장악하지 못했다면 어떻게 오늘이 있을 수 있겠습니까? ……왕조를 세우던 초기에는 여러 공신에게 군사를 맡긴 것도 잘한 일이었으나, 지금은 왕위에 오른 지도 이미 오래되었습니다. 여러 절제사를 없애버리고 그것을 합쳐 관군官軍으로 만드는 것이 만전을 기하는 것이 됩니다."

'사병을 혁파하여 관군에 편입시켜야 한다'는 의견이 공식적으로 거론된 것이다. 물론 이것은 정도전의 의견이기도 했다. 태조는 이를 수용했고, 이후 정도전과 남은 등은 절제사의 권한을 축소하고 사병을 관군으로 재편하여 왕이 통수권을 관장하게 했다. 군사훈련도 강화해 나갔다. 그러나 비록 태조의 전폭적인 지지를 받았다고 해도 상황이 정도전에게 일방적으로 유리하지만은 않았다.

군제 개혁, 마지막 여정이 되다

태조 7년(1398) 초부터 전시 대비 태세를 강화했다.

태조 7년(1398) 1월 서북면 도순문찰리사 최영지에게 지금의 평안도 선천군의 선주宣州와 평양 지역에 성을 쌓도록 지시했고, 2월에는 정도전이 함경도 북단에 위치한 경원부에 성을 쌓았다. 4월에는 도당에 지시해 지금의 함경도 단천군인 단주端州 이북 각 고을의 군량 1천 섬을 함경도 동북단에 위치한 경흥부로 운반했고, 두만강에 전선 10척을 띄웠으며, 경원부의 경계에 신익 만호부를 설치하도록 했다.

그러나 한편에서는 군제 개혁으로 정도전에게 불만을 품은 자들이 기회를 엿보기 시작했고, 이방원과 가까운 사이였던 하륜과 권근 등이 외교에서 성과를 거두면서 떠오르고 있었다. 여기에 표전 문제로 명나라와의 갈등도 정도전의 발목을 잡았다.

태조 7년(1398) 5월에 표전 문제로 명나라에 사신으로 갔던 조서(曺庶, 생몰 미상)의 종이었던 최녹崔祿이 명나라에서 돌아오면서 조정에 다시 한 번 파장을 불러일으켰다. 명나라에서 보낸 서한과 곽해룡(郭海龍, 생몰 미상)의 자술서에 "조선의 통역관으로 곽해룡을 보내면서 명의 내정을 정탐

하라는 지시를 태조가 직접 내렸다"는 내용이 들어 있다며 표전문 작성자를 압송하라고 요구해왔기 때문이다.

태조가 대책회의를 연 자리에서 좌간의대부 정구(鄭矩, 1350~1418)가 다음과 같이 의문을 제기하고 나섰다.

"정축년(1397년)부터 명나라에서 화를 내기 시작했는데, 그들이 트집을 잡아 음모를 꾸미는 데는 반드시 까닭이 있을 것입니다. 또 조서와 공부 등 세 사람이 조롱하거나 모욕하려고 하지 않는 것은 비단 온 나라 사람이 다 알고 하늘과 땅도 똑똑히 보고 있는 바입니다. 명나라에서 터무니없는 사실을 꾸며서 강제로 공술을 받아놓고 세 사람을 보내라는 것입니다. 이 세 사람만으로 그친다면 보내도 좋겠지만 또 세 사람의 말꼬투리를 잡아 죄명을 꾸며내기만 하면 필연코 시행하기 어려운 명령이 있을 것입니다. 그때 가서 어떻게 대처하겠습니까. 오늘 이 세 사람을 보내고 내일 또 열 사람을 보내서라도 나라가 내내 평안하다면 물론 보내야 할 것입니다. 하지만 이제 그들의 수작을 뻔히 알면서 하라는 대로 굽신거리어 먼저 비겁하고 나약한 태도를 보이다가는 앞으로 후회하게 되지 않을까 염려됩니다."

여기서 말하는 세 사람이란 글을 쓴 예조전서 조서 외에 공모자로 몰린 성균관 좨주 공부(孔俯, 1352~1416), 예조정랑 윤규(尹珪, 1365~1414), 예조정랑 윤수尹須를 말한다.

한 달 가까이 끌던 논란은 태조 7년(1398) 6월 표문 작성과 관련한 세 사람을 보내기로 결정하여 일단락되었다. 그리고 명나라 예부시랑에게

"글은 비록 조서가 썼으나 옛날 것에 의거해 썼을 뿐이고, 윤수 등 세 사람은 글자나 쓸 줄 알지 글 뜻을 깊이 알지 못해 글 쓰는 것을 맡기지 않았는데, 같은 부서에 있어 지목되었다"는 답서를 함께 보냈다.

그러나 세 사람은 요동까지 갔다가 주원장의 사망으로 새 황제가 사면령을 내려 돌아오게 된다. 주원장은 태조 7년(1398) 윤5월에 사망했고, 주원장의 손자 주윤문朱允炆이 2대 황제로 즉위하게 된다.

같은 해 8월 이방원은 "정도전이 왕실을 실추시키고 권력을 장악하려고 했다"는 명분을 내걸고 거사에 착수하게 된다.

9부

태산보다 무거운 죽음과 홍모보다 가벼운 죽음을 생각하다

36년의 정치 인생을 마감하다

하륜, 이방원의 특급 참모가 되다

이방원은 하륜을 비롯해 처남 민씨 사형제 그리고 이숙번(李叔蕃, 1373~1440) 등을 측근으로 두었고, 절제사 시절 휘하의 병사 중에서 충성심이 강하고 힘과 재주를 지닌 자들을 뽑아 수하에 두었다. 강계江界의 토호 출신으로 불학무식不學無識했지만 무재武才가 뛰어난 김도길(金都吉, ?~1418)과 마천목(馬天牧, 1358~1431), 말을 잘 몰고 활을 잘 쏘는 심구령(沈龜齡, 1350~1413), 창과 방패를 능숙하게 다루는 서익(徐益, ?~1412) 등이 그들이다.

이방원은 왕실 종친도 자기편으로 끌어들였고, 개국 과정에서 숙청되었거나 정권에서 소외된 고려의 구신들도 영입했다. 지난날 태조가 구세력을 회유하고 적극 포섭에 나선 결과 성과가 없는 것은 아니었지만, 개국공신이 요직을 차지하고 있었던 탓에 이들의 정치적 입지는 좁을 수밖에 없었다. 때문에 이방원의 손을 잡는 자들이 적지 않았다. 이들 중에는 이첨(李詹, 1345~1405)과 이행(李行, 1352~1432)도 있었다. 이색의 제자였던 이첨은 공양왕 때 대간과 승지로 있으면서 급진파를 공격하다 유배되었고, 하륜을 통해 영입한 이행은 정몽주를 격살한 이방원을 "천하에 둘도 없는 흉인凶人"이라고 비난했던 인물이었다.

우현보도 이방원 진영에 참여했다. 우현보는 공양왕과 사돈 관계였고, 고려의 권문세가를 대표했던 인물이다. 그리고 공민왕 20년(1371) 지공거로 과거를 주관했을 때 이방원이 급제하여 두 사람은 좌주와 문생 관계이기도 했다. 그러나 이성계의 반대편에 섰던 우현보는 정몽주의 시신을 거두어 장사 지낸 것이 발각되는 등 급진파의 집중적인 공격을 받아 유배를 거듭하다 조선의 개국을 맞았다. 이후 이방원 편에 선 그는 2차 왕자의 난 때 제자였던 이래(李來, 1362~1416)에게 들었다며 이방간李芳幹의 거사 정보를 이방원에게 알린 공으로 추증보조공신에 오르게 된다.

이방원의 세력 확장 과정에서 하륜의 역할이 컸다. 특히 이방원의 최측근이 된 하륜은 정도전의 죽음과도 밀접한 연관이 있었다. 하륜은 정도전보다 다섯 살 아래였다. 그는 고려 중기 때 문신 하공진(河拱辰, ?~1011)의 후손으로, 아버지는 순흥부사 하윤린(河允潾, 1321~1380)이다. 그의 가계에 대해서는 구체적으로 전하는 내용은 없고, 19세 때인 공민왕 14년(1365) 문과에 급제했으며 당시 좌주는 이인복과 이색이었다.

이인복은 우왕 때 권력을 농단하면서 신흥사대부의 비판을 받았던 권신 이인임의 친형이기도 했다. 학식과 덕망을 갖추었던 그는 고려 성리학의 원조에 해당하는 백이정(白頤正, 1247~1323)과 권부(權溥, 1262~1346)

의 문하생으로, 신흥사대부의 존경을 받았다.

이인복은 하륜의 사람됨을 알아보고 '장차 큰 그릇이 될 것이다'라며 동생 이인미李仁美의 딸과 혼인시켰다. 당대의 명문가였던 성산 이씨 가문을 처가로 두게 된 하륜은 우왕 8년(1380) 부친상으로 잠시 관직을 떠나 있을 때를 제외하고 관직 생활을 지속하며 승진을 거듭했다.

그는 이색의 문하생인 정몽주·권근·이숭인·길재 등과도 교류했고, 교주도 안렴사로 재직할 때 김구용·김약재·설장수 등과 원주에서 만나 시를 주고받는 등 신흥사대부와도 교류했다. 정도전 역시 하륜이 교주도 안렴사 임기를 마치고 개경으로 올라갈 때 만난 적이 있었고, 우왕 5~6년경 경북 영주의 순흥順興에서 개경으로 가는 하륜을 전송하며 "해맑은 옥玉과 같으니 티끌 없는 하나의 유선儒仙이다"라며 칭찬하는 시를 써주는 등 교류가 이어졌던 것으로 전한다. 그러나 두 사람은 정치적 입장을 같이하지는 않았다.

36년의 정치 인생을 마감하다

하륜은 처음부터 친명 외교를 적극 주장하지는 않았다. 그는 실리 추구형 경세가로, 큰 틀에서 보면 정도전과 정치적으로 노선 차이는 없었으나 현실정치에서의 행보는 엇갈렸다.

하륜은 명나라를 압박하기 위한 지렛대로 원나라를 활용하고자 했다. 때문에 우왕 원년(1375) 북원과의 외교 문제로 정도전 등 신흥사대부가 대거 유배되었을 때 적극적으로 나서지 않아 화를 면할 수 있었다.

이후 정도전이 유배와 유랑 생활을 할 때 하륜은 관직 생활을 하며 승승장구했다. 이 무렵 하륜은 이미 정3품 전리판서에 올랐고, 우왕 10년(1384) 정도전이 복직하여 정몽주와 명나라 사신으로 다녀온 이듬해인 우왕 11년(1385) 그는 공민왕의 시호와 우왕의 국왕 책봉을 인정하는 조서를 명에서 보내오자 사은사 일행으로 명나라에 다녀오게 된다. 우왕 11년(1385) 이후, 대외 정세 변화와 함께 친명 노선으로 돌아섰고, 우왕 13년(1387)에는 정몽주 등과 함께 호복을 혁파하고 명나라 제도의 도입을 건의하기도 했다.

하륜이 최영의 요동 정벌을 반대하다 지금의 강원도 양양인 양주襄州로 유배되었을 때 정도전은 지방관으로 근무하고 있었고, 위화도회군 이후 정도전이 중앙으로 복귀했을 때 하륜은 이색 계열로 분류되어 정계에서 물러났다. 이후로도 권신 이인임의 조카사위라는 이유 등으로 탄핵과 유배를 반복하는 과정에서 조선이 개국했다.

때문에 하륜은 건국에 참여하지 못했고, 태조 2년(1393) 9월 중도파 영입과 고려의 구신舊臣을 포섭하는 차원에서 종2품 경기좌도 관찰사에 제수된다. 따라서 조선의 개국 과정에서도 정도전과 하륜은 정치적으로 인연이 없었다.

이후 그가 주목받게 된 것은 조선의 새로운 수도를 건설하는 과정에서였다. 풍수지리 등 잡학에도 뛰어났던 그는 계룡산으로 천도하려던 계획을 중지시켰고, 한양 천도 후에는 편리한 조운漕運을 위해 용산강에서 남대문까지 운하를 파서 배가 다니게 하자고 건의하기도 했다. 하지만 계룡산으로 천도 논의가 결정되는 시기에 하륜은 권력에서 소외되어 지방 외직에 근무하던 중견 관리였다. 정치적 입지가 좁을 수밖에 없었던 그가 풍수 이론을 내세워 계룡산으로 천도하는 것을 중지시킨 것을 두고 '지방관으로 있던 그가 태조의 눈에 들기 위해 의도적으로 접근했다'는 의혹을 받았다.

하륜이 정치적으로 전환기를 맞은 것은 이방원과의 만남이었다. 『태조실록』에 따르면 하륜이 이방원의 장인 민제에게 "내가 관상을 많이 보았으나 공의 둘째 사위 같은 사람은 없소. 내가 뵙고자 하니 공이 그 뜻을 전해주시오"라며 먼저 이방원과의 만남을 적극적으로 자청했다. 개국공신이 아니었던 그는 개국 1세대인 태조보다 다음 세대인 이방원을 선택한 것이다.

이후 하륜은 이방원의 측근이 되었고, 1차 왕자의 난이 일어나기 직전에 지방으로 발령이 나게 된다. 이때의 인사는 이방원의 최측근이었던 그를 견제했기 때문이라는 이야기가 있다. 그리고 하륜이 지방으로 떠나기 전 송별회가 있던 날 밤, 일부러 이방원의 옷에 술을 엎질러 이방원과 독대하는 기회를 만들었고, 이 자리에서 "장차 이 나라의 운명이 오늘 밤에 엎어진 술상과 같음을 생각해야 합니다"라며 정도전 등에게 선수 칠 것을 권했다고 한다. 8월에 안산군수 이숙번이 정릉의 수직守直을 위해 병력을 거느리고 한양으로 올라오면 그의 병력을 동원할 수 있도록 계책까지 일러주고 떠났다.

이방원은 하륜의 계책에 따랐고, 마침내 태조 7년(1398) 8월 26일 정도전이 이방원의 손에 살해되었다. 36년의 정치 인생과 그가 남긴 족적을 생각하면 참으로 초라한 죽음이었다.

정도전의 죽음이 남긴 의문들

정도전이 사망하던 날 밤이었다. 태조가 일시적인 건강 악화로 몸져눕게 되자 이방원·이방의·이방간 등 왕자들과 태조의 이복동생 이화와 사위 이제 등이 근정전勤政殿 문밖 서쪽 채에 모여 태조의 병환을 살피기로 했다. 이때 이방원의 부인 민씨가 가슴앓이를 하고 있다고 거짓 구실을 만들어 이방원을 궁궐 밖으로 불러냈다. 궁궐 밖으로 나온 이방원은 부인과 처남 등 측근들을 만나 정도전 일파를 제거하기 위한 회동을 마친 뒤 다시 궁궐로 돌아와 왕자들을 설득했다.

정도전이 사망한 태조 7년(1398) 8월 26일 저녁부터 다음날까지의 일들이 『태조실록』에 기록되어 있다.

> 옛날부터 내려오는 규례대로라면 대궐의 여러 문에 밤마다 횃불을 켜 놓아야 하는데 이날따라 대궐 문에 횃불이 없어서 더욱 의심이 들었다. 이화·이제·심종이 먼저 안으로 들어가고 정안군은 배가 아프다고 하면서 서쪽 채의 문밖에 있는 뒷간에 들어가 앉아서 한참 생각하고 있었다. 익안군(방의), 희안군(방간) 등이 달려와서 정안군을 연이어 부르니 정안군은 "형님들이 왜 이렇게 큰 소리로 부르는 것인가?" 하면서 일어나더니 양쪽 팔 소매를 탁탁 치고 혼잣말로 "형편이 어쩔 수 없이 되었다"라고 하였다.
>
> 곧 말을 타고 대궐 서쪽으로 나가자 익안군·희안군·상당군(이백경, '이저'로 개명)이 모두 뛰쳐나왔으나 오직 상당군만 정안군의 말을 따라잡

았고, 익안군과 회안군은 넘어지기도 하고 엎어지기도 하였다.

실록에 따르면 정도전과 남은 등이 "왕자들을 유인해 제거할 계획을 세우고 태조의 병환이 심하니 왕자들에게 속히 대궐로 들어오라고 했는데, 이방원이 이를 눈치채고 대궐을 나와 군사를 동원했다"고 한다. 그리고 송현방松峴坊에 있던 남은의 첩의 집을 급습하여 정도전과 심효생 등을 제거한 후 백관의 의결기관인 도당을 접수했고, 궁궐 수비를 무력화한 다음 세자 방석을 끌어내 처치함으로써 상황이 종료되었다.

당시 정도전의 죄목은 '반란 예비 음모'였지만 몇 가지 점에서 의문이 든다.

첫째는 반란의 증거가 '횃불이 꺼진 대궐' 이외에는 구체적인 물증이 없었다. 그리고 사서史書에도 반란 세력인 정도전이 군사를 동원했다는 기록은 보이지 않는다. 정도전의 집이 있던 수진방壽鎭坊은 지금의 수송동으로 종로구청 자리였고 남은의 첩의 집인 송현방과는 가까운 거리에 있었다. 때문인지 정도전은 말을 끄는 종만 데리고 갔고, 당시 현장에는 정도전·남은·심효생·이근·장지화 등이 앉아서 담소를 나누고 있었다고 한다. 즉 군대의 최고 통수권자였던 반란의 수괴가 호위 군사도 없이 친구들과 술을 마시며 담소를 나누고 있었고, 밖에는 졸고 있는 노복들과 안마鞍馬 두어 필만 있을 뿐이었다.

둘째, 현장에서 살아남은 남은은 "정도전은 주변으로부터 미움을 받아 죽게 되었다"고 말했을 뿐 역모와 관련해서는 한마디도 없었다. 남은은 스스로 무고를 밝히려고 순군옥으로 갔다가 결국 같은 죄로 처형되고 말았다.

셋째, 대세를 장악한 이방원은 박포와 민무질을 보내 좌의정 조준을 불러냈다. 이때 "조준은 머뭇거리면서 점쟁이를 시켜 가야 하는지에 대해 점을 치게 하고는 금방 나오지 않았다"는 기록이 주목된다. 당시 조준은 사태를 해결해야 할 최고의 지위에 있었고, 평소 침착한 성격이었던 그가 머뭇거리며 점을 쳐서 어떻게 할지 결정했다는 것은 이 사건이 정치적 변란이기 때문이다.

넷째, 당시 군사 행동에 핵심적 역할을 했던 이방원의 처남인 민무질이 정도전이 무방비 상태에서 남은을 비롯한 핵심 측근들과 함께 술을 마시고 있는 장소를 알아냈다는 급보를 전했다고 한다. 따라서 정도전은 이방원의 거사 계획을 인지하지 못한 것으로 보인다.

실록에는 정도전이 처형당한 사건을 '무인정사戊寅定社' 또는 '정도전의 난'이라고 한다. 후세 역사가들은 '제1차 왕자의 난'으로 기록하고 있다.

당당하게 살다 허무하게 죽다

이방원은 이숙번의 정규군까지 동원하여 신속하게 군사 행동에 돌입했다. 당시 이숙번의 병력은 세자 방석의 생모였던 신덕왕후의 능을 공사하기 위해 대궐의 지척에 위치한 정릉에 파견되어 있었다. 군사를 이끌고 현장에 도착한 이방원은 먼저 보졸들로 하여금 정도전이 있던 집 주위를 둘러싸게 하고 이웃집 세 곳에 불을 질렀다. 그리고 불길을 피해 집 밖으로 나온 정도전은 이방원의 보졸들에게 붙잡혀 참수되었다.

『태조실록』에는 정도전의 최후를 다음과 같이 기록하고 있다.

정도전은 (남은의 첩의 집) 안방에 숨어 있다가 소근(이방원의 종) 등이 밖으로 나오라고 호통을 치자 짤막한 칼을 손에 쥔 채 걷지도 못하고 벌벌 떨며 기어 나왔다. 칼을 놓으라고 소리치니 도전은 칼을 내동댕이치고는 문으로 나오면서 "죽이지 말라. 한마디만 하고 죽게 해달라"고 하였다. 끌려 나와 정안군의 말 앞에 이른 도전은 "옛날에도 나를 살려주었으니 오늘도 살려주기 바랍니다"라고 했다. 옛날이라고 하는 것은 임신년(정도전 등이 정몽주 측의 탄핵으로 처형당할 위기에 처했을 때 이방원이 정몽주를 선죽교에서 격살하면서 살아나게 되던 일을 말한다)을 가리켜서 하는 말이었다. 정안군이 "네가 조선의 봉화백이 되고서도 부족한 것이 있느냐? 왜 이리 악행을 저지르느냐?"고 하고는 목을 베어 죽이라고 하였다.

평소 호방한 성격과 당당한 모습의 정도전은 찾아볼 수 없고, 목숨을 구걸하는 초라한 모습으로 묘사하고 있다. 또 다른 자료에 따르면 당시 선비들은 외출할 때면 집필묵을 휴대하는 것이 기본이었다고 한다. 오늘날의 만년필이나 볼펜을 지참하는 것과 같은 것으로 보인다. 정도전은 당시 죽음이 임박했음을 알고 지참했던 지필묵을 꺼내 시 한 수를 남겼다고 한다.

양조에 한결같은 마음으로 공력을 다 기울여
서책에 담긴 성현의 참 교훈을 저버리지 않고 떳떳이 살아왔소
삼십 년 긴 세월 온갖 고난 다 겪으면서 쉬지 않고 이룩한 공업

송현방 정자에서 한잔 술 나누는 새 다 허사가 되었구나

『삼봉집』에 수록된 이 시는 '스스로 자신을 비웃는다'는 뜻으로 「자조自嘲」라는 제목을 붙여놓았다. 위의 두 글 내용이 차이가 너무 커서 설명하기 쉽지 않지만, 후자에 더 눈길이 가는 이유는 정도전의 평소 모습을 느낄 수 있기 때문이다. 『삼봉집』에는 죽음과 관련한 또 다른 글이 수록되어 있는데, 어쩌면 격동기를 살아가면서 언제 닥칠지도 모르는 죽음에 대한 생각을 정리해놓은 것인지도 모른다.

아, 죽고 사는 것은 진실로 큰 것이다. 그러나 죽음 알기를 집에 돌아가는 것처럼 여기는 사람이 있는데, 이는 명분과 의리를 위해서다. 저 자중하는 선비들이 죽는 것이 의리에 합당한 경우를 당하면 아무리 끓는 가마솥이 앞에 있고 칼과 톱이 아래에 서리고 있을지라도 거기에 부딪히기를 사양하지 아니하고 피하려 하지 않는 것은, 어찌 의義를 소중히 여기고 죽음을 가볍게 여김이 아니겠는가?

또한 설령 살아남는다고 한들 더 이상 자신이 설 자리가 없다는 것을 모를 리 없었던 그가 과연 구차하게 목숨을 구걸했을까?

기억에서 지워지다

태조는 병석에서 정도전의 죽음을 전해 듣고 "나의 원훈(元勳, 국가에 큰 공이 있어 특별한 대우를 하던 노신)이 죽었구나!"라며 탄식했다고 한다. 그리고 열흘 후인 1398년 9월 5일 둘째 아들 이방과를 세자로 책봉하여 12월에 왕위를 물려주었다. 그리고 2년 후인 1400년 이방원이 왕위를 물려받아 조선의 3대 국왕에 오르게 된다. 이때까지도 생존해 있었던 태조는 태상왕이 되었다.

야사에는 태상왕과 태종의 관계에 대해서 다양한 이야기가 전한다. 특히 태종이 즉위한 후에도 노여움을 풀지 않았던 태상왕은 욕설을 퍼붓기도 했고, 옥쇄를 넘겨주지 않고 고향으로 가버리기도 했다. 때문에 태종은 태상왕을 모셔오기 위해 함흥으로 차사差使를 보냈고, 태상왕은 이들을 처형해버려 '한번 가면 돌아오지 않는다'는 뜻으로 '함흥차사'라는 말이 생겨났다. 그러나 당시 차사로 갔던 사람들이 이후에도 관직 생활을 했다는 기록으로 보아 이 말은 사실이 아니라, 그만큼 태상왕의 노여움이 컸고 태종의 마음고생이 심했음을 의미한다.

태종 2년(1402) 11월에는 신덕왕후의 외가 친족인 안변부사 조사의(趙思義, ?~1402)가 태종에게 반기叛旗를 들었다. 당시 이성계를 따르던 세력이 합류해 반군 세력이 대단했던 것으로 전한다. 태상왕의 허락 없이는 이러한 일이 발생하는 것 자체가 불가능했다는 점에서 태종을 향한 태상왕의 분노가 어느 정도였는지를 짐작케 한다.

조사의의 군사 행동은 건국 후 처음으로 관군이 전투를 벌인 사건이기도 했다. 때문인지 관군은 반란군의 진압에 상당한 고초를 겪었고, 다음과 같은 일화도 전한다.

조사의의 변심을 알게 된 태종은 그를 설득하기 위해 수차례 사람을 보냈으나 성공하지 못했다. 군사를 일으킨 조사의는 승리를 거듭하며 청천강 근처까지 내려왔고, 관군이 수세에 몰렸다. 이때 관군 김천우金天祐가 반란군에 잡혀 심문받는 과정에서 반란군이 그에게 중앙군의 사정을 묻자 "지금 전국 각지에서 군사가 진격하고 있으며, 황주黃州와 봉주(鳳州, 황해도 봉산) 사이로 4만 군사가 진군하고 있다"고 거짓말을 했다. 이 말이 반란군 사이에 퍼지자 도망가는 병사들이 속출했고, 자기 진영에 불을 지른 자들도 있었다고 한다. 결국 관군은 반란군의 진압에 성공하게 된다. 반란군은 전투에서 이기고도 심리전에 무너진 것이다.

이후 태상왕은 더 이상 태종과의 힘겨루기를 포기했는지 개경으로 돌아왔다. 여전히 노여움을 풀지 않았던 태상왕의 마음을 얻기 위해 태종은 성심을 다했다. 태종 4년(1404)에 태상왕의 요구대로 개경에서 한양으로 다시 천도했고, 태상왕이 거처하는 궁궐에 물자를 넉넉하게 지원하며 성심으로 문안을 올렸다. 심지어 태종은 '왕위를 세자에게 물려주고 물러나겠다'는 선위 파동까지 일으켜 대신들을 혼란에 빠뜨리기도 했다. 결국 태상왕은 태종을 불러 선위하겠다는 발언을 거두어들이게 했고, 그날 밤 새벽까지 술잔을 나누었다. 그리고 태종 8년(1408) 태상왕이 세상을 떠났다. 당시 태상왕이 태종을 진심으로 용서했는지는 알 수 없다.

역사 속의 세 사람, 정도전·정몽주·이방원

백성의 나라 대 군왕의 나라

정도전은 태조가 생존해 있는 한 반란이 일어나지는 않을 것이라고 방심했을 수도 있지만, 자신에게 다가오는 죽음의 그림자를 느낄 여유가 없었다. 조선이 개국한 후 동분서주했지만, 아직도 많은 과제가 쌓여 있었기 때문이다.

군제 개혁을 마무리해야 했고, 토지개혁도 여전히 미완의 과제였다. 정도전은 죽기 몇 달 전, 『불씨잡변』을 저술하여 조선에 유교를 이념적 지주로 세우기 위한 사상운동도 전개하고 있었다. 또한 표전 문제로 조선을 괴롭히던 주원장이 석 달 전에 사망했지만, 명나라는 황제 자리를 놓고 내전이 일어날 수도 있는 복잡한 상황이었다. 그 여파는 어떤 형태로든 조선에 영향을 미칠 수 있는 문제였다. 따라서 그는 대륙의 동향

파악에도 신경을 써야 했다.

정도전의 죽음은 그의 성격과도 무관하지 않은 듯했다. 그는 공적인 일을 사적으로 처리하지 않았고, 권력투쟁을 위한 정파를 인정하지도 않았다. 따라서 이방원과의 관계도 제도의 개혁과 같은 공적인 영역에서 해결할 수 있을 것으로 판단했는지도 모른다. 그는 '통치 행위란 도덕과 문화가 기반이 되어야 하며 국가의 존재와 통치 기능은 백성을 중심에 두어야 한다'고 보았기 때문이다. 그리고 재상 중심의 정치체제가 완성되면 누구도 쉽게 판을 흔들지 못할 것으로 생각했다.

그러나 정도전과 이방원은 부국강병이라는 목적은 같았지만, 정치를 수용하는 자세와 권력에 대한 태도는 확연하게 달랐다. 정도전이 '백성의 나라'를 꿈꾸었다면, 이방원은 '군왕의 나라'를 선택했던 것이다. 이방원이 왕위를 세자에게 물려주면서 "18년 동안 호랑이 등에 탔으니 이미 족하다"고 말한 것에서도 권력에 대한 그의 인식을 엿볼 수 있다.

강력한 왕권을 구축하여 새로운 국가 건설에 모든 것을 걸었던 이방원은 권력이라는 호랑이 등에 탈 때 스스로의 힘으로 탔고, 내려올 때도 스스로 내려온 인물이었다. 반면 정도전은 백성을 위해 권력이 봉사하는 새로운 정치체제를 구축하여 사적인 권력 행사를 제도적으로 차단하고자 했다.

하지만 그는 자신의 구상을 마무리하지 못하고 36년의 정치 인생을 마감했고, 곧 기억 속에서 사라지게 된다. 그렇다고 정도전은 실패한 정치가가 아니었다. 정도전이 조선에 뿌려놓은 사상과 제도 그리고 정책들까지 모두 삭제할 수 없었기 때문이다.

이방원은 왕위에 오르는 데는 성공했지만, 산적한 과제가 기다리고 있었다. 아버지 태조로부터 인정을 받아야 했고, 형제들과 왕실 인척들도 관리해야 했다. 그리고 무수한 유언비어들을 무마하고 반역 세력이 준동하지 않도록 대비책도 강구해야 했고, 아직 완성되지 않은 국가의 기틀을 완성하고 명나라와의 관계에도 각별한 신경을 써야 했다.

때문에 태종은 분주하게 일했고, 그 과정에서 정도전의 건국 구상을 대부분 이어받아 건국의 기틀을 마무리하게 된다. 대표적인 예로 이방원은 2차 왕자의 난이 성공한 후 정종 2년(1400) 4월 중앙 관제를 개편하면서 '병권은 흩어져 있을 수 없다'며 사병제를 가장 먼저 폐지했다. 사병 혁파는 왕자의 난이 일어나게 된 원인일 정도로 이방원에게 가장 불만이 컸던 문제였지만, 권력을 장악한 후 자신의 손으로 혁파한 것이다.

왕권 강화를 위하여

태종은 재상들의 합의 기구로 왕권을 제약하던 도평의사사를 의정부로 개편하면서 군사적 기능을 완전히 박탈했다. 의정부 서사제를 육조 직계제로 전환하고 육조의 수장을 정3품 전서에서 정2품 판서로 승격시키면서 좌의정과 우의정이 장악했던 문무관의 인사권을 이조와 병조로 각각 이관했다. 그리고 독립된 기관 중에서 의정부·사헌부·사간원·승정원·한성부를 제외한 90개 기관을 기능에 따라 육조가 지휘·감독하게 하여 재상의 권한을 대폭 축소했다. 비록 육조 직계제는 대신들의 반대로 여러 차례 수정·보완되었지만 태종의 왕권 강화 정책에 일조하게 된다.

태종은 사원의 토지를 몰수하고 과전법을 개정하는 등 경제 개혁을 단행했다. 그리고 행정체계를 갖추고, 과거제도와 교육제도를 개편하여 인재 등용에도 각별한 관심을 기울였다. 이러한 과정에서 반대하는 대신들을 유배 보내는 등 왕권 강화를 위한 거침없는 행보에 나섰다.

태종 1년(1401)에 명나라에서 보낸 고명誥命과 인신印信이 도착하여 태종은 통치에 한층 자신감을 갖게 된다. 황제가 내린 인장을 문서에 찍으면 일일이 명나라 관리들의 제재를 받지 않아도 되었고, 산업을 자유롭게 할 수도 있었기 때문이다. 또한 고려의 구신이라는 오명에서 벗어나 '조선의 국왕'이라는 법통을 세울 수 있었다.

이외에도 삼남 지방의 백성들에게 세금과 부역을 상당 기간 면제해주면서 북방으로 집단 이주시켜 압록강 이남 지역을 개발하고 국경을 튼튼히 방비하는 등 건국 이후 정도전이 추진해온 사안들이 태종의 집권 기간 동안 차근차근 이루어졌다. 이로써 태종의 즉위 기간 조선은 신왕조의 통치체제와 질서를 확립하게 된다.

따라서 태종은 조선이라는 나라가 중앙집권 체제를 갖추는 데 크게 기여한 왕으로 평가받는다. 세종 대에 절정기를 맞은 것도 태종이 기틀을 다져놓았기에 가능했다. 그러나 정도전이 꿈꾸었던 재상 중심의 중앙집권 체제가 아니라 왕권을 중심으로 하는 중앙집권 국가로 탈바꿈했다. 그런 점에서 '왕자의 난'은 단순히 형제끼리 권력을 둘러싼 다툼이 아니라 조선왕조의 정치 형태가 결정되는 중요한 문제가 결부되어 있었다.

이후 태종은 왕권을 강화하여 국가의 기틀을 잡아가는 과정에서 고려의 역사와 문화는 조선의 필요성에 따라 지워지거나 조선의 것으로 포장되었다. 정도전이 기억 속에서 지워지고 정몽주가 되살아난 것이 그 예였다. 정도전과 이방원 그리고 정몽주의 존재감이 역사에서 완전히 새롭게 정리된 것이다.

정도전·정몽주·이방원은 고려 말기의 극심한 혼란을 극복하기 위해 현실정치에 적극적으로 참여했다. 그 과정에서 정몽주와 정도전이 차례로 이방원에 의해 생을 마감했다. 하지만 세 사람의 인연은 그것으로 끝이 아니었다. 정도전은 자신이 세운 조선의 역사에서 설 자리를 잃은 반면, 고려를 지키다 사라진 정몽주는 조선에서 화려하게 부활했다. 물론 그 뒤에는 왕으로 즉위한 이방원이 있었다.

정도전은 지워지고, 정몽주가 되살아나다

정도전과 정몽주 그리고 이방원의 평범하지 않은 인연은 그들의 정치 행태와도 연관이 있었다. 정몽주가 불사이군不事二君을 내세워 끝까지 고려와 왕실에 의리를 지켰던 이념형 정치인이라면, 정도전은 이념과 권력의 통합형 정치인이었다. 특히 그는 혁명의 성공이라는 현실에 안주하지 않고 역사에 오래 남는 나라를 만들고자 했다. 그리고 『정도전을 위한 변명』(조유식)에서는 "귀족 중심 체제에 코페르니쿠스적 전환을 시도한 모반자이자, 이미 6백 년 전에 군주제의 한계를 인식하고 재상 중심의 정치를 실천한 합리주의자"라고 평가하는 등 서양보다 수백 년 앞서 입헌군주제를 추진했다는 평가를 받는 것이 그 예라 하겠다.

반면 이방원에게 권력은 현실 그 자체였다. 그는 자신의 손으로 아버지와 형을 왕위에 오르게 했고, 스스로의 힘으로 왕위에 올랐다. 그리고 세자를 폐하고 셋째 아들을 왕으로 즉위시켜 조선 초대 왕부터 4대까지 그의 손에서 왕이 결정되었다. 세계사에서도 유례를 찾아보기 힘든 일이었다. 그는 권력을 유지하고 확장하는 과정에서는 가장 현실적으로 대응했다. 대표적인 예로 정도전에게 백성은 섬기는 대상이었다면, 이방원에게 백성은 통치해야 하는 대상이었다.

이방원은 정도전을 "개인적 욕심을 위해 조선 왕실을 해치려고 했다"는 죄로 처형한 후 만고의 역적이라는 족쇄를 채웠으나 정도전의 정책과 제도를 수용함으로써 정도전의 죄가 사실이 아님을 스스로 증명했다. 다만 그 결과 왕권 강화를 지원하는 역할로 소임을 다하게 되었고, 정도전을 대신해서 왕실과 국가에 대한 충절을 상징하는 인물로 정몽주가 화려하게 부활하게 된다. 이러한 조치 역시 조선이 받들었던 유학 이념에 충실한 현실적인 선택이었다.

본래 선진유학先秦儒學에서 '충忠'이란 국가의 개혁이나 민족적 과업을 수행하는 일과 관련하여 정직과 성실을 의미했다. 그러나 후대로 오면서 한 왕조나 한 왕만을 위해 절개를 지키는 것으로 가치 기준이 축소되었고, 조선에서도 후자의 의미로 '충'을 수용했다. 이러한 분위기는 태종의 즉위로 개국공신 시대가 막을 내리고 권력 집단의 세대교체가 이루어진 것과도 연관이 있다. 대표적인 예로 개국 과정에 참여하지 않은 이색 계열의 인물 등이 정치에 참여하여 태종의 왕권 강화를 지원하게 된다. 하륜과 권근이 그들이다.

이들은 태종에 대한 '충'과 조선에 대한 '충'을 별개로 받아들이지 않았다. 특히 킹메이커 역할을 수행하며 태종을 최측근에서 보좌한 하륜은 대신들의 세력을 분산시키고 태종의 왕권 강화를 지원한 특급 참모였다. 태종을 지원하며 외교문서와 의전용 문장을 작성한 권근도 조선 최초로 문형文衡, 즉 대제학의 자리에 오르게 된다.

권근은 문文·사思·철哲을 겸비한 주자 성리학자로 중국에도 이름이 알려진 뛰어난 문장가이자 학자였고, 정치인으로 역사에 이름을 남겼다. 뿐만 아니라 권근의 문하에서 고위직 관리들이 대거 배출되어 조선 중기까지 이색과 정몽주의 학통을 이어가며 조선에 깊이 뿌리내리게 된다.

정몽주가 조선에서 충절의 상징으로 채색된 것도 권근과 연관 있었다. 다음은 태종 1년(1401) 권근이 태종에게 올린 상소문의 일부이다.

> 그(정몽주)의 명석한 재주와 식견으로 어찌 천명과 인심이 돌아가는 것을 몰랐겠으며, 왕씨의 형세가 위태롭고 망해감을 왜 알지 못하였겠으며, (고려가 망하고 조선이 서면) 자신의 목숨이 유지되지 못하리라는 것을 어찌 몰랐을 리가 있겠습니까? 그런데도 그는 한번 섬기던 마음을 변치 않고, 그 절개를 지켜 목숨을 잃는 지경에 이르렀으니, 이것이 이른바 목숨을 빼앗을 수는 있을지라도 큰 절개는 빼앗을 수 없다는 것을 말하는 것입니다.

이에 대간들은 "정몽주의 편에서 태조를 도운 정도전과 조준 등을 제거하려고 했던 권근을 용납해서는 안 된다"며 탄핵하고 나섰다. 정몽주를 거론한다는 것은 조선의 건국 과정과 관련이 있었고, 특히 태종과의 인연을 감안하면 대단히 심각한 사안이었다.

하지만 태종은 권근의 상소를 받아들여 정몽주가 사망한 지 10년 만에 영의정부사로 추증하고 문충文忠이라는 시호를 내렸다. 태종이 결단을 내린 것이다. 그러나 권근의 상소에는 태종의 의중이 담겨 있었다. 강력한 왕권을 기반으로 하는 왕조 국가를 꿈꾸었던 태종은 체제를 비판하거나 새로운 정치체제를 설계하는 사람보다, 체제를 지키려는 협조자를 널리 구할 필요가 있었던 것이다.

정몽주는 왜 조선에서 주목받았나?

태종은 왕위에 오른 후 국가에 대한 충성을 내세우며 왕권과 왕실의 존엄성을 세우기 위해 적극적인 관심을 기울였다. 그러나 개국한 지 10년도 되지 않은 조선은 충신을 배출할 시간적 여유가 없었다. 때문에 태종은 고려왕조로 눈을 돌려 조선과 가장 가까운 시기를 살았던 정몽주를 호출했다. 동시대를 살고 있는 사람들도 정몽주의 충절에 대해서 잘 알고 있었기 때문이다.

태종의 결단은 고려의 잔재에서 벗어났다는 자신감이 한몫했다. 그만큼 새 왕조의 골격이 빨리 세워졌기 때문이다. 이후 '충신 발굴 사업'이 강화되면서 '정몽주 숭배 사업'도 확대된다. 그 결과 정몽주는 조선이라는 왕조 국가에서 충절에 대한 하나의 좌표 또는 전도사라는 평가를 받게 된다.

세종은 집현전 문신들에게 "고금의 충신·효자·열녀 중에서 특히 모범이 될 만한 사례를 모아 삼강행실三綱行實에 관한 책을 지어 충효의 기풍을 되살리게 하라"는 명을 내리면서 정몽주의 얼굴을 「충신도忠臣圖」

에 그려넣고 칭송하는 글을 짓게 했다. 이때 정몽주의 얼굴이 인심 좋은 옆집 아저씨처럼 후덕하게 묘사된 것은 집권층의 기대감이 반영되었을 것이다.

문종은 정몽주의 증손 정윤정鄭允貞에게 관직을 내렸고, 단종 대에는 고려 왕실에 공로가 있는 인물들을 배향하면서 정몽주를 포함시켰다. 하지만 세조 대에는 특별한 조치가 없었다. 세조로서는 자신의 즉위에 반대한 사육신과 정몽주가 그리 다를 바 없었기 때문이다.

세조와 연산군 대를 거치면서 조선은 기득권 관료층이 형성된다. 훈구파勳舊派라고 하는 이들은 각종 정변으로 배출된 공신들과 그 후손들이었다. 이들은 왕실을 포함해 상호간에 혼인 관계를 통해 세력을 견고하게 다졌다. 그리고 조정에는 사림士林이라는 또 하나의 세력이 등장하게 된다.

사림은 향촌 출신의 재야 선비들로, 성리학으로 무장한 고려 말기 신흥사대부의 학통을 이어받은 인물들이 주류를 이루었다. 혁명을 거부하고 조선왕조에 참여하지 않은 이색과 정몽주의 뒤를 이어 길재가 고려에 대한 충절을 지키며 재야에서 은거하며 후학들에게 성리학을 전수했고, 김숙자(金叔滋, 1389~1456)와 김종직(金宗直, 1431~1492) 그리고 김굉필(金宏弼, 1454~1504)로 그 맥이 이어졌던 것이다.

사림들은 성리학을 받든다는 점에서 훈구파와 이념적인 차이가 없었으나 현실정치에서는 큰 차이가 있었다. 이들의 성리학은 정도전과도 달랐다. 정도전은 정치에서 윤리와 도덕을 강조했지만, 궁극적으로 부국강병에 목표를 두고 있었다. 반면 사림은 현실정치에서 윤리와 도덕을 더 중시했다. 이러한 차이는 당시의 정국도 영향을 미쳤다.

조선 초기에 사대부들이 출사했지만, 사림을 대표할 정도는 아니었다. 당시까지도 국정 참여를 거부한 이들이 많았고, 건국한 지 10년도 되지 않아 왕권을 놓고 형제 사이에 골육상쟁이 벌어지자 이들의 출사 분위기는 더욱 위축되었다. 그나마 세종 때 우호적인 분위기가 형성되지만, 수양대군이 조카를 내몰고 왕으로 즉위했고 이어서 폭군 연산군이 등장한다. 이후 반정으로 중종이 즉위하면서 사림들 사이에는 출사를 거부하고 도덕과 윤리 그리고 의리와 명분을 중시하는 학풍이 강화된다.

그렇다고 이들이 정치와 완전히 담을 쌓은 것은 아니었다. 성종 이후 훈구파의 세력 확장에 위기의식을 느낀 왕들이 이들을 견제하기 위해 사림을 불러들이면서 조정에 사림파士林派가 형성되기 시작했다. 이들은 조정에 나와 도덕 정치를 강조했고, 이 과정에서 정몽주가 다시 주목받았다. 성종 8년(1477)에 임사홍(任士洪, 1445~1506)이 정몽주를 문묘에 배향하자고 제안하기도 했다. 이 일은 성사되지 않았지만, 이후 학문과 충절에 대한 논의가 있을 때마다 정몽주의 이름이 가장 먼저 거론되었다.

중종 대에는 사림을 이끌었던 조광조(趙光祖, 1482~1519)가 연산군 때 사형된 스승 김굉필을 정몽주와 함께 문묘에 배향하자고 주장했다. 당시 조광조의 주장은 '정몽주를 앞세워 김굉필의 위상을 높이려는 의도'라며 비판받기도 했지만, 김굉필의 문묘 배향 문제는 학문과 정치적으로 사림의 정통성을 공식화하는 계기가 된다. 원로대신들이 "김굉필이 김종직의 문도門徒라는 이유로 죽임을 당한 것은 잘못된 일이므로 포상해야 한다"고 조정에 건의한 것이 대표적인 예다. 이후 '땅에 떨어진 성리학의 가르침을 일으켜 세우기 위해서는 성리학에 밝고 절의를 지닌 인물을 등용해야 한다'는 목소리가 커지면서 김굉필은 정몽주의 계보를 이어받아 중종 대에 조정에서 적극적인 활동을 했던 새로운 정치 세력의 상징적 존재로 떠오른다. 정몽주가 조선에서 학문과 사상적 정통성을 인정받게 된 것이다.

성리학의 정통 계보에서 배제되다

조선 중기에 들어서면 정몽주-길재-김숙자-조광조로 이어지는 학통이 성리학의 정통 계보라는 인식이 자리 잡았다. 특히 사림파는 세조와 연산군 대에 원칙과 절의를 버리고 권세를 탐했다는 이유를 내세워 훈구파를 비판하면서 '원칙과 절개'는 그들의 최고 가치이자 이념이 된다. 이 과정에서 정몽주는 '참으로 학문이 깊고 넓으며 가장 앞장서서 성리학을 밝힌 동방 이학의 시조始祖·사종師宗·유종儒宗'으로 평가받았고, 심지어 성리학적 입장에서 최초의 순교자로 받아들여졌다.

국가 차원에서 정몽주에 대한 지속적인 선양 사업이 이루어졌다. 명종 때는 정몽주가 살았던 경북 영천에 임고서원臨皐書院이 세워졌고, 선조 때에는 개성에 숭양서원崧陽書院이 세워졌다. 광해군 때에는 경기도 용인에 충렬서원忠烈書院이 세워지는 등 선비들의 간청으로 전국에 많은 서원이 세워졌고, 왕들의 각별한 배려를 받으며 운영되었다.

이처럼 사림파의 목소리가 커지면서 신유학적 전통이 단절되고 의리론이 떠오르자 정도전은 성리학적 질서에 근거한 조선왕조의 개창자라기보다는 '변혁을 주도한 혁명가' 또는 '사회질서를 문란하게 한 반역자'

등, 후대로 갈수록 그에 대한 평가가 변질되었다. 심지어 성격이 고약한 인격 파탄자로 묘사되는가 하면, 그의 이름을 거론하는 것조차 금기할 할 정도로 민감한 존재가 되어버렸다.

선조 22년(1589) 정여립(鄭汝立, 1546~1589)의 난으로 피의 숙청이 이어졌을 때 '길삼봉吉三峯이라는 정체불명의 반란군 지도자가 누구인가?'를 놓고 논란이 벌어진 적이 있었다. 당시 사헌부 지평을 지낸 최영경(崔永慶, 1529~1590)이 길삼봉으로 지목되어 의금부에서 모진 고문을 받고 사망했는데, 그는 죽기 전에 "삼봉은 결단코 저의 별호가 아닙니다. 정도전의 호가 삼봉인데 어찌 그것이 (저의) 호이겠습니까?"라고 호소했다.

광해군 9년(1617)에는 『홍길동』의 저자 허균(許筠, 1569~1618)이 역모죄로 체포되었을 때 "역적 허균은 한평생 정도전을 흠모하여 항상 현인賢人이라고 칭했으며, 동인시문東人詩文을 뽑을 때도 정도전의 시를 가장 먼저 뽑았다"며 역모의 증거로 '평소 정도전을 흠모했다'는 이유를 제시하기도 했다.

정도전과 사림들 사이에는 동일하게 추구하는 정치적 지향점이 있었다. 사림들 역시 정도전이 꿈꾸었던 사대부들을 중심으로 하는 신권정치를 계승하여 왕권에 대한 신권의 강화를 주장했다. 심지어 사색 당쟁으로 논쟁이 끊이지 않았던 시기에는 '국왕의 나라'가 아닌 '사대부의 나라'를 꿈꾸기도 했다. 하지만 사림은 이러한 정치사상의 뿌리를 정도전에게서 찾지 않았다. 그들에게 정도전은 여전히 체제 변혁을 시도한 위험한 인물이었기 때문이다.

사대부의 나라를 꿈꾸었으면서도 가장 적대감을 표현한 인물은 노론의 영수이자 대표적 성리학자였던 송시열(宋時烈, 1609~1689)이었다. 그는 정도전을 '간신奸臣'이라고 한마디로 정의했다. 반면 『포은집』을 발간하면서 쓴 서문에 다음과 같이 정몽주를 극찬했다.

> 포은 선생께서 고려 말에 빼어나게 태어나시어, 섬기던 고려에 충성을 다하고, 사직을 갈아 조선이 될 때에 목숨을 다하셨으니, 그 인륜과 청니靑泥를 붙들어 세우신 공은 참으로 천지에 우뚝하고 일월에 빛날 만하다. ……멀리 기자의 도를 이어받고 가까이 주자의 법을 지켜 조선의 성대한 문명을 열어서 우리나라 사람들이 대대로 끝없는 은혜를 받게 하신 것이야말로 헤아릴 수도 없고, 헤아려 두루 알 수도 없는 것이다. ……선생이 나신 것은 고려의 행복이 아니고 우리 조선의 행복이다.

이처럼 정도전과 정몽주에 대한 평가는 학문적 반성에 따른 것이 아니라 정치와 사회적 환경의 변화에 따라 이루어졌다.

정도전의 공백을 메워나가다

성리학의 물줄기를 되돌려놓다

남송南宋시대에 국난을 극복하려는 목적에서 형성된 신유학, 즉 성리학은 원나라를 거치면서 실용적인 측면이 강조되었고, 학문의 영역을 넘어 현실정치에서 개혁을 위한 이념적 지주 역할을 담당했다. 원나라에서 고려로 전해진 성리학은 체제 유지에 필요한 부분을 선택적으로 수용한 경향이 있었다. 경세론적 성격이 강했고, 현실정치에서 윤리와 도덕을 구현하고 사람을 교화하는 실천 의지를 강조하는 등, 이 시기에 성리학을 수용한 신흥사대부에게서 정치와 사회운동의 성격을 발견할 수 있는 것이 그 예라 하겠다.

정도전이 수용한 성리학에는 기술학이 존중되는 공리적公利的인 사고와 실증을 중시한 한당유학漢唐儒學의 가치관이 포함되어 있었다. 그러나 조선은 건국기를 넘기면서 나라의 기틀이 잡혀가자 변화와 개혁 그리고 부국강병을 추구하는 실용성보다는 우주 자연과 인간 본성의 탐구라는 형이상학적 성리학이 주류를 이루게 된다. 이러한 분위기는 조선 중기를 넘어서면서 더욱 철저해졌다. 따라서 정도전의 학문은 진정한 성리학이 아니라며 배척된다.

심지어 『율곡전서栗谷全書』에서 이이(李珥, 1536~1584)는 고려 말기의 성리학을 다음과 같이 평했다.

> 우리나라는 이학의 전해짐이 없었다. 전 왕조(고려) 시대에 정몽주가 그 단서를 처음으로 발하기는 했지만, 일상생활에서 지켜야 할 법도가 정밀하지 못하였다. 우리 조선왕조에 김굉필이 그 단서를 접했지만, 역시 크게 두드러지지 않았다. 조광조가 그 도를 주창함에 이르러, 학자들이 모두 추존하게 되었다. 오늘날 성리학이 있다는 것을 알게 된 것은 조광조 덕분이다. ……정포은(정몽주)은 이학의 시조로 불리고 있으나 내가 보기에는 사직을 평안하게 한 신하이지 유학자는 아니다. ……고려 말의 정몽주는 자못 배우는 사람의 기상이 있었으나, 역시 그 학문을 성취하지 못하였다. 그의 행적을 더듬어보면 충신에 지나지 않을 따름이다.

이이는 고려 말 성리학의 학문적 업적 자체를 인정하지 않았다. 여말선초의 성리학자들에게서 이理와 기氣에 대한 이해의 흔적조차 찾아보기 힘들었기 때문이다. 따라서 성리학을 정통으로 공부한 후대의 이이나 이황(李滉, 1501~1570)과 같은 학자들이 보기에 신흥사대부는 충신으로 평가할 수는 있어도 진정한 성리학자로 평가할 수 없었던 것이다. 그럼에도 성리학이 이론적이고 철학적인 학문으로 정착되면서 조선 사회에 많은 기여를 한 것은 사실이지만, 정치 분야에서는 공리공상空理空想이나 자구의 해석을 두고 소모적인 논쟁이 이어졌다는 비판에서 자유롭지 못했다.

한편 정도전이 사망한 후 조선에서는 그의 공백들이 메워지기 시작했다. 대표적인 예로 성리학의 경우 큰 틀에서 보면 정도전은 개혁 성향을 담아 성리학을 현실정치에서 적극적으로 실천에 옮겼다면, 권근과 하륜은 그 물줄기를 왕권 강화를 통한 국가의 기틀을 마련하는 방향으로 돌려놓았다. 뒤를 이어 사림이 등장하여 성리학을 학문 중심의 이론으로 물줄기를 되돌려놓았다.

따라서 사림들의 입장에서는 자신들이 성장함으로써 성리학을 '학문이라는 본래의 자리로 되돌려놓았다'는 자부심을 갖기에 충분했다. 그리고 권근은 정도전과 사림 사이에서 활동하며 조선 초기에 성리학이 국가의 지도 이념으로 자리 잡는 데 기여하게 된다.

권근, 일찍이 정도전과 각별한 인연을 이어갔지만…

조선은 개국 초기에 인재를 영입하는 과정에서 급진파와 적극적인 대립을 하지 않고 은거하던 인사들을 묵인하면서도 한편으로는 지속적으로 회유를 시도했다. 이색·길재·원천석 등이 그들이다. 이러한 과정에서 길재보다 더 저항했던 권근이 뒤늦게 참여하여 초야草野의 벗들에게 새 왕조에서 능력을 발휘할 것을 종용하기도 했다.

> "지금 사람들이 기대하는 바는 정승의 지위요, 그대가 자처하는 것은 초야의 농부다. 정승으로 현달하면 의를 일세에 펴고, 초야에 궁하게 살면 의를 일신에 보존하니, 지위는 빈궁과 영달은 있어도 의리는 없는 곳이 없다. 그러나 궁달은 운명에 따르되, 보존하는 것은 자신에게 따르는 것이다."

권근은 본관이 안동으로, 그의 집안은 고려의 관계官界와 학계學界 그리고 정계政界에서 많은 인재를 배출한 명문가였다. 그의 증조부 권부權溥는 성리학을 받아들여 고려에 뿌리내리게 한 1세대로, 일찍이 중국의 문인·학자들과 교유하며 가학家學을 형성했다. 이후 그의 집안은 사신의 임무를 띠고 빈번하게 중국을 왕래하면서 문인·학자들과 교유하며 중국의 선진학문과 문물을 가학으로 대물림했다.

그의 집안은 이제현과 이색의 집안과 혼인 관계를 맺었고, 신흥사대부와도 친밀한 교유 관계를 유지했다. 권근의 외가는 청주 한씨 집안이었고, 처가는 고성 이씨 집안이었다. 권근은 부인과 사별死別한 후 경주 이씨 집안 이존오의 딸과 재혼했다. 두 처가는 장인이 모두 일찍 사망해서 번성하지는 못했지만, 학문적으로 명망이 높았다.

권근은 이러한 집안의 전통에 영향을 받아 자신의 학문적 기반을 형성했다. 또한 이색의 제자로 일찍이 정몽주·정도전과 교유했다. 그가 언제 정도전과 처음 만났는지는 확실하지 않지만, 이색의 문하에서 공부한 것이 인연이 되었다.

정도전보다 열 살 아래였던 권근은 이미 십 대의 나이에 학계에서 이름이 날 정도로 명석했고, 18세 때인 공민왕 18년(1369) 과거를 통해 관직 생활을 시작했다. 정도전보다 7년 늦은 시기였고, 이방원이 태어난 다음 해였다. 이듬해(1370) 정도전이 부모상을 마치고 성균관박사로 복직했을 때 함께 근무했다.

그러나 우왕 1년(1375) 북원의 사신 영접을 반대한 정도전이 유배되었을 때 권근은 무사했다. 권근이 나이가 어려 권신들의 눈에 띄지 않았을 수도 있지만, 가문의 후광이 작용했을 것으로 보인다. 이후 권근은 예문관·춘추관·성균관 등 교육과 문한文翰에 관련한 관직을 두루 거치며 관리이자 학자로 성장하게 된다.

권근은 정도전이 유배 중에 시를 보내는 등 교유 관계를 이어갔다.

> (……)
>
> 과정瓜亭에게 전해주게 안부를 묻더라고
>
> 남북南北이라 그대를 생각하는 정 누가 알리

여기서 과정은 「정과정곡」을 쓴 고려의 문인 정서(鄭敍, 생몰 미상)의 호이다. 정서는 왕의 총애를 받았으나 내시들의 모략으로 동래東萊에 유배되어 오랫동안 고초를 겪은 인물로, 억울하게 죄를 받고 유배 생활을 하던 정도전에 비유한 것이다.

이에 정도전은 다음과 같은 답시를 보냈다.

(……)

벗님의 시 구절이 쌍금雙金보다 중하여

한번 읽으니 온갖 시름이 씻은 듯 잊히네

여기서 쌍금은 남방에서 출산되는 귀한 물건으로, 권근이 보내준 시에 비유한 것이다.

이후 우왕 10년(1384) 정도전이 복직하면서 두 사람은 다시 만났고, 우왕 14년(1388)에는 함께 지공거가 되어 33인의 진사를 선발하기도 했다. 두 사람은 이숭인의 『도은집』에 서문을 쓰기도 했고, 『삼봉집』과 권근의 『양촌집陽村集』에 서로에 대한 마음을 담은 시문들이 수록되어 있다. 권근과 관련하여 『삼봉집』에 수록된 다음의 시가 그 예이다.

좋은 벗이 이웃에 함께 살면서

골목이 이리저리 접해 있다오

새벽 찬 이슬에 젖으면서

등불 밝혀 밤에 모이네

마주 앉아 기문記文을 감상하다가

이치의 극을 보면 말을 잊는다

날로 달로 언제나 이와 같으니

이 즐거움을 잊지 말자 맹세를 하네

이처럼 두 사람은 이웃에 살며 도연명의 시를 함께 읽고 시문을 주고받는 등 각별한 인연을 이어갔다. 물론 두 사람을 든든하게 묶어준 고리는 성리학에 대한 관심과 열정이었고, 권근을 생각하는 정도전의 마음 속에는 그의 학문을 인정한다는 의미가 담겨 있었다.

그러나 두 사람은 정치적 견해차로 서로 다른 길을 가기도 했고, 같은 길을 가면서도 여전히 정치적 견해차를 좁히지 못했다.

서로의 차이를 좁히지 못하다

정도전과 권근은 분명한 차이가 있었다. 고려 말기의 혼란스럽고 어려운 시절을 겪으면서 관리로서의 자책감을 읊은 「유감有感」이라는 시에서 권근이 당시 정국을 어떻게 바라보고 있는지 알 수 있다.

> 대도大道는 성쇠가 있고 뜬구름 같은 인생은 시비도 많네
> 동지인데 날이 따뜻하고 짙은 안개에 햇빛이 희미하다
> 조정과 저자의 풍속이 변했고 들판 허물어진 곳에 밥 짓는 연기 드물다
> 시절이 위태로운데 아무 보탬도 없이 비단 관복 입고 게으르네

여기서 대도大道란 유교의 가르침으로, 신유학을 공부한 신진사대부인 자신이 고려 말기에 권신 이인임과 친원파 그리고 최영과 이성계의 무인 세력 사이에서 '성현의 가르침은 시들고 인생살이에 시빗거리도 많다'고 탄식하면서 혼탁한 고려 말기 사회에서 유학을 공부한 문인으로서 원칙과 명분을 지키려 하지만 아무런 기여도 하지 못한 채 관직에

몸 담고 있는 자신의 처지에 대한 자괴감을 담고 있다.

향리 출신인 정도전과 달리 권근은 명문가 출신으로 가문의 후광도 관직 생활에 영향을 미쳤다. 정도전이 모든 분야에서 생각을 글로 밝히고 활동했다면, 권근은 경학에 관한 논술은 풍부하지만 정치와 사회사상에서는 한정된 분야에만 입장을 피력했을 뿐이고 경제사상에 대한 언급은 찾아볼 수 없다.

두 사람의 사상적 기반이 성리학이기는 하지만 윤리관이나 신분제 그리고 정치체제에 대한 입장은 같지 않았다. 예를 들면 권근은 "군주가 부르고 신하가 화답하면 반드시 공이 이루어지니, 마치 양陽이 부르고 음陰이 화답하면 비(雨)의 은택恩澤이 내리는 것과 같다"며 군주가 정치를 주도하고 신하들이 이에 따르는 것이 천리에 부합하는 것임을 분명히 했다.

특히 전제 개혁이 시작되자 권근이 이색의 주장에 동조하면서 정도전과 사이가 벌어지기 시작했다. 그리고 공양왕이 즉위한 해(1389) 10월에 탄핵받던 이숭인을 권근이 옹호하다 지금의 황해도 금천군인 우봉牛峰으로 유배되었고, 이듬해(1390)에는 '윤이·이초 사건'에 연루되어 지금의 전북 익산인 익주益州로 다시 유배되었다. 이후 유배에서 풀려나 충주에서 은거할 때 조선이 개국했고, 태조 3년(1394) 계룡산에 행차한 태조가 그를 불러 환조(이자춘)의 능에 비문을 작성하게 한 것이 인연이 되어 태조와 함께 귀경하게 된다.

권근은 같은 해 9월 정도전과 다시 만났다. 당시 두 사람의 만남은 남다른 의미가 있었다. 국가의 기틀을 구축하는 일에 동분서주하던 정도전은 유학의 문화와 이상을 합리적인 수단으로 구체화하여 정치에 적용할 수 있는 성리학자가 필요했다. 그러나 개혁에 동참한 신흥사대부는 경서의 내용을 교조적으로 차용하는 경우가 적지 않아 '종이 위의 개혁'이라는 지적을 받기도 했다. 따라서 자신의 사상을 이해하고 정리할 수 있는 사람을 찾기 쉽지 않았던 정도전에게 권근은 이상적인 동료였다.

정도전은 심혈을 기울여 저술한 『불씨잡변』을 권근에게 처음으로 보여줄 정도였다. 당시 권근은 『불씨잡변』 본 후 "이단異端과 공리空理를 비판하고 유교를 밝게 드러내는 책임을 자부하고 또 실천에 옮긴 인물이다"라고 정도전을 극찬하며 척불론을 적극적으로 지원했다.

정도전과의 만남은 권근에게도 의미가 있었다. 태조의 부름을 받아 출사하기는 했지만, 권근은 주변 사람들로부터 변절자라는 비난을 면치 못했다. 조정에서 정치적 입지가 미약했던 권근은 정도전을 통해 자신의 능력을 펼칠 수 있는 기회를 맞이하게 된다.

권근은 정도전과 함께 일하면서 주로 교육·연구·의례·시행 등 학문과 이론 분야를 지원했고, 정도전의 저술에 주석이나 서문·발문을 작성해 정도전이 개발한 정책을 이론적으로 뒷받침했다. 권근은 이 시기를 "밝은 왕과 어진 신하가 만나 정치가 안정되고, 공업功業이 이루어졌다"며 개국의 기틀을 잡아가던 태조와 정도전을 극찬했다.

이후 태조 5년(1396) 6월에 발생한 표전 문제는 권근의 정치 인생에서 전환점이 된다. 당시 권근은 자신도 표전문 작성에 관여했다며 정도전을 대신해서 명나라에 가겠노라 자청했고, 주원장의 환대를 받고 8개월 후인 태조 6년(1397) 3월에 귀국했다. 권근은 이때의 공을 내세워 원종공신에 추가해달라고 요청했고, 태조가 이를 수락하여 조선의 개국에 참여하지 못한 정치적 약점을 보완하게 된다.

그러나 두 사람은 정치적 견해차를 좁히지 못했고, 결국 1차 왕자의 난으로 정도전과 권근의 30년 우정은 막을 내렸다. 이후 권근은 정종이 이방원에게 왕위를 물려줄 때 하륜의 건의로 이방원의 공적을 추켜세우며 즉위의 정당성을 강조하는 내용으로 양위교서를 전면 재작성했고, 그 공으로 좌명공신 4등에 오르며 태종과 더욱 가까워지게 된다.

태종은 편전에서 『대학연의』를 강독하다 막힐 때면 권근에게 물어오라는 등 각종 경서를 권근에게 배우기도 했다. 태종은 권근을 신임하며 중용했고, 권근 역시 태종을 적극적으로 지원하게 된다. 그러나 이것으로 정도전과 권근의 인연이 끝난 것은 아니었다.

정도전의 공백을 메우며 조선에 뿌리내리다

권근은 태종의 치세 기간 동안 건국의 기틀을 마무리하는 작업에 참여하면서 정도전의 공백을 메워나갔다. 이 과정에서 정도전이 뿌려놓은 많은 정책을 이어받았다. 권근은 태종에게 정도전이 저술한 『경제문감』을 권하며 다음과 같이 말했다.

"일찍이 국초에 신臣 봉화백 정도전이 『경제문감』을 편수할 때에 대간의 직임에 대한 역대 연혁과 선유先儒의 격언을 갖추어 신지 않은 것이 없었습니다. 신이 그 당시에 함께 교정을 하였는데, 직임의 중함을 말한 것으로 더는 심오한 뜻이 없습니다. 지금 주상의 명령을 받고 다시 문감에 실리지 않은 송제宋制의 연혁과 송조 대간臺諫으로서 어진 신하의 언행과 사적 한두 조건을 상고해 참고하고 잘못을 바로잡아 다시 고쳐서 『경제문감』 한 질과 함께 바치오니, 맑고 조용한 여가에 특별히 한번 보시면 아마도 간언을 좇는 미덕에 도움이 있으실 것입니다."

비록 권근이 『경제문감』 편수 작업에 참여했다고는 하나 정도전이 처형된 지 몇 년 지나지 않은 시기였다. 따라서 정도전의 이름을 거론하며 그의 저술이 태종의 국정 운영에 도움이 될 것이라고 공개적으로 건의한다는 것은 위험천만한 일이었다. 그런 점에서 이 책의 편수 작업에 참여한 권근의 자부심과 함께 태종의 통치 기반을 강화하는 데 정도전이 남겨놓은 저술들이 여전히 유효했음을 의미했다.

권근은 태종의 치세 기간 동안 문장과 학문 분야에서 탁월한 능력을 발휘했다. 조정에서 작성한 대부분의 글은 그의 손을 거쳤고, 개인 문집인 『양촌집』을 비롯해 초학자들을 위해 성리학의 기본 원리를 쉽게 해설한 『입학도설入學圖說』 그리고 현존하는 유교경전 주석서 가운데 가장 오래된 『오경천견록五經淺見錄』 등 문장이 매우 탁월하다고 손꼽히는 대표적 성리학 저서들을 남겼다. 그의 저서들은 이후 이황李滉 등 후대의 학자들에게 커다란 영향을 주는 등 성리학 발전에 지대한 공을 세우게 된다.

또한 시 「계룡일송鷄龍一頌」을 지어 조선왕조의 개국을 칭송했고, 「환왕정릉신도비병서桓王定陵神道碑幷序」에는 고려의 국운이 공민왕에서 끊어지고 창왕 이후는 왕씨王氏가 아니라는 내용을 담아 조선왕조 개국의 정당성을 설파하기도 했다.

권근은 고대사의 역사적 검증을 통해 태종의 왕권 강화와 통치 이념을 제공하는 역할도 담당했다. 예를 들면 그가 편찬한 『동국사략東國史略』은 성리학적 명분론을 깊이 투영한 역사서로, 불교와 신화 등을 강도 높게 비판했고, 삼국의 역사를 신라 위주로 서술하면서 삼조선三朝鮮과 삼한三韓의 역사를 삼국시대 이전에 놓아 『삼국유사』와 『제왕운기』에서 서로 다르게 기록된 내용의 혼란을 바로잡았다.

권근은 때때로 왕권 강화를 위한 정치적 역할도 자임하고 나섰다. 태종이 그를 대사헌에 임명하자 정파적 문제가 아니라 국가 차원의 문제라는 논리를 내세우며 사병 혁파를 주장하기도 했다. 태종 1년(1401) 6월에는 관제 개혁안을 올려 건국 후 처음으로 전국적인 규모로 관원이 임명되었으며, 화약 제조 기술과 목화 재배를 발전시키기 위해 문익점(文益漸, 1329~1398)의 아들 문중용文中庸과 최무선의 아들 최해산(崔海山, 1380~1443)에게 사업을 이어가도록 건의하기도 했다. 이후 목화는 쌀과 함께 세수의 원천이 되었고, 화약은 세종 때 쓰시마 섬 정벌에서 위력을 발휘하는 등 군사력 향상에 크게 기여했다.

태종 3년(1403) 권근의 아들 권규(權跬, 1393~1421)가 태종의 셋째 딸 경안공주(慶安公主, 1393~1415)와 혼인하여 왕실과 인척 관계를 맺었다. 『지재집止齋集』과 단군 이래 우리나라 역사를 간략하게 기술한 『동국세년가東國世年歌』 등을 저술한 의정부 찬성사 권제(權踶, 1387~1445)도 그의 아들이며, 손자 권람(權擥, 1416~1465)은 세조의 최측근으로 영의정에 오르는 등, 권근의 후손들 역시 문장으로 능력을 인정받아 조선에서 명문가를 이루었다.

이처럼 권근은 정도전이 사망한 후 조선을 유교 국가의 반석 위에 올려놓는 데 능력을 발휘했다. 그는 말년에 태종의 즉위와 1차 왕자의 난이 일어나게 된 불가피성을 언급하면서 정도전에 대해 이렇게 말했다.

> "간신奸臣 정도전이 표전 때문에 견책을 받게 되어 황제가 두 번이나 사신을 보내어 책망하였으나 병을 핑계로 가지 않고 군사를 일으켜 요동을 치며 명령을 거부하려고 음모하였다. 무인년(1398) 가을 우리 태조가 병중인 틈을 타서 모든 적자嫡子를 제거하고 어린 서얼庶孼을 끼고 제멋대로 자신의 뜻을 펴고자 밤에 사제(私第, 개인 소유의 집)에 모이곤 하여 그 화단禍端의 기미가 이미 긴박하였다. 전하(태종)께서 이를 밝게 살피어 남김없이 제거하고 적장자嫡長子인 지금의 상왕(정종)을 세자로 세울 것을 청하므로 인륜이 바로잡히고 종사가 곧 안정되었다."

권근은 정도전을 간신으로 규정하여 "그 일파를 제거함으로써 인륜이 바로 서고 종사가 안정되었다"며 마지막까지 태종의 집권에 정당성을 부여하는 역할을 수행했다.

태산보다 무거운 죽음과 홍모보다 가벼운 죽음을 생각하다

이름을 거론하는 것조차 금기시하다

정도전은 사망한 후 행장이나 신도비는 물론 어디에 묘를 썼는지조차 전하지 않는다. 정몽주의 묘가 용인에 거대하게 조성되어 있는 것과는 매우 대조된다. 다만 『봉화 정씨 족보』에 따르면 "정도전의 묘는 경기도 광주廣州 사리현土里峴에 있고, 부인 최씨의 묘는 양재역 상초리霜草里에 있다"고 기록되어 있다. 김정호金正浩의 『동국여지지東國輿地志』에 따르면 "정도전의 묘는 경기도 과천현 동쪽 18에 있다"고 기록되어 있다.

이곳은 현재의 우면산 북쪽 자락을 말한다. 부인의 묘가 있는 상초리는 지금의 서초동으로, 부부의 묘가 이처럼 떨어져 있는 것은 그만큼 두 사람의 운명이 순탄하지 않았음을 보여준다.

현대 사회에 들어와서 정도전의 후손들이 『동국여지지』의 기록을 근거로 조사에 나서서 양재역 부근의 외교안보연구원 뒤편 우면산 기슭에서 주인 없는 묘를 발견했고, 1989년 한양대학교 박물관에서 이 묘를 발굴 조사했다. 당시 묘에서 조선 초기의 고급 백자와 함께 머리 유골이 발굴되어 관심을 모으기도 했다.

지석이 없어 단정하기는 어렵지만, 정도전이 참수되었다는 사실과 출토된 백자가 조선 초기 고위층에서 사용했다는 점 그리고 묘지 일대를 지금도 '사도감'이라는 부르는데, 당시 동원된 인부들이 이곳 사도감 출장소에서 전표를 받았을 것으로 보인다는 점에서 전문가들이 묘의 주인을 정도전으로 추정하고 있다. 600여 년 만에 그의 묘를 찾은 것이다.

묘가 발견된 곳은 우면산 주봉에서 북쪽으로 뻗은 세 지맥 중 능선 끝자락으로 풍수상 명당자리라고 한다. 자신이 직접 묫자리를 선택한 것은 아니지만, 개국 초기 천도 논쟁에서 풍수지리와 도참설을 잠재우며 한양을 건설했던 정도전을 생각하면 묘한 생각이 들기도 한다. 아마도 누군가 정도전의 죽음을 애도하며 베푼 마지막 배려였을 것이다.

이후 서초교육청 공사로 지금은 묘의 흔적을 찾아볼 수 없고, 유골은 한양대학교 박물관에서 보존하고 있다가 경기도 평택시 진위면 은산리 189에 있는 문헌사文憲祠 맞은편 은정굴 야산에 가매장되었다. 문헌사는 정도전을 모신 사당으로 1912년 봉화 정씨 문중에서 당시의 종가 터로 옮긴 것으로 전한다. 이곳은 현재 경부고속도로 상행선 안성 휴게소 부근이다.

정도전이 죽어서도 이러한 대접을 받게 된 이유는 조선왕조에서 그가 지니고 있는 파괴력이 강했기 때문이다. 그는 새 국가의 틀 안에 새 이념과 새 정치체제를 채움으로써 혁명을 마무리하려고 했지만, 최경영과 허균의 예에서 보았듯이 왕실 입장에서 정도전의 사상은 체제 변혁을 의미했다. 따라서 그의 이름을 거론하는 것조차 금기시했던 것이다.

467년 만에 복권되다

정도전은 기득권층을 중심으로 사대부들에게도 부정되었다. 특히 조선은 개국 이후 성종 대까지 100년도 안 되는 기간 왕권을 두고 7차례에 걸쳐 정변이 일어났고, 이를 진압한 공으로 개국공신 외에도 정사공신(定社功臣, 1398)·좌명공신(佐命功臣, 1401)·정난공신(靖難功臣, 1453)·좌익공신(佐翼功臣, 1455)·적개공신(敵愾功臣, 1467)·익대공신(翊戴功臣, 1468) 등 4백여 명의 공신이 배출되었다.

여기에 원종공신原從功臣이라고 해서 공신의 자제와 사위까지 공신 칭호가 남발되어 그 수가 약 3천 명에 이른다. 이들은 조선 사회에서 뿌리내리며 기득권층을 형성하여 정치적·사회적 위상을 유지해 나갔고, 이 과정에서 다시 한번 정도전은 부정된다. 이들도 정도전 한 사람을 감당하지 못했던 것이다.

여기에 조선의 역대 임금 27명 가운데 독살되었거나 독살설이 전하는 왕은 예종·인종·선조·효종·현종·경종·정조·고종 등 8명이다. 그리고 단종은 살해당했고, 왕위에 오르지는 못했지만 소현세자와 사도세자도 왕위와 관련한 권력투쟁으로 희생되었다. 또한 중종반정과 인조반정으로 정통성을 지닌 군주들이 쫓겨나는 등 조선 500년 역사에서 절반이 넘는 왕들이 순탄하지 못한 즉위 과정을 거치게 된다. 따라서 '논란의 여지'를 안고 즉위한 왕들은 정통성 확보에 적극적인 관심을 기울여야 했다.

이러한 과정에서 왕과 공신 등 기득권층들은 보수화가 되었고, 정도전은 이들의 경계 대상이었다. 그나마 다행이라면 조선의 역대 왕 또는 실권자 중에서 영조와 정조 그리고 대원군이 정도전에게 관심을 기울였다. 특히 정조는 정조 15년(1791) 규장각에 명하여 『삼봉집』에 누락된 글들을 수집하고 문집 체제를 정비하게 했다. 이것이 오늘날 가장 많이 읽히는 『삼봉집』이다.

고종 2년(1865) 9월, 경복궁을 중건하면서 정도전의 공훈과 지위를 회복시키고 시호를 내려 제사를 받들 후손을 세우라고 대왕대비(신정왕후)가 명했다. 정도전이 사망한 지 467년 만이었다.

이러한 조치들은 대원군의 의중이 반영된 것이었다. 그러나 대원군에 의한 정도전의 복권 작업은 그의 사상과 업적에 대한 평가를 기반으로 한 것이라기보다는 경복궁 중건을 통해 왕실의 존엄성을 회복하려는 의도가 담겨 있었다. 이처럼 정도전에게 관심을 기울였던 영조·정조·대원군은 모두 통치 기반을 강화하기 위해 개혁 정치를 추진했던 특별한 경우에 해당했다. 따라서 관점을 달리하면 조선을 세운 정도전은 조선에서도 감당하기 버거운 존재였던 것이다.

고종 5년(1868) 경복궁으로 이어하면서 정도전·남은·심덕부 등의 무덤에 각 지방관들을 보내어 치제(致祭, 임금이 제물과 제문을 보내어 죽은 신하를 제사 지냄)를 하라고 명했으며, 고종 7년(1870) 정도전의 16대손 정응기鄭應夔가 봉사손(奉祀孫, 조상의 제사를 맡아 받드는 자손)으로 정해졌다.

고종 8년(1871) 정도전에게 문헌(文憲)이라는 시호가 추증되었지만 묘소가 없어 사손 정응기는 사판(祠版, 위패)으로 치제를 받들 수밖에 없었다.『승정원일기』에 따르면 당시의 사정은 다음과 같다.

예조에서 말하기를, "'봉화백 정도전의 묘소가 이미 실전失傳되었으므로, 사판으로 제사를 받는 것은 형세에 있어서 참으로 그러하나, 성상의 명령이 내린 아래라서 감히 아래에서 마음대로 결정하지 못하겠습니다. 어떻게 해야겠습니까?'라고 올린 초기草記에 대해서, '사판에다가 치제하라'고 전교하여 명을 내리셨습니다. 치제하는 것을 오는 4월 2일에 경기 양성陽城에서 공경히 받겠다고 하니, 전에 내린 명에 따라서 지방관을 파견하여 거행하도록 하되, 제문祭文은 예문관으로 하여금 찬출하게 해서 전례대로 예조의 서리書吏를 정해 싸서 내려 보내고, 제물祭物을 진설하는 것과 집사관執事官을 차정하는 등의 일은 본도로 하여금 거행하라고 분부하는 것이 어떻겠습니까?" 하니, (왕이) 윤허한다고 전교하였다.

고종 9년(1872) 봄, 정도전의 후손과 죽산부사竹山府使 이헌경李憲璟의 주도로 경기도 양성현 산하리에 3칸 규모의 사당을 짓자 조정에서 '유종공종儒宗功宗'이라는 편액을 내렸고, 그 이름을 '문헌사文憲祠'라 했다.

정도전이 단순히 체제 변혁을 시도한 혁명가가 아니라는 사실은 그가 어떤 조선을 세웠는지를 보면 알 수 있다. 비록 그는 역사에서 지워졌지만, 그가 설계한 조선은 제도와 정책들의 모순과 충돌을 줄일 수 있었고, 500년의 역사를 이어올 수 있었기 때문이다.

태산보다 무거운 죽음과 홍모보다 가벼운 죽음을 생각하다

정도전은 역적의 죄명을 쓰고 죽었지만, 집안이 멸문지화滅門之禍를 당하지는 않았다. 하지만 그의 후손들 역시 그의 사후 폐서인되는 등 부침이 심했다. 정도전은 진津·유游·영泳·담湛 등 사형제를 두었지만, 둘째와 셋째 아들 유와 영은 정도전이 피살되던 날 살해되었고, 막내 담은 정도전의 사망 소식을 듣고 집에서 스스로 목숨을 끊은 것으로 전한다.

다행히 장남 진은 태조의 온천 행차를 수행하여 유일하게 살아남았으나 전라도 수군으로 강등되어 고초를 겪다가 태종 7년(1407) 나주목사로 등용되었다. 이후 세종 때 한성부 판사로 재직하며 홍수에 대비해 청계천 확장 공사를 건의하여 마무리했고, 형조판서에 올랐다.

정도전의 동생 도존은 사건 당일 피살되었고, 막내동생 도복은 일찍이 관직을 버리고 낙향했다가 태종 9년(1409) 8월 인녕부사윤에 등용되었다. 그러나 태종 11년(1411) 8월, 20여 년 전 이숭인 등의 죽음이 문제가 되어 사망한 정도전이 탄핵을 받게 되었을 때 도복도 폐서인되고, 후손들은 관직 진출이 금지된다. 이후 도복은 태종 16년(1416) 6월 복권되어 후손들의 벼슬길이 열렸다.

1912년 봉화정씨문중奉化鄭氏門中에서 현재의 경기도 평택시 진위면 은산리로 정도전 사당을 옮겼고, 1922년 봄에 18대손이 정도전의 묘가 없음을 안타까이 여겨 여러 종친들이 상의하여 제사를 지내는 단을 설치했으며, 1930년 당시 종가 터인 은산리 187번지로 옮겼다. 이후 1970년 북동쪽 20여보 앞으로 내어서 증축하여 오늘에 이르고 있다.

정도전의 손자(첫째 진의 아들)인 정래(鄭來)가 용인현감으로 재직할 때 조상의 왕조 창업 유업을 계승하기 위해 경기도 평택을 집성촌으로 가꾸었으며, 현재까지 후손들이 살고 있다. 이외에도 강원도 양구군 남면 야촌리와 동면 입당리, 강원도 화천군 상서면 구운리 그리고 경북 영풍군 이산면 원리 등에도 봉화 정씨 집성촌이 전하고 있다.

정도전의 첫째 아들 진의 손자 정문형(鄭文炯, 1427~1501)은 세종 29년(1447) 문과에 급제해 관찰사와 판서를 거쳐 세조 때 우의정까지 올랐다. 정문형은 세조 11년(1465) 증조할아버지의 『삼봉집』을 편찬하면서 영의정 신숙주(申叔舟, 1417~1475)에게 서문을 부탁했다. 당시 신숙주는 "개국 초기 무릇 나라의 큰 규모는 모두 선생(정도전)이 만들었으며, 당시 영웅호걸이 구름처럼 모여들었으나 그분과 비교할 만한 이가 없다"라고 평가했다.

신숙주의 평가대로 정도전은 역사 속에 등장하는 그 누구보다도 정치가 무엇이고, 정치인이 존재해야 하는 이유를 온몸으로 실천에 옮긴 탁월한 인물이었다. 그리고 600년이 지난 지금도 곳곳에서 그의 숨결을 느낄 수 있다.

그는 새로운 체제를 마련하여 변화의 새바람을 정착시키기 위해 동분서주하다가 자신의 구상을 마무리하지 못하고 생을 마감했지만, 그가 남긴 족적을 생각하면 "사람에게 죽음은 한 번뿐이나, 태산泰山보다 무거운 죽음이 있는가 하면 홍모紅毛보다 가벼운 죽음이 있다"는 사마천의 말을 떠올리게 한다. 정도전이라는 거인을 두고 떠올릴 수 있는 가장 적합한 말이 아닌가 생각된다.

정도전은 뛰어난 문인이면서 동시에 훌륭한 군사 전략가였고, 성리학을 기반으로 조선의 이념적 지주를 세운 사상가이면서 새로운 나라를 만들기 위해 현실정치에 뛰어든 개혁가이자 실천가였다. 또한 그는 민본주의 사상을 현실정치에서 펼치려고 노력한 정치인이었으며 위대한 경세가라는 평가를 받는다. 그럼에도 그는 자신이 세운 조선왕조에서 철저히 외면당한 비운의 인물이지만, 어느 한 분야에도 소홀함이 없이 자신의 능력과 열정을 담은 개혁 프로그램을 작성하여 새로운 이념과 문화에 의한 변혁을 시도한 인물이라는 점에서 오늘날에도 주목할 만하다. 새로운 세기에는 이제까지의 경험과 비교할 수 없는 변화가 필요하기 때문이다.

길을 찾지 못하고 헤매고 있는 우리는 변화를 현명하게 맞아들일 수 있는 누군가의 인도를 애타게 기다리고 있다. 그런 점에서 인간 정도전을 되돌아보는 일은 대단히 의미 있는 일이다. 그러나 단순히 어두운 서고書庫에 보관되어 있던 지난 역사를 다시 꺼내보는 것은 의미가 없다. 우리는 그를 통해 이상과 모순된 현실 앞에서 분노와 비애감으로 자신을 소진시킨 것이 아니라, 희망을 끝까지 버리지 않고 현실정치에 펼쳐 보였던 열정과 의지를 보아야 한다.

삼봉 정도전 연보 (※ 이 책의 내용을 중심으로 하여 작성)

1342년(충혜왕 복위 3)	정운경과 영주 우씨의 3남 1녀 중 장남으로 출생
1360년(공민왕 9, 19세)	성균시에 합격, 최씨와 혼인
1361년(공민왕 10, 20세)	장남 진津 출생
1362년(공민왕 11, 21세)	진사시 합격
1363년(공민왕 12, 22세)	충주목의 사록으로 관직 진출
1364년(공민왕 13, 23세)	개경에 환도하여 종7품 전교주부로 승진, 시 「고의古意」를 지음
1365년(공민왕 14, 24세)	왕의 비서직인 정7품 통례문지후로 전임
1366년(공민왕 15, 25세)	부친상에 이어 모친상으로 고향 영주에서 4년간 부모상을 치름, 『맹자』를 정독하며 영남 지방의 유생들을 가르치고 교유함
1369년(공민왕 18, 28세)	삼각산 옛집으로 돌아와 학문에 정진, 「원유가遠遊歌」를 지어 공민왕이 노국공주를 위한 건설 공사를 풍자
1370년(공민왕 19, 29세)	정7품 성균관박사에 제수되어 성리학 강론
1371년(공민왕 20, 30세)	제사의식을 관장하는 태상박사로 특진, 종6품 예의정랑으로 옮겨 성균·태상박사 겸임, 「추야秋夜」 등의 시를 지음
1375년(우왕 1, 34세)	성균사예·예문응교(정4품)·지제교 등을 제수받고 문한직 수행, 북원과 외교 복원에 반발하다 전라도 나주로 유배, 시 「감흥感興」과 유배 중 사망한 박상충을 위해 제문 「곡반남선생문哭潘南先生文」을 지음, 「심문천답心問天答」 2편 저술
1377년(우왕 3, 36세)	시 모음집 『금남잡영錦南雜詠』 산문 모음집 『금남잡제錦南雜題』를 지음, 고향 영주에 4년간 칩거생활, 왜구의 침입으로 단양·제천·안동·원주 등지로 피난
1380년(우왕 6, 39세)	편한 곳에서 사는 것이 허락되어 삼각산 삼봉재三峯齋로 돌아옴, 시 「맹참모를 본받다(效孟參謀)」를 지음

1381년(우왕 7, 40세)	재상들의 핍박으로 부평·김포 등지로 이주
1383년(우왕 9, 42세)	함경도 함주(함흥) 막사를 방문하여 이성계와 만남
1384년(우왕 10, 43세)	함주 다시 방문, 전의부령으로 9년 만에 복직, 서장관이 되어 정몽주와 함께 명나라에 다녀옴
1385년(우왕 11, 44세)	종3품 성균관 좨주·지제교에 제수됨, 보우선사가 열반하자 비문을 지음
1386년(우왕 12, 45세)	명나라에 다녀온 정몽주를 위해 「포은봉사고서圃隱奉使稿序」를 지음
1387년(우왕 13, 46세)	외직을 청하여 남양부사로 나아감
1388년(우왕 14, 47세)	위화도회군 후 왕의 비서직인 정3품 밀직부사에 제수, 이성계의 천거로 정3품 성균관 대사성에 오름
1388년(창왕 즉위년, 47세)	예문관 제학에 제수됨, 조준 등과 전제 개혁을 시작함
1389년(공양왕 원년, 48세)	폐가입진에 참여하여 중흥 9공신에 책봉, 재정을 담당하는 삼사우사로 승진, 의학서 『진맥도결診脈圖訣』을 지음
1390년(공양왕 2, 49세)	종2품 정당문학에 제수, 하절사로 명에 가서 '윤이·이초 사건'을 해명하고 돌아옴
1391년(공양왕 3, 50세)	삼군도총제부 설치 후 우군총제사가 되어 병권 일부 장악, 척불운동에 나서기 시작, 우왕과 창왕 옹립에 앞장선 이색·우현보 등을 탄핵했지만 받아들이지 않음, 반대파의 탄핵을 받아 봉화에 유배되어 두 번째 유배 생활 시작, 나주로 이배, 두 아들도 서인으로 강등됨, 다시 봉화로 이배
1392년(공양왕 4, 51세)	귀양에서 풀려나 고향 영주로 돌아옴, 이성계가 말에서 떨어져 중상을 입자 반대파의 상소로 예천 옥에 갇힘, 정몽주가 피살된 후 복귀하여 이성계 추대, 정치·경제·군사의 실권 장악
1392년(태조 원년, 51세)	개국 일등공신, 태조의 즉위 교서 「편민사목便民事目」 작성, 문하시랑찬성사·동판도평의사사·판호조사·판상서사사·보문각대학사·

지경연예문춘추관사·의흥친군위절제사 직책 겸임, 봉화군奉化君 작위를 받음, 『고려사』 편찬 시작, 『오행진출기도五行陣出奇圖』·『강무도講武圖』 제작, 사은사로 명나라 출발

1393년(태조 2, 52세) 명나라에서 돌아옴, 동북면 도안무사로 함길도의 여진족을 회유하고 행정구역 정리, 「문덕곡文德曲」「몽금척夢金尺」「수보록受寶籙」「납씨곡納氏曲」「정동방곡靖東方曲」「궁수분곡窮獸奔曲」 등 찬진, 종1품 판삼사사에 제수, 『사시수수도四時蒐狩圖』를 찬진, 「진도陣圖」를 가르칠 것을 건의하고 군사훈련 실시

1394년(태조 3, 53세) 판의흥삼군부사로 병권을 장악하고 군제 개혁 건의, 판삼사사로 경상·전라·양광 지역의 행정구역을 개편하고 「진도」 강습, 왕에게 매일 장상들이 군국의 일을 논의하기를 청하여 허락받음, 『역대부병시위지제歷代府兵侍衛之題』와 『심기리편心氣理篇』 3편, 『조선경국전朝鮮經國典』 찬진, 명나라로 가는 이방원을 위해 「송시서送詩序」를 지음, 무악 천도를 반대하는 상소를 올린 뒤 한양의 도시 설계도를 바침, 병권과 정권을 장악한 것을 변중량이 비판함, 한양 토목공사가 시작되자 「신도가新都歌」를 지음

1395년(태조 4, 54세) 『고려사』 37권과 『조선경국전』 일부 보완한 『경제문감』 찬진, 세자이사世子貳師로 『맹자』 진강, 도성의 터를 정하고 궁궐 전각 이름을 지어서 바침, 지방관으로 가는 이무에게 『감사요약監司要約』을 써줌

1396년(태조 5, 55세) 도성 8대문과 한성부 52방의 이름을 지음, 표전 문제로 명나라에서 압송을 요구해옴, 봉화백奉化伯으로 봉해짐, 관직에서 잠시 물러난 후 『오행진출기도』와 『사시수수도』에 따라 정기 군사훈련 건의

1397년(태조 6, 56세) 판의흥삼군부사로 다시 병권을 장악하고 진도 훈련 강화, 유비고有備庫의 제조관提調官으로 제수, 동북면 도선무순찰사로 함길도의 주군을 구획하고 성보 수리와 호구와 군관 점검, 『경제문감經濟文鑑』을 일부 보완한 『경제문감별집經濟文鑑別集』 저술, 장남 진이 성석린·권근의 도움으로 『삼봉집』 2책 초간본 간행

1398년(태조 7, 57세) 절제사를 혁파하고 왕이 군권을 장악할 것을 건의, 성균관제조가 되어 4품 이하 관원과 유생들에게 강습, 한양을 찬양하는 「신도팔

	경시新都八景詩」를 지음, 『불씨잡변佛氏雜辨』 19편 저술, 환관을 지방에 보내 「진도陣圖」 강습 실태를 조사하는 등 군사 훈련 독려, 남은의 집에서 담소를 나누다 이방원의 기습을 받아 피살
1409년(태종 9, 사후 11)	녹권이 추탈되고 가산이 적몰됨
1465년(세조 11, 사후 67)	정도전의 증손자인 정문형鄭文炯이 초간본에 『경제문감』·『조선경국전』·『불씨잡변』을 추가하여 6책으로 중간본 간행
1487년(성종 18, 사후 89)	정도전의 증손자인 정문형鄭文炯이 중간본에 시부 100여 수와 『경제문감별집』을 추가하여 8책으로 간행
1791년(정조 15, 사후 393)	정조의 명으로 『삼봉집』에 누락된 것을 수습하여 14권 7책으로 재간행
1865년(고종 2, 사후 467)	경복궁을 중건하면서 훈작 회복과 시호를 내리라고 전교
1871년(고종 8, 사후 472)	시호를 '문헌文憲'으로 추증하고, '유종공존儒宗功宗' 편액 하사
1872년(고종 9, 사후 473)	경기도 양성현 산하리에 사당 문헌사 건립
1912년(사후 514)	후손들이 사당을 현재의 평택시 진위면 은산 2리로 이전

참고문헌

사전 및 자료

『국어대사전』

『국조인물고』

『두산백과사전』

『조선왕조실록(한글 번역본)』

『한국민족문화백과사전』

단행본

김기협, 『밖에서 본 한국사』, 돌베개, 2010.김성철 · 김기협 옮김, 『(역사로 읽는) 용비어천가』, 들녘, 1997.

김영수, 『건국의 정치: 여말 선초, 혁명과 문명전환』, 이학사, 2006.

김용옥, 『삼봉 정도전의 건국철학』, 통나무, 2004.

김진섭, 『정도전의 선택: 백성의 길 군왕의 길』, 아이필드, 2013.

———, 『왕비, 궁궐 담장을 넘다』, 지성사, 2019.

민현구 · 이익주 외, 『한국사 시민강좌 35, 조선 건국의 의미』, 일조각, 2004.

박용운, 『고려시대사(下)』, 일지사, 1989.

삼봉 정도전 기념사업회, 『정치가 정도전의 재조명』, 경세원, 2004.

———, 『성리학자 정도전의 국제적 위상』, 경세원, 2008.

연세대학교국학연구원, 『중세사회의 변화와 조선 건국』, 혜원, 2005.

이상백, 『삼봉 인물고』, 을유문화사, 1935.

이이화, 『한국사 이야기 8, 개혁의 실패와 역성혁명』, 한길사, 2009.

———, 『한국사 이야기 9, 조선의 건국』, 한길사, 2010.

이익주,『고려 말 정국에서의 정도전의 위상 / 정치가 정도전의 재조명』, 제1회 삼봉학술회의(삼봉 정도전 기념사업회)
이한우,『왜 조선은 정도전을 버렸는가: 조선 역사의 56가지 진실 혹은 거짓』, 21세기북스, 2009.
정두희,『조선초기의 정치지배세력 연구』, 일조각, 1983.
조유식,『정도전을 위한 변명』, 푸른역사, 2006.
최상용·박홍규,『정치가 정도전』, 까치글방, 2007.
한영우,『왕조의 설계자 정도전』, 지식산업사, 1999.

논문

강문식,「정도전과 권근의 생애와 사상 비교」,『한국학보』30권 2호, 일지사, 2004.
강지언,「위화도회군과 그 추진 세력에 대한 검토」,『이화사학연구』21권 합본, 이화사학연구소, 1993.
———,「고려말 윤소종의 정치활동 연구」,『이대사원』28권, 이화여자대학교 사학회, 1995.
고혜령,「이인임 정권에 대한 일고찰」,『역사학보』91권, 역사학회, 1981.
김난옥,「여말 선초 정치변동과 배타적 가문의식; 정도전을 중심으로」,『한국사학보』27, 고려 사학회, 2007.
김남일,「정도전의 역사인식-공양왕 3년의 상소·상서문을 중심으로-」,『한국사학사학보』15권, 한국사학사학회, 2007.
김당택,「고려 우왕대 이성계와 정몽주·정도전의 정치적 결합」,『역사학보』158집, 역사학회, 1998.
김석근,「개혁과 혁명 그리고 주자학: '여말선초'를 산 정몽주와 정도전의 현실인식과 비전」,『아세아연구』97호, 고려대학교 아세아문제연구소, 1997.
김성룡,「여말 선초 전환의 양상과 논리」,『한국문학론총』23집, 한국문학회, 1998.
김성문,「유교적 급진주의에 대한 연구: 이색과 정도전의 정치적 분열을 중심으로」,『역사와 사회』26권, 국제문화학회, 2001.

김영수,「이색과 정도전: 여말선초 정치사상의 갈등」,『한국정치사상의 비교연구』, 한국학중앙연구원, 2001.

김형수,「14세기말 사전혁파론자의 전제관: 정도전과 조준을 중심으로」,『복현사림』 25권, 경북사학회, 2002.

도현철,「정도전의 정치체제 구상과 재상정치론」,『한국사학보』 9호, 고려사학회, 2000.

류창규,「나주 회진 유배시절 삼봉 정도전의 유배지 사람과의 소통과정: 농민에 대한 인식 변화 및 정체성 찾아가기」,『역사학연구』 27권, 호남사학회, 2006.

문철영,「조선 초기의 신유학 수용과 그 성격」,『한국학보』 10권 3호, 일지사, 1984.

———,「삼봉 정도전의 의식세계 연구: 해배 이후 조선 건국 시기를 중심으로」,『동양학』 44권, 단국대학교 동양학연구원, 2008.

민현구,「신돈의 집권과 그 정치적 성격(상,하)」,『역사학보』 38,40권, 역사학회, 1968.

———,「고려 공민왕의 반원적 정치개혁에 대한 일고찰-배경과 발단」,『진단학보』 68권, 진단학회, 1990.

박원호,「고려말 조선초 대명외교의 우여곡절」,『한국사시민강좌』 36집, 일조각, 2005.

박천식,「무진회군공신戊辰回軍功臣 책봉전말과 그 성격」,『전북사학』 3권, 전북사학회, 1979.

———,「고려 우왕대의 정치권력의 성격과 그 추이」,『전북사학』 4권, 전북사학회, 1980.

박홍규,「정도전의 공요 기도 재검토; 정치사상의 관점에서」,『정치사상연구』 10권, 한국정치사상연구회, 2004.

———,「전략가 정도전과 아라이 하쿠세키-정통왕조와 역사해석」,『일본사상』 17권, 한국일본사상사학회, 2009.

———,「정도전 사상과 현대 한국정치: 정치가 양성을 중심으로」,『한국학논집』 47권, 계명대학교 한국학연구소, 2012.

송기중,「조선 건국을 후원한 세력의 지역적 기반」,『진단학보』 78권, 진단학회, 1994.

이원명,「여말선초 삼봉 정도전의 역성혁명의 꿈과 한양설계」,『인문논총』 26권, 서울여자대학교 인문과학연구소, 2013.

이익주,「공민왕대 개혁의 추이와 신흥 유신의 성장」,『역사와 현실』 15, 한국역사연구회, 1995.

———,「고려 말 정도전의 정치세력 형성 과정 연구」,『동방학지』 134호, 국학연구원, 2006.

이정주,「조선 건국을 둘러싼 정통과 이단의 격돌-고려 공양왕 3년 척불논쟁 참가자 분석」,『한국사학보』 10호, 고려사학회, 2001.

———,「공양왕대의 정국동향과 척불운동의 성격」,『한국사연구』 120호, 한국사연구회, 2003.

이태진,「고려말·조선초의 사회변화」,『진단학보』 55권, 진단학회, 1983.

이한수,「조선초 '개국주도파'와 '개국후 참여파'의 정치사상적 갈등: 정도전과 하륜을 중심으로」,『청계논총』 2집 통권 15호, 한국학중앙연구원 한국학대학원, 2000.

장득진,「조준의 정치활동과 그 사상」,『사학연구』 38호, 한국사학회, 1984.

정재훈,「정도전 연구의 회고와 새로운 사상사적 모색」,『한국사상사학』 28권, 한국사상사학회, 2007.

정치헌,「여말 선초 과거문신세력의 정치동향」,『한국학보』 17권 3호, 일지사, 1991.

정호훈,「정도전의 학문과 공업功業지향의 정치론」,『한국사연구』 135권, 한국사연구회, 2006.

최연식,「정도전의 정치현실주의와 성리학: 창업의 정치학」,『정치사상연구』 3권, 한국정치사상학회, 2000.

최재진,「고려말 동북면의 통치와 이성계의 성장 : 쌍성총관부 수복이후를 중심으로」,『사학지』 26권, 단국사학회, 1993.

허홍식,「고려말 이성계(1335~1408)의 세력기반」,『역사와 인간의 대응: 한국사편』, 고병익회갑기념논총 간행위원회, 한울, 1985.

홍영의,「고려말 신흥유신의 추이와 분기」,『역사와 현실』 15권, 한국역사연구회, 1995.